CLV

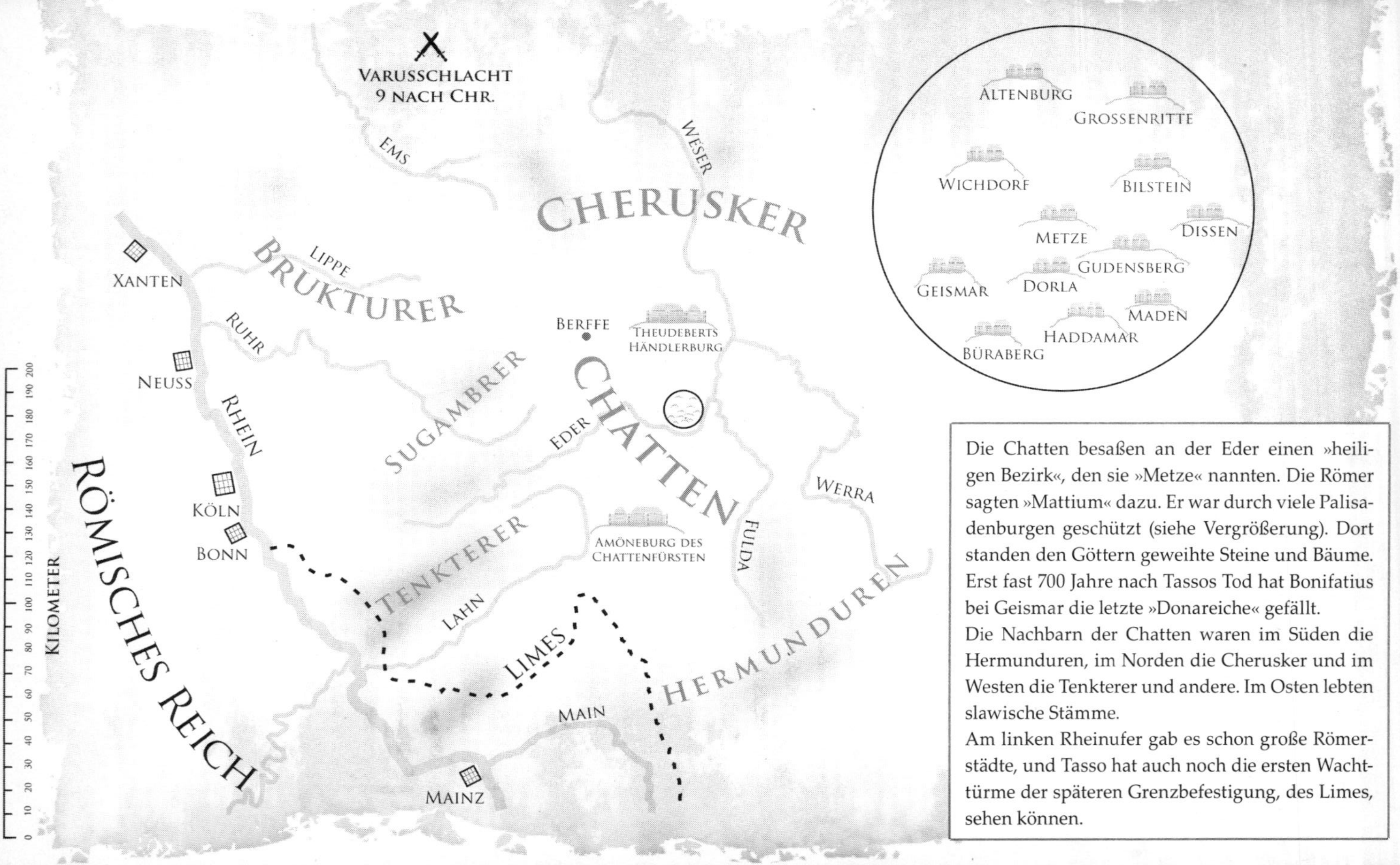

Die Chatten besaßen an der Eder einen »heiligen Bezirk«, den sie »Metze« nannten. Die Römer sagten »Mattium« dazu. Er war durch viele Palisadenburgen geschützt (siehe Vergrößerung). Dort standen den Göttern geweihte Steine und Bäume. Erst fast 700 Jahre nach Tassos Tod hat Bonifatius bei Geismar die letzte »Donareiche« gefällt.

Die Nachbarn der Chatten waren im Süden die Hermunduren, im Norden die Cherusker und im Westen die Tenkterer und andere. Im Osten lebten slawische Stämme.

Am linken Rheinufer gab es schon große Römerstädte, und Tasso hat auch noch die ersten Wachttürme der späteren Grenzbefestigung, des Limes, sehen können.

Eckart zur Nieden

Tasso

Krieger Händler Bärentöter

CLV

Christliche Literatur-Verbreitung e. V.
Postfach 11 01 35 · 33661 Bielefeld

Für Marilena

1. Auflage 2009

CLV · Christliche Literatur-Verbreitung
Postfach 11 01 35 · 33661 Bielefeld
CLV im Internet: www.clv.de

Satz: CLV
Zeichnungen: Holger Klaewer
Umschlag: typtop, Andreas Fett, Meinerzhagen
Druck und Bindung: CPI – Ebner & Spiegel, Ulm

ISBN 978-3-86699-210-8

8 N. CHR.

Jetzt!

Nein, noch nicht. Das Rascheln musste einen anderen Grund gehabt haben. Der Junge setzte sich anders hin, vorsichtig natürlich; er bewegte sich kaum, verlagerte nur etwas das Gewicht. Er durfte kein Geräusch machen. Sehr viel anders konnte er sich auch gar nicht setzen. Er musste sich mit Gesäß, Rücken und Beinen so auf den zwei Ästen und am Stamm halten können, dass er beide Hände für Bogen und Pfeil frei hatte.

Hoffentlich kamen sie bald!

Er war auf diese Eiche geklettert, als Odins Sonnenwagen gerade den höchsten Punkt seines Weges verlassen hatte. Jetzt stand er schon viel weiter unten und warf seine Strahlen längst nicht mehr so brennend heiß auf die Erde herunter.

Er beugte sich behutsam vor. Diese Stelle war genau richtig. Er hatte einen freien Blick auf die nasse Mulde. Ein kleines Rinnsal floss hinein, und man konnte kaum sehen, wo es wieder verschwand. Das meiste Wasser versickerte wohl. Ganz deutlich sah er, wo die Wildschweine sich gesuhlt hatten. Auch die Spuren waren klar zu erkennen, wo sie gekommen und gegangen waren, die Bache mit ihren Frischlingen.

Sie mussten wiederkommen! So einen guten Platz würden sie nicht vergessen.

Mit seinem Pfeil mit der Bronzespitze und seinem kleinen Bogen würde er ein großes Wildschwein nicht töten. Wenn die Bache davonlief, war nichts gewonnen. Dann lieber auf eins der kleinen Tiere zielen! Die waren ihm sicherer.

Das wäre ja auch schon großartig, wenn er einen erlegten Frischling nach Hause brächte! Sie könnten sich mal richtig satt essen, seine Mutter und er. Und alle Sorgen vergessen. Wenigstens mal für einige Tage.

Wenn sein Vater da wäre, müssten sie nicht hungern. Er würde arbeiten, er würde viel aus dem ärmlichen Acker herausholen. Tiere hatten sie ja, aber zu wenig Weide. Es war immer schwierig, genug zu mähen, um die Tiere über den Winter zu bringen. Sein Vater würde roden und einen neuen, größeren Acker anlegen und Wiesen. Er würde jagen und vielleicht jedes Mal, wenn der Mond wechselte, ein Schwein oder ein Reh nach Hause bringen.

Aber Vater kam nicht. Sie wussten noch nicht einmal, wo er war. Nur, dass er im Heer der Römer kämpfte.

Warum war er schon so lange fort? Mutter hatte ihm erzählt, der Vater sei zu den Römern gegangen, weil er arm war. Da bekam er Sold. Nun gut, er bekam Sold und gutes Essen. Aber davon hatten Frau und Kind nichts.

Einmal hatte der Junge eine kleine Figur geschnitzt, aus Lindenholz. Sie war ihm gut gelungen. Er war zum Moor gegangen, hatte die Figur als Gabe an die Götter hineingeworfen und ein Gebet gemurmelt, sein Vater solle doch wiederkommen. Aber die Figur war an einem Schilfbüschel hängen geblieben. Vielleicht war sie zu leicht. Er konnte nicht hin zu dem Schilfbüschel, sonst wäre er versunken.

Erst hatte er gedacht, die Götter hätten sein Opfer abgelehnt, und war sehr traurig nach Hause gegangen. Aber als er einige Tage später wieder zum Moor gekommen war, hatte er seine Figur nicht mehr sehen können. Vielleicht hatten die Götter es sich noch anders überlegt und sein Geschenk doch angenommen. Aber sein Gebet hatten sie trotzdem nicht erhört.

Da!

Wieder raschelte es. Das konnten sie sein!

Tatsächlich, da kamen sie! Die Bache brach durch das Unterholz, schnupperte ein wenig, aber nicht sehr gründlich, und drang bis zu dem Wasserlauf vor, schräg unter dem Jungen. Die Frischlinge folgten ihr. Erst zwei, dann noch einer, und nach einiger Zeit noch mal einer.

Ganz ruhig! So ermahnte der junge Jäger sich selbst. *Ruhig und sorgfältig zielen!* Er wählte das Tier aus, das ihm am nächsten war, zielte gründlich und schoss.

Entsetztes Quieken.

Im Nu waren alle Wildschweine, die Mutter und ihre Nachkommenschaft, nach allen Seiten davongestoben. Nur das getroffene Tier stand einige Augenblicke still, als müsse es sich erst besinnen, was da mit ihm geschehen war, oder Kraft sammeln für sein erschrecktes Quieken. Der Junge konnte deutlich sehen, wo er das Tier getroffen hatte: Der Pfeil steckte im hinteren Teil des Rückens, etwas seitlich, da, wo das Fleisch besonders gut war.

Gerade dämmerte dem kleinen Jäger die Erkenntnis, dass das Schwein an dieser Wunde wohl nicht sterben musste, jedenfalls nicht so bald, da sprang das Tier hoch, landete im Matsch, rappelte sich wieder auf und lief davon.

Der Junge sprang mehr von seinem Baum, als dass er kletterte, landete im Dreck und nahm sofort die Verfolgung auf.

Nachdem er eine Weile hinter seinem Opfer hergerannt war, hatte sich der Abstand noch nicht verringert. Das lag daran, dass er sich durch das Unterholz kämpfen musste, das seine Beute einfach unterlaufen konnte. Ob er sein Schwein überhaupt erwischen würde? Es durfte ihm nicht entkommen! Er musste es haben!

Die wilde Jagd ging einen Hang hinauf. Oben auf dem Kamm führte der Weg entlang, der aus ihrer Siedlung nach Norden ging. Als der Junge oben war, blieb er erschrocken stehen.

Vor ihm auf dem Weg kamen drei Reiter an. Männer mit Speeren und Schilden auf großen Tieren. Er hatte noch nie ein Pferd gesehen, bei ihnen im Ort gab es keine Pferde, und Fremde kamen hier so gut wie nie vorbei.

Verblüfft über die Größe der Tiere und erschreckt von dem unverhofften Anblick stand der Junge wie erstarrt. Seine Beute hatte er völlig vergessen.

Dafür aber hatten die Reiter das Schwein gesehen. Sie riefen, zeigten darauf, lachten laut und trieben ihre Pferde an. Zuerst folgten sie alle drei dem Tier, dann aber gab einer der Männer Zeichen mit dem Arm. Er ritt nach rechts, ein anderer hielt sich mehr links, und der dritte hielt an, wendete sein Pferd und kam langsam auf den Weg zurück. Als er den Jungen dort stehen sah, gefesselt von dem Anblick, der sich da bot, kam er auf ihn zu.

»Hast du auf das Schwein geschossen?«, rief er schon von Weitem. »Du hättest hierhin zielen müssen.« Er zeigte auf sein eigenes Herz. »Na ja, tröste dich, es wird noch werden.«

Jetzt war er herangekommen. Der Junge konnte sehen, dass er schon ziemlich alt war. Und dass er freundlich grinste. Er hatte einen vollen grauen Bart.

»Es ist aber meine Beute!«, sagte der Junge.

»So?«, fragte der Alte und sprang erstaunlich gelenkig von seinem Pferd. »Aber an deinem Pfeil wäre es sicher nicht gestorben.«

»Aber ... aber ...«, stotterte der Kleine. Er fürchtete, dass nun die ganze Mühe umsonst war, fühlte, wie das Elend ihn überkam, spürte sogar Tränen in seine Augen steigen, riss sich gerade noch rechtzeitig zusammen und stampfte stattdessen mit dem Fuß auf. »Ich hab es zuerst gesehen! Und getroffen.«

Der Alte klopfte ihm mit der Rechten auf die Schulter, während die Linke die Zügel hielt. »Ist schon gut, mein Junge. Wir nehmen es dir nicht weg.«

Jetzt kamen die beiden anderen Reiter wieder näher. Man konnte sehen, dass sie das Schweinchen vor sich her trieben, absichtlich auf den Weg zu. Das arme Tier war schon merklich langsamer geworden und konnte den Pferden sowieso nicht entkommen.

Der Mann, der vorhin das Zeichen gegeben hatte, rief dem anderen etwas zu. Der hob sich im Sattel und schleuderte seinen Speer nach dem Frischling, verfehlte ihn aber. Beide Männer lachten, und der Alte stimmte mit ein.

Jetzt sprangen die Männer aus den Sätteln und jagten das Schwein zu Fuß. Es schien ihnen großen Spaß zu machen. Die Kräfte verließen das kleine Tier. Beide sprangen zugleich lachend auf ihre Beute zu, packten sie, richteten sich auf und hielten das Tier an den Beinen.

»Wir haben's!«, rief der junge Mann triumphierend und zog sein Messer, um es zu töten.

»Warte!«, sagte der andere. Er nahm das Schwein, das jetzt ganz still und ergeben schien, auf die Schulter und brachte es zu dem Jungen. »Du hast ihm den Pfeil verpasst?«

Der Kleine nickte.

»Also willst du, dass es deine Beute ist?«

Wieder Nicken.

»Dann musst du es töten. Sonst gehört es uns.« Er zog sein Messer heraus, reichte es dem Jungen mit dem Griff, und ließ das Schwein auf den Boden fallen, hielt es aber an den Hinterbeinen fest.

Der Junge zögerte.

»Hier!« Der Mann zeigte ihm die Stelle an dem Tier, wo er zustechen sollte. Aber er traute sich immer noch nicht.

»Hör mir zu, mein Junge!«, sagte der Mann. »Wer essen will, muss schlachten. Und schlachten heißt töten. Wenn du ein Mann werden willst, musst du es lernen.«

Die beiden sahen sich in die Augen. Der Junge sah im Blick des Mannes zunächst Härte. Dann aber tauchte etwas anderes auf: Milde, fast Zuneigung, zumindest Freundlichkeit. Wie mein Vater, dachte er. So hatte er sich eben noch seinen Vater vorgestellt. Hart und stark, aber ihm gegenüber voll Güte.

»Außerdem«, sagte der Mann jetzt mit weicherer Stimme, »leidet das Tier jetzt. Mach seinem Leiden ein Ende!«

Der Junge stach zu, kräftig und genau. Das Tier zuckte noch nicht einmal. Es war tot.

»Gut gemacht!«, sagte der Mann und schlug ihm auf die Schulter, so kräftig, dass er fast umgefallen wäre.

»Wir machen hier eine kleine Rast!«

Der Mann ließ sich einfach ins Gras fallen. Inzwischen hatte der Alte die Pferde geholt und an einem Strauch festgebunden. Der junge Krieger holte etwas Brot und kaltes Fleisch aus seiner Satteltasche und einen Lederbeutel mit Wasser.

»Gib unserem jungen Jäger auch was, Ursolf«, sagte der Mann, der hier anscheinend die Befehle gab. »Du willst doch mit uns essen? Oder hast du keinen Hunger?«

»Doch, sehr!«

Der Mann lachte. »Wenn es so schlimm ist, wirst du ja nicht warten wollen, bis dein Schwein gebraten ist. Greif zu!«

Alle vier saßen zusammen und kauten eine Weile wortlos vor sich hin.

»Wie heißt du?«, fragte der Kräftige.

»Tasso«, sagte der Junge.

»Es gibt sicher eine Siedlung in der Nähe? Du wirst dich hoffentlich nicht zu weit von zu Hause entfernt haben. Alleine!«

»Ja – den Weg weiter, bis er sich ins Tal senkt. Da kann man rechts oder links gehen. Rechts am Bach entlang kommst du in mein Dorf. Aber es ist klein, nur ein paar Häuser.«

»Und links?«

»Da ist es noch ein Stück weiter, bis Häuser kommen. Aber das ist ein größeres Dorf. Es heißt Berffe. Da gibt es auch einen Töpfer, einen Edlen und sogar einen Schmied.«

Die drei Männer lachten. Der Alte fragte: »Ist ein Schmied wichtiger als ein Edler?«

Das Lachen machte Tasso unsicher. »Na ja, er kann immerhin mit Eisen und mit Feuer umgehen.«

»Hörst du, Armin?«, sagte der Alte. »Jetzt weißt du, worauf es wirklich ankommt!«

Dem jungen Mann tat der Kleine leid, der nicht wusste, warum sie lachten, und er erklärte: »Armin ist nämlich auch ein Edler. Allerdings regiert er nicht nur über ein Dorf. Er ist ein Fürst der Cherusker.«

Tasso staunte: »Ein richtiger Fürst bist du?«

Armin nickte lächelnd. »Weißt du denn, wer die Cherusker sind?«

Der Gefragte schüttelte verlegen den Kopf.

»Ich erkläre es dir. Ihr seid hier Chatten, stimmt's?«

»Ja«, bestätigte der Junge, »alle sind Chatten. Bei uns in der Siedlung und in Berffe, und wenn man den Bach weiter runtergeht. Auch über den Berg rüber, und noch weiter – alle sind Chatten. Ganz viele gibt's. Und weiter nach dort kommst du nach Metze. Da wohnt unser Fürst Arpo. Aber ich war noch nicht dort.«

»Siehst du«, nickte Armin, »und so viele Chatten, wie es gibt, gibt es auch Cherusker. Ungefähr jedenfalls. Wir sind euer Nachbarstamm.«

»Über so viele Leute bist du Fürst?«, staunte Tasso wieder.

»Hier, nimm!« Der Alte reichte ihm den Beutel mit Wasser. Als Tasso gerade beim Trinken war, den Kopf zurückgelehnt, fiel ihm plötzlich etwas ein. Er setzte das Gefäß ab, so schnell, dass ihm Wasser über das Kinn lief und er sich fast verschluckt hätte.

»Es stimmt nicht ganz.«

»Was?«, fragte der Fürst.

»Was ich gerade gesagt habe. Es sind nicht alles richtige Chatten! Ich meine, freie Chatten. Meine Mutter hat es mir erklärt. Sie ist auch keine. Eigentlich.«

»Ihr gehört nicht zum Stamm der Chatten?«

»Ich schon, weil mein Vater ein Chatte ist. Aber meine Mutter – also, sie gehört auch dazu, aber nicht ganz richtig. Sie ist unfrei. Als die Chatten hierherkamen, vor … ich weiß nicht, wie lange das her ist, da lebten hier schon Leute. Die Chatten haben sie besiegt. Manche haben sie vertrieben, manche haben sie zu Sklaven gemacht.«

»Und zu den Leuten gehörte auch die Familie deiner Mutter?«

»Ja.«

Der Alte fragte: »Trotzdem hat dein Vater sie geheiratet? Sie ist wohl sehr schön?«

»Äh – weiß nicht. Ja, ich glaube schon.«

Armin lachte. »Es wird schon noch kommen, dass du die Schönheit von Frauen schätzen lernst.«

»Aber weil sie eigentlich nicht richtig dazugehört, sind die anderen manchmal ziemlich böse zu ihr.«

»Zu deiner Mutter? Und was sagt dein Vater dazu?«

»Nichts. Der ist doch gar nicht da.«

»Ach, wo ist er denn?«

»Bei den Römern. Er kämpft für die.«

Tasso spürte, dass sich etwas im Gesicht des Fürsten verfinsterte. Aber er konnte das nicht verstehen.

Eine Weile schwiegen alle vier und kauten nur auf Fleisch und Brot. Der Junge überlegte, was daran Schlechtes sein konnte, dass sein Vater bei den Römern war. Es fiel ihm aber nichts ein. Und da er gern den Dingen auf den Grund ging, fragte er geradeheraus: »Findest du das nicht gut? Mein Vater war arm, und er hat gesagt, in Roms Legionen ist wenigstens noch niemand verhungert. Das hat mir meine Mutter erzählt.«

»Nein, nein«, sagte Armin, »das ist schon recht so. Ich war ja auch im römischen Heer. Das heißt, genau genommen bin ich's noch.«

»Du? Ich denke, du bist ein Fürst! Warst du trotzdem arm?«

»Nein, mein Junge, arm war ich nicht.« Armin lächelte.

»Wir brechen auf!«, sagte er dann und stand auch schon. Der junge Krieger holte die Pferde.

»Ich habe noch nie ein Pferd gesehen«, sagte Tasso. »Eure waren die ersten. Der Edle reitet ein Pferd, sagen sie, aber ich habe ihn noch nicht damit gesehen. Er ist oft nicht da.«

»Du hast noch nie ein Pferd gesehen?«, fragte der Alte. »Willst du mal auf einem reiten? Armin, wir könnten ihn mit ins Dorf nehmen. Da kann er uns gleich zeigen, wo der Edle wohnt.«

Armin nickte: »Gut«, und schwang sich auf sein Pferd. »Komm zu mir herauf, Tasso!«

Der Alte packte den Kleinen bei den Hüften und reichte ihn hoch. Armin nahm ihn ab und setzte ihn vor sich.

Tasso war es unheimlich. Das Tier war schrecklich hoch, und es hatte keine stabilen Äste wie ein Baum, an denen man sich festhalten konnte. Aber dann legten sich die starken Arme des Fürsten um ihn, und da schwand seine Angst. Er traute sich sogar, sich etwas zur Seite zu neigen, um zu sehen, ob einer von den beiden anderen Männern sein Schwein aufgeladen hatte. Ja, der junge hatte es hinter sich auf den Pferderücken gelegt und festgeschnürt.

Die beiden Männer kamen im Trab heran, um den Fürsten einzuholen, der sein Pferd zunächst nur Schritt gehen ließ. Als er merkte, dass der Junge am Reiten Spaß zu haben schien, trieb er sein Pferd auch zum Trab an und schließlich sogar zum Galopp.

Tasso war es, als flöge er.

* * *

Tasso rannte, um in dem Regen nicht zu nass zu werden. Aber das nützte nichts. Ehe er ihre Hütte erreichte, war das Wasser durch sein wollenes Hemd gedrungen.

»Mutter! Der Händler ist da!«

Man konnte von hier aus in die andere Hälfte des Hauses sehen, wo die Kuh stand, zusammen mit ein paar Ziegen und Schafen. Seine Mutter saß hinter der Kuh.

Jetzt bückte sie sich und lachte ihn unter dem Bauch der Kuh hindurch an.

Ist sie schön?, fragte sich der Junge. *Ich glaube schon. Wenn sie lacht, bestimmt!*

Aber das war nur ein kurzer Gedanke. Ihm fielen immer wieder mal Worte ein, die der Fürst gesagt hatte oder seine Begleiter. Das war jetzt schon lange her, fast der ganze Sommer war darüber vergangen. Aber immer noch sah er alles vor sich, als wäre es gerade erst geschehen. Besonders abends, bevor er einschlief.

»Was hast du gesagt, Tasso?«

»Der Händler ist da. Müssen wir nicht Salz haben? Neulich hast du gesagt, wir brauchen Salz.«

»Ja, das stimmt.«

»Dann komm, Mutter. Sonst ist er wieder weg, bis wir da sind!«

Seine Mutter machte weiter. Erst als sie fertig war, stand sie auf und kam mit der Holzschale voll Milch heran.

»Du bist ja ganz nass!«

»Es regnet.«

»Das sehe ich auch. Ich meine, du hättest dich unterstellen sollen.«

»Ich musste dir doch sagen, dass der Händler da ist. Sonst kriegen wir kein Salz.«

»Ja, ja«, sagte sie in gleichmütigem Tonfall, während sie die Milch in einen tönernen Krug goss, der in einer Ecke auf dem Lehmboden stand.

»Zieh dein Hemd aus, Tasso. Wir trocknen es am Feuer.«

Sie stocherte im Feuer, obwohl das gar nicht nötig war. »Ich weiß nicht, womit ich das Salz bezahlen soll. Die anderen haben alle etwas, das sie ihm geben können. Entweder etwas zum Tausch oder römische Geldstücke. Aber ich habe weder das eine noch das andere.«

»Womit hast du denn das letzte Mal bezahlt?«

Sie schwieg eine Weile, stocherte, richtete sich auf und hängte das nasse Hemd über einen Balken. »Gar nicht!«, sagte sie dann.

»Gar nicht? Hat er's dir geschenkt?«

»Ja. Eigentlich geliehen. Aber er hat so mit den Augen gezwinkert. Er hat nicht damit gerechnet, dass er es später bezahlt kriegt. Ich hab ihm von meinem guten Käse etwas angeboten. Damit hatte ich schon öfter bezahlt. Aber er wollte ihn nicht. Er sagte, der würde schlecht, ehe er ihn woanders wieder eintauschen kann.«

»Ach so.« Tasso hasste dieses Gefühl, überall an Mauern zu stoßen. Dauernd Probleme zu haben, die sich nicht lösen ließen.

Früher hatte er es nicht gekannt. Noch im vorigen Jahr hatte er sich keine Sorgen gemacht, weil er nichts verstand. Und weil er meinte, seine Mutter wüsste für alles eine Lösung. Aber jetzt war er groß und wusste, dass das nicht stimmte. Er wusste auch, dass die Traurigkeit seiner Mutter damit zusammenhing. Wenn sie genug hätten, wäre sie auch wieder fröhlicher.

»Meinst du nicht, dass er dir noch mal Salz schenkt? Wenn er's doch schon einmal getan hat!«

»Nein, Tasso. Ich will ihn nicht noch mal darum bitten.«

»Warum nicht?«

»Es macht mich so klein, zu betteln, verstehst du? Es tut mir selbst weh, wenn ich bitten muss und nichts dafür geben kann.«

Ich könnte ihn bitten!, dachte Tasso. Er sagte es wohlweislich nicht. Mutter würde es nicht wollen. Sie verstand eben nicht, dass er jetzt groß war. Nun ja, noch nicht richtig groß. Aber doch so, dass er auch etwas beitragen konnte. Er konnte doch nicht einfach zusehen, wie seine Mutter dauernd traurig war! Er musste doch helfen!

Es rauschte nicht mehr auf das Schilfdach, also regnete es wohl nicht mehr. Er hob den Ledervorhang vor dem Eingang zur Seite. Ja, der Regen hatte aufgehört.

»Ich gehe noch mal zur Linde.« Die Linde war die Ortsmitte, da bot auch der Händler seine Sachen an, da traf man sich.

»Ist gut.«

Tasso lief los. Wasser und Matsch spritzte nach allen Seiten, wo seine nackten Füße hintraten.

Bei der Linde standen nicht mehr so viele Leute. Die meisten hatten sich wohl wegen des Regens zurückgezogen. Nur zwei Frauen standen neben dem Karren des Händlers mit den großen Rädern und redeten miteinander. Drei kleine Kinder, eins davon splitternackt, spielten in einer Pfütze. Der Händler war gerade dabei, den trägen Ochsen vor den Karren zu spannen. Er brauchte viel Geduld dazu, denn das Tier schien nicht zu begreifen, was der Mann wollte, und bewegte sich nur sehr langsam.

Tasso wusste nicht, wie der Mann hieß. »Du ...«, sprach er ihn an.

»Na, Junge, brauchst du noch was?«

»Ja, Salz«, antwortete er. »Es ist nur so, ich hab kein ... also, Eier könnten wir dir geben. Oder Käse. Aber Mutter sagt ... das letzte Mal hast du ihr Salz geschenkt.«

»Ah – ich erinnere mich. Eine hübsche junge Frau, deine Mutter, nicht wahr? Na ja, was heißt jung – für mich alten Mann jedenfalls.«

»Kannst du mir noch mal etwas Salz geben? Wir brauchen es unbedingt.«

»Hm. Wie heißt du denn?«

»Tasso.«

»Und wie alt bist du?«

»Elf Sommer.«

»Aha. Warum sagst du nicht elf Winter, wie die meisten sagen?«

Tasso lächelte etwas verlegen. »Winter sind es ja nur zehn.«

»Ach so.« Jetzt lächelte der Händler auch. Man sah es kaum an seinem Mund, weil der fast völlig von seinem grauen Bart zugewachsen war, aber an den Augen.

»Weißt du«, sagte er, und seine Augen blickten nicht mehr ganz so fröhlich, »eigentlich schuldet mir deine Mutter ja noch etwas.«

»Schade. Na ja, ich wollte nur mal fragen …«

»Halte doch mal diesen Riemen!« Der Händler hantierte mit einem Metallstück am Geschirr des Ochsen. Dann richtete er sich plötzlich auf. »Habt ihr Kühe? Oder war euer Käse von Ziegenmilch?«

»Eine Kuh haben wir und zwei Ziegen.«

»Ich hab da so einen Gedanken. Ist deine Mutter zu Hause?«

»Ja.«

»Komm, wir gehen mal zusammen hin!« Er schnürte das Ochsengeschirr fest und band das Zugtier an der Linde an. Dann gingen sie nebeneinander davon, Tasso wies den Weg.

Eine Gruppe von Menschen kam ihnen entgegen, zwei Männer und drei Frauen. Sie hatten Sicheln in den Händen.

»Da ganz auf der Seite, das ist mein Onkel«, sagte der Junge, »der Bruder von meinem Vater. Er heißt Hadrich.«

Jetzt begegneten sich die Gruppen.

»He, Tasso!«, rief Hadrich. »Wen bringst du denn da an.«

Eine Frau sagte: »Das ist der Händler! Stimmt's, du bist Theudebert, der Händler?«

»Ja.«

Der große Mann in der Mitte der Gruppe grinste. »Willst wohl bei Gerhild die Schulden eintreiben, wie? Ja, man sollte armen unfreien Frauen, deren Mann weg ist, nichts leihen!«

Hadrich rief, ziemlich laut und mit einem gehässigen Klang in der Stimme: »Schulden eintreiben? Vielleicht sollten wir besser sagen: Er will seine Bezahlung abholen.«

Alle fünf lachten, laut und wüst.

Tasso verstand das nicht. Das ärgerte ihn. Sein Widerwille gegen seinen Onkel wuchs wieder ein Stück – weil der Neffe ihn nicht verstand, aber viel mehr noch, weil er spürte, dass er böse war, hochmütig, giftig.

Während die fünf lachend weitergingen, zur Ortsmitte hin, platschten Tasso und der Händler durch die Pfützen zu ihrer Hütte.

Er hob den Ledervorhang zur Seite. »Mutter, der Händler ist hier. Er will was mit dir besprechen.«

»Theudebert, nicht wahr? Komm herein! Möchtest du einen Becher Ziegenmilch trinken?«

»Ja, gern. Danke. Ich habe deinen Namen vergessen.«

»Gerhild.«

»Gerhild, stimmt.« Er setzte sich auf den Boden neben der Kochmulde. Da lagen ein paar Felle.

»Hat dich mein Sohn hergebracht?« Sie stand gerade aufgerichtet vor ihm.

»Ja, er bat mich um Salz.«

»Tasso!«, sagte die Mutter streng.

Der Junge antwortete – halb war es ein Versuch, von seinem eigenmächtigen Vorgehen abzulenken, halb war es ein Ausbruch dessen, was in ihm wühlte: »Hadrich sagt, Theudebert käme, um seine Bezahlung abzuholen. Und alle haben gelacht.«

Gerhild wurde rot im Gesicht, aber nicht vor Scham, sondern vor Wut. Tasso spürte es. Er sah die Blitze aus ihren Augen.

»Er weiß genau, dass ich diese Art von Bezahlung nicht leiste!«, stieß die Mutter zwischen den Zähnen hervor. »Wenn es einer weiß, sehr genau weiß, dann ist es Hadrich.«

Der alte Händler sagte ruhig, als hätte er vor lauter Beschränktheit gar nicht gemerkt, welche Stimmung in der Hütte herrschte: »Wenn es so ist, dass er es so genau weiß« – er machte eine Pause – »dann ist wohl genau das der Grund, weshalb er es gesagt hat.«

Das konnte Tasso nun erst recht nicht verstehen. In seinem Kopf drehte sich alles. Und er ärgerte sich, wie immer, wenn er etwas nicht verstand.

»Lass uns zu dem Geschäft kommen, das ich dir vorschlagen will«, nahm Theudebert wieder das Wort. Er sprach bedächtig, wie wenn er sich jedes Wort überlegen müsste. Vielleicht wollte er gerade anders sprechen als Mutter eben, um sie ruhiger zu machen.

»Ich treffe mich morgen mit meinen zwei Gefährten. Sie sind mit zwei Pferden weiter unten am Bach gewesen. Sie haben dem Schmied Sello und seinem Sohn Hortwin Holzkohle gebracht. Das geht nicht mit einem Karren, damit kommt man nicht in den Wald zum Köhler. Viele Male sind sie zwischen dem Köhler und der Schmiede hin- und hergegangen. Sie bringen auf ihren Pferden eiserne Werkzeuge und Waffen, die der Schmied im letzten Jahr gemacht hat. Es ist ziemlich viel. Meine Gefährten werden noch einiges selbst tragen müssen, damit die armen Tiere nicht zusammenbrechen.«

Gerhild hielt ihrem Gast den Krug mit der Ziegenmilch hin. »Möchtest du mehr?« Sie wollte wohl auch klarmachen, dass der Wutausbruch vorbei war.

»Nein, Gerhild, ich habe genug. Danke. Nun habe ich von dem großen Rothaarigen – du kennst ihn sicher – eine Menge Pelze angeboten bekommen. Er war wohl sein Leben lang ein guter Jäger. Jetzt will er seine Sammlung abgeben, jedenfalls einen guten Teil, weil er seine Tochter verheiratet. Gute Pelze, mit denen ich einen Gewinn machen kann, wenn ich sie die Weser hinunterbringe und an die Römer verkaufe, oder an einen Zwischenhändler.«

Gerhild setzte sich. Die bedächtig erzählten Einzelheiten wurden ihr zu lang, zumal sie immer noch innerlich voller Unruhe war, auch wenn man äußerlich nicht viel davon sehen konnte.

Theudebert fuhr fort: »Ich weiß nicht, wie ich die Pelze zu unserem Lager an der Weser bringen soll. Ich fahre bald mit meinem Karren weiter nach Süden. Meine Gefährten wollen zum Lager, aber ihre Tiere sind überladen. Da kam mir der Gedanke, du könntest mit deiner Kuh mitgehen. Sie kann die Pelze tragen. Und noch etwas Futter, da sie ja unterwegs nicht viel grasen kann. Es wird nur langsam gehen, das ist mir klar. Vielleicht vier oder fünf Tage. Für diesen Dienst biete ich dir einen Krug Salz an und zwei römische Goldmünzen. Die mit dem Bild des Kaisers Augustus.«

Er holte eine aus dem Beutel, der an seinem Gürtel hing, und zeigte sie den beiden.

Tasso riss die Augen auf. So eine Münze hatte er noch nicht gesehen. Kleinere wohl, aber diese …

Seine Mutter zögerte einige Augenblicke. »Dein Angebot ist verlockend«, sagte sie dann, »aber ich kann es nicht annehmen. Ich muss mehreren Leuten im Dorf bei der Ernte helfen. Dafür bekomme ich Getreide. Wenn ich nicht helfe …«

Tasso unterbrach: »Dafür bekommst du aber Gold, Mutter, und kannst dir Getreide kaufen.«

»Ja, mein Junge, dieses Jahr. Aber im nächsten Jahr werden sie mich nicht mehr für Tageslohn anstellen, weil ich dieses Jahr nicht meine Zusage eingehalten habe. Sie lieben mich sowieso nicht. Den letzten Rest von Vertrauen darf ich nicht auch noch aufs Spiel setzen.«

»Das verstehe ich«, nickte Theudebert. »Keiner will mir ein Tragtier leihen, vielleicht, weil sie fürchten, es nicht wiederzubekommen. Und keiner will auch mitgehen, weil alle bei der Ernte gebraucht werden.«

»Ich«, sagte Tasso. Leise sagte er es, der Gedanke war noch neu und unfertig. Dann fuhr er lauter fort: »Ich kann doch mitgehen! Die Kuh führen kann ich.«

Alle drei schwiegen.

Nach einer Weile sagte Theudebert: »Wenn du einverstanden wärst – ich würde deinen Sohn mitnehmen. Du müsstest keine Angst um ihn haben. Meine Gefährten sind treu. Stark auch, um sich und ihn gegen Räuber oder wilde Tiere zu verteidigen.«

Gerhild sah ihren Sohn eine Weile an. »Willst du das wirklich, Tasso?«

»Ja, Mutter, wirklich. Ich habe keine Angst, glaub es mir!«

Sie nickte. »Gut. Dann bin ich einverstanden.« Sie zog ihn am Arm zu sich heran und drückte ihn an sich. Dann flüsterte sie ihm ins Ohr: »Dein Vater wäre sehr stolz auf dich!«

* * *

Alles ging langsam. Der Ochse zog seinen Karren nur bedächtig vorwärts, die Kuh schleppte ihre Last unwillig Schritt für Schritt, der Händler hatte sich sogar in seiner Redeweise der Geschwindigkeit angepasst.

Tasso drängte es voran. In Gedanken war er schon immer an der nächsten Wegbiegung. Aber notgedrungen musste er sich zurückhalten.

Gegen Mittag öffnete sich der Wald zu einer kleinen Lichtung. Neben einem schmalen Wasserlauf wuchs Gras. Darauf weideten zwei Pferde. »Das sind die zwei Pferde, nicht wahr?«, fragte Theudebert. Erst da merkte der Junge, dass er auf die Entfernung wohl nicht mehr scharf sehen konnte.

Da waren auch die zwei Mitarbeiter von Theudebert. Sie saßen auf dem Boden, mit dem Rücken an eine Pappel gelehnt, einer von rechts, der andere von links. Sie bemerkten die Ankömmlinge von Weitem, und einer hob grüßend die Hand.

»Sie winken uns«, berichtete Tasso.

Theudebert nutzte die letzte Wegstrecke, um dem Jungen etwas über seine neuen Reisegefährten zu sagen.

»Du musst keinen Schrecken kriegen. Es sind keine Männer wie aus eurem Dorf. Solche freien Männer kriege ich nicht für den geringen Lohn, den ich zahlen kann. Es reizt wohl nicht viele, immer nur im Land herumzureisen, bei jedem Wetter und unter Gefahren.«

»Was ist mit den beiden?«

»Einen habe ich im vorigen Jahr als Sklaven gekauft. Wir nennen ihn Tjeff. Eigentlich heißt er anders. Ein langer Name, den niemand aussprechen kann außer ihm selbst. Der endet auf Tjeff. Darum nennen wir ihn so. Er kommt wohl von weit her. Da, wo die Sonne aufgeht. Er spricht unsere Sprache noch nicht. Manchmal ist er auch ein bisschen garstig oder schlecht gelaunt. Aber klug ist er und fleißig.«

»Und der andere?«

»Den will sonst niemand haben. Ragest heißt er. Er ist noch sehr jung, neunzehn oder zwanzig Jahre alt. Er ist wie ein Ochse. Stark, nicht besonders groß, aber breitschultrig.«

»Dann kann er doch gut arbeiten. Warum will ihn denn keiner haben?«

»Er ist – na ja, sagen wir, nicht so schlau. Er beherrscht zwar unsere Sprache, weil er einer von uns ist, aber wenn er sie spricht, bringt er es selten auf einen ganzen Satz. Klar«, fügte er lächelnd hinzu, »dass es in seiner Gesellschaft länger dauert, bis der Sklave sprechen gelernt hat.«

Jetzt waren sie herangekommen. Dem Jungen war etwas beklommen zumute. Das verschlimmerte sich eher noch, als der Sklave auf sie zukam und Tasso mit finsteren Blicken musterte.

Auch der andere erhob sich langsam und stand nun breitbeinig da.

Mit den beiden sollte er nun tagelang allein durch die finsteren Wälder ziehen? Er bereute schon seinen Entschluss. Aber der ließ sich nun nicht mehr rückgängig machen.

»Guten Tag, Tjeff«, grüßte der Alte freundlich. »Guntach« – oder so ähnlich – hörte Tasso aus dem Mund des Sklaven. Ragest kam angerannt und schüttelte seinem Herrn die Hand, lachte dabei und schien sich zu freuen wie ein Kind.

Theudebert fragte: »Ist alles gut gegangen?«

»Ja, gut!«, nickte Ragest, offenbar glücklich, zur Zufriedenheit des Alten gearbeitet zu haben. »Viel Eisen!« Er deutete auf die Lasten, die sie den Pferden abgenommen hatten, damit die unbeschwert grasen konnten.

Tjeff nahm zwei Schwerter aus dem Stapel und zeigte sie seinem

Herrn. Es waren noch keine Griffe dran. »Gut Waffen!«, sagte er, reichte eins weiter und hieb mit dem anderen durch die Luft.

»Dieser Junge heißt Tasso«, erklärte Theudebert. »Ihm – oder eigentlich seiner Mutter – gehört diese Kuh. Er geht mit euch bis zu unserem Lager. Und wenn ihr zurückkommt, nehmt ihr ihn wieder mit. Die Kuh kann dann auch wieder etwas tragen. Passt mir gut auf den Jungen auf, hört ihr?«

»Ja, gut, schön. Ich freue mich. Guten Tag!« Ragest schüttelte Tasso die Hand und drückte dabei so fest zu, dass der Junge das Gesicht verzog und nur mit Mühe einen Aufschrei unterdrücken konnte.

Der Gruß des Sklaven beschränkte sich auf ein Kopfnicken.

»Nehmt der Kuh die Pelze ab, damit sie sich auch etwas ausruhen und grasen kann«, ordnete Theudebert an. »Dann gönnt euch und den Tieren noch eine kleine Pause. Ich ziehe jetzt weiter. In drei oder vier Wochen werde ich wieder im Lager sein. Dann seid ihr sicher auch zurück.«

»Dann wir machen neu Reise?«, fragte Tjeff. »Oder machen Ruhe in Winter?«

»Ich weiß es noch nicht. Wir machen es vom Wetter abhängig. Wenn es möglich ist, möchte ich gern in diesem Jahr noch eine Fahrt die Weser hinunter machen.«

Tjeff nickte und machte sich daran, die Riemen zu lösen, mit denen die Last auf dem Rücken der Kuh festgebunden war.

Theudebert trank etwas Wasser aus dem Bach, an dem auch sein Ochse schon seinen Durst gestillt hatte, und machte sich auf den Weg. Einen großen Abschied gab es nicht.

Während die Tiere grasten, setzte sich Tasso in der Nähe des Baumes nieder. Aber Ragest war das nicht nah genug. Er klopfte auf den Boden neben sich, lächelte ihn an und sagte: »Komm! Komm doch!« Tasso erfüllte seinen Wunsch.

Vielleicht war es doch gar nicht so schwierig, mit den beiden zu reisen? Ragest jedenfalls war freundlich. Der andere würde vielleicht auch noch auftauen.

Einige Zeit später brachen sie auf. Die Tiere wurden noch einmal zur Tränke geführt. Die Männer banden ihnen die Lasten auf. Der Kuh zuerst, und sie schickten Tasso schon mal mit ihr los, weil sie am langsamsten war. Ehe der Weg in den Wald hineinführte, hatten sie ihn eingeholt und passten sich seiner Geschwindigkeit an.

Anfangs sagte Ragest gelegentlich etwas – er bewunderte eine der letzten Herbstblumen, sprach einen Vogel an, der vor ihnen im Laub scharrte, oder wechselte auch ein paar Worte mit Tasso. Dann aber verfiel er immer mehr in Schweigen, je länger der Trott dauerte. Tasso hätte zwar gern geredet, aber er wusste nicht, was er sich mit ihm unterhalten sollte. Ragest schien nur zu schlichten Worten über einfache Dinge fähig zu sein.

So ging es den ganzen Rest des Tages weiter. Als die Sonne zu sinken begann, suchte Tjeff einen Lagerplatz. Sie fanden auch bald eine geeignete Stelle, etwas abseits vom Weg neben einem Tümpel, der sich durch die reichlichen Regenfälle der letzten Tage gebildet hatte.

Ragest sattelte die Tiere ab, klopfte sie auf den Hals und redete mit ihnen: »Gut habt ihr das gemacht. Gut gemacht. Ihr habt fleißig getragen. Sehr gut.«

Tjeff machte inzwischen Feuer. Was er dazu brauchte, hatte er in einem Lederbeutel am Sattel eines der Pferde immer sicher und trocken aufbewahrt.

Als das Feuer brannte, ging Tasso im Wald umher, um Holz zum Nachlegen zu sammeln.

Tjeff nahm seinen großen Bogen und hängte sich den Köcher mit den Pfeilen um. »Ich gehe, ob finden Tier für essen«, sagte er und verschwand im Dickicht.

Ragest wollte wohl nicht so lange warten. Er holte Körner aus ihrem Vorratssack, nahm sie mit den Lippen von der geöffneten Hand und kaute genüsslich. Dann machte er, die Augen auf Tasso gerichtet, mit dem Kopf eine Bewegung zum Sack hin. »Du auch!«

Das ließ der sich nicht zweimal sagen.

Es war schon fast völlig dunkel, als Tjeff endlich zurückkam. Er warf einen toten Vogel neben das Feuer und legte seine Waffe weg. Keine große Beute für drei hungrige Mägen, aber besser als nur Körner.

Tjeff rupfte den Vogel, spießte ihn auf ein Holz und hielt ihn über das Feuer. Als er endlich gebraten war, zerteilte er ihn gerecht und gab jedem ein Stück. Tasso bekam eins der Beine. Das Fleisch schmeckte ihm nicht, wahrscheinlich fehlte Salz oder Gewürze, aber er hatte Hunger und aß darum alles auf.

Nach der Mahlzeit legten die Männer ein paar Zweige zusammen, breiteten darauf ihre Felle aus und legten sich hin. Niemand sagte Tasso, was er tun sollte. Also nahm er sich einige der Pelze, die seine Kuh getragen hatte, und bereitete sich daraus ein Lager.

Tjeff schob noch einmal Holz ins Feuer, damit es lange brennen sollte, dann kehrte Ruhe ein.

Tasso konnte nicht so schnell einschlafen wie die Männer. Soweit er sich erinnerte, hatte er noch nie im Wald geschlafen. Er sehnte sich nach der gewohnten Hütte. Nach den Arbeitsgeräuschen, wenn seine Mutter noch beschäftigt war, nach dem beißenden, aber vertrauten Geruch der Tiere, die mit ihnen unter einem Dach wohnten.

Manchmal hatte Mutter ihm auch Geschichten erzählt vor dem Einschlafen. Besonders, wenn draußen Sturm oder Gewitter war, damit er seine Angst vergessen sollte. Von Donar erzählte sie dann zum Beispiel, der mit seinem Wagen über den Himmel fuhr, von Ziegenböcken gezogen. Und wie er mit seinem Hammer die Blitze schleuderte. Oder sie erzählte von der Weltesche, in deren Wurzeln die Menschen wohnten und in der Krone die Götter.

Aber sie erzählte auch ganz andere Geschichten, solche, die sie selbst erlebt hatte, als sie noch ein Kind gewesen war, oder die ihre Eltern und Großeltern erlebt hatten. Die hörte Tasso lieber, weil er sie besser verstand und weil sie nicht unheimlich waren.

Ihn fröstelte, und Tasso legte noch einen zweiten Pelz auf sich. Das Feuer sackte immer mehr zusammen. Von Ragest kamen laute Schnarchtöne, von Tjeff war nur leises, aber tiefes und gleichmäßiges Atmen zu hören. Ab und zu knackte das brennende Holz. Und aus dem Wald klangen verschiedene Geräusche an sein Ohr: Käuzchenrufe, Rauschen der Wipfel im leichten Wind und gelegentliches Rascheln von Kleintieren im Laub.

Ich darf keine Angst haben, sagte sich Tasso eindringlich, *sonst könnte mein Vater nicht stolz auf mich sein.*

Wo mag er jetzt schlafen? In einem Haus, oder auch unter freiem Himmel? Soldaten schlafen oft im Freien, wenn sie im Krieg sind. Vielleicht ist er in Libyen. Es soll dort sehr heiß sein, wurde erzählt.

Vielleicht lag sein Vater aber nicht unter freiem Himmel im heißen Libyen, sondern in einem Bau aus Steinen in der großen Stadt Rom.

Unter einer Stadt konnte Tasso sich nichts vorstellen. Aber geben musste es sie wohl, wenn alle davon redeten. Mit Häusern ganz aus Steinen, aber die Wände waren trotzdem glatt, und sie fielen nicht um, wenn man dagegenstieß, weil die Steine wie mit Harz zusammengeklebt waren. *Hoffentlich,* dachte Tasso, *hoffentlich dauert es nicht mehr zu lange, bis Vater zurückkommt.*

Er hatte Mutter danach gefragt. Sie wollte es nicht sagen. Aber nach langem Reden hatte sie gesagt, eigentlich würde ein Freiwilliger in den Legionen Roms fünfundzwanzig Jahre bleiben müssen. Fünfundzwanzig! Er wäre längst ein großer Mann, bis sein Vater wiederkäme! Aber Mutter hatte gesagt, es käme auch manchmal anders. Darauf hoffte er. Er sagte es immer den Göttern, sie sollten es anders machen. Oder sie sollten dem Kaiser in Rom sagen, dass er Tassos Vater nach Hause schicken soll.

Allerdings zweifelte er, ob das klappte. Mutter hatte nämlich erzählt, in Rom herrschten andere Götter. Vielleicht hörte der Kaiser dann nicht auf Odin oder auf Donar?

Es war alles so schwierig. Warum musste alles so schwierig sein? Mit dieser Frage schlief Tasso endlich doch ein.

* * *

Der Sonnenwagen quälte sich den unsichtbaren Berg hinauf. Man konnte ihn gut sehen, außer einigen, wenigen Wölkchen war der Himmel blau.

Der Weg war jetzt ganz trocken, das erleichterte das Gehen. Die Blätter an den Bäumen hatten herrliche bunte Farben angenommen. Hier standen viele Birken, deren kleine Blätter hellgelb leuchteten, und ab und zu segelte eins herunter. Schön war das! Tasso freute sich zum ersten Mal auf dieser Reise. Drei Tage waren sie jetzt unterwegs, und er hatte sich an seine Begleiter ein bisschen gewöhnt. Es war klar, er musste keine Angst vor ihnen haben. Zwar konnte er kaum mit ihnen reden, aber sie schützten ihn und waren freundlich, jedenfalls Ragest.

Der zeigte nach vorn. »Da!« Tjeff kam auf sie zu.

Er war allein vorgegangen. Da der Zug mit den Tieren so langsam ging, wollte er die Zeit nutzen, um vielleicht ein Wild zu schießen.

Tjeff winkte ihnen. Dann setzte er sich auf den Boden und wartete.

Tasso war neugierig. Es musste etwas Besonderes sein, so wie Tjeff sich benahm, aber es hatte keinen Sinn, die Kuh anzutreiben, damit sie schneller hinkamen. Die würde ihre einmal gewohnte Gangart nicht verlassen.

Jetzt kam Tjeff ihnen ein Stück entgegen. »Bär!«, sagte er und zeigte hinter sich. »So« – er trat mit den Füßen auf. Offenbar kannte er nicht das Wort für »Spur«. »Bär! Wir jagen?«

Ragest begriff noch nicht ganz. »Hast du einen Bären gesehen?« Tasso musste es ihm erklären: »Nein, eine Spur von einem Bären hat er gesehen, und er fragt, ob wir ihn jagen wollen.«

Ragest grinste: »Hm. Bärenfleisch ist gut. Besser als Körner.«

Tjeff erklärte seinen Plan. »Suchen Stelle, Tiere essen Gras. Ist auch gut, Tiere Gras essen und ruht aus. Tasso bleib da. Du und ich jagt Bär.«

Der Plan gefiel Tasso nicht besonders. Einerseits wollte er gern an der Jagd teilnehmen, hatte aber auch etwas Angst. Andererseits war ihm auch nicht ganz wohl bei dem Gedanken, allein bei den Lasttieren zu bleiben.

Ragest aber fand den Plan, nachdem er ihn erst einmal verstanden hatte, gut. So wurde es also beschlossen.

Sie zogen in der gewohnten Langsamkeit weiter. Nach einiger Zeit führte Tjeff sie vom Weg ab in ein Seitental. Sie gingen etwa zwanzig Pfeilschüsse weit hinein. Hier lichtete sich der Wald. Rechts und links von einem kleinen Bach wuchs zwischen Disteln und Sträuchern saftiges Gras.

Tjeff zeigte ihnen im feuchten Ufersand die Spuren. Eindeutig Bärentritte! Sie führten drüben den Hang hinauf. Offenbar war dies eine Stelle, wo der Bär gerne trank, denn neben den frischen Spuren gab es auch ältere.

Tjeff schien vom Jagdfieber gepackt zu sein, denn er trieb zur Eile und handelte schnell. Die Tiere wurden mit einer langen Leine an eine Weide angebunden, die am Bach stand. So konnten sie grasen, andererseits war Tasso nicht gezwungen, auf alle drei aufzupassen. Das Gepäck wurde auf einen Haufen unter die Weide gelegt.

Tjeff nahm seinen Bogen und hatte zusätzlich sein langes Messer als Waffe, das immer in seinem Gürtel steckte. Ragest nahm seinen Speer und ein Ding, das sonst immer am Sattel des einen Pferdes hing, eine Waffe, wie Tasso sie noch nie gesehen hatte: eine Keule, fast armlang und schwer, aus deren dickem Ende mehrere Stacheln aus Eisen herausragten, etwa fingerlang und gefährlich spitz.

Tjeff schärfte Tasso ein: »Vielleich komm wir erst in Nacht oder ander Tag. Du immer bleib hier! Immer! Wenn Nacht und wir nix komm, du Feuer. Du kann Feuer mach?«

»Ja, natürlich, das kann ich.«

»Nix werden un … un …«

»Meinst du unvorsichtig?«

»Nein, un … immer Angst hab, wann komm …«

»Ach, du meinst ungeduldig?«

»Ja, nix werden ungeduldig, wenn braucht viel Zeit!«

»Nein.« Tasso schüttelte den Kopf. Aber das musste wohl nicht sehr überzeugend ausgesehen haben, denn Tjeff legte ihm die Hand auf die Schulter und fragte: »Oder besser, ich allein jagt und Ragest hier bei dich?«

»Nein! Ich habe keine Angst!«, behauptete Tasso, und damit man ihm auch glauben sollte, begann er gleich, Holz für ein Lagerfeuer zusammen zu suchen.

Ohne weiteren Gruß schritten die beiden davon, Tjeff den Blick meistens auf den Boden gerichtet, um die Spur nicht zu verlieren, Ragest mit dem Blick zum Waldrand. Er schien sich jetzt auf die Jagd zu freuen, ab und zu machte er einen kleinen Hüpfer wie ein Kind, dem man am Ziel ein Geschenk in Aussicht gestellt hat.

Als die beiden im Wald verschwunden waren, ohne sich noch einmal nach dem Jungen umzusehen, stierte Tasso noch eine Weile auf die Stelle. Er merkte es erst gar nicht, aber als es ihm auffiel, wandte er sich entschieden ab.

Was sollte er jetzt tun? Warten, nichts als warten, musste langweilig sein.

Er setzte sich erst einmal, da er ja schon einen halben Tag auf den Beinen war.

Da drüben stand ein hoher Haselstrauch – vielleicht konnte er sich aus einem der Stämme einen Bogen machen!

Eigentlich hatte er seinen Bogen mitnehmen wollen, mit dem er damals auf das Schweinchen geschossen hatte. Aber Theudebert hatte ihm abgeraten. Tasso wusste ja auch selbst, dass ihm die Waffe bei einer wirklichen Gefahr nicht viel helfen würde. Es fehlte ihr die Durchschlagskraft. Aber einen richtigen Bogen konnte er noch nicht spannen. Und er hatte ja auch keinen.

Zum Üben aber konnte so ein kleiner, selbst gefertigter Bogen ganz nützlich sein.

Aber wie den Stamm abschneiden und bearbeiten? Er hatte kein Messer!

Die Sachen von dem Schmied! Er rannte zu den vier Packen, die mit Stricken zusammengebunden waren und von denen jedes Pferd einen rechts und einen links getragen hatte. Er schnürte eins der Bündel auf. Klappernd fielen die Eisenteile auseinander. Da waren Schwerter, breitere und schmalere, lange Speerspitzen, Äxte, und einige Messer. Alle Teile waren ohne Griffe und Schäfte. Die sollten wohl von jemand anderem angebracht werden.

Tasso suchte sich eins der Messer aus, das kürzeste. Aber es war trotzdem mit dem Dorn, auf den später der Griff kommen sollte, fast so lang wie sein Unterarm.

Allein das Abschneiden des Haselstämmchens war schon eine mühsame Arbeit. Das Werkzeug ließ sich an dem Dorn schlecht anfassen.

Endlich war die Arbeit getan, und Tasso tat die Hand weh. Er schnitt sich ein Stück Lederschnur von der Verpackung der Eisenteile ab und spannte seine Waffe. Sie fühlte sich ganz gut an, stärker als sein erster Bogen. Das wollte er ja auch.

Nun reichte seine Kraft in der rechten Hand gerade noch, um einen Pfeil zu schnitzen, dann musste er sich ausruhen.

Die Sonne war schon hinter die Bäume am Rand der Lichtung gesunken. Über dem Arbeiten war die Zeit wie im Flug vergangen.

Tasso trank etwas Wasser aus dem Bach und aß Körner aus ihrem Reisevorrat. Dann melkte er seine Kuh, hauptsächlich mit der linken Hand. Sie gab nur sehr wenig Milch.

Tasso warf Körner in die Milch. Wenn die aufquollen, würde das einen ganz guten Brei geben. Aber darauf musste er noch warten.

Sollte er schon Feuer machen? Nein, das hatte noch Zeit. Noch war es hell genug. Also konnte er noch eine Weile mit seinem neuen Bogen üben.

Seine Zielversuche waren nicht sehr erfolgreich. Vielleicht lag es daran, dass der Pfeil nicht völlig gerade war. Aber er hatte jetzt keine Lust mehr, einen neuen zu machen.

Plötzlich schien ihm, als wenn die beiden Pferde unruhig würden. Tasso ging zu ihnen hin, klopfte sie an den Hals und sprach beruhigend auf sie ein. Aber das nützte nichts. Was hatten sie? Vermissten sie ihre Herren?

Ein Ruf aus der Ferne schreckte den Jungen auf. Er blickte zum Waldrand, bachaufwärts, woher der Ton kam. Da gefror ihm das Blut in den Adern.

Ein Bär! Ein großer, brauner Bär kam auf ihn zu. Er bewegte sich mit einer Geschwindigkeit, die er dem plump wirkenden Tier gar nicht zugetraut hätte.

Tasso kam frei aus der Starre des Schrecks. Ohne zu überlegen, lief er fort. Nach vielleicht fünfzig Schritten blieb er stehen und sah sich um.

So viel geschah auf einmal, dass er es gar nicht alles so schnell im Kopf verarbeiten konnte.

Die zwei Pferde waren so weit vor dem Bär geflohen, wie es die Stricke zuließen. Dort hatten sie sich mit dem Hinterteil zu dem Bären aufgestellt, bereit, ihn mit Huftritten zu empfangen. Die Kuh schien nicht viel begriffen zu haben, glotzte nur dem Raubtier entgegen, wurde aber von dem auch nicht beachtet.

Etwa zwei- oder dreihundert Schritt von dem Bären entfernt kam Tjeff angerannt. Er schrie dabei laut, um das Tier auf sich aufmerksam zu machen und von den Pferden abzulenken. Noch weiter hinten lief Ragest, der wohl nicht so schnell war. Der Bär blieb stehen und wandte den Kopf hin und her, als könnte er sich nicht entscheiden, welches Opfer er zuerst angreifen oder ob er doch lieber fliehen sollte.

Tjeff blieb stehen, legte den Bogen an und schoss. Der Pfeil traf den Bär in der Seite. Sicher hätte er in einer anderen Situation besser getroffen. Aber er kam aus dem schnellen Lauf und war außer Atem, vor allem aber hatte er keine Zeit, auf eine günstige Stellung des Bären zu warten.

Der grunzte wütend, wandte sich von den Pferden ab, was Tjeff ja auch erreichen wollte, und seinem neuen Feind zu. Sehr schnell, als habe ihn der Pfeil nur gekitzelt, rannte er den Weg zurück, den er eben gekommen war.

Tjeff legte sofort einen neuen Pfeil auf seinen Bogen. Aber er schoss noch nicht. Jetzt konnte er sich keinen harmlosen Schuss mehr leisten. Er musste ihn sofort tödlich treffen.

Schieß doch!, dachte Tasso, dem vor Schreck fast das Herz stehen blieb. *Schieß doch!* Aber der Jäger wusste offenbar, dass sich das Tier zum Angriff aufrichten würde. Dann sollte der Pfeil ins Herz gehen. Solange es auf vier Beinen auf ihn zukam, war es nicht mit einem Schuss zu erlegen.

Jetzt zögerte der Bär. Offenbar verwirrte es ihn, dass der Mensch nicht die Flucht ergriff. Er richtete sich auf, mehr zu einer Drohgebärde als zu einem Angriff, denn dafür war er noch zu weit entfernt.

Das war günstig! Tjeff ließ den Pfeil von der Sehne schnellen.

In dem Augenblick aber ließ der Bär sich wieder auf alle viere fallen, um näher heranzustürmen. Der Pfeil, der sein Herz hatte treffen sollen, fuhr ihm nur tief in die Schulter. Er konnte ihn nicht bremsen.

Ehe Tjeff einen neuen Pfeil aus dem Köcher nehmen und abschießen konnte, war das Raubtier herangekommen. Tjeff wollte zur Seite springen, tat das auch, aber zu spät. Die Tatze des Bären traf ihn mit einem mächtigen Hieb am Oberschenkel. Er flog zur Seite und blieb da liegen.

Der Bär wollte ihm nachsetzen, aber jetzt war Ragest da. Die schwere Keule hatte er fallen gelassen. Sie war ohnehin für diesen Kampf nicht die geeignete Waffe.

Auch Ragest schrie, wie Tjeff es vorher getan hatte, um den Bär von seinem Opfer abzulenken und auf sich aufmerksam zu machen. Der richtete sich hoch auf, hatte sich aber noch nicht ganz dem neuen Feind zugewandt, wohl, weil er sich nicht von dem am Boden liegenden Mann ablenken lassen wollte. Auch Ragest konnte nicht auf eine bessere Gelegenheit warten. Das Tier hätte sich sonst auf seinen Freund gestürzt. Er rammte ihm den Speer mit ungeheurer Wucht in den Leib. Schräg aber, nicht ganz von der rechten Seite und nicht ganz von vorn. Der Stich war auch nicht sofort tödlich. Das wusste Ragest sofort.

Da standen sich die zwei Feinde gegenüber: der kräftige Mann und ihm halb zugewandt der große Bär. Verbunden durch den starken Eschenschaft des Speers, den der Jäger in seinen Fäusten hielt und dessen anderes Ende dem Tier im Leib steckte.

Der Bär gab wütende Laute von sich. Er schlug mit den Vordertatzen auf den Speerschaft. Aber der brach nicht, und Ragest hielt ihn eisern fest.

Einige Augenblicke ging das so. Da hörte Tasso den Schrei des Mannes: »Hilf mir! Ich kann ihn nicht mehr halten!«

Aber wie …? Er konnte doch nicht gegen einen Bären antreten, er, ein Junge von zehn Jahren! Aber sehr klar waren diese Gedanken nicht, es war mehr eine ungeklärte Angst. Lieber würde er wegrennen als dorthin, und er hätte es auch längst getan, wenn nicht das grausame Schauspiel, das sich ihm bot, ihn gehalten hätte. Irgendwo in seinem Inneren war da auf einmal auch dieser Satz: »Dein Vater wäre stolz auf dich!«

Da erlaubte er sich kein weiteres Zögern. Er rannte auf die Gruppe zu. Aber wie sollte er …? Sein Blick fiel auf das lange Messer ohne richtigen Griff. Er hob es rasch auf und rannte weiter.

Ragest war am Ende seiner Kräfte, das sah der Junge. Der breitschultrige Mann, der sonst über unerschöpfliche Kraft zu verfügen schien, hatte einen roten Kopf, biss sich auf die Lippen und umklammerte den Schaft des Speers, dass die Knöchel weiß wurden. Der Bär hatte Blut verloren, auch Kraft offenbar, aber immer noch schlug er auf den Schaft und warf sein eigenes Gewicht nach vorn. Wenn der Speer abbrach oder wenn Ragest ihn nicht mehr halten konnte, musste es um ihn geschehen sein.

Ich muss das Herz treffen, sagte es in Tassos Kopf, ohne dass da bewusste Überlegungen abliefen. *Beide haben nicht richtig getroffen, ich muss treffen. Ich kann auch, denn der Bär bewegt sich wenig. Ragest hält ihn.*

Das Tier merkte nicht, wie der Junge von der Seite herankam. Es war wohl zu sehr auf den anderen Feind ausgerichtet. Auch die Tatzen wurden ihm nicht gefährlich, weil sie halb rechts auf den Speer schlugen. Tasso stach zu.

Weil das Messer keinen Griff hatte, rutschte seine Hand daran nach vorn, und er schnitt sich die Finger auf. Er merkte es gar nicht. Er wusste aber: Das war noch nicht tief genug. Mit der anderen Hand drückte er nach.

Das gewaltige Tier brach zusammen, schlug noch einmal kurz um sich und zuckte. Als Ragest den Speer losließ, rollte das Tier auf den Rücken, und die Waffe ragte fast senkrecht in die Luft.

Einige Augenblicke war Stille. Tasso war auf die Knie gesunken, Ragest kraftlos zusammengesackt.

»Ich blute!«, sagte Tasso. Es klang erschrocken.

Ragest rappelte sich auf. »Zeig mal!«

Auf einmal weinte Tasso. Der starke Mann war von den Tränen des Kindes etwas verwirrt.

»Ist es schlimm?«, fragte er merkwürdig verlegen und deutete auf Tassos Hand. Der schüttelte den Kopf.

»Ach so«, brummte Ragest. Er schien etwas begriffen zu haben, wofür man nicht sehr viel Klugheit brauchte. Er legte den Arm um das Kind und zog es etwas unbeholfen an sich. Da hörte das Schluchzen auch schnell auf.

»Was ist mit Tjeff?«

Sie sahen sich beide um. Da lag der Mann und lächelte sie gequält an. Er deutete auf sein Bein. »Tut weh. Kann nix beweg.« Sein Mantel und die eng anliegende Hose waren zerfetzt, die Haut offenbar auch, und Blut floss.

»War keine gute Jagd«, sagte Ragest.

»Nix gut«, bestätigte Tjeff verzweifelt grinsend. »Einzig, was gut, war Tasso.« Jetzt grinste der Junge auch, halb aus Verlegenheit, halb aus Stolz.

* * *

»Du gut reit«, sagte Tjeff zu dem Jungen. Sie ritten nebeneinander auf den beiden Pferden.

Dazu hatten sie sich nach einigem Überlegen entschlossen. Tjeff sollte so bald wie möglich in das Lager an der Weser, wo er besser behandelt werden konnte.

Sie hatten also die Pferde als Reittiere benutzt, weil Tjeff nicht hätte gehen können. Tasso sollte mitreiten, um ihm zu helfen und um dann mit den Pferden zurückzukommen. Inzwischen bewachte Ragest die Kuh und die Traglasten.

Als sich der Weg, der über den Kamm geführt hatte, jetzt langsam ins Tal neigte, wurde unten hier und da zwischen den Bäumen ein kleines Stück einer Wasserfläche sichtbar, nicht blitzend, weil die Sonne nicht mehr darauf schien, sondern graubraun und träge.

Tjeff ergriff noch einmal das Wort: »Häuptling in Lager ist Kind von Theudebert.«

»Ach – ich wusste gar nicht, dass er einen Sohn hat.«

»Nix Sohn! Frau!«

»Eine Tochter hat er?«

»Tochter, ja. Gesicht so.« Er zog eine seltsame Grimasse, drückte mit dem Finger seine Nase zur Seite und ließ einen Mundwinkel weit nach unten fallen. Tasso wollte lachen, aber irgendetwas hielt ihn plötzlich zurück. Er spürte, dass Tjeff nicht nach Lachen zumute war, ja, dass er mit der unschönen Frau Mitleid zu haben schien.

»Und darum …?« Tasso wusste nicht weiter.

»Sie ganz still, ganz … ganz … äh …«

»Traurig?«

»Ja, traurig. Immer allein. Aber gut Frau.«

Sie ritten jetzt den Berg hinunter. Tasso vergaß für einige Augenblicke das Gespräch, weil sein stark nach vorn geneigtes Reittier ihm ein Gefühl der Unsicherheit gab. Dann wurde das Gefälle weniger steil.

Tjeff schob noch eine Erklärung nach. »Ich sag dir, dass … dass … Wenn du sie sehen, du Schrecken. Dann sie sehen, du Schrecken, dann sie mehr traurig. Versteh?«

»Ja, ich hab's verstanden. Ich – sie soll nicht merken, dass ich sie hässlich finde. Ich verstehe.«

»Gut, ja.«

Sie setzten schweigend ihren Weg fort.

Nach einiger Zeit bemerkte Tasso, dass es vor ihnen auf dem Weg heller wurde. Der Wald hörte auf. Es war, als wenn sie durch eine dunkle Höhle ritten und sich nun dem Ausgang näherten. Plötzlich wurden die

Pferde unruhig. Sie schritten schneller aus, und nach einigen Schritten fielen sie in Trab.

Tjeff grinste. »Pferd weißen, bald ankommst.«

Tasso versuchte sich festzuhalten, so gut es ging. Die Mähne des Tieres war kein zuverlässiger Halt. Und seine Beine waren nicht lang genug, um den Bauch des Pferdes unter der breitesten Stelle zu umklammern. Es blieb ihm nichts übrig, als sein ganzes Bemühen darauf zu richten, das Gleichgewicht zu halten.

Sie trabten jetzt aus dem Wald heraus. Aber Tasso hatte keinen Blick für die Umgebung. Er sah nur Hals und Rücken seines Reittieres.

Seine Finger verkrampften sich schon, und lange hätte er sich wohl nicht mehr halten können, da blieb das Tier stehen. Tasso atmete auf und sah hoch.

Sie standen vor einem Palisadenzaun aus kräftigen Stämmen, die dünnsten etwa so wie seine Beine, die dicksten wie die von Tjeff. Hoch war der Zaun. Tasso hätte auch vom Rücken des Pferdes aus nicht an die Spitzen der Stämme greifen können.

Direkt vor ihnen war ein Tor, so breit, dass Theudeberts Wagen wahrscheinlich gerade hindurchpasste. Es war aus mehreren Lagen dünnerer Hölzer gezimmert. Von innen hörte man das Bellen eines Hundes.

Tjeff war abgestiegen und kam zu dem Jungen. Er hinkte stark und verzog vor Schmerzen das Gesicht.

»Ich kann alleine absteigen!«, sagte Tasso, als der Mann seine Hände ausstreckte. Tjeff nickte, steckte zwei Finger in den Mund und stieß einen lang gezogenen Pfiff aus. Tasso schwang das rechte Bein nach hinten über sein Reittier und rutschte herunter.

Eine Frauenstimme übertönte von der anderen Seite des Tores das Hundegebell. »Wer ist der Junge? Und wo ist Ragest?«

Tjeff rief: »Machen auf, Helga! Ich sagen dann!«

Man hörte, dass innen mit einem Holz hantiert wurde, dann öffnete sich das Tor. Zunächst nur ein wenig, dann klemmte es am Boden, weil offenbar die obere der Lederschlaufen, die als Angeln dienten, zu locker war. Eine Frau in einem langen Wollkleid wurde sichtbar. Sie hob das Tor an und öffnete es so weit, dass die zwei ihre Pferde hereinführen konnten.

»Komm!«, musste Tjeff den Jungen auffordern. Der zögerte. Sein Pferd folgte dem anderen. »Komm!«

Tasso ging hinein und sah sich um. Dabei scheute er sich, die Frau anzusehen, die jetzt das Tor wieder schloss und einen Balken davorschob.

Sie befanden sich in einem Hof, der ganz von dem Palisadenzaun umschlossen wurde, nicht genau rund, aber ungefähr. Die Form passte sich anscheinend der Form des kleinen Hügels an, auf dem die Anlage erbaut war. Rechts stand ein großes Haus, ein Langhaus, wie es sie in seinem Dorf gab, mit hölzernen Pfeilern und lehmverschmierten Flechtwänden, das Dach mit Schilf gedeckt. Ein ausgebleichter Pferdeschädel hing über dem Eingang. Rauch drang aus der Öffnung in der Mitte des Giebels. Auf der linken Seite stand ein weiteres Gebäude, größer noch, aber nur mit Wänden aus senkrecht stehenden Hölzern. Man konnte hineinsehen. Anscheinend war das ein Lagerhaus. Gedeckt war es ordentlich wie das andere.

Zwischen den Gebäuden lag überall etwas herum. Was da zu einem kleinen Berg zusammengeschüttet war, kannte Tasso schon: Die braunen Dinger mit knotiger Oberfläche, waren Rasenerz, aus dem die Schmiede das Eisen herausholten. An einer anderen Stelle lagen gerade armdicke Stämme, geschält und mit darübergelegten großen Rindenstücken vor Regen geschützt. An einer Seite stand ein schräges Dach auf vier Pfosten, offenbar der Unterstand für die Tiere, denn die Pferde trotteten dorthin. Ein Fohlen stand dort. Daneben war der kleine, aber zornige Hund angebunden. In der Nähe stand ein Wagen mit zwei großen Scheibenrädern, größer als Tasso. Im Gegensatz zu Theudeberts Wagen hatte dieser nicht zwei Deichselstangen, zwischen die das Zugtier gespannt wurde, sondern nur eine in der Mitte.

Zwischen all diesen Dingen scharrten Hühner in großer Zahl.

Tasso erfasste mit staunenden großen Augen die ganze Anlage mit einem Rundblick. *Fast so etwas wie eine Burg,* dachte er. Oben am Palisadenzaun lief innen ein Gang entlang, auf dem Verteidiger stehen konnten, aus Knüppelholz und immer in zwei Schritt Abstand mit Stämmen gestützt.

»He! Hast du genug gestaunt?« Tasso fuhr erschreckt herum. Er hatte die beiden Erwachsenen ganz vergessen. Die Frau, die ihm das zugerufen hatte, beugte sich gerade über Tjeffs Bein und schien die Wunde zu begutachten. »Ein Bär! Ihr macht Sachen!«

»Und Tasso hat machen tot ihn – so!« Tjeff stieß mit einem unsichtbaren Messer in die Luft. »Mit Messer ohne Anfass, Blut aus Hand.«

Die Frau sah zum ersten Mal auf. Tasso bemerkte ihre Bewegung und wandte schnell den Blick ab.

Die Frau kam heran. Tasso blickte auf den Boden. Er sah, wie ihre nackten Füße in seinen Gesichtskreis traten. Was jetzt? Er wusste nicht, ob er den Kopf heben sollte, er wusste gar nichts, nur, dass er nichts falsch machen wollte.

Eine Weile standen sie so voreinander. Dann fasste die Frau ihn rechts und links am Kopf. Seltsam – ihre Hände fühlten sich wie die seiner Mutter an, ganz genauso.

Sie waren kräftig und bogen seinen Kopf nach oben, sodass er sie ansehen musste. Dabei sagte sie mit weicher Stimme: »Warum siehst du mich nicht an, Junge? Hab ich dich erschreckt mit meinem Aussehen? Wie?«

Tasso brachte kein Wort heraus. So schüttelte er nur den Kopf.

»Ich weiß, ich bin keine Schönheit, und ich verstecke mich vor den Leuten. Aber nicht hier drin. Und nicht vor Kindern. Sieh mich an, Junge!«

Das tat Tasso längst, keine Armlänge von ihrem Gesicht entfernt.

»Was siehst du? Nein, sag nichts! Ich weiß es ja. Ich will dich nicht zum Lügen zwingen. Und wahrscheinlich hat Tjeff dich gewarnt vor meiner Hässlichkeit. Ist gut, mein Junge. Und nun zeig mir deine Hand. Ist es schlimm?«

Etwas Seltsames ging in Tasso vor, während er ohne zu überlegen seine Hände vorstreckte und dabei den Blick auf das Gesicht der Frau geheftet hielt. Irgendwie ist sie schön, empfand er. Sicher, sie hatte einen schiefen Mund und eine schiefe Nase und außerdem eine rote Narbe auf einer Wange. Die blonden Haare hingen ungekämmt rechts und links herunter. Seine Spielkameraden im Dorf hätten die Frau ausgelacht und Spottlieder über sie gesungen. Aber die Augen – sie waren so freundlich, irgendwie warm. Und die Hände waren wie die seiner Mutter. Und die Stimme war freundlich. Warum schämte sich diese Frau, unter Menschen zu gehen? Vielleicht würden viele sich freuen, diese Stimme zu hören, wie er sich freute. Vielleicht würden andere gern von diesen Händen berührt werden, so wie es ihm jetzt wohltat.

»Kommt mit, ihr beiden großen Jäger! Ich werde etwas auf eure Wunden legen.« Helga ging voraus, und die beiden folgten ihr. Sie traten in das Wohnhaus. Tjeff setzte sich auf eine Bank an den groben Tisch. Die Bretter waren mit dem Beil behauen, sodass die Oberfläche uneben war.

Aber das war nicht anders als bei Tasso zu Hause, nur war der Tisch länger.

»Komm!«, sagte Tjeff und zog Tasso neben sich. Die Frau nahm einen harzigen Span von einem kleinen Stapel am Boden, entzündete ihn am Herdfeuer und leuchtete damit in eine dämmrige Ecke des Hauses. Dann kam sie mit einem Tontopf zurück. Sie drückte Tasso den Span in die Hand. »Leuchte uns mal! Und Tjeff, du legst dich auf die Bank! Zieh zuerst deine Hose aus!«

Nachdem der das getan hatte, unter leisem Ächzen und mit zusammengebissenen Zähnen, aber ganz ungeniert, reinigte Helga zunächst die Haut um die Wunde herum mit Wasser und einem Tuch, dann nahm sie getrocknete Blätter aus dem Tongefäß und legte sie auf die Wunde. Sie zerbröselten dabei, das schien sie in Kauf zu nehmen. Dann holte sie ein neues, sauberes Tuch, band es um das Bein, sodass die Blätter gehalten wurden, und befestigte es mit einem Knoten.

»So«, sagte sie, als ihr Werk getan war, »jetzt legst du dich auf dein Lager und ruhst dich aus! Bewege dich möglichst wenig!«

»Ist gut – aber ich Hunger und Durst.«

»Ich bringe dir nachher was. Aber erst muss ich den Jungen versorgen.«

Tjeff stand mühsam auf und ging zum einen Ende des Langhauses, wo Tasso im Dämmerlicht einige niedrige Schlaflager erkennen konnte.

»Und jetzt zu dir. Ich denke, das heilt bald von alleine. Es ist nicht so schlimm wie bei Tjeff. Aber wir wickeln auch ein Tuch drum, um die Wunde ein bisschen zu schützen. Ein paar Tage solltest du nicht kräftig zupacken.« Sie schlug einen Streifen leinenes Tuch um seine Hand.

»Und du hast den weiten Weg hierher gemacht, mit fremden Männern? Hast du keine Angst gehabt?«

»Nein!«, behauptete Tasso. Dann sah er in die hellen Augen der Frau, wurde unsicher und verbesserte sich: »Na ja, am Anfang ein bisschen. Aber dann ging's.«

»Bist ein tapferer Junge!« Sie legte die Hand auf seinen Unterarm und lächelte ihn kurz an. Dass es ein schiefes Lächeln war, störte ihn nicht. Dann stand sie auf. »Es gibt eine gute Fleischmahlzeit heute. Ich habe ein Huhn im Topf. Es dauert aber noch etwas. Wenn du willst, kannst du draußen umhergehen und dir alles ansehen. Ich rufe dich dann.«

Tasso wäre gern sitzen geblieben, aber nach diesen Worten stand er auf und ging hinaus. Er streifte eine Weile umher und schaute durch die Stangen in das Lagerhaus und in alle Winkel. Dabei hielt er sich sorgfältig von dem angebundenen Hund fern, der nicht mehr bellte, aber böse knurrte und ihn misstrauisch mit den Augen verfolgte. Neben dem Unterstand für die Pferde verriet ihm seine Nase, welchem Zweck die niedrige Wand aus Astgeflecht diente: Sie verbarg, wenn auch unvollkommen, die Grube, über der man seine Notdurft verrichtete. Tasso nutzte die Gelegenheit. Dann stieg er auf einer der fünf oder sechs Leitern im Rund auf den Wehrgang hinauf.

Von hier hatte er einen guten Blick über die Umgebung. Etwa einen Pfeilschuss entfernt führte der Fluss vorbei. Zwischen Fluss und Wald standen Häuser und kleine Hütten, vielleicht fünfzehn oder zwanzig. Dahinter waren Äcker angelegt. Am Ufer waren vier Boote auf das Land gezogen; zwei lagen angebunden im Wasser. Offenbar ernährten sich die Leute hier zur Hälfte vom Fischfang und zur Hälfte vom Ackerbau.

Die Sonne sank gerade hinter die bewaldeten Berge im Westen. Es wurde dämmrig.

Eine friedvolle Stille lag über der Siedlung.

Direkt unter dem Hügel weideten einige Schafe. Ein Mädchen, das wahrscheinlich auf sie aufpassen sollte, spielte am Wasser des kleinen Baches, der sich in Windungen seinen Weg vom Wald zum Flussufer suchte. Weiter drüben arbeitete ein alter Mann auf einem kleinen Acker.

»Essen!«, rief Helga hinter ihm. Tasso stieg eilig die Leiter hinunter.

* * *

Es war still bis auf das Gackern einiger Hühner, als Tasso aufwachte. Er musste sich erst besinnen, wo er war, und Traum und Wirklichkeit unterscheiden. Gerade hatte er geträumt, er stände mit seinem selbst gemachten Bogen auf dem Wehrgang und verteidigte die Burg gegen wilde Angreifer. Rechts von ihm kämpfte der Fürst Armin und links sein Vater. Tasso sah zu ihm hin und bemerkte, dass sein Vater kein Gesicht hatte. Das erschreckte ihn so, dass er aufwachte. Es war wohl schon heller Tag, denn das Licht der Sonne fiel durch den Rauchabzug im Dach und durch den Eingang. Die Felltür war zur Seite gehängt, um Licht und Luft hereinzulassen.

Ein leises Stöhnen verriet ihm, dass Tjeff auch noch lag.

Tasso stand auf. »Schläfst du noch, Tjeff?«, flüsterte er.

»Nein. Guten Morgen.«

Der Junge lief aber erst nach draußen. Helga fütterte die Hühner. »Guten Morgen.«

»Hast du gut geschlafen, mein Junge?«

»Ja.«

»Mach dich fertig, Tasso. Du kannst mich nachher begleiten. Iss etwas Brei, er steht auf dem Tisch. In dem Topf links in der Ecke ist noch Ziegenmilch, die kannst du trinken.«

»Ich muss aber bald wieder los, zu Ragest!«

»Darüber sprechen wir später.«

Als Tasso gerade den letzten Rest Brei mit dem Holzlöffel zusammenkratzte, kam Helga wieder ins Haus. Sie nahm ein Paar Sandalen vom Boden direkt neben dem Eingang auf, zog sie aber nicht an, sondern behielt sie in der Hand. In die andere nahm sie einen Bottich aus Holz.

»Bist du fertig?«

Tasso nickte.

»Dann nimm das da und komm mit!« Sie deutete mit dem Kopf auf einen Krug aus Ton und ein Netz aus Hanfstricken. Sie hatte die Sachen anscheinend schon vorher bereitgestellt.

Als sie über den Hof gingen, sprach Helga den Hund an. »So, Fafnir, es wird Zeit, dass du mit diesem Jungen Freundschaft schließt! Er heißt Tasso, und er tut dir nichts. Und du tust ihm auch nichts, verstanden? Komm her, Tasso, streichle ihn ein bisschen!«

Der Junge trat nur sehr vorsichtig näher. Er blickte ängstlich auf den Hund; der wendete den Kopf zwischen ihm und der Herrin hin und her. Tasso tätschelte seinen Hals. Da begann Fafnirs Schwanz kurz zu zucken, hielt wieder still und wedelte dann freudig hin und her.

»Jetzt mag er dich«, sagte Helga. »Wir können ihn losbinden und mitnehmen.«

Das tat sie auch. Fafnir sprang ausgelassen umher, drehte eine wilde Runde im Hof, sodass die Hühner erschreckt auseinanderstoben, und kam dann zu den beiden zurück. Helga nahm den Balken weg, der innen das Tor verriegelte. Tasso half. Er sah, dass an der Seite noch drei weitere Balken lagen, die sicher im Fall eines ernsthaften Kampfes die Sicherung verstärkten.

Das brachte ihn auf eine Frage. Er stellte sie, als sie zu dritt, Frau, Kind und Hund, zum Fluss hinuntergingen. »Ihr habt so eine gute Burg. Aber wofür? Du allein kannst sie doch nicht verteidigen, wenn Räuber kommen.«

Helga nickte. »Da hast du recht. Alleine ginge das nicht. Aber wenn Gefahr droht, kommen alle Nachbarn aus der Siedlung in die Anlage. Dann sind sie ja auch geschützt, und ihre Alten und die Kinder. Und das Vieh. Das sind eine Menge Männer, etwa fünfzehn, und einige Frauen, die auch ganz gut mit dem Bogen umgehen können.«

»Dann haben sie einen Nutzen von euch, von eurem Schutzwall, und ihr habt einen Nutzen von ihnen.«

»Richtig. Aber das gilt nicht nur im Fall von Gefahr und Krieg. Wir Händler nützen ihnen auch, indem wir viele gute Dinge von weit her bringen. Und sie helfen uns, indem wir bei ihnen eintauschen können, was wir zum Leben brauchen.«

Sie waren jetzt am Fluss angekommen. Helga ging hinein und wusch sich.

»Na – wie ist es? Willst du dich nicht auch ein bisschen waschen?«

Tasso sah den Nutzen nicht so recht ein, aber weil sie es sagte, stieg er auch ins Wasser.

»Du auch, Fafnir? Komm!« Aber der Hund schien wasserscheu zu sein und verweigerte den Gehorsam. Er lief nur am Ufer auf und ab und schnüffelte an den vier Sandalen.

Sie traten aus dem Fluss auf die Steine und streiften das Wasser mit den Händen ab. Den Rest würde die Körperwärme trocknen müssen.

Dann nahmen sie ihre Sachen auf und gingen auf die Häuser zu.

»Ich habe mir überlegt«, sagte Helga, »dass es zu gefährlich ist, wenn du allein zu Ragest zurückkehrst. Aber vielleicht kommen heute oder morgen zwei Freunde mit ihrem Boot. Sie bringen Salz. Vielleicht kann einer dich begleiten. Oder beide. Dann können sie erst ein paar Tage später weiterfahren. Aber das ist wohl nicht so schlimm.«

»Gehören die zu euch?«

»Sie arbeiten selbstständig. Aber dieses Lager gehört ihnen zu einem Teil, sie haben es mitgebaut. Und noch andere Gruppen. Aber die sind weiter weg.«

»Wo?«

»Kennst du Bernstein?«

»Was für ein Stein?«

»Bernstein. Ein weicher Schmuckstein, gelblich und etwas durchsichtig ...«

»Ach ja, so einen hab ich mal bei einer Halskette einer Frau im Nachbardorf gesehen! Er sieht sehr schön aus. Ein bisschen wie Honig.«

Helga nickte. »Hast du auch Glas gesehen?«

»Ja, das kenne ich auch. Wir haben keins. Aber einige reiche Leute haben Gefäße zum Trinken, die sie Glas nennen. Der Edle Ammerich zum Beispiel. Er wohnt in unserm Dorf. Er ist so eine Art Häuptling.«

»Das Glas wird am Rhein gemacht, bei den Römern. Die wollen so viel Bernstein wie möglich haben. Den gibt es aber nur am großen Meer, im Norden, und noch mehr an dem Meer, das weiter östlich liegt. Damit lässt sich also gut Handel treiben. Bernstein gegen Glas.«

»Und das machen auch welche von euch?«

Helga blieb stehen, weil sie die Frage beantworten wollte, ehe sie in die Hütte traten. »Ja. Der Weg führte hier vorbei. Aber jetzt nehmen sie einen anderen. Nur manchmal kommen sie. Wahrscheinlich hat euer Häuptling sein Glas von ihnen.«

Aus der Hütte war eine Frau getreten, die ihre Stimmen gehört hatte.

»Ich grüße dich, Helga! Was hast du denn da für einen netten Jungen bei dir?«

Helga grüßte zurück und stellte Tasso vor.

»Möchtest du Fische?«, fragte die Frau. »Mein Mann hat einen guten Fang gehabt.«

»Ja, gern, und etwas Milch.« Sie folgten der Frau ins Haus, wo es ziemlich eng war und nach Fisch roch. Ein Säugling schrie laut. Er lag in einem Tuch, das mit den zwei Enden an einem Dachbalken angebunden war. Die Mutter schubste es an, als sie hereinkam. Da schaukelte es hin und her, und das Schreien hörte auf.

»Schöne Fische!«, sagte Helga. »Kannst du mir sechs davon geben?«

»Natürlich.«

Die Fischersfrau goss aus einem großen Krug Milch in ihr Gefäß. Sechs Fische wanderten in das kleine Netz, das sie mitgebracht hatten. Dann machte sie mit Kreide einige geheimnisvolle Striche auf einen Balken der Wand. »Gut so?«, fragte sie und zeigte darauf.

Helga nickte. »Wenn Vater zurück ist, bekommst du wieder eine Goldmünze. Hast du noch Salz?«

»Es reicht noch. Na, Junge, hast du saubere Finger?«

»Warum?«, fragte Tasso erstaunt. »Ja, ich habe sie eben im Fluss gewaschen.«

»Dann darfst du mal hier eintauchen und den Finger abschlecken.«

Sie brachte einen Tontopf.

»Oh! Honig«, freute sich Tasso. »Danke!« Er fuhr mit dem Zeigefinger tief hinein, zog ihn hoch heraus und trennte den herunterlaufenden Honigfaden mit der Zunge. Das Vergnügen hatte er schon lange nicht mehr gehabt. Die Leute hier an der Weser schienen reich zu sein! Und freundlich außerdem.

Das nächste Ziel des kleinen Rundgangs war eine Stelle an dem Bach, an der das Wasser auf einer Länge von vielleicht zwanzig Schritten durch eine hölzerne Rinne geführt wurde. So wurde das Bachgefälle verringert, und am Ende der Rinne entstand ein kleiner Wasserfall, unter den man sein Gefäß stellen konnte. Da Helga die Milch und die Fische trug, füllte Tasso den Krug mit Wasser und trug ihn zum Tor hinauf.

Tjeff lag nicht mehr. Er hatte einen Schemel herausgebracht und neben den Eingang gestellt. Dort saß er und schnitzte mit einem kleinen Messer an irgendetwas herum.

»Du sollst doch liegen!«, mahnte Helga, aber der Ton war nicht streng.

»Wenn hier sitze ich, auch gut für mein Bein auch.«

Tasso schleppte den Krug hinein, stellte ihn ab und kam wieder heraus.

»Was machst du da?«

»Griff für Messer.«

»Ach, da liegt ja das Messer, mit dem ich den Bären erstochen habe! Machst du da einen Griff dran?«

»Ja, ist für dich.«

»Was?«

Helga kam auch heraus und lächelte. »Ja, wir haben das besprochen. Das Messer soll ein Geschenk sein. Weil du den beiden wahrscheinlich das Leben gerettet hast.«

Tjeff zeigte ihm sein Werkstück. »Ich mach groß, mehr groß als dein Hand. Dann auch später passt, wenn du bist ein Mann.«

Tasso nahm den unfertigen Griff in die Hand. Erst jetzt sah er, dass Tjeff am Ende einen Bärenkopf geschnitzt hatte. Etwas unbeholfen, aber

klar zu erkennen. Der Griff lag gut in der Hand. »Sehr schön! Ein Bär! Der hat die richtige Größe. Aber wie kriegst du ihn an das Messer?«

»Komm!«

Er stand auf und humpelte hinein. Auf dem Feuer kochte eine Klebemasse aus Birkenharz. Tjeff füllte etwas davon in das Loch im Griff und drückte das hintere Ende des Messers hinein. »Wenn kalt und hart, dann fest«, sagte er und nickte zufrieden. Er begann, sein Material und Werkzeug wegzuräumen.

Das war auch gut so, denn Helga beanspruchte jetzt den Platz am Feuer, um drei der Fische zu braten.

»Morgen ich machen – äh – Kleid für Messer, und hier – Gürtel. Aus Leder.«

»Wirklich, Tjeff?«

»Ja, wichtig! Sonst du dir schneidest. Schon mal geschneidet!«

Er grinste dabei.

Tasso war glücklich. Er fühlte sich auf einmal sehr verbunden mit diesem Mann, der ihm anfangs so abweisend erschienen war. Ein Gedanke schoss ihm durch den Kopf: Ob sein Vater auch so war? Sicher war er so. Stark und geschickt und klug. Und voll Liebe zu ihm.

Er wurde aus seinen Gedanken gerissen durch das Gebell von Fafnir.

»Es ist jemand am Tor«, sagte Helga. »Jemand, den Fafnir kennt. Er bellt freundlich.« Sie stand auf und ging hinaus, Tjeff und Tasso folgten ihr.

»Vielleicht Harmbrecht und Wisbert«, vermutete Tjeff.

»Eure Freunde mit dem Boot?«

Der Sklave nickte.

Es musste so sein, denn Helga öffnete, nachdem sie hinausgespäht hatte, ohne weitere Fragen das Tor.

Zwei Männer kamen herein, ein alter und ein junger, offenbar Vater und Sohn, denn sie sahen sich auffallend ähnlich. Sie trugen einen Bogen über der Schulter, die Sehne lief schräg über ihre Brust. Beide trugen in der einen Hand ein Bündel und in der anderen ein Paddel. Fafnir, der Wachhund, sprang an ihnen hoch und begrüßte sie freudig.

Tasso hielt sich etwas im Hintergrund. Aber als alle anderen sich begrüßt hatten, winkte Helga ihm. Er trat heran und wurde vorgestellt, wobei Tjeff gleich in mühsam gesuchten Worten seine Heldentat bei der Bärenjagd erzählte.

Tasso begleitete die Männer auf ihre Aufforderung hin zum Boot zurück, um weiteres Gepäck zu holen.

Später saßen sie alle am Tisch und aßen. Zunächst war noch von der Bärenjagd die Rede, dann erzählten die Neuankömmlinge von ihrer Reise. Sie waren zuletzt die Werra heruntergekommen, erfuhr Tasso. Das musste ein Fluss sein, in den man fahren konnte, wenn man ein kleines Stück die Weser hinaufruderte. Da ging es dann rechts in den Fluss Fulda. Davon hatte Tasso schon oft gehört, weil daran viele Chatten wohnten. Und links fuhr man in die Werra. Dort gab es Salzquellen. Aus dem Wasser der Quellen wurde das Salz herausgeholt. Wie, das erzählten sie nicht, und Tasso wollte nicht ihren Bericht unterbrechen, um zu fragen.

»Habt ihr etwas von Tiberius gehört?«, fragte Helga. »Und ob die Markomannen angegriffen wurden? Ihr wart ja näher dran.«

»Sie sind noch einmal davongekommen«, berichtete Wisbert, der Jüngere, der meistens das Wort führte. »Der Aufstand in Pannonien, wie die Römer ihre Provinz an der Donau und weiter südlich nennen, kam gerade rechtzeitig.«

Bei Tasso hatte sich die Neugier inzwischen so weit gesteigert, dass er nicht mehr stillhalten konnte, während sich die Erwachsenen endlos über Dinge unterhielten, von denen er nichts verstand.

»Wer ist das?«

»Wen meinst du?«, fragte Wisbert zurück. »Die Markomannen? Oder Marbod? Oder Tiberius?«

»Alle«, murmelte Tasso und blickte etwas verlegen unter sich.

»Also – weißt du, was südlich von uns ist?«, begann der Händler.

»Im Süden von uns hat unser Fürst Arpo seinen Sitz, und Heiligtümer sind da. Und noch weiter südlich unser Fürst Katumer.«

»Richtig, und was kommt dann?«

Tasso überlegte eine Weile und fragte dann: »Rom?«

Die Männer schmunzelten.

»Nun, so ganz falsch ist es nicht«, meinte Wisbert. »Rom kommt dann zwar noch lange nicht, Rom, die Stadt. Aber wenn du damit das Reich der Römer meinst – das kommt dann bald.«

Sein Vater Harmbrecht mahnte: »Du wolltest von den Markomannen erzählen.«

»Ach ja. Also es ist ungefähr zwanzig Jahre her, da hat der römische Feldherr Drusus einen großen Kriegszug gegen uns unternommen. Du weißt ja sicher, dass die Römer auf der anderen Seite des Rheins regieren, im Westen. Sie wollten alle unsere Stämme besiegen und zu einem Teil des Römerreichs machen.«

»Sie wollen es immer noch«, ergänzte Harmbrecht.

»Ja. Ein riesiges Heer zog gegen die Chatten, die Markomannen, die Sueben, die Chauken, die Cherusker – na, alle eben.«

»Gegen uns auch, die Chatten?«, fragte Tasso.

»Na ja, im Süden haben sie sich schon lange mit uns gerieben, aber insgesamt ging es uns noch ganz gut, weil wir nicht so feindlich gegen sie waren.«

Helga kam herein mit einem großen Krug. Sie begann, Bier in die Becher zu gießen. Dabei sagte sie: »Alle anderen Stämme waren darum nicht gut auf uns zu sprechen.«

Harmbrecht sagte: »Zu Recht! Wir hätten uns gleich alle gegen die Römer zusammenschließen sollen! So ein Unsinn, sich auch noch mit den Cheruskern anzulegen!«

»Aber das hat sich ja jetzt geändert«, freute sich Helga und goss Tasso nur einen halben Becher voll, ohne ihn zu fragen. Den Wasserkrug stellte sie daneben. »Die Edlen von Chatten und Cheruskern haben sich verbündet. Fürst Armins Bruder Flavus hat die Tochter unseres Fürsten geheiratet, und Ramis, die Tochter von Arpo, hat Segithank …«

Harmbrecht unterbrach: »Flavus! Der soll doch ein Römerfreund sein!«

Wisbert knallte seinen Becher auf den Tisch und wischte sich den Schaum aus dem Bart. »Seid doch mal still! Wie soll ich denn dem Jungen diese schwierigen Dinge erklären, wenn ihr dauernd dazwischenredet!«

»Er wird es sowieso nicht alles verstehen!«, knurrte sein Vater und lehnte sich zurück. Da die Bank keine Lehne hatte, lag sein Rücken an der Lehmwand.

»Hör zu, Tasso! Drusus, der Feldherr, zog also bis an die Elbe.«

»Das ist doch im Osten von uns! Dann muss er ja …«

»Durch unser Gebiet gezogen sein, jawohl. Mit einem großen Heer ist das gar nicht so schwer. Aber das ganze Land auf Dauer zu beherrschen, das ist sehr viel schwieriger. Als Drusus wieder zurückkehrte, fiel er vom Pferd und starb.«

»Die Strafe Odins!«, freute sich Tasso.

Wisbert wackelte mit dem Kopf. »Möglich. Vielleicht war er aber auch nur ungeschickt. Wer kann das wissen! Jedenfalls – und darauf wollte ich die ganze Zeit hinaus, ehe die mir dazwischengeredet haben – sind die Markomannen, die südlich von uns lebten, vor den Römern geflohen …«

»Man kann auch sagen: ausgewichen«, meinte Harbrecht. »Das hört sich besser an.«

»Ausgewichen nach Osten. Unter Marbod, ihrem Herrscher. Er nennt sich jetzt König. Genau genommen ist er der einzige Fürst, der ein starkes Reich aufgebaut hat. Das ärgerte die Römer. Sie zogen den Main aufwärts gegen Marbod. Aber ehe sie zuschlagen konnten, ereilte sie der Befehl, nach Südosten abzudrehen. In Pannonien gab es einen Aufstand. Tiberius brauchte 15 Legionen, um damit fertig zu werden. Stell dir das vor, 15 Legionen!«

»Das kann ich mir nicht vorstellen.«

»Ach so, ja. Nun, eine Legion sind sechstausend Mann, alle hervorragend ausgebildet und ausgerüstet, dazu der Tross.«

Harbrecht ergänzte: »Damit ist Tiberius nun noch beschäftigt. Und die Markomannen sind gerettet. Fürs Erste. Aber wer weiß, wie lange noch?«

»Und wir«, fügte Helga hinzu. »Egal, in welcher Reihenfolge die Römer ihre Feinde niedermachen. Irgendwann sind wir auch dran.«

»Meinst du?«, fragte Tasso erschreckt.

»Da hat sie wohl leider recht«, meinte Wisbert. »Tiberius kommt wieder. Außerdem hat er einen gewissen Quintilius Varus als Stellvertreter am Rhein eingesetzt.«

»Ich bin der Meinung …« begann der alte Händler. Sein Sohn nutzte die Pause, während Harbrecht trank, um einzuwerfen: »… dass wir uns verteidigen können? Niemals!«

»Nein, dass wir diese kriegerischen Dinge nicht mit dem Jungen besprechen sollten. Er muss ja Angst kriegen!«

»Er will es doch wissen!«, verteidigte sich Wisbert.

»Ja!«, nickte Tasso. »Ich habe keine Angst!«

Tjeff grinste: »Tasso Bärentöter!«

»Wenn ich groß bin, werde ich mit gegen die Römer ... na ja ...«

Er brach ab. Plötzlich war ihm eingefallen, dass sein Vater bei den Römern war. Wenn der nun gezwungen war, gegen seinen eigenen Stamm zu kämpfen! Wieso hat er sich diesen Feinden überhaupt angedient? Vielleicht war das ja noch in der Zeit gewesen, als die Chatten sich mit den Römern besser standen? Aber trotzdem ... Dass das auch alles so schwierig sein musste!

Während Tasso verwirrt über das alles nachdachte und zu keinem Ergebnis kam, musste das Gespräch wohl weitergegangen sein. Denn als er wieder zuhörte, waren die Erwachsenen dabei, ihre nächsten Unternehmungen zu planen.

Wisbert sollte mit Tjeff zusammen Ragest abholen. Sie würden die Pferde vor den Wagen spannen, wofür der ja auch eigentlich da war. Da konnte Tjeff sitzen oder sogar liegen. Danach sollten Ragest und Wisbert mit dem Karren eine Fahrt nach Metze machen und auf dem Weg Tasso und die Kuh mitnehmen. Tjeff würde mit Harmbrecht im Boot fahren. Da musste er nur paddeln und konnte sein Bein schonen.

Als es dunkel geworden war, legten alle sich auf ihre Lager. Tasso wälzte sich unruhig hin und her und konnte keinen Schlaf finden. In ihm kämpfte der Gedanke, er müsse sich für seinen Vater schämen, der bei den Feinden, den Römern, war, mit dem Wunsch, stolz auf ihn zu sein.

Als gleichmäßiges Schnarchen von den anderen ihm verriet, dass die drei Männer schliefen, stand er leise auf, um noch einmal zu der stinkenden Grube zu gehen. Er hatte wohl am Abend zu viel Bier und Wasser getrunken. Zu Hause, wo die Tiere mit im Haus waren, brauchte er dafür nicht nach draußen zu gehen.

Auf dem Rückweg hielt er plötzlich an. Was war das? Leise, hohe Töne waren in der Luft.

Er sah sich um, soweit das beim Licht des Halbmondes möglich war. Da bemerkte er oben auf dem Wehrgang eine Gestalt. Vorsichtig ging er etwas näher heran. Nun konnte er gegen den helleren Himmel Helga erkennen. Die Töne wurden anscheinend von ihr gemacht, aber wie, das konnte Tasso nicht sehen.

Der Junge verspürte den Wunsch, sich noch ein Weilchen mit ihr zu unterhalten. Oder zuzuhören. Er konnte jetzt sowieso nicht schlafen. Er stieg eine der Leitern hinauf.

Als er oben war, hörte Helga das Knarren und Klappern der Knüppel unter seinen Füßen. Sie fuhr herum, erkannte ihn und winkte. Tasso ging hin.

»Was hast du da? Machst du damit die Töne?«

»Eine Flöte. Sieh hier. Ein Rohr von Holunder. Oben ist so ein Holzstück dran, in das man hineinbläst. Möchtest du es auch mal versuchen?«

»Ich möchte lieber zuhören.«

Helga nahm die Flöte und ließ lange Töne klingen, klar und schön, wie Tasso sie noch nie gehört hatte. Es klang schwer und langsam und geheimnisvoll. Während Tasso zuhörte und auf das schwach beleuchtete Dorf und den Fluss hinunterblickte, legte sich ein Gefühl der Wehmut auf ihn. Er konnte sich das nicht erklären, bemühte sich auch gar nicht darum. Er überließ sich nur dem, was durch Auge und Ohr auf ihn einwirkte.

»Gefällt es dir?«

Tasso musste sich erst wieder zurechtfinden. »Wie? Ja. Ja! Sehr schön ist es.«

Helga legte ihm den Arm um die Schulter. »Hast du Heimweh?«

»Ich möchte gerne zu Hause sein.«

Als Helga schwieg, fügte er nach einer Weile hinzu: »Aber ich möchte auch gerne weit weg sein. Alles das sehen, wovon Wisbert vorhin erzählt hat. Ich möchte in die ganze Welt reisen, und ich möchte zu Hause sein.«

Helga lächelte, Tasso sah es nicht, aber er hörte es an ihrer Stimme.

»Ich möchte am liebsten mit Handel treiben, aber dann will ich doch lieber hierbleiben. Ich würde gerne viele interessante Menschen kennenlernen, und dann verkrieche ich mich doch hier drin.«

Tasso nickte. »Ja, und ich … ich möchte gern ein tapferer Krieger sein, aber ich fürchte mich, wenn ich in eine Schlacht müsste.«

»Ich glaube, die meisten wünschen sich Dinge, die gar nicht gehen. Heute dies, und morgen das Gegenteil. Und manchmal auch beides gleichzeitig.«

»Spiel noch etwas, bitte!«

Helga entlockte dem Rohr ganz neue Töne. Nein, die Töne waren die gleichen wie eben, aber wie sie aufeinanderfolgten, das war anders. Es war Tasso, als malten sie Bilder vor seine Augen. Eine weite Landschaft, von einem hohen Berg aus gesehen.

Über allem sah Tasso eine Wolke schweben. Er wäre gerne auf die Wolke geklettert, aber er erreichte sie nicht. Da nahm sie die Form einer Hand an, mit fünf Fingern, die Handfläche nach unten.

Als Helga zu spielen aufhörte, fragte er: »Hast du schon mal Odin gesehen?«

»Unsinn, Tasso! Du weißt doch, dass man ihn nicht sehen kann.«

»Aber es stimmt doch, dass er uns beschützt, oder nicht?«

Sie schwieg.

Nach einer Weile fragte Tasso: »Weißt du's nicht oder willst du's mir nicht sagen?«

»Ich weiß es nicht, mein Junge. Ich wüsste es auch gern.«

Sie spielte ein paar Töne. Weich und zart klangen sie und wurden immer leiser. Zuletzt erklang der tiefste Ton, den sie ihrer Flöte entlocken konnte. Er verhauchte gerade in dem Augenblick, als eine Wolke sich vor den halben Mond schob.

Tasso wollte gern noch einmal die große Hand sehen, die über der Erde und den Menschen schwebte. Aber er erkannte sie nicht. Darum nickte er, als Helga sagte: »Jetzt wollen wir schlafen gehen«, wandte sich um, ging zur Leiter und stieg hinab.

* * *

»Wir sind bald da!«, rief Tasso fröhlich. Er war ein Stück vorausgelaufen. Seine helle Kinderstimme wurde vom Echo am Waldrand zurückgeworfen: »... bald da!«

Wisbert hob die Hand, zum Zeichen, dass er verstanden hatte, und Ragest nickte nur. Sie gingen rechts und links von den Pferden. Die Kuh war hinten am Wagen angebunden.

Tasso setzte sich ins Gras am Wegrand. Die Beine taten ihm weh vom langen Laufen.

Als die anderen herangekommen waren, erklärte er: »Ich kenne dieses Tal wieder. Hinter der Wegbiegung geht's wieder steil bergauf. Und wenn der Weg wieder runtergeht, teilt er sich. Ich muss nach rechts und ihr nach links.«

»Wir können den Stein, den deine Kuh trägt, nicht noch mit auf den

Wagen laden. Das wird zu schwer. Aber du kannst gern nach Hause laufen und deine Mutter begrüßen. Später kommst du dann zum Schmied und holst deine Kuh ab.«

»Wir bleiben bei Hortwin. Beim Schmied«, stellte Ragest fest. »Waren schon oft da. In seinem Schuppen.«

»Warum bringen wir Hortwin denn einen Stein? Hier gibt's doch genug Steine.«

Wisbert lachte. »Nicht irgendeinen, sondern einen zum Wetzen und Schleifen.«

Ragest erklärte: »Hortwin hat viele Schleifsteine. Aber alle sind grob. Sandsteine. Er hat gesagt: Bringt mir einen feinen Schleifstein. Sehr feine Körner. Kannst sie kaum erkennen, so klein.«

Tasso fragte: »Wenn wir schon so nah sind, dann kann ich doch schon vorauslaufen, oder? Nach Hause. Und heute Abend komme ich dann und hole die Kuh.«

»Gut. Lauf!«, sagte Ragest. Er grinste fröhlich, als wenn er sich genauso wie der Junge auf zu Hause freuen würde.

»Bis später!« Tasso rannte los. Auf einmal waren seine Beine nicht mehr müde. Er lief den Weg entlang, bis der wieder in den Wald führte. Von da an wählte er eine Abkürzung, denn hier kannte er sich aus. Da drüben hatte er damals das kleine Wildschwein geschossen und auf dem Weg Fürst Armin getroffen. Er hastete den Berg hinauf, bis er so sehr keuchte, dass er kurz anhalten und verschnaufen musste.

Weiter! Auf der anderen Seite des Berges war er bald auf der Wiese, die Ammerich gehörte, dem Edlen, dem reichsten Mann im Dorf.

Da kam auch schon ihr Haus in Sicht. Rauch quoll aus der Öffnung im Dach, seine Mutter musste da sein. Er flog – jedenfalls kam es ihm so vor – die Wiese hinunter. Zwei Kühe traten erschreckt zur Seite und glotzten dann hinter ihm her.

»Mutter!«

Er riss den Vorhang zur Seite. Sie saß auf dem Hocker, schnitt mit dem uralten Bronzemesser Hagebutten auf und kratzte die Körner heraus. Links stand ein Korb mit den Hagebutten, rechts eine Holzschüssel, in die sie die gereinigten Stücke warf. Der Abfall lag zwischen ihren Füßen auf dem Boden.

»Tasso!«

Sie ließ das Messer fallen, sprang auf und tat einen Schritt auf ihren

Sohn zu. Dabei stieß sie die Schüssel mit den fertig bearbeiteten Hagebutten um, sodass sie über den Lehmboden kullerten. Dann lagen sie sich in den Armen.

Eine Weile sagten sie gar nichts, drückten sich nur. Dann stieß seine Mutter hervor – und sie musste sich anstrengen, ihrer Stimme einen festen Klang zu geben: »Dass du wieder da bist! Wie freue ich mich! Weißt du, ich habe mir selbst schon Vorwürfe gemacht. Ich hätte dich nicht gehen lassen dürfen! Ein Junge von zehn Jahren.«

»Zehn ist doch schon viel, Mutter!«

»Ja, aber nicht genug! Es war einfach – weil wir das Geld so brauchten. Aber trotzdem – ich hätte es nicht zulassen dürfen!«

»Aber jetzt bin ich ja wieder da.«

»Ich freue mich so! Mein Großer hat allein so eine weite Reise gemacht!«

Sie lösten sich aus der Umarmung.

»Du ahnst ja gar nicht, wie groß ich bin, Mutter! Ich habe sogar einen Bären erstochen!«

»Was? Ach Junge, erzähl nicht solchen Unsinn! Über das Alter bist du doch hinaus, wo Kinder sich so merkwürdige Geschichten ausdenken und dann selber glauben!«

»Es stimmt, Mutter! Ganz ehrlich! Mit diesem Messer hier. Und zum Dank haben sie es mir geschenkt, und Tjeff hat mir den Griff drangemacht. Mit einem Bärenkopf, guck hier! Und auf einem Pferd bin ich geritten. Und weißt du, was ich auch kann? Schwimmen! Na ja, noch nicht so gut, aber ein bisschen. Harmbrecht hat es mir gezeigt. Und dann haben …«

»Augenblick, Tasso! Langsam, langsam! Du musst mir alles erzählen, aber ordentlich von vorn bis hinten. Erst hilf mir mal, die Hagebutten wieder aufzusammeln. Hast du Hunger?«

»Nein, nur Durst, ich trinke etwas Wasser.«

Gerhild schaute hinaus. »Wo ist denn unsere Kuh?«

»Die hole ich nachher. Sie muss noch einen Schleifstein zum Schmied tragen, Ragest und Wisbert haben sie mitgenommen. Heute Abend hole ich sie in Berffe beim Schmied ab.«

Sie knieten beide auf dem Boden und sammelten Hagebuttenhälften auf. Als sie zugleich ihre Hände über die Schüssel hielten, um die roten Dinger hineinzuwerfen, fasste Gerhild nach der Hand ihres Jungen und zog ihn noch einmal an sich.

»Hast du denn jetzt getrunken?«

»Ach nein, hab ich vergessen.«

»Komm, setz dich auf die Bank. Ich bringe dir Wasser. Du wirst sicher müde sein von dem weiten Weg.«

»Ich habe sogar einmal Honig gegessen! Einen ganzen Finger dick voll!«

»Es scheint dir ja wirklich gut gegangen zu sein! Ich muss dich wohl öfter losschicken, damit du gute Sachen kriegst und satt wirst und außerdem was lernst.«

»Ja.« Tasso trank seinen Becher so hastig leer, dass man das Glucksen hören konnte.

»Hoffentlich findest du es nicht zu ärmlich zu Hause, wenn du anderswo so viel Schönes bekommst. Und so viel erlebst.«

»Nein, Mutter, hier bin ich immer am liebsten!«

»Wie lange wohl noch?«, murmelte sie leise für sich, während sie die Schüssel mit den Hagebutten auf den Tisch stellte.

»Was hast du gesagt?«

»Ach nichts. Wie war das denn nun mit dem Bär?«

Tasso erzählte und erzählte. Später reinigten sie gemeinsam die restlichen Hagebutten. Tasso berichtete alles, was ihm einfiel.

Am Nachmittag machte er sich auf den Weg.

Tasso wusste, wo der Schmied wohnte, und hätte er es nicht gewusst, hätte ihn der Klang des Hammers hingeführt.

Was er als Erstes sah, als er auf den Hof kam, waren seine zwei Reisegefährten, die mit Sello, dem alten Schmied, zusammen Schwerter auf einem nassen Stein hin und her schoben.

»Da bist du ja, Tasso!«

»Was macht ihr denn da?«

»Siehst du das nicht? Wir schleifen die Schwerter scharf.«

Ragest ergänzte: »Für ein gutes Nachtquartier und ein großes Stück Schweinefleisch zum Abendessen.«

»Da kann man doch ruhig ein bisschen arbeiten, findest du nicht?«

Tasso lachte. »Ich dachte, ihr wolltet euch ausruhen!«

Sello, der zahnlose Alte, rief mit einer merkwürdigen Fistelstimme: »Ausruhen? Hier wird gearbeitet! Komm her, Junge, kannst auch helfen!« Das war nicht ganz einfach zu verstehen, weil bei den S-Lauten die Zunge mangels Schneidezähnen nirgends gegenstoßen konnte.

»Ich will kein Fleisch, und ein Bett habe ich selber!«, rief Tasso lachend und ging zur Schmiede hinüber, die den Hof hinten begrenzte. Sie war auf der Vorderseite offen und hatte ein Dach aus Brettern, die sich bei Funkenflug nicht so leicht entzünden konnten wie Stroh.

Am Amboss stand Hortwin, der junge Schmied, mit einem Knecht.

»Guten Tag!«, grüßte Tasso.

»Tag! Du bist Tasso, nicht? Die beiden haben mir von dir erzählt. Ich bin Hortwin.«

»Ich weiß«, sagte Tasso. »Beim Sonnenwendfest habe ich dich gesehen. Auch sonst schon. Aber da besonders, da hast du den Wettkampf im Steinstoßen gewonnen.«

»Und du hast beim Wettlauf der Jungen fast gewonnen!«

»Dass du das weißt!«

»Weil mein Sohn der Schnellste war und du der Zweite. Fast hättest du ihn besiegt. Das wäre eine Schande für ihn gewesen, weil er fast ein Jahr älter ist. Da habe ich mir dein Gesicht gemerkt.«

»Wo ist Gerwin? An diesem Ding für die Luft? Er hat gesagt, er muss oft Luft ins Feuer blasen, wenn du schmiedest.«

»Das Ding heißt Blasebalg. Aber da steht heute Gundis, seine jüngere Schwester. Gerwin ist unterwegs, um repariertes Werkzeug zu den Leuten zu bringen. Kennst du Gundis?«

Tasso trat weiter unter das Dach. In der Ecke, wo der Blasebalg betätigt werden musste, war es dämmrig. Jetzt konnte Tasso das Mädchen sehen. Beim Sonnenwendfest und bei verschiedenen anderen Anlässen hatte er es schon gesehen, ohne zu wissen, dass es Gerwins Schwester war. Er erkannte es aber nur an den langen, rotblonden Zöpfen, da ihr Gesicht vom Kohlenstaub völlig verdreckt war. Der Schweiß, der ihr beim Pumpen von der Stirn lief, hatte hellgraue Straßen in die dunkelgraue Schicht gewaschen.

»Du bist Gundis?« Tasso trat heran.

»Ja«, keuchte sie.

»Ich könnte dich mal ablösen. Willst du?«

»Gerne.«

Der Schmied rief: »Nicht reden! Pumpen!«

Tasso strengte sich an, Gundis ruhte sich aus und sah ihm zu, die Hände in die Hüften gestemmt. Es dauerte nicht lange, da fing auch Tasso an zu schwitzen. Die Arbeit war anstrengend, und das

Schmiedefeuer war nicht weit, die Hitze, die es ausstrahlte, reichte bis hierher.

Er fing schon an zu bereuen, dass er seine Hilfe angeboten hatte, da rief Hortwin: »Hört mal auf!« Der Knecht schüttete neue Holzkohle auf das Feuer und schürte.

»Ich muss nach Hause«, sagte Tasso und wischte sich mit dem Handrücken über die Stirn. »Meine Mutter wartet auf mich. Ich war viele Tage weg und bin heute erst zurückgekommen.«

»Ich weiß«, nickte Gundis, »die Händler haben es erzählt.« Sie ging mit ihm auf den Hof hinaus.

Tasso verabschiedete sich von Ragest und Wisbert. Der sagte: »Vielleicht sehen wir uns mal wieder. Ich würde mich freuen.« Ragest legte den Arm um seine Schulter, zog ihn an sich und grinste: »Mein Freund! Du bist mein Freund!«

»Und du bist meiner!«, antwortete Tasso.

Er band die Kuh los. Als er sie vom Hof führte, winkte er den Männern noch einmal zu. Gundis rief: »Komm mal wieder! Kannst mir öfter mal helfen!«

»Mache ich, wenn ich Zeit habe. Grüß Gerwin!« Dann trottete er mit der Kuh davon.

9 n. Chr.

Die ersten, grauen Weidenkätzchen fühlten sich weich an, als Tasso sie sanft über seine Wange strich. Er träumte allerlei Tagträume vor sich hin und starrte in den Bach, der vom Schmelzwasser stark angeschwollen war.

Gewohnheitsmäßig blickte er sich um und zählte seine Tiere. Sie waren noch alle in der Nähe: eine Kuh, zwei Ziegen und drei Schafe. Er musste nicht nur darauf achten, dass sie ihm nicht im Wald verloren gingen, sondern auch, dass sie nicht auf der Wiese weideten, die Ammerich, dem Edlen, gehörte. Wenn das jemand beobachtete und Ammerich verriete, ginge es ihm dreckig.

Spielerisch klatschte Tasso, am Ufer hockend, mit dem Weidenzweig ins Wasser, dass es spritzte.

Plötzlich horchte er auf. Was war das? Hatte da jemand geschrien? Aber warum sollte jemand schreien? Vielleicht war es ein Vogel. Er kannte allerdings keinen Vogel und auch sonst kein Tier, das ein solches Geräusch von sich gab.

Da – wieder! Länger diesmal. War das nicht die Stimme seiner Mutter?

Tasso sprang auf und lief, ohne an die Tiere zu denken, über Ammerichs Wiese auf sein Haus zu. Als er es sehen konnte, bemerkte er keinen Menschen. Wollte nicht seine Mutter Kleider waschen am Bach?

»Mutter!«

Er bekam keine Antwort, rannte zum Haus und riss den Vorhang zur Seite.

Es dauerte einen Augenblick, bis er sich auf das Dunkel im Inneren eingestellt hatte. Dann sah er auch, was er schon gehört hatte: Da kämpften zwei Menschen. Jetzt erkannte er es: Sein Onkel Hadrich rang mit seiner Mutter. Er hatte ihr das Kleid zerrissen und drängte sie an den Tisch. Mit der Linken hielt er ihr den Mund zu, damit sie nicht mehr schreien konnte. Gerhild schlug mit ihrer rechten Faust auf ihn ein, aber Hadrichs abgespreizter Ellenbogen verhinderte, dass sie ihn richtig treffen konnte. Mit seiner rechten Hand hatte er ihren linken Arm gepackt.

»Lass sie los!«, schrie Tasso und stürzte sich auf seinen Onkel. Er bearbeitete ihn mit den Fäusten. Aber es fehlte ihm die Kraft, und niemand hatte ihm auch bisher gezeigt, wie man einen Gegner empfindlich treffen konnte.

Erst schimpfte Hadrich wütend: »Was willst du denn hier? Hau ab! Das hier geht dich gar nichts an!«

»Lass meine Mutter los!« Fast weinte Tasso dabei, weil er seine Hilflosigkeit merkte.

»Geh! Ich denke, du hütest die Tiere! Sieh zu, dass sie nicht auf die Wiese gehen! Verschwinde!«

Er gab dem Jungen mit dem Knie einen kräftigen Stoß, sodass der rückwärts auf den Lehmboden fiel.

»Ha!«, lachte Hadrich. »Da liegt er, der Bärentöter!«

Wie ein Blitz durchzuckte bei dem Stichwort ein Gedanke Tassos Kopf. Er hatte einen Bären getötet, jawohl. Und sollte er nun gegen den Mann hilflos sein? Damals hatte er ein Messer gehabt. Das Messer! Das hatte er immer noch!

Er zog seine Waffe, während er sich aufrichtete, fasste den Griff mit beiden Händen und richtete die Spitze auf Hadrich.

»Lass sie los! Oder ich steche dich!« Er schrie es laut und seine Augen blitzten, sodass der Mann wohl merkte, wie ernst es ihm war.

»Werd' nicht frech, Kleiner!« Hadrich trat nach dem Messer. Aber als die Abwehr misslungen war und er den Fuß wieder auf den Boden stellen musste, um nicht den Halt zu verlieren, hatte er einen tiefen Schnitt in der Wade.

»Du verfluchter Hund! Was fällt dir ein! Du hast mich geschnitten!« Verwundert sah Hadrich das Blut hervorquellen. Er schien unentschlossen, ob er sich auf den Jungen stürzen oder sich erst seiner Wunde widmen sollte. Jedenfalls lockerte er dabei den Griff, mit dem er Gerhild hielt, und die konnte sich befreien. Sie griff nach dem dreibeinigen Schemel und schlug damit aus der Drehung nach ihrem Schwager.

Der hatte mit einem Angriff von dieser Seite nicht gerechnet und war einige Augenblicke verwirrt. Als Gerhild erneut ausholte, sprang er schnell zur Seite, ehe sie noch einmal zuschlagen konnte.

»Verdammte Bande! Was fällt euch ein!«

»Was fällt dir ein? Hau ab! Sofort!« Gerhild schwang den Schemel und hätte ihn vielleicht auf Hadrichs Kopf zerschmettert, wenn der nicht erneut ausgewichen wäre. Jetzt war er schon im Eingang.

»Wartet! Das zahle ich euch zurück!«, schrie er, verschwand aber. Gerhild sah ihm nach, und Tasso trat an ihre Seite.

»Komm nie wieder!«, schrie sie ihrem Schwager nach. Dann wandte sie sich mit heftigen Bewegungen wieder ins Haus und knallte den Schemel auf den Boden, zwar da, wo er hingehörte, aber mit mehr Wucht, als nötig war. Dann setzte sie sich darauf, vergrub das Gesicht in den Händen und schluchzte.

Tasso stand hilflos daneben. Erst nach einer Weile wagte er, den Arm um ihre Schulter zu legen. Da sah seine Mutter auf.

»Danke, Tasso! Danke, dass du mir geholfen hast!«

»Was wollte der denn, Mutter? Wollte er dich ermorden?«

»Nein, nein, nicht ermorden.«

Ach so, da wusste Tasso, dass es sich wieder um so etwas zwischen Männern und Frauen handelte. Er traute sich nicht weiterzufragen. Gerhild zog ihren Sohn wortlos an sich.

Der fragte nach einer Weile: »Meinst du, er kommt wieder?«

»Er wird's versuchen.« Dann schwiegen beide. Auch weiterhin mieden sie das Thema, da weder Mutter noch Sohn eine Lösung für das Problem wussten und keiner dem anderen Angst machen wollte.

Gerhild sagte: »Geh wieder zu den Tieren, Tasso! Dass sie nicht … du weißt schon.«

Tasso nickte. Er steckte sein Messer wieder in die lederne Scheide, die Tjeff ihm gemacht hatte, sah sich draußen um und ging, als er niemanden sah, mit raschen Schritten zum Waldrand.

* * *

Tasso schreckte aus dem Schlaf hoch. Stand sie da?

Nein, natürlich nicht! Es war noch dunkel, und in der Hütte war es still. Von drüben kamen die regelmäßigen Atemzüge seiner Mutter. Also musste er wohl geträumt haben. Aber sehr deutlich. Er hatte geträumt, Gundis stände da, die Tochter vom Schmied. Sie lächelte ihn aus einem vom Kohlenstaub verschmierten Gesicht an. Aus ihrem Mund mit den blitzend weißen Zähnen und aus ihren Augen leuchtete es so hell, dass ein merkwürdiger Gegensatz entstand zu dem Schwarz auf Stirn und Wangen. Zuletzt hatte sie sich ein wenig über ihn gebeugt, und da hatten die Enden ihrer langen rotblonden Zöpfe ihn an der Nase gekitzelt, und er war aufgewacht.

Seltsam! Warum hatte er so klar und eindrücklich von ihr geträumt? Er kannte sie ja eigentlich kaum. Und jetzt hatte er sie auch den ganzen Winter über nicht gesehen!

Ob das etwas bedeutete? Vielleicht sollte ihm von den Göttern gesagt werden, dass er sie einmal heiraten würde? Oder von den Nornen, oder wer immer für so was zuständig war.

Der Gedanke war Tasso nicht unangenehm. Gundis würde ja nicht immer so schwarz bleiben. Er war sich sicher: Wenn sie sich wäscht, kommt dahinter ein hübsches Mädchen hervor.

Tasso drehte sich auf die andere Seite. Er konnte nicht wieder einschlafen, aber das machte nichts. Schöne Vorstellungen verdrängten außer dem Schlaf auch die dunklen Gedanken, die er sich seit dem Ereignis mit Hadrich gemacht hatte.

Als es langsam hell wurde und die Tiere sich zu regen begannen, stand er auf. Es war, soweit er sich erinnern konnte, überhaupt das erste Mal, dass er vor seiner Mutter aufstand. Sonst war sie immer schon emsig beschäftigt, wenn er aufwachte.

Ich will mal zum Schmied gehen, beschloss er. *Mal sehen, ob Gundis wirklich so aussieht, wie ich sie heute Nacht gesehen habe. Vielleicht kann ich ihr bei dem Blasebalg helfen, dann freut sie sich und muss nicht so schwitzen. Vielleicht ist ja auch Gerwin am Blasebalg, dann macht sie etwas anderes und sieht sauber aus.*

»Tasso – hast du schon gemolken?«

»Ja. Es ist alles fertig.«

»Danke! Wie kamst du darauf? Und warum bist du so früh wach?«

»Ich – ich hab mir was überlegt.«

Gerhild stellte den alten Holzkasten hin, in den sie gerade die kalte Asche aus der Feuerstelle kratzen wollte, und schaute ihren Jungen an. »Überlegt?«

»Vielleicht könnte ich mal nach Berffe gehen. Zu Hortwin, dem Schmied.«

»Wegen Gerwin? Hm, ja, ich verstehe dich. Hier bei uns ist kein Junge in deinem Alter, mit dem du richtig spielen kannst.«

Daran hatte Tasso gar nicht gedacht. Aber er hütete sich, das seiner Mutter zu sagen.

»Ja, und auch wegen – ich finde es sehr spannend, wie Hortwin schmiedet. Vielleicht kann ich was dabei lernen, und wenn ich größer bin …«

»Du meinst, dass er dich als Schmiedeknecht aufnehmen würde?«
»Kann ich heute mal hingehen?«
»Meinetwegen. Mit den Tieren werde ich schon zurechtkommen.«

Die Sonne stieg gerade aus den Wäldern im Osten, als Tasso zur Schmiede kam. Der Knecht schürte das Feuer, Hortwin schob gerade einen neuen Wagen auf dem Hof näher an Feuer und Amboss heran. Dass er neu war, sah man an dem hellen Holz. Offenbar mussten noch einige eiserne Beschläge angebracht werden. Er hatte nicht zwei Räder, wie die Wagen der Händler, sondern vier, und der vordere Teil mit zwei Rädern drehte sich unter dem Wagen. Tasso staunte, so etwas hatte er noch nie gesehen.

»Guten Morgen, Hortwin.«

»He, Tasso! Du bist ja früh auf den Beinen! Wenn du zu Gerwin willst – der muss gleich kommen.«

»Ja – äh – auch. Aber ich wollte auch – also – ich wollte dir ein bisschen zugucken, beim Schmieden. Wenn es dir recht ist. Ich stehe dir auch nicht im Weg rum.«

»Meinetwegen. Möchtest wohl etwas lernen, wie?«

»Ja.«

»Fass mal da an und hilf schieben! Zugucken allein gibt es aber bei uns nicht. Ein bisschen mithelfen solltest du schon!«

»Ja, gerne.«

»Weißt du, wir haben eine Menge zu tun. Wir schaffen es kaum. Hauptsächlich Waffen.«

»Wozu?«

»Wozu? So eine Frage, Junge! Wozu braucht man Waffen? Für einen Kampf natürlich. Für eine Schlacht.«

»Eine … wird es denn eine Schlacht geben?«

»Ja.«

Die Antwort war so kurz und klang so selbstverständlich, dass Tasso nicht wusste, was er weiterfragen sollte.

Das Feuer brannte jetzt, und der Knecht hatte verschiedene Eisenstücke hineingelegt. Jetzt ging er zum Hebelwerk des Blasebalgs.

»Ich mache das!«, sagte Tasso und lief hinter ihm her.

Der Knecht blickte fragend zu Hortwin hinüber, und als der nickte, wies er den Jungen mit einer Handbewegung an seinen Arbeitsplatz und kehrte zur Esse zurück.

Tasso pumpte Luft ins Feuer, und die Kohlen begannen bald hell aufzuglühen.

Plötzlich stand Gerwin neben ihm. »Was machst du denn hier?«

»Luft ins Feuer blasen. Das siehst du doch.« Tasso grinste dem anderen in das noch reichlich verschlafene Gesicht.

»Ich meine – warum?«

»Ach, ich ... ich will mich ein bisschen in der Schmiede umsehen. Ob das eine Arbeit ist, die ich später mal machen will.«

»Na schön. Dann sieh dich möglichst lange und gründlich um. Wenn ich das gewusst hätte, wäre ich länger im Bett geblieben.«

Tasso lachte. »Aber ich will nicht den ganzen Tag den Blasebalg bedienen!«

»Schade.«

Tasso bewunderte die lässige Art von Gerwin. Der war ja etwas älter und anscheinend auch sicherer im Umgang mit Erwachsenen und mit Schwierigkeiten. Oft hatte er einen trockenen Witz auf den Lippen, den er vorbringen konnte, ohne selbst dabei zu lachen. Das hätte Tasso auch gern gekonnt. Gerwin war nicht größer als Tasso, eher noch ein wenig kleiner, aber er hatte breitere Schultern. Er sah eigentlich nicht mehr richtig wie ein Kind aus, obwohl er doch auch erst zwölf Jahre alt war.

»Wo ist denn ...?« Tasso konnte sich gerade noch rechtzeitig auf die Lippen beißen. Fast hätte er sich verraten!

»Wer?«

»Sello, meine ich. Wo ist dein Großvater?«

»Warum?«

»Ach, er ... er erzählt so schöne Geschichten und ... also ... man kann viel von ihm lernen.«

»Schöne Geschichten? Ja, von Elfen und Gnomen, von Geistern, die sich in Tiere verkleiden, und so Zeug. Früher hat's mich immer so schön gegruselt, wenn er erzählt hat. Aber inzwischen mag ich seine Geschichten nicht mehr. Ich liebe die Geschichten, wie die Chatten und andere den Römern zugesetzt haben. Wenn die Männer abends zusammensitzen, erzählen sie oft so was.«

»Darfst du dann dabeisitzen?«

»Warum nicht?«

»Du hast es gut. Unsere Siedlung ist so klein, nur ein paar Häuser, und da sind nicht viele ...«

»Guten Morgen, Großvater!«, rief Gerwin. »Hier ist einer, der gerne eine Gruselgeschichte von dir hören möchte! Lass mich mal da dran, Tasso!«

Sello, der alte Schmied, kam herangeschlurft. Er hatte eine stark gebückte Haltung und kriegte beim Gehen kaum die Füße hoch, sodass er, wenn er über den Hof ging, eine kleine Staubfahne hinter sich her zog. Aber seine Bewegungen waren trotzdem nicht langsam und müde, wie Tasso es sonst oft bei alten Leuten beobachtet hatte, sondern rege, fast flink. Am flinksten aber waren seine lustigen kleinen Augen, die alles um ihn her begierig aufzunehmen schienen.

»Du bist Tasso, nicht?« Der Alte reichte ihm die Hand. Das hatte bisher keiner hier in der Schmiede gemacht. »Komm mit! Wir schleifen. Und dabei erzähle ich dir, was du hören willst. Gerwin kann den Blasebalg allein bedienen.«

Tasso folgte ihm in die Ecke des Hofes, wo er vor einem halben Jahr die beiden Händler bei der gleichen Arbeit beobachtet hatte. Sello nahm eins der Schwerter, die dort lagen, und sagte: »Sieh dir genau an, wie ich es mache!«

Tasso beobachtete eine Weile, dann nässte er auch seinen Stein und begann zu schleifen. Es ging bei ihm langsamer als bei dem Alten, aber der schien nicht unzufrieden mit seiner Arbeit zu sein. Er trat immer mal neben ihn, sah eine Weile zu und korrigierte Haltung und Bewegung seiner Hände.

Dabei sagte er mit seiner lispelnden Stimme, die auch darum so seltsam klang, weil ihr die tiefen Töne fehlten: »So, gut, ja! Nein, etwas flacher! Aber schleif dir nicht die Fingerspitzen ab! Die brauchst du vielleicht noch! Kreisende Bewegungen, jawohl! Und du brauchst nicht alle paar Augenblicke nachzugucken, wie viel schon abgeschliffen ist – so schnell geht das nicht! Kreisen, immer kreisen! Etwas mehr Druck! Das geht in die Arme, wie? Und in die Finger. Na, wenn du's ein paar Jahre gemacht hast, kannst du's. Oder wolltest du nicht so lange bleiben? Hihihi!« Er lachte hoch und schelmisch.

Während seiner Arbeit schaute Tasso immer mal auf, ob er Gundis irgendwo sah. Aber sie kam nicht. Am Ende war sie überhaupt nicht im Haus, und er machte das alles hier vergeblich! Nun ja, dann würde er es ein anderes Mal versuchen müssen. Es konnte nicht schaden, wenn er zu den Leuten hier ein gutes Verhältnis bekam.

Hortwin und sein Knecht arbeiteten inzwischen an dem großen Amboss. Hortwin hielt die Zange in der Linken und den Hammer in der Rechten, der andere hielt einen schwereren Hammer mit beiden Händen. Es sah sehr gekonnt aus und hörte sich auch so an, wie die zwei Hämmer immer im Wechsel auf das glühende Metall schlugen.

»So, ich soll dir Geschichten erzählen?«, fragte der Alte. »Aber nur, wenn du dabei mit deinen Gedanken bei der Arbeit bist.«

Tasso erwiderte zögernd: »Geschichten? Ach – die Geschichten von Nornen und Feen und so was – die hat mir meine Mutter schon erzählt.«

»So? Was sollen wir denn sonst reden? Weißt du, reden sollte man bei so einer Arbeit. Sonst wird sie einem schnell langweilig.«

»Du könntest mir etwas vom Schmiedehandwerk erklären. Vielleicht erlerne ich es ja mal.«

»Überleg's dir gut, Junge, es ist nicht leicht! Aber es ist auch schön.«

»Ja.«

»Also – frage! Was willst du wissen?«

Tasso sah die Klinge an, die er in der Hand hielt.

»Was sind das für Linien, hier? Sie sind nicht gerade. Und dazwischen ist das Eisen mal etwas heller, mal etwas dunkler!«

»Da muss ich etwas weiter ausholen, um dir das zu erklären, mein Junge. Aber dabei weiterarbeiten! Also, es gibt eine Art von Eisen, das kann man erhitzen und dann ganz schnell im Wasser abkühlen, dann wird es sehr hart. Damit Eisen so wird, muss es lange im Feuer liegen. Und es gibt anderes, das bleibt weich, ganz egal, was man mit ihm anstellt. Was meinst du wohl, ist am besten für Schwerter geeignet?«

»Das harte.«

»Nicht unbedingt. Tatsächlich ist es so«, erklärte Sello weiter, »dass beide Arten von Eisen Vorteile und Nachteile haben. Der harte Stahl, so nennt man solches Eisen auch, der wird zwar nicht schartig, wenn man mit einem Feind die Klinge kreuzt, aber er bricht leicht. Beim Abschrecken, also beim schnellen Abkühlen, wird er nämlich nicht nur hart, sondern damit auch brüchig. Eine weiche Klinge dagegen – nun streng mal dein Köpfchen an! Was sind ihre Vor- und Nachteile.«

»Sie bricht nicht so schnell.«

»Aber?«

»Aber sie kriegt Scharten.«

»Richtig. Also musste man sich früher entscheiden: Will ich eine Klinge, die scharf bleibt, aber leicht abbricht, oder eine, die wenigstens ganz bleibt, aber schnell stumpf wird. Hast du das verstanden?«

»Ja.«

»Und ...?«

»Was und?«

»Was würdest du da machen?«

»Sag mir's, ich komme nicht drauf.«

»Wäre auch ein bisschen zu viel verlangt, wenn du von allein darauf kommen solltest. Es ist nämlich ein sehr schlauer Einfall, weißt du, und ich gebe zu, er stammt auch nicht von mir. Der Einfall ist: Wir nehmen Eisen, das sich härten lässt, und anderes, das sich nicht härten lässt, und schmieden es in dünnen Schichten aufeinander. Das sind die Streifen, die du hier siehst. Wenn nun das Schwert fertig geschmiedet ist, wir erhitzen es und schrecken es im kalten Wasser ab – na, was passiert dann?«

»Weiß nicht.«

»Tasso! Du sollst es ja auch nicht wissen, sondern durch Nachdenken rauskriegen! Also?«

»Äh – die eine Schicht wird hart, und die andere bleibt weich.«

»Genau. Und das bedeutet?«

»Das Schwert wird nicht so schnell stumpf, wegen der harten Stellen, und es bricht nicht, wegen des weichen Eisens.«

»Na, siehst du! Durch Nachdenken bist du draufgekommen. Schlau!«

Tasso guckte verlegen und wandte sich gleich wieder seinem Werkstück zu. Er wusste nicht, ob ihn der alte Mann wirklich loben oder sich über ihn lustig machen wollte.

»Du hast so gefragt – da musste ich draufkommen.«

Irgendwann sah er dann doch noch Gundis. Sie kam mit ihrer Mutter aus dem Haus. Zwischen sich trugen sie einen bronzenen Kessel, und die Mutter hatte zusätzlich einen Krug aus Ton auf der Schulter. Beide sahen nicht herüber und bemerkten ihn nicht. Nach einer Weile kamen sie zurück, und da sie an den Wassergefäßen jetzt schwer zu tragen hatten, sahen sie sich erst recht nicht um.

Gundis war diesmal sauber im Gesicht, stellte Tasso fest. Sie sah auch hübsch aus. Aber irgendwie normal. Das merkwürdige Gefühl, das er bei ihrem Anblick im Traum gehabt hatte, stellte sich jetzt nicht ein. Das Gefühl, über das er sich nicht klar war. Ein klein wenig enttäuscht war er. Allerdings sagte er sich, dass sie ja auch ziemlich weit weg war, in der Nacht war sie ihm ganz nahe gewesen.

»Na – hältst du schon sehnsüchtig nach dem Essen Ausschau?«, fragte Sello. Schnell beugte der Junge sich wieder über den Schleifstein. »Nein … äh … ich hab nur ein bisschen geträumt.«

Gundis und ihre Mutter brachten einen langen, schmalen Tisch ins Freie. Er bestand nur aus einem einzigen breiten Brett, das sie auf zwei Böcke legten. Dann kamen Bänke dazu, auf jeder Seite eine.

Als sie schließlich zwei dampfende Schüsseln herausbrachten und einige hölzerne Löffel, rief die Frau des Schmieds: »Essen!«

Sello und sein neuer Lehrling legten ihre Arbeit nieder und gingen hinüber, auch Gerwin kam gleich, aber die beiden am Amboss schmiedeten ihr Werkstück erst noch fertig.

»Ach – Tasso! Du bist ja auch da!«, sagte Gundis.

»Ja, ich wollte … äh, weil ich gerne etwas über das Schmieden lernen will.«

Sie nickte.

»Komm, setz dich!«, sagte Sello. Das tat er und bemerkte dann mit Freude, dass Gundis sich neben ihm niederließ.

An diesem Ende des Tisches fuhren die zwei Kinder, die Hausfrau und der Großvater mit ihren Holzlöffeln in die eine Schüssel und am anderen Ende Gerwin und die Männer in die zweite.

»Alle scheinen zu glauben, dass es Krieg gibt,« sagte Hortwin. »Wozu sollten sie sonst so viele Schwerter bei uns kaufen? Jeder, der fürchtet, sein Schwert sei zu alt oder zu stumpf oder zu rostig, will ein neues.«

Gerwin erwiderte: »Weil sie meinen, dass es eine große Schlacht gibt. Aber das muss nicht heißen, dass es wirklich so kommt.«

»Fürst Arpo hat sich mit Fürst Armin verbündet«, wusste der Alte zu berichten. »Sie haben sich mehrmals getroffen.«

Tasso warf ein: »Ja, vor einem Jahr war Fürst Armin hier.«

»Woher weißt du das denn?«

»Ich habe ihn gesehen und mit ihm gesprochen.«

»Du?«, fragte Gerwin. Man hörte am Ton seiner Frage, dass er es nicht glaubte.

»Ja. Ich habe mit ihm geredet und bin sogar mit ihm auf seinem Pferd geritten.«

Die Erwachsenen lächelten, Gerwin lachte, seine Mutter meinte: »Da wirst du wohl etwas verwechseln, Junge.«

»Nein! Bestimmt! Ich habe …« Tasso fühlte Ärger in sich aufsteigen. Es wäre vielleicht zu einem Ausbruch gekommen, hätte nicht Gundis dazwischengesprochen: »Warum soll er ihn nicht getroffen haben? Führt nicht die Straße zu den Cheruskern da vorbei, wo Tasso wohnt?«

»Nicht ganz«, sagte Gerwin.

»Ich war ja auch im Wald, als er vorbeikam. Ich hatte auf ein Wildschwein geschossen, und das lief …«

Gerwin grunzte wie ein Schwein und fügte dann hinzu: »Verwechselst du da nicht doch etwas? Ich dachte, es wäre ein Bär gewesen, den du erlegt hast.«

Alle lachten, Tasso wurde wieder rot im Gesicht, aber diesmal sprang Sello ihm bei: »Das mit dem Bären stimmt. Ragest, der Händler, hat es mir erzählt. Er war doch selbst dabei.«

Gundis war wütend auf das Gespött von Gerwin. »Sag uns doch mal, großer Bruder, wie viele Tiere du schon gejagt hast!«

Dass Gundis so für ihn Partei ergriff, tat Tasso gut. Er fühlte sich auf einmal so erhaben über allen Spott, dass er ganz ruhig wurde und großzügig zugab: »Den Bären konnte ich doch nur erstechen, weil Ragest ihm schon den Speer in den Leib gerammt hatte. Und das Schwein habe ich mit dem Pfeil ja auch gar nicht erschossen. Armin hat es für mich gefangen. Außerdem war es nur ein ganz junges.«

»Ach so«, sagte Gerwin. Diesmal war nicht zu hören, ob er einen Irrtum einsah oder ob er spottete.

»Erzähl doch mal!«, forderte Gundis Tasso auf.

Das ließ sich der nicht zweimal sagen.

* * *

Tasso kam ins Haus gerannt. »Mutter!«

»Was ist?« Sie war dabei, die Ecke des Hauses zu kehren, wo die Tiere gestanden hatten. Die waren jetzt natürlich draußen.

»Hadrich kommt.«

Sie lehnte den Besen an die Wand und kam nach vorn. »Hadrich? Am helllichten Tag?«

»Es sind noch andere bei ihm, Männer.«

Gerhild hängte einen eisernen Topf übers Feuer und goss Wasser hinein, als ginge sie das alles gar nichts an.

»Sollen wir schnell …«

»Wir laufen nicht weg, Tasso!«

Der Junge wunderte sich über die Stärke seiner Mutter. Früher war ihm das nicht so aufgefallen, oder er hatte es für selbstverständlich genommen. Aber jetzt bemerkte er, welche Kraft in ihr wohnen musste.

»He! Ich bin's, Hadrich!«, rief es von draußen. »Komm mal raus, Tasso!«

Der Junge sah zu seiner Mutter auf. Die nickte leicht, fasste ihn bei der Schulter, schob ihn nach draußen und folgte ihm.

»Was willst du von dem Jungen?«

Es waren fünf junge Männer, außer Hadrich. Sie kannte sie alle, einer war aus ihrer Siedlung, vier aus dem nahen größeren Dorf Berffe.

»Hast du dir Verstärkung mitgebracht? Was willst du?«

»Tassos Messer.«

Die Unverschämtheit dieser Forderung verschlugen Mutter und Sohn die Sprache.

»Los, gib's mir!«, forderte Hadrich seinen Neffen auf und trat heran. »Ich brauche ein Messer für den Nahkampf. Ich habe nur den Speer und die Streitaxt. Es kommt im Kampf vor, dass man ganz eng aneinandergerät. Da kann man sich nur helfen, wenn man ein Messer hat oder einen Dolch.«

»Kauf dir doch einen!«, schnauzte Gerhild ihn an.

»Ich habe kein Gold oder sonstige Reichtümer. Gib schon her! Du kriegst es ja wieder! Oder willst du, dass sie deinen Onkel erschlagen, nur weil du zu geizig warst, mir dein Messer zu leihen?«

Tasso wusste nicht, was er darauf sagen sollte. Sein Messer! Seine Freunde hatten es ihm geschenkt, weil er ihnen damit das Leben gerettet hatte. Er hatte damit diesen frechen Kerl in die Flucht geschlagen. Und nun kam der und wollte, dass er es ihm freiwillig abgab! Vielleicht war das nur ein Trick, dass er sie wieder unbehelligt überfallen konnte.

In diesem Augenblick erklang Pferdegetrappel, das schnell lauter wurde. Um die Ecke bog ein einzelner Reiter. Er war glänzend gerüstet mit Speer und Schwert und einem eisernen Helm. Als er herangekommen war, erkannten sie ihn: Es war Hilbracht, Sohn von Ammerich, dem Edlen. Hilbracht war ungefähr achtzehn Jahre alt, aber man erzählte von ihm, er führe sich auf wie ein bewährter Hauptmann.

»Was ist? Wo bleibt ihr so lange?«, rief Hilbracht und zügelte sein Pferd, dass es stieg und dann unruhig tänzelte. Es sah großartig aus, und das sollte es wohl auch.

Hadrich antwortete ihm: »Wir sind eigentlich fertig. Ich wollte mir nur noch bei meinem Neffen ein Messer holen. Ich hab sonst keine Nahkampfwaffe.«

»Na, dann los! Das kann doch so lange nicht dauern!«

Hadrich trat noch näher an Tasso heran und machte sich an dem Gürtel zu schaffen, an dem die Scheide mit dem Messer hing. Im ersten Moment war Tasso so verblüfft über so viel Frechheit, dass er sich gar nicht rührte. Dann aber wollte er seinen Onkel von sich stoßen und zurücktreten. Der verhinderte das, indem er ihn am Gürtel festhielt.

»Das ist mein Messer!«

»Du kriegst es wieder! Bestimmt!«

Hilbracht rief: »Auf jetzt! Wie lange soll ich denn noch warten?«

»Er will es mir nicht geben«, knurrte Hadrich, halb zu sich selbst, halb zu dem jungen Mann auf dem Pferd.

»Dann nimm's dir!«

Jetzt mischte Gerhild sich ein. Sie rief Hilbracht zu: »Willst du die Leute zum Diebstahl anregen? Du, der du eigentlich für das Recht unter uns sorgen sollst?«

»Halt den Mund, Weib! Wenn es gilt, unser Volk und unser Land zu verteidigen, haben alle ihren Beitrag zu leisten. Und Frauen und Kinder müssen die kämpfenden Männer nach Kräften unterstützen.«

Gerhild murmelte leise: »Kinder auch? Na, dann unterstütze mal die Männer!« Natürlich durfte Hilbracht das nicht hören. Dann sagte sie noch leiser ihrem Sohn ins Ohr: »Gib's ihm, Tasso! Wir können jetzt nichts dagegen tun. Er wird es dir ja sicher wiedergeben, nachdem er das vor so vielen Zeugen beteuert hat.«

Tasso schnallte den Gürtel mit dem langen Messer ab und gab ihn Hadrich. Der sagte kein weiteres Wort, drehte sich nur um und ging den anderen nach, die sich schon hinter dem Reiter her in Bewegung gesetzt hatten. Im Gehen schnallte er sich den Gürtel um die Hüfte.

Mutter und Sohn sahen ihnen nach. Tasso hatte Tränen in den Augen, aber mehr vor ohnmächtiger Wut als wegen Trauer um sein Eigentum.

Gerhild sah ihn an und bemerkte es. Sie legte den Arm um ihn. »Ein Gutes hat die ganze Sache.«

»Welche?«

»Jetzt ist er erst mal für längere Zeit weg.«

»Ich hasse ihn!«

»Ich auch!«, bestätigte Gerhild.

»Dass mein Vater so einen Bruder haben kann!«

Darauf sagte seine Mutter nichts. Sie wandte sich ins Haus.

»Geh wieder zu den Tieren, Tasso! Du hast sie alleingelassen.«

»Mutter, warum sahen zwei von den Männern so wüst aus? Mit langem Bart, und die langen Haare waren auch nicht gekämmt?«

Gerhild erklärte es ihm: »Manche Krieger lassen sich alle Haare so lange wachsen, bis sie einen Feind getötet haben. Das ist so eine Art Schwur an die Götter.«

»Bis sie …? Aber wenn sie nun gar keinen …«

»Geh jetzt, Tasso!«

Der Junge trottete davon.

Die Tiere weideten in einem Seitental, das von dem Weg nach Berffe abging. Das gehörte niemand. Die Arbeit der Biber hatte den Wald gelichtet, und auf den nun offenen Flächen war manches gewachsen, was die Tiere fressen konnten. Sie waren noch alle da, und Tasso setzte sich auf einen Stein, schaute ihnen unaufmerksam zu und hing seinen Gedanken nach.

Als die Sonne hinter den Bäumen verschwand, stand er auf, um das Vieh zusammenzutreiben. Das war nicht schwierig, denn die Tiere schienen satt zu sein.

Er war nur noch vier oder fünf Steinwürfe vom Weg entfernt, da sah er dort ein Kind laufen. Gundis! Die Zöpfe waren unverkennbar. Der Anblick ließ Tasso all seinen Ärger vergessen.

»Gundis!«, rief er, die Hände rechts und links am Mund. Sie blieb stehen, sah sich um und bemerkte ihn.

»Warte auf mich!«

Tasso trieb seine Tiere zur Eile an. Sehr schnell ging es trotzdem nicht. Gundis kam ihm ein Stück entgegen.

»He, Tasso! Ist deine Mutter zu Hause?«

»Ja. Was willst du von ihr?«

Gundis tat geheimnisvoll. »Eine Botschaft ausrichten.«

»Welche denn?«

»Ich bin zu ihr geschickt worden, nicht zu dir!«

»Na, meinetwegen. Aber begleiten darf ich dich doch, oder?«

Gundis grinste: »Na klar. Ich helfe dir, die Tiere zu treiben. Ich hab's nämlich eilig. Ich muss vor Dunkelheit noch zurück.«

»Soll ich dich nach Berffe zurückbegleiten?«

»Nein!«

Ihre Verlegenheit dehnte das Wort etwas. Tassos Vorschlag überraschte sie angenehm, aber andererseits kam er ihr merkwürdig vor.

Es dauerte nicht lange, da kamen sie vor das Haus.

»Mutter, Gundis ist da, sie hat dir etwas zu bestellen.«

Gerhild kam heraus. »Was für eine Gundis? Wer bist du?«

»Ich bin die Tochter von Hortwin, dem Schmied. Ich soll dir etwas sagen.«

»So? Na, dann sag's mal!«

»Mein Vater lässt dir ausrichten, er hat so viel zu tun. Von morgens bis abends schmiedet er. Alle wollen Waffen … das hab ich jetzt dazugesagt, das hat er mir nicht aufgetragen.«

Gerhild lächelte. »Ach so. Und wie ging die Botschaft weiter?«

»Es muss eine Fahrt nach Metze gemacht werden. Mit dem neuen Wagen. Weil alle so viel zu arbeiten haben, soll mein Großvater fahren. Aber er ist manchmal ein bisschen krank, und er kommt alleine nicht auf den Wagen, und überhaupt. Darum fragt mein Vater, ob Tasso ihn begleiten kann. Er sagt, Tasso ist ein kluger Junge, der sich zu helfen weiß, und er hat ja schon einmal eine weite Reise gemacht, voriges Jahr. Da hat er sogar einen Bären getötet und damit …«

»Hat das dein Vater so gesagt, oder hast du das auch selbst hinzugefügt?«

»Ich hab das jetzt nur ein bisschen erklärt, warum er Tasso das zutraut.«

»Ach so«, lächelte Gerhild.

»Es dauert ungefähr, bis der Mond einmal ganz gewechselt hat und wieder wird wie jetzt, hat er gesagt. Wenn du einverstanden bist, kriegst du … warte …!« Sie suchte in einem kleinen Lederbeutel, der an ihrem Hals hing und hielt Gerhild dann die offene Hand hin. Darauf lagen ein paar kleine römische Münzen. »Das hier.«

Gerhild sah ihren Sohn an. »Möchtest du, Tasso?«

Der war noch ganz überrascht. »Äh – ja, doch. Dann komme ich mal nach Metze. Wenn Hortwin es möchte. Und sogar etwas bezahlt …«

»Na – bezahlt … Viel ist es nicht.«

»Und mit Sello verstehe ich mich gut.«

»Wann soll's denn losgehen?«, fragte Gerhild das Mädchen.

»Übermorgen, ganz früh, bei Sonnenaufgang.«

»Gut. Es soll mir recht sein.«

Tasso strahlte. Einerseits war ihm zwar etwas beklommen, weil er nicht wusste, was auf ihn zukam. Andererseits aber war er stolz, dass der Schmied ihm das zutraute. Und dieses Gefühl, unterstützt von Abenteuerlust, überwog.

»Jetzt beeil dich aber, Gundis, dass du nach Hause kommst. Es dämmert schon.«

»Ja. Auf Wiedersehen.« Sie rannte los, blieb unten beim nächsten Haus noch einmal kurz stehen, hob grüßend die Hand und ging eilig weiter. Tasso und seine Mutter blickten ihr nach, bis sie nicht mehr zu sehen war.

* * *

»Na, macht es dir Spaß?«, fragte Sello mit seiner hohen, lispelnden Stimme und lächelte schelmisch zu Tasso hinüber. Der hatte die Zügel in der Hand und konzentrierte sich so auf seine Aufgabe, die Pferde zu lenken, dass er nur nicken konnte.

Sie saßen auf einem Brett vorn an dem neuen Wagen. Der sollte nach Metze gebracht werden zu dem Mann, der ihn in Auftrag gegeben hatte. Bei der Gelegenheit nahmen sie einiges auf dem Wagen mit: Waffen und Geräte aus der Schmiede und vom Wagner, mit dem Hortwin zusammengearbeitet hatte, aber auch getrocknete Früchte, Nüsse, Honig und anderes, was da, wo viele Menschen dicht zusammen wohnten, gebraucht wurde.

»Siehst du die Burg da oben?«

»Wo?«

»Auf dem Gipfel da! Gib mir mal wieder die Zügel, damit du dich umsehen kannst.«

Tasso gab Sello die Leinen und schaute in die Richtung, in die der Alte gedeutet hatte. »Ja, ich sehe es. Stämme auf einem Wall.«

»Ja, und davor ein Graben.«

»Wohnt da der Fürst?«

»Nein, mein Junge, der wohnt nicht da. Aber es kann sein, dass ein Edler dort die Herrschaft hat, einer aus der Verwandtschaft des Fürsten. Hauptsächlich dient die Burg dem Schutz für die Menschen in der Umgebung, wenn Gefahr droht.«

»Gibt es noch eine andere Burg, wo der Fürst wohnt?«

Sello nickte. »Es gibt viele Burgen. Weißt du, die Ebene, in die wir jetzt fahren, ist die Mitte unseres Stammes. Da wohnt der Fürst, aber vor allem sind da unsere Heiligtümer. Da werden die drei Götter verehrt: Odin, Donar und Ziu. Und um diese Ebene herum gibt es auf den Bergen überall solche Burgen. Um die Heiligtümer zu schützen. Aber ich glaube, wir Chatten haben sie nicht gebaut. Sie waren schon da, als wir kamen.«

»Also hat ein anderer Stamm sie gebaut?«

»Ja, ein Volk, das wir vertrieben haben. Vielleicht auch nicht vertrieben. Nur besiegt und beherrscht.«

»Meine Mutter – ist die auch von diesem Volk?«

»Ach, Junge, woher soll ich das wissen?«

»Sie hat mir nämlich erzählt, dass sie eigentlich nicht richtig zu den Chatten gehört.«

»Vielleicht ich auch nicht? Wer weiß das schon so genau, wer von unseren Vorfahren wen geheiratet hat! Oder auch nicht.«

»Aber ich bin ein Chatte, weil mein Vater einer ist.«

Sello sah hinüber. »Der dient in der römischen Armee, nicht?«

Tasso nickte, sagte aber nichts. In letzter Zeit war die Stimmung nicht gut gewesen für die Römer. Das hatte er wohl bemerkt, darum redete er nicht gern davon, dass sein Vater zu denen gehörte.

»Du hättest gern, dass dein Vater wiederkommt, nicht wahr?«

Tasso sah den Alten an. Er empfand plötzlich so etwas wie Dankbarkeit, dass der aussprach, was noch niemand ausgesprochen hatte, selbst seine Mutter nicht. Er nickte.

»Das ist mein allergrößter Wunsch«, sagte er leise.

Sello sah ihn eine Weile wortlos an, blickte dann wieder auf die zwei braunen Pferderücken und brummelte: »Vielleicht – vielleicht kann ich dir ja helfen.«

»Du?«

»Na ja, Donar meine ich. Oder ich kann dir helfen, ihm deine Bitte vorzutragen.«

»Ich habe schon mal eine Figur als Opfergabe für die Götter ins Moor geworfen. Da, wo immer die Leute ihre Opfer reinwerfen. Aber es hat nichts genützt.«

Sello antwortete nicht. Da auch Tasso nichts mehr zu dem Thema zu sagen wusste, hingen sie beide nur schweigend ihren Gedanken nach.

Sie wurden durch einen fernen Ruf aus ihrem Grübeln gerissen.

Bei einem Gehöft etwas abseits der Straße stand eine Frau und winkte.

»Haltet an! Ihr müsst einen Wotansbruder mitnehmen!«

Als Sello das hörte, zügelte er die Pferde.

»Er kommt gleich«, rief die Frau, »wartet ein Weilchen!«

»Ist gut! Wir warten!«

Die Frau ging langsam zurück. Drüben kam ein Mann aus dem Haus.

»Was für ein Bruder?«, fragte Tasso.

»Er ist ein Angehöriger der Wotansbruderschaft. Ein Zusammenschluss von Kriegern. Sie gelten als besonders mutig und stark.«

»Wohnt der da?«

»Wahrscheinlich nicht. Er ist sicher auf der Durchreise und hat da gegessen. Es ist eine Regel, dass jeder einen Wotansbruder versorgen muss. Darum nehmen wir ihn auf unserem Wagen mit.«

»Er muss nichts fürs Essen bezahlen?«

»Nein. Jeder sieht es nicht nur als Pflicht, sondern auch als Ehre an, ihn zu bewirten. Die Männer haben keinen eigenen Beruf und keinen Besitz, außer ihren Waffen, und manche haben ein Pferd. Sie könnten auch gar nicht arbeiten, weil sie keine Zeit dafür hätten. Sie laufen, schwimmen und reiten und üben sich im Gebrauch ihrer Waffen, um sich gesund zu halten und bereit zu sein, wenn es zum Kampf kommt. Dann aber sind sie auch in besonderer Gefahr. Sie müssen immer die Schlacht eröffnen. Das heißt, dass viele von ihnen sterben.«

»Warum tun sie ...«

»Frag ihn selbst! Da ist er.«

Der Krieger war jetzt herangekommen, ein großer, athletisch wirkender Mann mit einem Speer in der Hand. Ein langes Schwert hing an seiner Seite und ein hölzerner runder Schild mit eisernen Beschlägen auf seinem Rücken. Er sagte kein Wort zur Begrüßung, schwang sich nur auf den Wagen und setzte sich auf die Seitenwand.

Sello trieb die Pferde an.

Nachdem einige Zeit verstrichen war, schwang Tasso seine Beine über sein Sitzbrett und drehte sich so völlig dem Fremden zu.

»Ich heiße Tasso«, sagte er.

Der Krieger sah ihn an, nicht freundlich, aber auch nicht unfreundlich, und nickte.

Als er nichts sagte, versuchte Tasso ein zweites Mal, ein Gespräch in Gang zu bringen.

»Was ist das für ein Ring?«

»Das Zeichen unserer Bruderschaft. Wusstest du das nicht?« Er hatte eine tiefe, angenehme Stimme.

»Nein. Ich habe noch nie einen Wotansbruder gesehen.«

»Na, dann guck mich an. Gefalle ich dir?«

Tasso wurde verlegen und wusste darauf nichts zu sagen.

»Möchtest du auch mal einer werden, wenn du groß bist?«

»Weiß nicht.« Tasso zuckte die Achseln.

»Na ja, du hast ja noch Zeit, es dir zu überlegen.«

Tasso schluckte. »Äh – die Leute sagen, es gäbe bald eine Schlacht. Stimmt das? Du musst es doch wissen, wenn du vorne im Kampf ...«

»Es sieht so aus«, antwortete der Krieger. Tasso hatte den Eindruck, dass er mehr wusste, als er sagen wollte.

»Ich bin als Bote unterwegs.«

»Als Bote? Wer hat dich denn geschickt? Und wohin?«

»Du bist ziemlich neugierig«, sagte der Mann. Es hörte sich zunächst streng an, aber nach einigen Augenblicken schickte er ein Lächeln hinterher.

Sello mahnte: »Du fragst dem Mann ja Löcher in den Leib. Dreh dich nach vorn! Du kannst da in der Ferne die Büraburg sehen. Das ist die größte. Viel größer als die, bei der wir vorbeigekommen sind.«

Tasso gehorchte widerstrebend.

Der Mann hinter ihm sagte zu Sello: »Da muss ich hin. Setz mich bei der Fähre ab!«

Als der Mann bei der Anlegestelle der Fähre vom Wagen sprang, kraftvoll und trotz der schweren Waffen behände, ging Tasso der Gedanke durch den Kopf: *Wenn mein Vater mal in einer Legion stehen sollte, die gegen unsere Stämme kämpft, hoffe ich, dass er nicht ausgerechnet auf den da trifft.*

* * *

Wo bin ich?, fragte sich Tasso irritiert, als er langsam aus tiefem Schlaf auftauchte. *Warum wackelt mein Lager so? Und warum sind die Hühner so unruhig?*

Er blinzelte. Es war Nacht, der Mond schien.

Jetzt fiel es ihm wieder ein: Sie hatten gestern das meiste an Ladung fortgebracht und sich dann in dem neuen Wagen zum Schlafen niedergelegt.

Aber warum fuhr der Wagen jetzt?

Tasso richtete sich erschrocken auf und blickte sich um. Sie fuhren an einer Reihe von Häusern vorbei, die still und friedlich im Mondschein lagen. Sello lenkte die Pferde. Neben ihm auf dem Brett saß ein Mann, den Tasso nicht kannte. Er war anscheinend nur wenig jünger als Sello und hatte eine Glatze und einen langen Bart. Das konnte Tasso sehen, weil er den Kopf zur Seite gedreht hatte, um sich mit Sello leise zu unterhalten. Auf dem Schoß hielt der Mann ein Huhn, das aber damit nicht einverstanden war, denn es zappelte unaufhörlich und gackerte laut.

»Sello!«

Der Alte drehte sich um. »Schlaf noch ein bisschen, Tasso. Ich wecke dich, wenn wir da sind.«

»Wo? Wenn wir wo sind? Wo wollen wir denn hin?«

»Na, ich muss doch mein Versprechen erfüllen.«

Tasso überlegte. Wovon redete der? Was hatte er ihm denn versprochen? Da fiel ihm die Sache mit seinem Wunsch ein, dass sein Vater zurückkehren soll und dass Sello ihm helfen wollte …

»Wir fahren zur Donareiche«, erklärte Sello jetzt noch.

Es war Tasso etwas beklommen zumute. Er hatte schon oft von diesem Heiligtum gehört. Einige Leute aus Berffe waren schon extra hierhergekommen, weil sie den Göttern ihre Bitten vortragen wollten. Aber wie war das, wenn man zu so heiligen Stätten kam? Musste man sich besonders benehmen? Durfte man ungewaschen hinkommen? Konnte man da nicht auch leichter gestraft werden für alles, was man verkehrt gemacht hatte?

Sello wandte sich noch einmal um. »Donar kann deine Bitten erhören. Das meint Lohmer auch. Er ist Priester und wird uns dabei helfen.«

Der Mann mit dem langen Bart wandte sich nun auch um und nickte Tasso zu. Aber nur einmal kurz, dann blickte er wieder nach vorn, sodass sich der Mondschein auf seiner Glatze spiegelte. Sello fuhr fort: »Die Nacht ist heute günstig. Wegen des Mondes. Aber andererseits ist sie ungünstig, weil sicher viele opfern wollen. Das meint Lohmer auch. Die Kriegsgerüchte, verstehst du? Da haben viele Frauen Angst um ihre Männer und Mütter um ihre Söhne.«

Tasso wusste nicht, was er darauf antworten sollte, also schwieg er. War es nicht verrückt, dass viele Leute beteten für die Männer im Krieg gegen die Römer, und dass er beten wollte für einen auf der anderen Seite? Vielleicht kam Donar da in Schwierigkeiten, welches Gebet er erhören sollte, weil sie sich widersprachen! So richtig klar waren die

Gedanken in Tassos Kopf nicht, eher eine Ahnung von einer Schwierigkeit, aber das machte die Sache nur noch bedrückender.

Irgendwann konnten sie nicht mehr weiterfahren. Tasso und der Priester stiegen ab und halfen Sello herunter. Der Glatzköpfige konnte dafür nur eine Hand nehmen, weil er in der anderen das zappelnde Huhn hielt.

Sie banden die Zügel an einem Baum fest und machten sich langsam auf den Weg, den mühsam schlurfenden Sello in der Mitte.

Nach einiger Zeit kamen sie auf eine weite Grasfläche, die leicht anstieg und von Buschwerk umgeben war. In der Mitte stand ein riesiger alter Baum. In einem Ring um den Baum waren Steine gesetzt, einige hätten Tasso fast bis zur Schulter gereicht, andere nur bis zu den Knien. In dem Steinring brannte ein Feuer. Daneben standen zwei Gestalten, die man auf die Entfernung und bei dem flackernden Licht schlecht erkennen konnte. Sie machten sich vor einem riesigen Steinblock zu schaffen, der direkt unter dem großen Baum lag.

Um die drei Neuankömmlinge herum standen noch andere Menschen, die schauten schweigend in den Steinkreis. Einige hatten auch Hühner, einer hatte ein Ferkel, ein anderer eine kleine Ziege bei sich.

»Wir müssen warten«, sagte Sello flüsternd zu dem Jungen.

»Was machen die da?«

»Da werden Tiere geopfert. Lohmer wird das Huhn opfern und sein Blut auf den heiligen Stein laufen lassen. Ich habe das Huhn dafür gekauft.«

»Und dann?«

»Dann werden wir unsere Gebete sprechen.«

»Du auch?«

»Ich auch. Du kannst Donar für deinen Vater bitten. Aber sprich leise und mit Ehrfurcht. Knie dabei nieder. Du wirst sehen, wie ich es mache, und kannst es mir nachmachen. Ich werde mich auf dich stützen müssen, wenn ich niederknie. Und nachher musst du mir wieder aufhelfen. Das tust du doch, nicht wahr?«

Tasso nickte. Er fürchtete sich vor dem, was da geschehen sollte. Aber er konnte jetzt nicht zurück. Eigentlich wollte er es auch gar nicht.

Tasso deutete nach vorn. »Da ist noch ein kleines Bäumchen neben der großen Eiche.«

»Ja, es hat sich von selbst gesät, ein Kind des alten Baums. Irgendwann wird der alte Baum absterben, wie alles Leben abstirbt, aber dann ist schon eine neue heilige Eiche da. Sie wird dann noch jung sein, aber bald genauso mächtig und Ehrfurcht gebietend werden wie die alte. Und Donar wird sie zu seiner Wohnung machen. Auf diese Weise werden noch in vielen hundert Jahren Menschen hierherkommen und ihn anrufen und verehren.«

Es dauerte noch einige Zeit, die sie schweigend verbrachten, bis sie an der Reihe waren. Lohmer ging voraus, die beiden folgten, Tasso half Sello über einen der niedrigeren Steine.

Tasso war wie benommen und erlebte alles nur wie aus weiter Ferne. Er bekam nur mit, dass der Glatzköpfige viel murmelte und dann dem Huhn den Hals durchschnitt. Dabei graute es dem Jungen noch mehr, andererseits wirkte es beruhigend, dass endlich das aufgeregte Gackern aufhörte.

Lohmer streckte die Hände hoch empor und rief etwas, das Tasso nicht verstand. Es klang wie in einer fremden Sprache. Dann gab Sello ihm ein Zeichen, dass sie sich knien sollten. Er half dem Alten und fiel dann selbst auf die Knie.

Warum habe ich mir nicht vorher genau überlegt, was ich sagen will?, dachte Tasso. Jetzt fiel es ihm nicht ein. Musste man besonders heilige Worte finden für das, was man Donar sagen wollte? Er war so verwirrt, dass er immer nur »mein Vater« murmelte, und »er soll wiederkommen«.

Eine Wolke schob sich vor den Mond, und es wurde plötzlich viel dunkler.

Das ist eine Antwort, dachte Tasso, *ein schlechtes Zeichen. Es wird dunkler! Noch dunkler!* Er dachte das aber nicht mit klaren Gedanken, es war mehr eine Ahnung. Trauer überkam ihn.

Da aber riss ihn ein zweimaliger Stoß von Sello aus seinen albtraumähnlichen Empfindungen.

Sello wollte aufstehen. Also stand Tasso zuerst auf und half ihm, während Lohmer noch vor dem großen Stein stand und murmelte, die blutigen Hände erhoben.

Sello deutete mit dem Kopf zurück. Tasso führte ihn zum Steinkranz und half ihm hinüber, dabei war ihm selbst zumute, als stünde er nicht sicher auf seinen Beinen.

Als sie die freie Fläche überquert hatten und wieder in den Wald traten, fragte Tasso: »Hat Donar … wird er … es ist dunkel geworden, als ich mein Gebet gesprochen habe. Er ist vielleicht zornig! Vielleicht, weil ich gewagt habe, für meinen Vater zu bitten, wo der doch für die Feinde kämpft.«

»Nein, mein Junge! Nein, nein! Das hast du falsch verstanden!«, beteuerte Sello. Seine dünne Stimme klang noch höher als sonst, fast so, wie Frauen sprechen. Aber es lag Eifer in seiner Art zu reden, Nachdruck. »Du kannst sehr glücklich sein, Tasso! Donar hat geantwortet. Hast du nie gehört, dass er sich am deutlichsten in den Blitzen zeigt, die er mit seinem Hammer schleudert, wenn er mit seinem Wagen über den Himmel poltert? Siehst du! Es war zwar kein Gewitter, aber die Wolken waren Vorboten des Gewitters. Wo solche Wolken sind, ist Donar in der Nähe! Sie sind ein Zeichen für sein Wohlwollen! Glaube mir!«

Tasso war überrascht, wie ganz anders der Alte das Zeichen verstand. Ob er recht hatte? Sicher! Tasso wollte es gern glauben, also ließ er diese neuen Gedanken auch bei sich zu und gewöhnte sich daran.

»Kommt der Mann nicht mit uns?«, fragte er, als sie bei dem Wagen angekommen waren.

»Nein, er opfert noch für andere.«

Dann fuhren sie davon.

Sello hielt die Zügel. »Das letzte Mal«, murmelte er. »Und dabei so ein klares Zeichen! Ist das nicht wunderbar?«

»Ja«, sagte Tasso. Aber er wusste nicht wirklich, ob das stimmte.

* * *

Eine Frauenstimme rief laut. Sie schien von Berffe herzukommen. Aber da er weit entfernt war, konnte Tasso nichts verstehen. Er sah nur kurz auf und blickte dann wieder in den Bach, an die Stelle, wo er seine Angel hineinhielt. Bis jetzt hatte noch kein Fisch angebissen.

Es war jetzt nicht mehr so heiß wie vor einigen Wochen noch auf der Höhe des Sommers. Lang anhaltende Regenfälle hatten den Boden aufgeweicht und den Obstbäumen und dem Getreide noch einmal das wichtige Wasser geliefert. Eigentlich mehr als nötig. Jetzt war es wieder trockener geworden, aber immer noch hielt eine geschlossene Wolkendecke die Sonne ab.

Der Bach führte viel Wasser.

Das Geschrei vom Dorf her hörte nicht auf. Im Gegenteil, jetzt kamen noch andere Stimmen dazu. Da musste etwas los sein! Die Rufe hörten sich aber nicht verzweifelt an, sondern freudig, wie Jubel.

Da musste er hin! Er legte seine Angel ans Ufer, kontrollierte noch einmal, wo die Kuh war, die Schafe und die Ziegen, und lief bachabwärts.

Schon von Weitem sah er, dass viele Leute zusammenstanden. Wahrscheinlich alle, die hier lebten.

Als er näher herangekommen war, sah er auch seine Mutter dabeistehen. Sie bemerkte ihn auch und kam ihm entgegen.

»Tasso! Da bist du ja! Stell dir vor, wir haben die Römer besiegt!«

»Was?«

»Ja, der Mann erzählt es gerade. Alle sind von unserer Siedlung hergelaufen, um seinen Bericht zu hören. Ich wollte dich mitnehmen, aber ich wusste nicht, wo du warst.«

»Weißt du, ob …«

»Ich glaube nicht, dass dein Vater dabei war. Das meinst du doch, nicht?«

»Ja.«

»Es hat eine Schlacht gegeben. Armin, der Fürst der Cherusker, hat unser Heer angeführt. Drei Legionen soll er besiegt und völlig vernichtet haben. Stell dir vor – drei Legionen!«

»Woher weiß der Mann das? War er dabei?«

»Ja – er ist vorausgeeilt. Auf seinem Weg nach Süden ist er hier durchgekommen.«

»Lass uns hingehen! Er erzählt noch mehr!«

Ein jüngerer Mann stand unter der Linde und fühlte sich sichtlich wohl inmitten der Leute, die ihm zuhörten.

»Dann hat Armin befohlen, dass wir sie einkesseln sollten«, erzählte er gerade. »Einen vollständigen Ring haben wir um sie geschlossen. Sie konnten nicht mehr ausbrechen. Aber auch, wenn es ihnen gelungen wäre, an einer Stelle durchzubrechen – wohin hätten sie fliehen sollen? Sie waren schon völlig erschöpft von den ersten Kämpfen und von dem Marsch. Aber sie haben sich auch nur auf Verteidigung eingestellt …«

»Diese Feiglinge!«, rief ein Halbwüchsiger dazwischen.

»O nein, mein Freund, nenne sie nicht Feiglinge! Das waren sie nicht! Sie haben versucht, ihr Leben so teuer wie möglich zu verkaufen. Sie wussten, dass es aus war, aber sie haben gekämpft bis zum Schluss!«

»Und was war mit dem Feldherrn?«, fragte der alte Schmied Sello. »Hat Armin den im Zweikampf besiegt?«

»Nein, das war nicht möglich, Quintilius Varus hat sich in sein eigenes Schwert gestürzt, als er sah, wie es enden musste.«

»Und ihr habt sie alle erschlagen? Alle die vielen Tausende?«, fragte eine alte Frau.

»Alle! Nun ja, fast alle. Keiner ist am Leben geblieben. Stellenweise sind wir im Blut gewatet.«

»Und unsere Leute? Da sind doch sicher auch welche umgekommen! Kennst du Namen?«

»Ach, gute Frau, du verlangst aber viel! Natürlich sind auch einige von uns erschlagen worden. Aber ich kann dir die wirklich nicht alle nennen. Wartet noch einen Tag oder zwei, dann werden eure Männer wiederkommen. Die könnt ihr dann fragen.«

»Donar sei Dank!«, rief eine Frau, und andere stimmten ein. Dann aber setzte sich in dem allgemeinen Jubel ein anderer Ruf durch: »Ein Hoch auf Armin!« Die Leute schrien, einige umarmten sich, einer nahm den Boten und versuchte, mit ihm einen Freudentanz aufzuführen. Die Männer, die Waffen hatten – hauptsächlich alte und sehr junge – streckten die Schwerter und Spieße in die Luft und brüllten, als gelte es, allein mit der Stimme einen Feind in die Flucht zu schlagen. Eine Frau trat auf den Berichterstatter zu, der sich nur mit Mühe von seinem Tanzpartner lösen konnte, und fragte ihn: »Du wirst durstig sein. Willst du Bier? Es ist umsonst, du bist unser Gast!«

»Einen ganzen Krug, wenn du hast. Aber nur, wenn es schnell geht. Ich muss weiter.«

Sie eilte davon.

Eine Frau in Tassos Nähe – allerdings eine, die schon für ihr ständiges Klagen bekannt war – murmelte dauernd: »Wenn das mal gut geht! Das kann doch gar nicht gut gehen!«

»Hör auf!«, rief ihr ein Mann zu, Tasso kannte ihn, er war Knecht beim Töpfer. »Es ist schon gut gegangen! Wir haben gesiegt! Begreifst du das nicht?«

Hortwin, der Schmied, fuhr ihn an: »Lass sie in Ruhe! Sie hat recht!«

Der ungewöhnlich scharfe Ton, der gar nicht zu der allgemeinen freudigen Stimmung passte, ließ die Leute aufhorchen, die in der Nähe standen.

»Wieso hat sie recht? Es stimmt doch, dass wir gesiegt haben, oder etwa nicht?«

»Diesmal ja. Aber glaubst du, die Römer lassen es damit bewenden? Drei Legionen sind viel, das stimmt, aber sie haben noch mehr. Tiberius ist mit fünfzehn Legionen an der Donau. Lass ihn nur wiederkommen!«

»Die besiegen wir auch!«, behauptete der Töpferknecht lachend, und die Umstehenden stimmten ihm lauthals zu. Hortwin ging ohne ein weiteres Wort davon.

Jemand rief: »Der Schmied will uns wohl nur Angst machen, damit wir alle seine teuren Schwerter kaufen.« Allgemeines Gelächter antwortete ihm.

Jemand stieß Tasso von hinten an, und er wandte sich um. Es war Gerwin. »He, Tasso, bei der nächsten Schlacht sind wir dabei, stimmt's?«

Der zögerte etwas. »Kommt drauf an, wann sie stattfindet, schon bald oder erst in ein paar Jahren.«

»Ich will dabei sein, auch wenn sie schon morgen stattfindet!« Er ging davon, um einen anderen zu suchen, der ihn in seiner Begeisterung mehr unterstützte als Tasso.

Der sah ihm gedankenverloren nach. Seine Mutter, die das kurze Gespräch mitgehört hatte, legte den Arm auf seine Schulter. Ihre ganze Angst um ihren Sohn und seine Zukunft lag in dieser Geste. Aber Tasso befreite sich von ihrem Arm.

* * *

»Mutter, darf ich heute Abend noch mal nach Berffe gehen?«

»Heute Abend? Was willst du da? Es wird bald dunkel!«

»Ach, Mutter, ich bin doch kein kleines Kind mehr, das im Bett liegen muss, wenn die Sonne untergeht!«

»Na, meinetwegen. Willst du zur Schmiede?«

»Nein, die Männer, die bei der Schlacht dabei waren, treffen sich bei Ammerich, dem Edlen. Sie feiern ihren Sieg. Und sie erzählen, was alles geschehen ist. Das möchte ich auch gern hören.«

»Wozu denn, Tasso?«

Ihr Sohn sah sie an und wusste nicht, was er auf die seltsame Frage antworten sollte. Fragte sie ernsthaft, warum Tasso Genaueres von der Schlacht wissen wollte? Wollte sie es denn nicht wissen?

Gerhild ahnte, was in ihm vorging, und gab nach. »Gut, wenn du willst, geh nur. Aber komm nicht zu spät wieder!«

Vor dem Haus des Edlen Ammerich brannte ein großes Feuer, darüber drehten sich am Spieß ein Schwein und ein Schaf. Eine Magd schenkte Bier aus an die Leute, die herumstanden und zum Teil auf einfachen Bänken saßen, zum Teil auf der Erde. »Umsonst, Leute! Heute seid ihr Ammerichs Gäste. Wir feiern den Sieg! Trinkt, Leute, bis ihr nicht mehr stehen könnt. Nur mit dem Essen müsst ihr noch warten, unser Schwein braucht noch eine Weile.«

Tasso sah sich um nach jemanden, mit dem er sich unterhalten konnte. Aber da war niemand.

Er stellte sich zu einer Gruppe von Frauen, die laut lachten. Aber er wusste nicht, worüber, denn als er dazukam, war die lustige Geschichte offenbar fertig erzählt, und eine andere war dran.

»Meiner hat einen römischen Helm mitgebracht«, erzählte eine braunlockige junge Frau. »Ich hab ihn gefragt: Willst du den im Kampf aufsetzen? Da sagt er: Nein, das Ding ist mir viel zu unbequem. Und außerdem hindert es mich. Da sage ich: Was willst du denn dann damit? Er sagt: Weiß ich nicht. Da sage ich: Du kannst ihn ja nachts neben unser Lager stellen, dann brauchst du nie mehr aufzustehen und in den Stall zu gehen, wenn du mal musst.«

Die Frauen lachten wieder schallend.

Tasso ging weiter, hier fühlte er sich nicht wohl.

Eine Frau verließ mit ihm die Gruppe und murmelte dabei – Tasso wusste nicht, ob es für ihn bestimmt war: »So ein albernes Gerede, wo sie doch Egman erschlagen haben. Wenn das Egmans Frau hört!«

An einer anderen Stelle saßen drei ältere Männer auf der Deichsel eines zweirädrigen Wagens.

»Ich sage«, brummte einer, dessen Gesicht mit grauem Bart- und Kopfhaar fast völlig zugewachsen war, nur zwei ebenso graue Augen und ein breiter Mund waren zu erkennen, »ich sage dir, wir müssen die Art unseres Angriffs verbessern. Armin hat Erfolg gehabt, weil alle Umstände günstig waren: ein dicht bewaldeter Hang auf der einen und ein Sumpf auf der anderen Seite. Wenn es offenes Gelände gewesen wäre …«

»Du redest Unsinn, Geisrich«, unterbrach ihn ein Dicker mit Glatze, der sich auf einen Stock stützte, als wollte er verhindern, dass die Wagendeichsel unter seinem Gewicht zerbricht. »Es war ja gerade die besondere Schläue von Armin, sich ebendieses Gelände für seinen Angriff auszusuchen. Was willst du daran verbessern?«

»Natürlich war es richtig, sich diese Stelle auszusuchen. Aber eben weil wir einer offenen Feldschlacht nicht gewachsen wären. Es wird nicht immer so geeignetes Gelände geben. Und was dann?«

»Geisrich hat recht«, bemerkte der Dritte, der, obwohl er lang und hager war, am äußersten Ende der Deichsel saß, wo sie schon fast den Boden berührte, sodass seine spitzen Knie fast bis zur Höhe seines Kinns ragten. »Außerdem hatte es tagelang in Strömen geregnet. Der Boden war aufgeweicht, die Legionäre vom langen Marsch erschöpft. So glücklich werden wir es nicht immer treffen.«

»Und nicht zu vergessen das lang auseinandergezogene Heer der Römer«, ergänzte der Erste. »Ihre eigentliche Stärke konnten sie nicht ausspielen: den geordneten Angriff unter dem Schutz ihrer großen Schilde. Es ging nur Mann gegen Mann.«

Der Hagere wackelte mit seinen spitzen Knien, als wollte er die zappelnde Hilflosigkeit des eingekesselten Heeres damit deutlich machen. »Außerdem konnten sie ihre Reiterei nicht richtig einsetzen. Im Wald steigt der Reiter besser ab und kämpft zu Fuß.«

»Und die Wurfmaschinen!«, fügte der Grauhaarige hinzu. »Du machst dir keine Vorstellung, was das für eine wirksame Waffe ist! Wenn uns aber eine Schlacht auf Wiesen oder Äckern aufgezwungen würde …«

»Ihr redet Binsenweisheiten!«, meinte der Dicke. »Denkt ihr, ich wüsste das alles nicht? Aber ich sage: Selbst wenn es zu so einer Schlacht käme, die für uns ungünstiger ist, würde Armin wissen, was er zu tun hat. Vergesst nicht, dass er selbst lange Zeit Offizier in der römischen Armee war! Die lernen da so was gründlich.«

Der Grauhaarige stöhnte über die Begriffsstutzigkeit seines Nachbarn. »Das bestreitet doch niemand! Aber hast du schon mal dran gedacht, dass man nicht nur einen klugen Feldherrn braucht, um eine Schlacht zu gewinnen, sondern auch ein Heer, das genau das tut, was der Feldherr befiehlt? Da hapert's bei uns.«

Der Dicke gab zu: »Es stimmt, dass nicht immer alles so klappt, wie sich das ein Feldherr ausdenkt. Vor allem wegen der Eifersüchteleien unserer Fürsten. Jeder will was mitzureden haben …«

»Na, Kleiner«, sprach der Hagere Tasso an, »es interessiert dich wohl, was wir drei reden, wie?«

Tasso nickte.

»Drei alte Männer, die nicht mehr in den Kampf ziehen können, aber die wenigstens genau wissen, wie man's machen muss!« Er lachte selbst laut über diese Selbsterkenntnis, und die beiden anderen schlossen sich etwas verhaltener an.

Der Glatzkopf mit dem Stock sagte: »Bist du nicht der Junge von Gerhild?«

»Ja.«

»Bist groß geworden! Ich habe dich schon auf den Armen gewiegt, als du noch ein Säugling warst und dein Vater noch da war.«

Der Dicke rief laut: »He, Trudwil, bring ein Stück Fleisch her für Gerhilds Jungen. Der kann's gebrauchen. Er hat sicher schon lange kein Bratenstück mehr gegessen. Stimmt's, Junge?«

Tasso nickte wortlos.

»Werdet sicher manchmal hungern. Aber deine Mutter ist eine tüchtige Frau. Wie heißt du, Junge? Ich hab's vergessen.«

»Tasso.«

Die Magd brachte ein großes Stück Fleisch. »Ein Messer habt ihr ja sicher. Dann könnt ihr es euch selbst aufteilen.«

Der Hagere nahm das Stück am Knochen. »Hast du ein Messer, Junge? Dann schneide dir ein Stück ab!«

»Red nicht solchen Unsinn!«, sagte der Dicke. »Wo soll ein armer Junge wie er denn ein Messer herhaben? Hier, Tasso, nimm meins!«

»Ich habe ein Messer!«, behauptete Tasso. »Ich hab's nur verliehen. An meinen Onkel Hadrich. Er brauchte es für die Schlacht.«

»An Hadrich, den Nichtsnutz? Na, hoffentlich kriegst du es wieder!«

»Er hat es mir versprochen.«

Tasso machte sich mit dem scharfen Messer des Dicken an dem Fleischstück zu schaffen und hatte sich schnell eine Scheibe heruntergeschnitten. Sie schmeckte vorzüglich.

Der Dicke mit dem Stock fragte: »Sag mal, Tasso, woher hast du denn ein Messer?«

»Ich hab's geschenkt gekriegt. Von Ragest und Tjeff, den Händlern. Weil ich ihnen das Leben gerettet habe. Ich habe einen Bären damit erstochen.«

»Einen Bären? Du?« Alle drei lachten laut.

In Tasso kam die Wut hoch. Er wollte heftig antworten, aber diese alten Männer waren bis dahin freundlich zu ihm gewesen. So ging er einfach weg.

Der Dicke rief ihm nach: »Sei doch nicht beleidigt, Tasso! Komm, erzähl uns deine Geschichte!« Aber der wollte nicht.

Ich will mein Messer wiederhaben, dachte Tasso. *Warum hat Hadrich es mir nicht längst gebracht? Er will es wohl behalten? Jetzt gleich will ich es zurück!*

Er ging zum Eingang des großen Hauses. Es war genauso gebaut wie alle anderen, aus Balken, die Zwischenräume mit Flechtwerk ausgefüllt und mit Lehm verschmiert. Nur war das Haus größer, und es standen keine Tiere mit drin. Die hatten daneben ihren eigenen Stall.

Tasso drückte sich in der Nähe des Eingangs herum, aus dem lautes Reden drang und gelegentlich ein Schwall lauten Gelächters.

Die Magd kam und schleppte eine hölzerne Schale, so groß wie Tassos Arm, auf der mehrere große Fleischstücke lagen.

»Soll ich dir tragen helfen?«, fragte Tasso und fasste gleich mit an.

»Gerne.« Trudwil war offenbar für die Hilfe dankbar.

Sie trugen die Holzschüssel hinein, direkt zu Ammerich. Der leckte sich die Lippen und begann, mit dem Messer daran herumzuschneiden.

Tasso hatte jetzt Gelegenheit, sich umzuschauen, während er die Schale hielt. Der Raum war groß. Das Dach wurde nicht nur von einer Reihe von Stämmen gehalten, die den First stützten, sondern von zwei Reihen. Die Wände waren rundum mit Fellen behangen.

Auch die Feuerstelle war anders, als er es kannte. Sie bestand nicht nur aus einer Mulde im Boden, sondern wurde von sorgfältig ausgewählten und aufgeschichteten Steinen gebildet. Darüber gab es für den Rauchabzug einen richtigen Trichter aus mit Lehm verschmiertem Holz, ähnlich der Esse beim Schmied.

Auf der ganzen Länge des Hauses waren Tische unterschiedlicher Form und Größe zu einer langen Tafel zusammengestellt, an der die Männer saßen, die an der Schlacht teilgenommen hatten. Jetzt redeten und lachten sie weiter. Sie hatten nur eine kleine Pause gemacht und die Magd und den Jungen – oder genauer: das, was sie brachten – mit »Ah« und »Oh« begrüßt. Einige sahen gierig zu, wie Ammerich, der mit dem Rücken zum Herd saß, sich sein Fleisch nahm. Die meisten der Männer aber nahmen ihre Gespräche wieder auf.

Tasso hörte, wie ein strohblonder junger Krieger denen auf der gegenüberliegenden Tischseite seine Erlebnisse schilderte, wahrscheinlich ziemlich aufgebauscht und ausgeschmückt.

»Ich kam nicht durch, versteht ihr, einfach nicht durch. Die beiden hielten die Schilde vor sich. Na gut, dachte ich, warten wir eben noch ein Weilchen. Da standen ja auch Bäume. Und wenn man nicht ausholen kann, um kräftig zuzuschlagen …«

»Vergiss nicht, wir waren auch da«, unterbrach ihn einer. Sein Nachbar sagte: »Erzähl endlich, wie es weiterging. Oder wolltest du uns zeigen, wie lange du mit dem Angriff gewartet hast?«

Ein Dritter grinste: »Hast du sie vielleicht ausgehungert?«

Alle lachten. Der Erzähler auch ein bisschen, dann aber fuhr er fort: »Ich sah doch, dass wir überall vorrückten. Also mussten meine zwei sich auch zurückziehen, um nicht plötzlich allein dazustehen. Darauf wartete ich.«

Als Tasso mit der Magd zum Nächsten weiterging, hörte er auf das Gespräch, das hier geführt wurde und das für ihn nun lauter aus dem allgemeinen Stimmengewirr heraustrat.

Ein älterer Mann, bei dem Tasso sich wunderte, dass er überhaupt noch mitgekämpft hatte, erzählte gerade: »Ich konnte es nicht genau sehen, weil ich meine Aufmerksamkeit auf den Kampf richten musste. Jedenfalls waren die, die noch auf festem Grund standen, plötzlich hilflos. Sie sahen, dass es keinen Ausweg gab. Also haben wir …«

»Aber denkt nicht, dass sie aufgegeben hätten!«, unterbrach ihn ein sehr junger Mann. Tasso hatte sein Gesicht schon mal gesehen, wusste aber nicht, bei welcher Gelegenheit. Während der weitersprach, fiel es ihm wieder ein: Er war bei der Gruppe von Hadrich gewesen, als der bei ihnen war, um sein Messer zu holen. Damals hatte der Bursche noch lange, wüste Haare und einen Bart gehabt, weil er noch keinen Feind getötet hatte. Jetzt sah er sehr gepflegt aus. Stolz erzählte er, wie er einen nach dem anderen seiner Feinde in hartem Kampf in den Sumpf getrieben hatte.

Etwas weiter am Tisch lachten sie gerade laut. Einer der Männer rief: »Wo ist denn die andere, die uns eben Bier gebracht hat? Unsere Becher sind leer!«

»Sie ist draußen am Feuer«, antwortete die Magd. »Tasso, bring ihnen mal Bier. Da drüben stehen Krüge. Ich mache hier allein weiter.«

Tasso schaute, wohin sie zeigte. Es war dämmrig in der Ecke. Damit man besser sehen konnte, brannte eine Fackel in einer Halterung an einem der Stützbalken. Tasso ging hin, holte einen der Krüge und schenkte dem Mann, der sie angesprochen hatte, den Becher voll. Andere tranken schnell aus, um die Gelegenheit zu nutzen.

»Tasso! Was machst du denn hier?«

Es war Hadrich, der ihn ansprach. Weiter unten saß er am Tisch und hatte den Neffen gerade entdeckt, weil er sich umschaute, wer neues Getränk brachte. In dem allgemeinen Stimmengewirr und Gelächter wäre Tasso die Frage gar nicht aufgefallen, wenn nicht die Nennung seines Namens seine Aufmerksamkeit erregt hätte.

Aber er konnte sich seinem Onkel noch nicht zuwenden, weil ihm noch Becher leer entgegengestreckt wurden.

Ein stiernackiger Mann, der anscheinend nur noch ein gesundes Auge hatte, redete sich gerade in Eifer, und ein Schmächtiger, mit fast zierlichem Körperbau, der neben ihm saß, unterstützte ihn.

»Immer draufgehauen, dass es nur so krachte.«

»Ja, immer drauf!«

»Ich sage euch, das hat Spaß gemacht! Wie sie zurückweichen mussten und doch nicht ausweichen konnten. Und dann fielen sie.«

»Einer nach dem anderen.«

»Und wie ich da so auf die einschlage …«

»… wie Donar in seinem Zorn!«

»Und es kracht und Funken sprühen, da auf einmal bricht mein Schwert!«

»Ich hab die Klinge richtig wegfliegen sehen.«

»Plötzlich habe ich nur noch den Griff in der Hand und so ein kurzes Stück dran.«

»Stellt euch das vor!«

»Aber da kam mein Freund hier.« Der Stiernackige legte seinen mächtigen Arm um die schmalen Schultern seines Nebenmannes.

»Er gab mir sein Schwert.«

»Weil ich rechts einen toten Römer liegen sah. Sein Schwert habe ich mir genommen.«

Einer der Zuhörer fragte: »Warum hast du nicht deins behalten und ihm das Römerschwert gegeben?«

»Weil er der bessere Kämpfer ist«, gab der Dünnere neidlos zu.

»Er brauchte eine längere schwerere Waffe, um weiter so draufhauen zu können. Mir reichte das kurze Römerschwert, das mehr zum Stechen geeignet ist. Damit hielt ich ihm den Rücken frei.«

»Den Rücken?«, fragte der Zuhörer. »Drohte denn von hinten auch Gefahr?«

Alle lachten. Der Schmächtige wurde rot. Aber der Stiernackige donnerte mit seinem Becher auf den Tisch und rief: »Sagt nichts gegen meinen Freund! Er hat mir das Leben gerettet!«

Hier waren alle versorgt, und Tasso konnte sich dem Ende des Tisches zuwenden.

»Möchtest du auch Bier, Hadrich?« Er überlegte sich, dass es einfacher sein könnte, wenn er freundlich anfing.

»Ja, füll mir noch mal nach!«

»Hast du auch mit Römern gefochten?«

»Selbstverständlich! Was denkst du denn? Meinst du, ich ziehe mich zurück und lasse die anderen kämpfen?«

»Hast du auch einen getötet?«

»Vier. Aber ich gebe zu, die letzten drei – das war kaum noch ein richtiger Kampf. Mit dem Ersten hat es ein hartes Ringen gegeben. Bärenstark war der, und wenn ich nicht das Messer gehabt hätte … Wer weiß, ob ich dann hier säße.«

»Erzähl doch mal!«

»Sie fielen über uns her wie Stiere, wahrscheinlich hatten sie Angst, in den Sumpf gedrängt zu werden. Er hier hat einen mit der Lanze niedergemacht. Aber der Starke drang vor und schlug Egman, dass er fiel. Ich stach mit dem Speer zu, aber der blieb in seinem Schild stecken. Er ließ den Schild einfach fallen und warf sich auf mich. Plötzlich war er so nah, dass ich mit meiner Streitaxt nicht mehr ausholen konnte. Wie gut, dass ich das Messer hatte! Ich konnte es gerade noch ziehen und ihm in den Bauch rammen. Einen Augenblick später, und es wäre mit mir aus gewesen.«

»Dann war es ja gut, dass du es mithattest. Aber jetzt kannst du es mir doch wiedergeben.«

»Du bist verrückt, Junge! Das Messer ist wichtig für mich. Es gibt sicher neue Kämpfe, und da brauche ich es!«

»Aber …«

»Außerdem ist es ein Andenken. Meinen ersten Feind habe ich damit getötet! Das wirst du mir doch nicht im Ernst nehmen wollen!«

»Es gehört mir!« Tasso fühlte noch mehr Zorn in sich aufsteigen als eben im Gespräch mit den alten Männern. Hatte er es nicht gewusst! Hadrich würde das Messer nicht freiwillig wieder herausrücken!

Der grinste: »Es hat mal dir gehört, das gebe ich zu. Aber jetzt gehört es mir.«

»Du hast es versprochen!« Tassos Stimme zitterte, und er musste sich bemühen, die Tränen der Wut zurückzuhalten.

»Papperlapapp! Versprochen …! Es ist eben jetzt alles anders.«

Es schien ihm Spaß zu machen, mit dem Zorn des Jungen zu spielen. Einige Männer, die in der Nähe saßen, guckten lächelnd zu, aber keiner griff ein.

Tasso stürzte vor und griff nach dem Messer. Aber Hadrich stieß ihn heftig zurück, sodass er auf den Boden fiel. Dabei lachte er aus vollem Hals.

In Tassos Kopf drehte sich alles.

Ein älterer Krieger, groß und kräftig mit einem breiten, fleischigen Gesicht kniete neben ihm und sagte: »Komm wieder hoch, Junge, ich helfe dir. Nimm es deinem Onkel nicht übel. Er weiß manchmal nicht, was er tut. Dein Vater war nicht so jähzornig.«

Hadrichs Stimme war zu hören: »Lass ihn liegen, den Zwerg! Was hast du noch mit ihm zu reden?« Noch mehr sagte er, aber das beachtete Tasso nicht. Die Worte des anderen Mannes hallten in ihm nach.

Ja, er war wütend, und er war damit im Recht. Aber seine Wut sollte ihn nicht zu unsinnigen Angriffen veranlassen. Er wollte etwas Vernünftiges tun. Etwas, das auch Erfolg brachte!

Langsam stand er auf. Die Männer redeten schon wieder weiter von ihren Heldentaten und beachteten ihn nicht mehr. Er nahm den leeren Krug und ging zu dem Tisch in der Ecke des Raums, auf dem die vollen Krüge standen.

Er stellte den Krug ab und sah sich um. Niemand war in der unmittelbaren Nähe, und niemand beachtete ihn. Er riss die Fackel aus ihrer Halterung, kletterte damit auf den Tisch mit den Krügen und hielt sie hoch, sodass die Flamme bis fast an das Strohdach reichte.

»Alle mal herhören!«, schrie er so laut er konnte.

Trotzdem wäre seine Stimme in dem allgemeinen Lärm vielleicht untergegangen, wenn sie nicht so hoch gewesen wäre. So fiel sie zwischen den Männerstimmen auf.

Einige sahen her, andere wurden von ihnen auf den Jungen aufmerksam gemacht. Viele riefen ihm zu, er solle die Fackel da wegnehmen, es war ein wüstes Durcheinander von Stimmen.

»Ruhe!«, rief Tasso. Und tatsächlich verstummten die Rufe, und die, die aufgesprungen waren, setzten sich wieder. Sie merkten, dass dies eine Drohung war.

Ein Triumphgefühl begann in Tasso die Wut zu verdrängen. Das machte ihn genauso stark. Vielleicht war es auch die Mischung aus beiden.

»Wenn einer herkommt, zünde ich das Dach an!«

Ammerich, der Edle, dem das Haus gehörte, stand ruhig auf und kam näher, blieb aber in einem Abstand von sechs oder acht Schritten stehen.

»Was soll das, Junge? Warum tust du das?«

»Ich will mein Recht!«

»Dein Recht? Was ist dein Recht?«

»Hadrich hat mein Messer! Ich hab's ihm geliehen für die Schlacht. Aber jetzt will er es mir nicht wiedergeben!«

»So, so.« Er drehte sich zum Tisch um. »Wer ist Hadrich?«

Der Angeredete stand auf, ohne etwas zu sagen. Ammerich fragte ihn – ganz ruhig und gelassen: »Was sagst du zu dem Vorwurf, Hadrich?«

»Also, die Sache ist so, Ammerich: Ich habe das Messer gebraucht. Da habe ich es mir ausgeliehen.«

»Das wissen wir schon, das hat der Junge ja gesagt. Und jetzt?«

»Der Junge ist mein Neffe.«

»Na, und?«

»Ich meine, es ist ja irgendwie Familieneigentum, weil sein Vater bei den Römern kämpft.«

»Aber er doch nicht!«

Hadrich lachte etwas verlegen. »Nein, er nicht. Dafür ist er ja noch zu klein. Aber sein Vater …«

Hilbracht, Ammerichs jugendlicher Sohn, mischte sich ein. »Du wirst doch nicht für den Knaben sprechen, Vater! Der sich so eine Frechheit herausnimmt! Sein Vater kämpft für unsere Feinde!«

Ammerich antwortete ruhig: »Du wirst doch nicht für Hadrich sprechen, Sohn! Sein Bruder kämpft für unsere Feinde!«

Es dauerte einige Augenblicke, bis Hilbracht den Sinn der Antwort verstanden hatte. Er sprang auf: »Was willst du denn, Vater?«

»Zwei Dinge will ich, Sohn. Zum einen, dass unser Haus nicht abbrennt, und zum anderen, dass Recht geschieht.«

Er wandte sich Tasso zu. »Wie heißt du, Junge?«

»Tasso.«

»Zunächst mal halte die Fackel tiefer, Tasso. Sonst steckst du das Strohdach an, ohne dass du es wolltest. Denk an die heiße Luft, die von der Flamme aufsteigt.«

Tasso gehorchte.

»So, und nun machen wir ein Geschäft. Hadrich gibt dir das Messer, und du gibst mir die Fackel.«

In Tasso stieg ein Triumphgefühl auf. Er hatte gesiegt! Er hatte erreicht, was er wollte!

»Ja, gut!«, sagte er.

In diesem Augenblick sah er in die zornblitzenden Augen seines Onkels. Er wurde unsicher und blickte sich um. Da bemerkte er, wie Hilbracht nach seinem Wurfspeer griff.

»Aber ... aber ....«, fügte Tasso hinzu, »niemand soll mir was tun! Als Strafe, weil ich das mit der Fackel ...«

»Gut, ich verspreche es dir! Hadrich, gib ihm das Messer!«

Hadrich schnallte den Gürtel mit der Scheide ab, in der das Messer steckte. Er gab dabei keinen Ton von sich. Ein Murren wäre ohnehin viel zu schwach gewesen, seine Gefühle auszudrücken. Seine Augen sagten mehr, und sein finsteres Gesicht.

Er warf die Waffe mit den Ledersachen hinüber. Sie flog an Tassos Bein und fiel dann auf den Tisch und anschließend zu Boden.

In dem Augenblick nahm Tasso eine schnelle Bewegung wahr, da wo Hilbracht stand. Dass er sich duckte, war keine überlegte Handlung. Schon sauste Hilbrachts Wurfspeer über ihn hinweg. Er streifte ihn noch leicht am Rücken. Hinten fuhr die Spitze in die Wand und in das Ziegenfell, das davorhing. Kurze Zeit steckte er waagerecht darin. Dann zerbröckelte der Lehm um die Spitze und rieselte herunter. Der Speer senkte sich langsam, bis er schräg lag, mit dem rückwärtigen Ende am Boden, mit der eisernen Spitze in dem Fell und von dem Wandgeflecht gehalten.

Es war totenstill, und niemand rührte sich. Die einzige Bewegung im Raum war das Absinken des Speers und das Rieseln der Lehmbrocken. Erst als dort alles still war, gingen die Blicke erschrocken zwischen Tasso, Hilbracht und Ammerich hin und her.

»Packt ihn!«, schrie Hilbracht und zeigte mit ausgestrecktem Arm auf Tasso, dem die Fackel aus der Hand gefallen war. Sie lag auf dem Lehmboden und brannte dort weiter.

Niemand rührte sich. Einige hätten wohl gern Hilbrachts Befehl ausgeführt, aber sie sahen fragend zu Ammerich. Noch hatte der hier zu sagen.

Der Hausherr drehte sich zu seinem Sohn um. Seine Augen blitzten, aber seine Stimme klang beherrscht, allerdings scharf.

»Hast du nicht gehört, was ich dem Jungen versprochen habe?«

»Der unverschämte Bengel hat gedroht, unser Haus anzuzünden! Und vor allem wollte er uns seinen Willen aufzwingen …«

»Ich habe dich etwas gefragt. Wo bleibt die Antwort? Hast du gehört, was ich ihm versprochen habe?«

»Natürlich hab ich's gehört! Aber du willst doch nicht etwa …«

Ammerichs Stimme hob sich, als er seinen Sohn unterbrach. »Und soll mein Wort in diesem Haus noch gelten? Oder willst du von heute an bestimmen?«

Hilbracht schwieg und schluckte. Sein Kopf wurde rot wie Eisen im Feuer. Solch ein Tadel von seinem Vater – vor all diesen Männern! Er wandte sich steif um und ging mit schnellen Schritten dem Ausgang zu.

»Hilbracht!«

Der Ruf seines Vaters klang wie ein Peitschenhieb und traf ihn auch so. Er zuckte kurz zusammen und blieb stehen, drehte sich aber nicht um.

»Noch eins, bevor du gehst. Ihr habt beide falsch gehandelt. Für einen kleinen Streit mit einem Brand zu drohen, ist unangemessen. Siehst du das ein, Junge?«

Tasso nickte.

»Und ein Kind, das einen Fehler macht, töten zu wollen, ist erst recht unangemessen. Siehst du das ein, Sohn?«

Hilbracht rührte sich nicht. Drei, vier Atemzüge herrschte Totenstille. Dann, als ihm die Erkenntnis dämmerte, dass er nicht um eine Antwort herumkam, nickte auch er, kaum merklich, mit zusammengekniffenen Lippen und fast geschlossenen Augen.

»Gut, das wäre also geklärt. Strafen werde ich euch beide nicht, dich nicht, weil du mein Sohn bist, und ihn nicht, weil ich es versprochen habe. Außerdem feiern wir ein Fest, und das wollen wir uns doch nicht verderben lassen. Wo bleibt denn das Fleisch? Das Lamm müsste doch längst fertig sein!«

»Es ist fertig, Ammerich!«, rief die Magd vom Eingang her.

»Also – worauf wartet ihr noch?«, sagte der Edle Ammerich und ging zu seinem Platz vor dem Herd zurück.

Tasso kletterte langsam vom Tisch herunter. Niemand schien ihn zu beachten, sie begannen wieder mit ihren Gesprächen. Aber Tasso bemerkte doch den einen oder anderen verstohlenen Blick, der ihn traf.

Er hob die Fackel auf, die immer noch auf der Erde lag und brannte, und steckte sie in die Halterung am Stützbalken. Dann schnallte er sich den Gürtel mit dem Messer um. Einen Augenblick überlegte er, ob er noch weiter beim Ausschank helfen sollte, besann sich dann aber anders. Er schien hier bei einigen ziemlich unbeliebt zu sein. Er ging um den Tisch herum zum Ausgang. Als er gerade hinausgehen wollte, sprach ihn ein junger Mann an: »Du sollst noch mal zu Ammerich kommen!«

Tasso ging diesmal um das andere Ende des langen Tisches herum, weil er weder bei Hilbracht noch bei Hadrich vorbeikommen wollte. Ihm war beklommen zumute. Kam jetzt doch noch eine Strafe?

Ammerich legte den Knochen weg und wischte sich mit dem Ärmel den fettverschmierten Mund ab. »Eins wollte ich dir noch sagen, Tasso. Nur, dass du es weißt. Wir hätten dich samt deiner Fackel da herunterholen können. Auf einen Wink von mir hätten mehrere Leute sich auf dich gestürzt. Schneller als du das Dach angezündet hättest. Oder einer hätte sich unter den Tisch geschlichen, von hinten, während ich dich ablenkte, und hätte ihn umgeworfen. Oder einer meiner Leute, der ein ausgezeichneter Bogenschütze ist, hätte dich in den Arm geschossen. Und du hättest das gefährliche Ding fallen gelassen.«

»Aber … aber warum …«

»Du hast mich beeindruckt, Junge! Du hast ungewöhnliche Gedanken. Und du hast Mut. Beides ist gut. Aber du musst lernen, beides zu beherrschen. Dann kann ein großer Krieger aus dir werden.«

Tasso antwortete nichts.

»So, nun geh nach Hause! Es ist dunkel. Dass Vater und Mutter sich nicht Sorgen machen. Ach so, dein Vater ist ja Legionär. Aber eine Mutter hast du doch, die für dich sorgt, oder?«

»Ja.«

»Gut. Ich hoffe, du machst ihr keinen Kummer. Nimm ihr ein großes Stück Fleisch mit. Dieses hier am besten.«

Er nahm ein Stück vom Bein des Lammes und reichte es Tasso.

»Danke«, sagte der nur. Es klang gequetscht, als steckte ihm etwas im Hals. Er nahm das Fleisch, blieb aber ratlos stehen.

»Geh!« Ammerich winkte lässig mit der Hand und griff nach seinem Becher.

Tasso stapfte gedankenverloren um den langen Tisch herum zum Ausgang. Draußen begann er zu laufen.

* * *

Es war kalt geworden, und Tasso musste den alten, stinkenden Fellumhang tragen. Er saß auf einem Stein und schnitzte an einem Stock.

Was er im Haus des Edlen Ammerich erlebt hatte, ging ihm nicht aus dem Kopf. Wie hatte er nur so dumm sein können, als Kind diese Männer herauszufordern und sich zu Feinden zu machen. Ammerich hatte recht – er musste es lernen, sich besser zu beherrschen. Aber er war im Recht gewesen! Mussten denn die Schwächeren immer nachgeben? Das Leben war ungerecht!

Tasso schreckte auf. Er hatte schon lange nicht mehr nach seinen Tieren gesehen! Ein schneller Blick in die Runde. Alles klar – nein! Fehlte nicht eine Ziege?

Er stand auf und sah genauer nach. Tatsächlich – die kleine weiße Ziege mit dem schwarzen Fleck auf dem Rücken war nicht zu sehen. Tasso scheuchte die anderen Tiere näher zusammen, damit er sie leichter überblicken konnte, und begann, das verlorene zu suchen. Er streifte durch die Büsche, lief ein Stück den Bach hinauf und dann hinunter, kletterte über die Felsbrocken am Ufer – nirgends war seine Ziege zu sehen.

Es wurde ihm siedend heiß. Wenn sie nun verloren blieb? Wenn sie sich verlaufen hatte? Wenn ein wildes Tier sie riss? Er musste sie im weiteren Umkreis suchen!

Eine Weile zögerte er. Sollte er die anderen Tiere alleinlassen und sich gleich auf die Suche begeben? Das hätte den Vorteil, dass sich die Ziege noch nicht so weit entfernt haben konnte – und dass er seiner Mutter nichts von seiner Unachtsamkeit sagen musste, wenn er sie fand.

Andererseits war die Gefahr groß, dass auch die anderen Tiere sich verliefen. Und dann würde alles nur noch schlimmer! Nein, er musste seine Herde erst in Sicherheit bringen.

So schnell die Tiere es zuließen, trieb er sie nach Hause. Seine Mutter stand neben dem Feuer und rührte in dem großen hölzernen Bottich, in dem sie immer ihren Käse machte.

»Mutter, du musst mal auf die Tiere aufpassen. Die kleine weiße Ziege ist verschwunden. Ich muss sie suchen. Ich habe die anderen extra hergebracht, damit sie nicht auch noch weglaufen.«

»Ach, Tasso!«

»Tut mir leid, Mutter. Ich hab wohl mal einen Augenblick nicht aufgepasst. Da war sie weg.«

»Du warst wohl in Gedanken?«

Er hatte ihr nicht erzählt, was im Haus Ammerichs passiert war. Aber es war Dorfgespräch gewesen, so konnte es nicht lange dauern, bis sie es erfuhr. Fünf verschiedene Leute hatten es ihr erzählt. Jeder ein bisschen anders, aber aus dem Durchschnitt konnte sie sich ein gutes Bild machen.

Ob Tasso glaubte, sie wüsste nichts? Wahrscheinlich hatte er gar nicht dran gedacht, dass sie es von anderen erfahren würde, auch wenn er es ihr verschwieg.

»Geh, Tasso, und such sie! Ich passe auf die anderen auf. Aber wenn du sie nicht vor Abend findest, komm zurück! Ich will nicht, dass du im Dunkeln im Wald herumläufst! Hörst du?«

»Ja.«

Tasso lief davon. Zunächst rannte er zu dem Platz, wo die Herde vorhin geweidet hatte. Auf dem Weg dahin sah er sich schon gründlich um. Hier waren die Äcker inzwischen abgeerntet, da gab es für die Ziege nichts mehr zu fressen.

Tasso zwängte sich durch das Buschwerk, das immer dichter wurde. Dabei rief und lockte er. Nach einiger Zeit lichtete sich der Wald. Hier gab es auch eine Wiese, die offenbar von Bauern genutzt wurde. Sie war schon einmal gemäht worden, und das Gras war wieder nachgewachsen. Tasso lief am Rand der Wiese entlang. Und tatsächlich – da stand seine Ziege friedlich grasend inmitten der grünen Fläche.

»Was fällt dir denn ein, du dummes Tier!«, rief Tasso und lief hin. »Warum bist du nicht bei mir geblieben? Du darfst doch nicht einfach weglaufen!«

Aber die Ziege strafte ihn mit Nichtachtung und graste einfach weiter.

»Komm nach Hause! Komm!«

Tasso überlegte, dass es mühsam sein würde, das Tier den ganzen Weg zurück vor sich her zu treiben. Er band seinen Gürtel ab, an dem sein Messer hing, und band ihn der Ziege um den Hals. Dann zog er – »Komm mit, du Ausreißer!« –, und sie folgte auch willig.

Als Tasso am Waldrand war und sich zur Seite wandte, hörte er plötzlich einen Ruf. Er erschrak, blieb stehen und blickte sich um. Niemand war zu sehen.

Er meinte schon, er müsse sich geirrt haben, und wollte sich zum Gehen wenden. Aber da war es wieder, das schwache Rufen. Es klang wie eine menschliche Stimme, aber Tasso konnte nichts verstehen. Sollte er danach suchen oder lieber zusehen, dass er fortkam?

Etwas lauter kam jetzt das Rufen, sodass er es ungefähr orten konnte. Als er den Blick dahin richtete, woher er das Geräusch zu hören meinte, bemerkte er eine Bewegung.

Am liebsten wäre Tasso davongelaufen, aber seine Neugier hielt ihn. Langsam, die Ziege hinter sich her ziehend, ging er näher an das Gebüsch heran, in dem er die Bewegung beobachtet hatte.

Als er etwa zehn Schritte entfernt war, blieb er stehen. Ganz heran traute er sich doch nicht.

Da sprach jemand. Es war eine männliche Stimme, aber Tasso verstand sie nicht. Anscheinend redete der in einer fremden Sprache. Tasso wusste, dass andere Völker anders redeten, aber er hatte es noch nie gehört. Nur einmal, als Tjeff gestolpert war und in seiner Sprache geflucht hatte.

Jetzt erschien der Arm wieder, und dann kam ein Mann aus dem Gebüsch gekrochen. Tasso trat ein paar Schritte zurück. Der Mann war ein römischer Legionär. Tasso sah es gleich an dem Brustpanzer aus Leder und den über die Waden geschnürten Schuhen, auch an dem kurzen Schwert an seiner Seite. Er war jung, vielleicht nur achtzehn oder neunzehn Jahre alt.

Er bewegte sich viel zu langsam und anscheinend hilflos, als dass er Tasso Angst eingeflößt hätte. Außerdem sah er ihn aus dunklen Augen bittend an.

»Wer bist du?«, fragte Tasso leise.

Er dachte gar nicht daran, dass der ihn wahrscheinlich nicht verstand.

Der andere redete einige unverständliche Worte. Dann richtete er sich mühsam in eine sitzende Stellung auf, zeigte auf seine Brust und sagte: »Leonides. Leonides.« Dann zeigte er auf Tasso.

Der begriff. Er klopfte sich auf die eigene Brust und sagte: »Tasso. Ich bin Tasso.«

»Tasso«, wiederholte der Legionär und nickte. Dann zeigte er auf seine rechte Wade. Jetzt erst sah es Tasso. Der Mann hatte ein Stück von seinem Hemd abgerissen und da herumgebunden, dicht unterm Knie.

Jetzt löste er den Knoten und nahm den Verband ab. Eine tiefe, hässliche Wunde kam zum Vorschein. Das Blut, das daraus über das Bein geflossen war, war bis auf einige Spuren abgewaschen, und jetzt blutete die Wunde nicht mehr. Dafür eiterte sie aber. Es war ein erschreckender Anblick, und Tasso wandte sich schnell ab.

Wieder redete der Fremde, während er den Leinenstoff wieder um sein Bein band.

»Warst du in der Schlacht? Du – mit Varus?«

»Varus!«, nickte der andere.

Tasso wusste nicht, was er nun tun sollte. Dieser Mann war offenbar ein Feind. Sollte er im Dorf verraten, dass er hier lag? Dann würden sie kommen und ihn töten. Aber der Legionär tat ihm leid. Er hatte so freundliche, bittende Augen. Und er war verletzt und konnte sich nicht wehren.

Außerdem müsste ja dann Tassos Vater auch ein Feind sein. Wenn der nun hierläge! Der war doch auch in der Armee Roms! Vielleicht waren die beiden Freunde?

Jetzt machte der Mann eine Bewegung mit der Hand zum Mund, die in allen Kulturen als Zeichen für Essen verstanden wird, und strich sich über den Bauch. Dabei sah er Tasso bittend an.

»Ich habe nichts«, sagte der. Aber dann fiel ihm ein: »Ich könnte meine Ziege melken.« Er zeigte auf den Euter. Der Fremde nickte freudig.

Tasso führte die Ziege zu ihm hin. Der Mann beugte sich und hielt den Mund darunter. Tasso melkte und versuchte, mit dem Strahl der Milch in seinen Mund zu treffen. Das gelang nicht auf Anhieb, aber das meiste der kostbaren Milch kam doch richtig an.

Als nichts mehr kam, richtete sich der Mann wieder auf. Tasso musste unwillkürlich lachen, als er die Milchspritzer in seinem Gesicht sah. Da lachte der Legionär auch.

Das gemeinsame Lachen überwand den Abstand zwischen ihnen noch ein bisschen mehr.

»Und jetzt?«, fragte Tasso laut. Beide sahen sich an und wussten nicht weiter. Das Lachen wandelte sich in Verlegenheit.

»Tassos«, sagte der Fremde.

Der Junge schüttelte den Kopf. »Nicht Tassos! Tasso!«

»Tasso.«

»Und du? Ich hab's vergessen.« Er zeigte mit dem Finger auf den Legionär.

»Leonides.«

»Leonides«, wiederholte Tasso. »Leonides. Kommst du aus Rom? Du – Rom?«

Leonides schüttelte den Kopf. »Kreta.«

»Kreta?« Tasso zuckte die Achseln.

Der Fremde redete wieder ein paar Worte. Aber als er das ahnungslose Gesicht des Jungen sah, brach er seine Erklärungsversuche ab. Wieder sahen sie sich hilflos an. Dann machte der Krieger noch einmal das Zeichen für Essen. Tasso breitete die Arme aus und hob die Schultern.

Aber dann hatte er sich entschlossen. »Ich hole dir was!«, sagte er, ging mit staksigen Schritten ein Stück, nahm mit überdeutlichen Bewegungen etwas Unsichtbares von der Erde auf und eilte zu dem Mann zurück, um ihm das Nichts zu reichen. Der lächelte dünn und tat, als nähme er es ihm ab.

»Ich kann aber erst morgen kommen. Morgen! Verstehst du?« Tasso merkte am Gesichtsausdruck des Legionärs, dass er ihn nicht verstand. Aber das war nicht so schlimm. Er würde es schon merken.

Der Junge nahm seine Ziege und ging davon.

»Tasso!«, rief ihm der Mann nach. Er zeigte auf seine nackten Arme und schüttelte sich, als fröre er. Dann streckte er den Finger nach der Sonnenscheibe aus, die ihren höchsten Punkt längst überschritten hatte, und führte ihn langsam bis zum westlichen Horizont. Er legte die Hand vor die Augen, um Finsternis anzudeuten.

»Ach, dir ist es kalt in der Nacht? Ich gebe dir meinen Pelz. Damit kannst du dich zudecken.« Tasso reichte ihm das alte Fell, und Leonides strahlte ihn dafür dankbar an.

Dann eilte Tasso davon. Am liebsten wäre er gerannt, aber daran hinderte ihn die Ziege.

* * *

»Wo warst du denn, Tasso?« Mutters Stimme klang streng. »Es ist Mittag! Du hast dich nicht um das Vieh gekümmert! Du weißt, dass ich den Nachbarn bei der Ernte helfen muss!«

»Ja, ich ... Mutter, ich muss dir etwas sagen, etwas Wichtiges. Erst wollte ich es dir verheimlichen, aber das geht jetzt nicht mehr. Ich ...«

Tasso blickte sich ängstlich um, ob auch niemand in der Nähe war. Sie waren allein. Er hatte Glück, dass sie noch nicht auf den Feldern war. Gerade hatte sie ihre Sichel geschärft und am Gras neben ihrem Haus ausprobiert.

»Ach, Kind, ich hab keine Zeit für deine Spiele! Ich muss ...«

»Es ist doch kein Spiel, Mutter! Es ist doch ein echter Mensch, ein Legionär. Leonides heißt er.«

»Was? Wovon redest du?«

»Ein römischer Legionär. Er war bei der Schlacht von Fürst Armin gegen Varus. Wahrscheinlich konnte er fliehen. Vielleicht hat er sich dann verlaufen. Er kannte ja den Weg nicht. Vielleicht waren sie hinter ihm her und haben ihn in diese Richtung gejagt, sodass er nicht zum Rhein zurückkonnte. Außerdem ist er verletzt, er hat ...«

»Einen Augenblick! Verstehe ich das richtig – du hast einen römischen Legionär im Wald getroffen?«

»Ja, aber gestern schon. Er tat mir so leid. Er konnte nicht gehen.«

»Aber, Tasso, das ...« Seine Mutter sah ihm in die Augen, ob sich da Anzeichen dafür erkennen ließen, dass er vielleicht doch nur scherzte. Sie bemerkte nichts dergleichen.

Er deutete ihren strengen Blick falsch und verteidigte sich: »Er hat mir so leidgetan! Vater ist doch auch Legionär. Wenn er es nun gewesen wäre! Ich musste ihm einfach helfen.«

»Ja, ja«, sagte Gerhild und nickte leicht.

»Ich wusste nicht, wie du darüber denkst, darum wollte ich ihm heimlich was zu essen bringen. Heute Morgen bin ich schon früh aufgestanden und bin losgelaufen, als es noch fast dunkel war. Einen Beutel mit

Weizenkörnern habe ich mitgenommen. Ich dachte: Wenn ich zurückkomme, kann ich so tun, als hätte ich gespielt. Dann wäre es immer noch Zeit, das Vieh zur Weide zu treiben. Aber es hat länger gedauert, weil … weil … ich weiß nicht, Mutter, ob er stirbt.«

»Er stirbt? Ist er verhungert?«

»Nein, er … er friert ganz furchtbar. Er zittert am ganzen Körper. Ich habe versucht rauszukriegen, was ihm fehlt, aber er versteht mich nicht. Ich ihn auch nicht. Er sieht auch ganz schwach aus. Gestern hat er noch mit mir gelacht, aber heute nicht mehr. Ich glaube, er stirbt.«

»Er hat Fieber. Hat er eine Wunde?«

»Ja, am Bein. Hier.« Tasso zeigte an seine rechte Wade.

Gerhild nickte und überlegte, was zu tun war.

»Wir müssen ihm helfen, Mutter!«, drängte Tasso.

»Das geht nicht, Tasso. Wir müssen es melden.«

»Mutter!« Tasso drängte sich an sie, wie er es schon lange nicht mehr getan hatte. Sie sah daran, wie wichtig es ihm war. »Bitte, Mutter, wir müssen ihn retten!«

»Gut, ich will's versuchen. Aber wie? Hm. Er muss hierher.«

»Hierher?«

»Ja, ans Feuer, damit er warm wird. Und dann kann ich auch versuchen, seine Wunde zu behandeln.«

»Aber wenn ihn jemand bei uns sieht, sagt er es weiter, und sie bringen ihn um!«

»Und uns.«

»Uns?« Tasso riss die Augen auf.

»Na ja, vielleicht töten sie uns nicht, aber wir werden es sicher nicht mehr leicht haben hier.«

»Aber …«

»Trotzdem – wir werden ihm helfen. Ich weiß nur noch nicht wie. Lass mich überlegen!«

Gerhild dachte einige Augenblicke nach.

»Pass auf, Tasso. Wir machen es so: Ich muss jetzt aufs Feld, Getreide mähen. Du treibst unsere Tiere zu der Stelle, wo der Mann liegt. So fällt es gar nicht auf, wenn du weggehst. Du bleibst bei ihm, mit den Tieren. Wenn es dunkel wird, komme ich auch. Dann setzen wir den Kranken auf die Kuh. Oder wir legen ihn darauf, falls er sich nicht halten kann. So bringen wir ihn her. Wir kommen dann erst mit ihm und den Tieren hier in die Siedlung, wenn es völlig dunkel ist. So sieht uns niemand.«

»Gut.«

»Du musst mir nur genau beschreiben, wo ich euch finde.«

Das tat Tasso schnell, und dann eilte seine Mutter davon. Er packte etwas zu essen ein, nahm noch eine Decke aus Schafwolle mit und trieb dann die sechs Tiere vor sich her.

Es dauerte lange, bis er am Ziel angekommen war. Leonides lag noch so da, wie er ihn verlassen hatte. Er schien kaum wahrzunehmen, dass Tasso gekommen war. Zusammengekrümmt lag er auf dem Pelz, den anderen Teil über sich geschlagen, und öffnete nur kurz und nur wenig die Augen, um sie gleich wieder zu schließen.

Tasso setzte sich neben ihn.

Leonides bewegte sich dauernd und redete in seiner Sprache einzelne Worte oder auch Sätze. Als die Sonne niedriger stand, legte Tasso noch die wollene Decke über ihn.

Noch später, als er die Kuh wieder einmal von der Wiese getrieben hatte und zurückkam, war Leonides wach. Er blickte Tasso mit seinen dunklen Augen lange an. Tasso meinte, darin Trauer zu lesen, wohl auch Angst, aber auch Dankbarkeit, dass er nicht allein sein musste. Er zitterte jetzt wieder stärker.

Der Junge setzte sich dicht neben ihn und sprach, obwohl ihm klar war, dass der andere ihn nicht verstand. »Wir bringen dich in unser Haus, Leonides. Meine Mutter versteht sich auf Kräuter gegen alle möglichen Krankheiten. Die kann dir sicher helfen. Und da ist es auch nachts schön warm. Ich glaube nicht, dass du sterben musst, Leonides. Ich verspreche dir, wenn du doch sterben musst, dann werde ich dir dein Schwert in die Hand geben. Wer mit dem Schwert in der Hand stirbt, kommt nach Walhall. Äh ...« Er brach ab. Er war sich auf einmal unsicher, ob das auch für Römer gilt. Vielleicht nicht, denn die glaubten an andere Götter. Es war auch schwer vorstellbar, dass in Walhall Chatten und Römer zusammen saßen. Das musste doch ewig Streit geben. Und für Männer aus Kreta – was auch immer das war – musste dasselbe gelten, wenn sie im römischen Heer gekämpft hatten.

Langsam kam die Hand des jungen Mannes unter dem Pelz hervor und suchte seine. Es dauerte einige Augenblicke, bis Tasso verstand, was der Legionär wollte. Als die Hände sich gefunden hatten, drückte Leonides Tassos Hand.

Später holte Tasso mit den hohlen Händen Wasser aus einem Rinnsal und bot es dem Kranken zum Trinken an. Der schlürfte etwas, aber dann fiel sein Kopf wieder zurück.

Als es dämmrig wurde, stand Tasso auf und band mit der Leine, die er mitgebracht hatte, seine Schafe und Ziegen zusammen. So konnte er sie in der Dunkelheit besser beisammenhalten und nach Hause bringen. Es dauerte auch nicht mehr lange, bis seine Mutter kam. So still war es hier, dass er ihre Schritte und das Knacken der Äste, auf die sie trat, schon von Weitem hören konnte. Er rief sie leise, und bald stand sie im Licht der Sterne und des Viertel-Mondes vor ihm.

»Hier drüben liegt er, Mutter.«

Gerhild folgte ihrem Sohn, und als sie bei dem Kranken waren, kniete sie sich bei ihm nieder. Sie fühlte seine Stirn, band dann das Tuch von seinem Bein und besah sich die Wunde.

»Hol die Kuh!«

Tasso tat, was sie sagte.

»Wir legen ihn quer über den Rücken der Kuh. Er kann nicht sitzen. Hilf mir, ihn hochzuheben!«

Es war ein mühsames Werk. Leonides war zwar wach und merkte wohl auch, worum es ging, aber er konnte kaum helfen. Er war zwar nicht besonders schwer, nur etwa mittelgroß und für einen Legionär fast ein wenig schmächtig, aber für eine Frau und ein Kind doch nicht leicht zu heben. Endlich hatten sie ihn da, wo sie ihn haben wollten. Die Karawane setzte sich in Bewegung.

Es dauerte lange, bis sie zu Hause ankamen, fast war es Mitternacht. Unter anderem darum, weil sie einen Umweg machen mussten, um nicht bei den anderen Häusern vorbeizukommen. Sie trugen und schleiften ihn ins Haus. Während Tasso die Tiere in den Stall brachte und dann das Feuer schürte und Holz nachlegte, bereitete seine Mutter ein Lager direkt vor der Feuerstelle.

Als der Mann darauf gebettet war, besah sich Gerhild die Wunde.

»Tasso, geh und such Spinnweben! Wenn du dir mit einem Holzscheit leuchtest, wirst du welche finden. Nicht hier in der Nähe des Feuers. Der Rauch vertreibt die kleinen Tiere. Aber da hinten im Stall.«

»Spinnweben?«

»Ja. Meine Großmutter legte Spinnweben in offene Wunden. Dann entzündeten sie sich nicht. Diese hier hat sich schon entzündet. Ich weiß darum nicht, ob es was nützt, aber wir können es versuchen.«

Tasso nahm ein brennendes Scheit aus dem Feuer und suchte im Haus nach Spinnweben. Das war nicht schwer in genügender Entfernung vom Feuer. Er wickelte sie auf ein Hölzchen.

Als er seiner Mutter seinen Fund brachte, hatte die schon die Wunde ausgewaschen. Leonides, der auf dem Bauch lag, zuckte kein bisschen bei der Behandlung. Also war er wohl in Ohnmacht gefallen.

Gerhild versuchte, dem Mann Tee einzuflößen. Aber das gelang nicht.

»Wir versuchen es morgen«, sagte sie. »Wir müssen warten, bis er wach ist. Komm, wir legen uns schlafen.«

»Ich will bei ihm bleiben. Wenn er aufwacht, kann ich ihm ...«

»Nein, Tasso, du schläfst auch! Morgen warten viele Aufgaben auf uns beide. Ich muss aufs Feld, und du musst hier aufpassen. Da darfst du nicht übermüdet sein!«

Tasso nickte.

Während er sich auszog, sagte seine Mutter plötzlich: »Ich weiß, was wir machen! Ich bringe die Tiere morgen früh zu Huldras Herde und bitte sie, unsere Tiere mitzuweiden. Ich gebe ihr Käse dafür. Ich sage, du wärst schwer krank und müsstest liegen. Das spricht sich schnell herum, und dann kommt wahrscheinlich auch niemand, weil alle sich vor Ansteckung fürchten.«

»Ja, das ist ein guter Einfall, Mutter. Dann kann ich hierbleiben und Leonides versorgen.«

Müde, wie er zu dieser späten Stunde war, schlief Tasso trotz innerer Erregung nach wenigen Augenblicken ein.

* * *

Der Legionär lehnte mit dem Rücken an einem Balken des Hauses. Das kranke Bein hatte er ausgestreckt, das andere angezogen. Es schien ihm deutlich besser zu gehen.

Tasso saß vor ihm und machte mit einem Stöckchen vom Feuerholz Striche in den Lehmboden zwischen ihnen.

»Eins, zwei, drei, vier, fünf« – er hob die linke Hand mit gespreizten Fingern – »sechs, sieben, acht, neun, zehn« – nun legte er das Stöckchen weg und hob beide Hände. Dann malte er weiter: »elf, zwölf, dreizehn – so viele Tage bist du hier. Tage, verstehst du?«

Leonides nickte, nahm das Stöckchen, machte einen Strich, zeichnete darauf ein Haus und zwei Bäume, und obendrüber eine Sonne, einen Kreis mit Strahlen. Dann zeigte er auf die Sonne und ließ sie auf der einen Seite seiner Zeichnung aufgehen, führte den Zeigefinger langsam im Bogen darüber und ließ sie in der Vorstellung auf der anderen Seite untergehen. Dann streckte er den Daumen der linken Hand in die Luft. Nachdem er den Vorgang wiederholt hatte, gesellte er den linken Zeigefinger dazu. Noch dreimal machte er Fortsetzung, dann zeigte er auf Tassos dreizehn Striche.

Beide lachten. Sie waren stolz, sich ohne Sprache verständigen zu können.

Tasso zeigte auf das verbundene Bein und machte ein schmerzverzerrtes Gesicht. Dann sah er sein Gegenüber fragend an. Der wiegte den Kopf. Tasso schloss daraus, dass es ihm zwar besser ging, aber noch nicht gut.

»Du Kreta?«, fragte Tasso. »Wo Kreta?«

Leonides nickte. »Kreta.« Er löschte seine Zeichnung und malte eine leicht geschlängelte Linie. »Rhenus«, sagte er.

»Das ist der Rhein, ja.«

Leonides kratzte daneben einen anderen Strich. »Die Weser!«, riet Tasso. Der andere nickte. Er zeigte auf einen Punkt zwischen den Strichen und fuchtelte mit dem Arm durch die Luft, wie ein Schwertkämpfer. »Varus – Arminius.«

»Da war die Schlacht?«

»Schlacht?«

»Ja, der Kampf.«

Leonides zeigte auf einen Punkt, der weiter südlich vom Ort der Schlacht und näher zur Weser hin lag. »Tasso«, sagte er.

»Tasso und Leonides«, lächelte der Junge.

Der Kranke legte die linke Hand links des Rheins und sagte: »Gallier, Imperium Romanum.« Dann legte er die rechte rechts des Rheins. »Germanien.«

Tasso nickte. Das hatte er schon so ungefähr gewusst. Irgendjemand hatte ihm auch einmal gesagt, die Römer würden zu allen Stämmen, die so wie die Chatten sprachen, Germanen sagen. Nun zeichnete Leonides näher bei sich lauter Dreiecke. Es dauerte eine Weile, bis Tasso begriff, dass dies wohl die hohen Berge im Süden sein sollten.

Der Legionär rückte sein krankes Bein etwas zur Seite und ritzte eine große Figur in den Boden. Zunächst dachte Tasso, dass sie das kranke Bein mit dem Fuß darstellen sollte. Dann aber zeigte Leonides auf einen Punkt am Schienbein der Zeichnung und sagte: »Rom.« Tasso begriff, dass es sich hier genauso wie bei den Flüssen und Bergen um eine verkleinerte Abbildung der Wirklichkeit handeln musste. Besonders, als Leonides um das Bein herum Wellen malte.

Dann begrenzte er das Meer rechts durch eine weitere Uferlinie, die unten auf der Höhe der römischen Fußsohle sehr zerklüftet war. Und darunter zeichnete er, mitten im Meer, eine quer liegende, längliche Figur. »Kreta.«

»Eine Insel? Kreta ist eine Insel?«

Leonides verstand zwar die Frage nicht, nahm aber an, dass der Junge auf der richtigen Spur war, und nickte.

Jetzt merkte Tasso, dass das fast wortlose Gespräch den Kranken angestrengt hatte. Er stand auf und gab ihm wieder von dem Heiltee zu trinken.

»Leonides – schlafen.« Tasso legte den Kopf schief, die Hände darunter und schloss die Augen.

Der Kreter lächelte und gehorchte.

* * *

Tasso schaute vorsichtig zum Ausgang hinaus, ob niemand in der Nähe war, der ihn sehen und sich über die schnelle Genesung von seiner schweren Erkrankung wundern könnte. Niemand war da. Schnell huschte er hinaus und fegte mit der Hand einige der Bucheckern in ein Gefäß, die auf einem Tuch in der Sonne zum Trocknen lagen. Er brachte sie hinein, wo Leonides sie mit seinen wieder stark gewordenen Armen und Händen auspresste. Er benutzte dazu eine Vorrichtung aus Stein und einem hölzernen Hebelarm.

»Du hast doch verstanden, was Mutter gesagt hat, Leonides? Hast du es verstanden?«

Tasso zeigte auf die Stelle am Boden mit der Zeichnung vom Dorf Berffe, dem Bach, dem großen Wald und den drei kleinen Häuschen.

»Ja.« Das Wort hatte Leonides schon gelernt. »Geh« – er zeigte mit dem Finger, wie er von hier aus zu den einsamen Hütten gehen würde.

»Über den Winter«, sagte Tasso.

Leonides nickte und tat, als fröre er.

»Richtig, Winter!«, lachte Tasso. »Und wenn wieder Frühling ist« – er wischte sich den gedachten Schweiß von der Stirn –, »dann bringe ich dich zur Weser.«

Leonides zeigte das auf der alten Landkarte an. »Tasso, Leonides«. Er hatte offenbar verstanden.

»Da habe ich Freunde. Sie bringen dich die Weser hinunter.«

Gerhild kam herein. »Oh – ihr wart fleißig! Das ist schön. Hat dich auch niemand gesehen, Tasso?«

»Nein, ich habe gut aufgepasst.«

»Schön. Dann will ich jetzt mal ein Festmahl bereiten.«

»Ein Festmahl?«

»Ja. Du weißt doch, wir feiern immer den Abschluss der Ernte. Ich habe schon den Göttern im Moor ein Opfer gebracht. Jetzt wird gefeiert! Außerdem ist es das Abschiedsessen für Leonides.«

Sie begann in einem eisernen Topf über dem Feuer mit Mehl, frisch ausgepresstem Bucheckernöl und einigen Eiern, die sie in den letzten Tagen aufgespart hatte, ein gut duftendes Mahl zu bereiten. Während Topf und Inhalt heiß wurden, nahm sie einen Tonkrug mit Honig aus ihrem Korb. »Ein Teil meines Arbeitslohns«, sagte sie stolz und hob ihn hoch. Sie ließ einen Teil davon in eine Schüssel mit Quark fließen und rührte ihn unter.

»Hm, so was Gutes hatten wir aber lange nicht mehr«, freute sich Tasso.

»Außerdem müssen wir ja deine Genesung von langer, schwerer Krankheit feiern!«, grinste seine Mutter.

Es schmeckte ausgezeichnet. Nur das Tischgespräch war etwas mühsam.

Gerhild versuchte Leonides klarzumachen, dass Tasso ihm immer mal etwas zu essen bringen würde.

»Leonides gut …« Er tat, als lege er einen Pfeil auf einen Bogen und ziele damit. »Gut!«

»Aber wir haben keinen Bogen!«, stellte Tasso fest.

Aber Leonides war noch nicht fertig. Er holte aus dem kleinen Lederbeutel an seinem Gürtel eine goldene Münze und legte sie auf den Tisch. Es war genau so eine, wie Theudebert sie ihnen für Tassos Dienst und das Ausleihen der Kuh gegeben hatte.

»Gold – Bogen.«

»O ja, dafür kriegen wir einen guten Bogen!«, sagte Gerhild. Lowart in Berffe macht sehr gute Bogen. Er wird sich über das Goldstück freuen. Tasso, du kannst in den nächsten Tagen mal zu ihm gehen. Wenn du dich von deiner langen Krankheit erholt hast.«

Tasso lächelte auch. »Ich kann ja noch ein bisschen leidend aussehen. Den Bogen nehme ich dann mit, wenn ich Leonides besuche.«

»Ja, dann kann er sich Wild erlegen. Ich hoffe, dass er wirklich so ein guter Schütze ist, wie er uns glauben machen will.«

Als es dunkel geworden war, brachen sie zu dritt auf. Niemand sonst war zu sehen, aber sie gingen gleich in den Wald, um nicht doch auf dem Weg jemandem zu begegnen.

Leonides humpelte zwar noch, aber er kam ganz gut vorwärts.

Jeder trug etwas: Getreide, ein paar Eier, etwas Salz, einen Krug mit Öl, einen alten Topf aus Bronze, zwei Decken, eine aus Schafwolle und eine, die aus mehreren Stücken Ziegenfell zusammengenäht war, Material zum Feuermachen und das kleine Bronzemesser, weil er ja nicht gut alle Hausarbeit mit seinem Schwert machen konnte.

Als sie weit genug von der Siedlung entfernt waren, gingen sie auf dem Fernweg. Die Strecke war zu weit, als dass sie sie ganz im Wald hätten zurücklegen können, durch Buschwerk und Dornengestrüpp.

»Merk dir genau die Stelle, wo wir vom Weg abbiegen!«, mahnte Gerhild ihren Jungen. »Damit du dich nicht verirrst!«

»Ja. Hier, wo der große Ahorn steht.«

Sie begannen, bergab zu steigen.

»Und da hast du früher gewohnt, Mutter?«

»Ja, als kleines Kind. Aber die Zeiten waren unruhig, meine Familie musste in den Schutz eines Dorfes. Außerdem war es zu mühsam, für alles, was wir nicht selber herstellen konnten, so einen weiten Weg zurückzulegen. Da sind wir nach Berffe gezogen.«

»Und da ist dann deine Mutter gestorben, nicht?«

»Ja, bei der Geburt meines Bruders. Und er hat auch nicht lange überlebt. Da war mein Vater froh, als dein Vater mich heiratete.«

»Und mein Großvater ist vor ein paar Jahren gestorben.«

»Verunglückt, beim Holzfällen. Du warst damals drei. Geht es noch, Leonides?«

Der Kreter lächelte tapfer. Offenbar strengte ihn das Gehen an, aber er wollte es sich nicht anmerken lassen.

Dann kamen sie in ein flaches Tal, das von einem schmalen Wasserlauf durchflossen wurde.

»Hier waren Äcker und Weiden. Es ist alles zugewachsen«, staunte Gerhild. Dann stießen sie auf die Häuser.

Das war eine Enttäuschung. Zwei Hütten, die aus Balken mit Lehmwänden bestanden hatten, waren völlig verfallen. Sie hatten auch kein Dach mehr. Nur ein kleines Gebäude stand noch, das aus liegenden Balken gebaut war und als Vorratsschuppen gedient hatte. Eine Wand war höher als die gegenüberliegende. Stangen lagen darüber und bildeten so ein schräges Dach. Es war zwar jetzt auch undicht, aber vielleicht konnte Leonides das mit wenig Mühe wieder in Ordnung bringen.

Der Legionär sah sich um und sagte: »Gut!« Gerhild glaubte ihm nicht, dass das seine ehrliche Meinung war, aber sie hatte nichts Besseres.

Die Lasten wurden in den Schuppen gebracht. Dort räumten sie etwas auf. Gerhild machte Feuer, und Leonides ging mit Tasso hinaus, um Brennholz und trockenes Laub für ein Nachtlager zu suchen.

Mitternacht war längst vorbei, als es anfing, in der Hütte gemütlich zu werden.

Leonides setzte zu einer Rede an, an der er schon beim Holzsuchen in Gedanken gearbeitet hatte und die beweisen sollte, wie viel er von der Sprache seiner Gastgeber schon gelernt hatte: »Gerhild, Tasso, geht. Kommt Tag. Du, du, gut Germanen. Sehr gut!«

Sie reichten sich die Hände und gingen. Nach einigen Schritten blieb Tasso stehen und wandte sich noch einmal um. »Du – mein Freund!«

»Freund?«, probierte der Kreter, der ihnen vom Eingang seiner Hütte aus nachsah, das neue Wort.

»Ja, Freund.«

Er wandte sich um und folgte seiner Mutter.

* * *

Die Zeit des braunroten und goldenen Laubs war nun vorbei. Die Bäume hatten alle ihre Blätter verloren. Nebelschwaden zogen durch das Tal mit der primitiven Hütte.

»Leonides!«, rief Tasso.

Der hatte auf dem Dach gesessen und es mit großen Moosstücken zu dichten versucht. Jetzt sah er sich um, bemerkte den Jungen zwischen den Bäumen auf der anderen Seite des Baches und sprang herunter. Das ging nun fast so gut, als hätte er nie ein verletztes Bein gehabt.

Tasso hielt triumphierend den neuen Bogen in die Luft.

Das schien Leonides so zu freuen, dass er ihm entgegengelaufen kam. Erst reichte er Tasso die Hand, dann nahm er den Bogen. Seine dunklen Augen strahlten, als er ihn von allen Seiten betrachtete, anlegte und den Zug der Sehne probierte.

»Dein Gold war so viel, da hat er mir noch diese Pfeile gegeben. In dem Köcher aus Korbgeflecht und Leder. Es sind sechzehn Pfeile mit eiserner Spitze.«

Der Legionär klopfte Tasso fröhlich auf die Schulter. »Gut! Sehr gut!« Er zog einen Pfeil aus dem Köcher, wog sein Gewicht mit der Hand, betrachtete genau Spitze und Federn am Ende, legte ihn auf die Sehne und zielte.

»Schieß auf die Buche da!«, forderte Tasso ihn auf und zeigte auf einen dicken Baum in etwa fünfzig Schritt Entfernung.

Leonides zog an und ließ den Pfeil von der Sehne schnellen. Einen Augenblick später steckte der in der Buche. »Gut! Sehr gut!« Er meinte die Waffe, aber als Tasso »Sehr gut!« sagte, meinte er den Schuss.

»Du?« Leonides hielt ihm den Bogen hin.

»Ja, ich kann's ja mal versuchen. Aber ich kann ihn nicht richtig spannen.«

Leonides stellte Tasso richtig hin, zeigte ihm, wie er Bogen und Sehne halten sollte, und legte einen neuen Pfeil darauf. Der Junge zog, so stark er konnte, und ließ die Sehne von den Fingern schnellen.

Der Pfeil flog nicht besonders weit, aber immerhin weiter als bei seinem selbst gemachten Bogen. Der Kreter klopfte ihm anerkennend auf die Schulter.

»Ich muss schnell wieder gehen, Leonides. Meine Mutter wartet auf mich. Hier in dem Beutel ist ein Krug mit Milch. Den Krug, den ich das letzte Mal mitgebracht habe, soll ich wieder zurückbringen. Und etwas Käse ist da.«

Leonides blickte in den Beutel, nickte dankbar und ging schon mal zur Hütte, während Tasso die zwei Pfeile holte.

In der Hütte sah es nicht gerade wohnlich aus, aber schon besser als am Anfang. Vor allem war es trocken. Die Luft war voller Rauch. Es mochte am Wetter liegen, dass der nicht richtig abziehen wollte.

Tasso verabschiedete sich. Als Leonides ihm die Hand schüttelte, sagte er: »Freund! Du Freund!«

Tasso strahlte und lief los. Inzwischen war er die Strecke schon einige Male gelaufen und war sich sicher, auch bei Dunkelheit ans Ziel zu kommen. Aber seine Mutter wollte ihn nur bei Tageslicht gehen lassen.

Er beeilte sich, trotzdem begann es zu dämmern, als er außer Atem zu Hause ankam.

Wie erschrak er, als er ins Haus trat und Hadrich dort sitzen sah.

»Da … da kommt ja unser … unser großer Hhheld!« Hadrich war offensichtlich betrunken. »Wo … wwo treibst du dich denn rum?«

»Ja, Tasso«, sagte Gerhild mit strenger Stimme. »Wo warst du denn? Du weißt doch, dass du mir immer Bescheid sagen sollst, ehe du weggehst!«

Aha – seine Mutter hatte also Hadrich erzählt, sie wisse nicht, wo er ist: »Ich war im Wald. Entschuldige, Mutter, ich hab mich ein bisschen verspätet.«

Hadrich stammelte: »Du hast … hhhast wohl deinen neuen … Bo… Bogen auspro … wo ist er denn?«

»Mein Bogen?« Tasso schoss das Blut in den Kopf.

»Lowart h…hat mir erzählt, dass du … wwwo hast du denn das Goldstück her?«

»Das … das Goldstück?«

Gerhild griff ein. »Ich habe ihm schon erzählt, dass du es von den Händlern geschenkt bekommen hast, die dir auch das Messer geschenkt haben. Aber er glaubt es nicht.«

»Das stimmt aber!«, beteuerte Tasso. »Weil ich ihnen doch das Leben gerettet habe. Das Leben ist doch mehr wert als ein Goldstück und ein Messer! Glaubst du das nicht?«

»Das Messer … das Messer hast du mir wegge…genommen!«

Tasso stellte befriedigt fest, dass das viele Bier Hadrich offenbar auch daran hinderte, einen Gedanken klar bis zum Ende zu verfolgen.

»Ich sssage dir! Ich werde das Mmmesser … ich will es wiederhaben!«

»Fang doch nicht wieder damit an!« Tasso bemühte sich, seine Stimme fest klingen zu lassen, aber er fürchtete, dass ihm das nicht sehr überzeugend gelungen war.

Hadrich ließ seine Faust auf den Tisch krachen.

»Ich … ich habe damit einen Römer er…erschlagen … nein, erstochen. Und ich werde noch mehr …«

Gerhild sagte: »Du bist betrunken, Hadrich. Geh in dein Haus und schlaf dich aus!«

»Ich will nicht in mein Haus … mein Haus gehen. Da bin ich ganz allein. Ich will bei dir schlafen.«

»Geh, Hadrich! Du weißt nicht, was du sagst!«

Tasso beschlich wieder ein Gefühl der Angst. Er griff nach seinem Messer, um sich zu vergewissern, dass es noch da war.

»Wo ist denn … du hast doch den Bogen ge…gekauft. Wo ist der denn?«

»Im Wald«, log Tasso. »Da übe ich schießen. Ich habe ihn in einer Baumkrone versteckt, damit ich ihn nicht immer hin und her tragen muss.«

»Wo … wo denn?«

Gerhild kam eine Idee. »Komm an den Eingang, wir zeigen es dir!«

Hadrich stemmte sich mühsam hoch und wankte seiner Schwägerin nach. Sie führte ihn um die Hausecke. »Da oben im Wald.«

»Ich sehe gar nichts … nichts.« Hadrich wollte sich auf Gerhild stützen, aber sie wich aus, da stützte er sich an der Hauswand.

»Natürlich nicht. Es ist ja auch dunkel. Geh jetzt nach Hause, Hadrich, und schlaf deinen Rausch aus!«

Hadrich ging ohne ein weiteres Wort davon. Mutter und Sohn sahen ihm nach. Er schwankte bedenklich, aber er fiel nicht.

Gerhild atmete auf. »Das ist gerade noch mal gut gegangen.«

Tasso sagte: »Ich bleibe jetzt immer hier. Leonides hat den Bogen, und er kann sich damit selbst helfen.«

Seine Mutter strich ihm über das Haar. »Das ist lieb, Tasso, dass du mich beschützen willst. Aber ich fürchte, wenn er nüchtern ist und … auf dich hat er einen besonderen Zorn. Vielleicht reizt es ihn noch mehr, wenn du da bist.«

»Aber was sollen wir denn …?« Tasso brach ab.

Gerhild wandte sich um und ging ins Haus. So brauchte sie nicht zu antworten.

* * *

Es war kalt geworden, und die Tiere wurden nicht mehr draußen geweidet. Ein eisiger Wind pfiff um das Haus.

Gerhild hängte einen neuen Topf mit Wasser über die Flammen. Sie musste die Gefäße, die sie zum Käsemachen brauchte, immer sorgfältig mit heißem Wasser säubern.

Sie schreckten beide auf, als vor dem Eingang eine Männerstimme zu hören war: »Wohnt hier Gerhild, die Frau von Mutrich?«

Gerhild legte ihr Werkzeug hin, ging zum Eingang und hob den Vorhang beiseite. Tasso stand einen Augenblick später neben ihr.

»Ja. Das bin ich.«

»Ich habe dir eine Botschaft zu bringen«, sagte der Mann. Er war mittleren Alters, trug ziemlich abgerissene Wollkleidung und hatte ein zernarbtes Gesicht. Offenbar hatte er den Vollbart wachsen lassen, damit der möglichst viel von den Verunstaltungen seines Gesichts verdeckte, aber das gelang nur unvollkommen. Besonders die Narbe schräg über der Stirn fiel sofort auf.

»Komm herein und wärme dich!«, sagte Gerhild.

Der Mann trat ein, setzte sich nah ans Feuer und nahm den Becher Ziegenmilch, den Gerhild ihm reichte. Er trank ihn in einem Zug aus, setzte ihn ab und sagte ohne Umschweife: »Es tut mir leid, Gerhild, dein Mann ist tot!«

Mutter und Sohn waren einige Augenblicke starr vor Schreck. Wie festgefroren standen sie da. Dann reagierte Tasso zuerst. »Nein!«, schrie er und packte den Mann am Ärmel, schüttelte ihn, als könne dabei eine andere Botschaft herauskommen, und begann zu weinen. Gerhild sackte nur auf die Bank, hatte die Hände im Schoß zusammengelegt und starrte den Fremden an, oder eigentlich: starrte durch ihn hindurch.

Der Bote schien alles Einfühlungsvermögen in andere Menschen, sollte er je welches besessen haben, auf den verschiedenen Schlachtfeldern des Römischen Weltreiches verloren zu haben.

»Ich war mit in seiner Kohorte. Wir waren im Süden Galliens. Eigentlich kein richtiger Krieg, eher Auseinandersetzungen mit Räubern oder Aufständischen. Bei einem dieser Gefechte … er war mutig, dein Mann, wie sein Name sagt, aber vielleicht manchmal zu mutig. Jedenfalls hat ihn ein Speer … hier« – er zeigte auf die Gegend der rechten unteren Rippe – »na, und da war nicht mehr viel zu machen. Wir hatten aber schon vorher ausgemacht und es uns geschworen, wenn einer von uns umkommt und der andere überlebt, soll der, wenn er wieder nach Germanien kommt ... Ich bin ein Hermundure, musst du wissen. Aber von Gallien oder Iberien aus wohnen die Hermunduren und die Chatten dicht beieinander. Na ja, darum sage ich dir jetzt Bescheid. Und wir haben ausgemacht ...« Er öffnete einen Beutel, »der Überlebende soll das Geld des Gestorbenen nehmen, die Hälfte behalten als Botenlohn und die andere Hälfte der Familie bringen.«

Er zählte einige Silbermünzen mit der rechten Hand auf die offene Linke und hielt sie Gerhild hin. »Hier, das ist deine Hälfte.«

Gerhild reagierte nicht. Sie starrte immer noch den Mann wortlos mit weit aufgerissenen Augen an. Aber eine völlige Starre war es nicht, denn sie verfolgte den Fremden mit den Augen und Bewegungen des Kopfes, als der nun aufstand und die Silbermünzen auf den Tisch fallen ließ. Eine rollte herunter. Niemand bückte sich danach.

Tasso tat zwei Schritte zu seiner Mutter hin und schmiegte sich weinend an sie. Gerhild weinte nicht, sie legte nur den Arm um den Jungen und drückte ihn an sich.

»Ich habe doch Donar gebeten, Mutter! Ein Huhn haben wir geopfert und unter der Eiche gebetet. Und er hat uns ein Zeichen gegeben. Und Sello hat auch gemeint, es würde bedeuten ...«

»Sei still, mein Sohn«, sagte Gerhild leise. Ihre Stimme klang rau. »Sello hat sich geirrt. Vielleicht hat auch Donar sich geirrt. Oder er hat sich vertan. Es war alles ein Irrtum, es war ... es war ...« Jetzt fing sie an zu weinen. Aber lautlos, Tasso sah und spürte nur ihre Tränen, als er seine Wange an ihre hielt.

»Ich gehe dann weiter«, brummte der Fremde und schulterte seinen Tragesack.

»Warte«, hielt ihn Gerhild mit leiser Stimme zurück. »Es ist spät. Und es ist kalt draußen. Du kannst hier übernachten.«

Der Hermundure schien mit dem Angebot gerechnet zu haben, überlegte auch kurz, ob er es annehmen sollte, besann sich dann aber doch anders. Offenbar war ihm die Gesellschaft der Trauernden unangenehm. »Nein, nein, ich muss weiter. Ich finde schon eine Schlafstelle.«

Gerhild nickte, ohne ihn anzusehen: »Dann geh! Und ich danke dir für die Nachricht. Donar beschütze dich! Willst du wenigstens etwas zu essen mitnehmen?«

»Ja, gerne.«

Gerhild stand auf und suchte einiges zusammen: zwei gekochte Eier, ein Stück gebratenen Fisch aus dem Bach, drei kleine rote Äpfel und einen Leinenbeutel mit Getreide. Er öffnete seinen Tragesack, und sie legte es hinein.

Er nahm ihn wieder auf die Schulter und sagte: »Donar – oder wer auch immer – beschütze euch!« Ohne sich noch einmal umzusehen, ging er hinaus.

Gerhild trat vor den Vorhang und sah ihm nach. Tasso kam an ihre Seite.

Eine ganze Weile standen sie so da, auch noch, als der Mann längst verschwunden war. Sie spürten die Kälte nicht.

Irgendwann sagte Tasso leise: »Tut es dir sehr weh, Mutter?«

Sie drückte ihren Sohn erneut an sich. »Dir denn?«, fragte sie.

»Ja«, antwortete er, ohne zu beachten, dass sie seine Frage gar nicht beantwortet hatte. »Obwohl ich ja … ich meine, ich habe ihn eigentlich nicht richtig gekannt. Weniger als Leonides.«

Sie strich ihm über das Haar. Lange Zeit tat sie das so und mit einer Hingabe, als bestünde das Wesentliche im Leben darin, einem Kind über das Haar zu streichen.

Endlich sagte sie: »Es wird kalt, Tasso. Komm, wir gehen hinein!«

Er folgte ihr. Da erst merkte er, dass es angefangen hatte zu schneien.

10 n. Chr.

»Sieh doch, Mutter, der Schnee ist vollständig weggetaut!«

»Ach, Tasso!« Gerhild trat neben ihren Sohn in den Eingang des Hauses. Die Sonne war gerade erst aufgegangen. »Über Nacht ist bestimmt nichts von dem geschmolzen, was gestern noch dalag. Du wirst Spuren hinterlassen.«

»Aber es gibt überall Stellen, wo der Schnee geschmolzen ist. Da kann ich doch gehen. Ich brauche doch nicht durch den Schnee zu stapfen.«

Gerhild legte Tasso den Arm um die Schulter. »Du quengelst seit Wochen wie ein kleines Kind, Tasso. Dabei bist du jetzt zwölf Jahre alt. Ungefähr in dieser Jahreszeit war es, als du geboren wurdest.«

»Na, siehst du!«

»Was soll ich sehen?«

»Dass ich alt genug bin, um alles richtig zu machen.«

Er sah sie an. Immer noch musste er hoch zu ihr aufsehen, obwohl sie den Eindruck hatte, dass er den Winter über deutlich gewachsen war. Sie lächelte zurück. »Aber du bist noch nicht zu alt, dass ich dich mal in den Arm nehmen könnte?«

»Nein. Ich meine, ja, du kannst mich doch in den Arm nehmen!«

Sie tat das und war zufrieden, bis er hinzufügte: »Hier sieht uns ja keiner.«

»Meinetwegen geh zu Leonides! Aber sei vorsichtig!«

Er machte sich von ihr frei. »Gut! Danke, Mutter! Packst du mir was für ihn zusammen?«

Sie nickte und ging hinein. *Was ist das nur,* dachte sie, *dass ein Kind von der eigenen Mutter wegzieht, die es geboren und aufgezogen, ernährt und beschützt und mit Liebe überschüttet hat, hin zu einem wildfremden Menschen, mit dem es sich noch nicht mal unterhalten kann! Werde ich nun außer dem Mann auch noch den Sohn verlieren?*

Als er auch hereinkam, sah sie ihn an, in der einen Hand den Tragesack, in der anderen einen kleinen Beutel mit einigen von den Nüssen, die sie extra für sich und ihren Sohn zum Frühlingsfest leicht angeröstet hatte, so wie er es liebte.

»Es war ein warmer, sonniger Tag damals, als du zur Welt kamst«, sagte sie versonnen. »Wärmer noch als heute. Der erste richtig warme Tag. Alle haben gemeint, du kämst in der Nacht. Aber du hast dir Zeit gelassen. Du kamst mit dem ersten Sonnenstrahl. Mit deinem ersten Schrei hast du die Sonne begrüßt.«

»Ach ja?«

»Und du warst auch ein Sonnenstrahl für mich.«

»Und für Vater doch auch, nicht?«

»Der erfuhr es erst später. Er war auf der Jagd. Aber als er zurückkam und erfuhr, dass er einen Sohn hat, hat er gesagt, es sollte ein Fest gefeiert werden. Eigentlich waren wir zu arm für ein Fest, aber dein Vater hatte einen Hirsch geschossen.«

»War er ein guter Schütze?«

»O ja, das war er. Darum war er allerdings auch meistens nicht da. Er war im Wald oder bei seinen Freunden. Aber … aber ich war nicht mehr allein. Ich hatte ja jetzt dich. Du hast mir so viel Freude gemacht …«

»Äh – Mutter, beeilst du dich bitte?«

Sie schreckte wie unter einem Stich zusammen, nickte und packte wortlos einige Lebensmittel ein.

Er nahm ihr den Sack ab und warf ihn über die Schulter.

»Du bleibst sicher den ganzen Tag?«

»Wenn du mich sonst nicht brauchst …? Aber heute Abend bin ich bestimmt wieder da!«

»Gut, mein Junge. Die Götter mögen dich beschützen!«

Tasso sah sie einen Augenblick unsicher an. »Ist was, Mutter? Du bist so … ich weiß nicht. Bist du traurig?«

»Ich habe so ein … ein ungutes Gefühl.«

»Meinst du, dass Leonides den Winter nicht überlebt haben könnte?«

»Das meine ich nicht, Tasso. Geh jetzt und sieh nach ihm. Sei vorsichtig!«

Sie gab ihm einen Kuss auf die Wange. Sie bemerkte wohl, wie er den Tragesack neu auf der Schulter zurechtrückte, um mit dem Ärmel verstohlen die Feuchtigkeit vom Kuss abwischen zu können.

Dann ging er. Seine Mutter wollte ihm nicht hinterhersehen, sondern arbeitete lieber. Die Tiere mussten gemolken werden.

Tasso hatte zunächst keine Mühe, auf Wegen zu gehen, die vom Schnee befreit waren und wo er keine Spur hinterließ.

Wichtig war das ja auch noch nicht hier, sondern erst in der Nähe der Hütte. Darum achtete er an der Stelle, wo er die Straße verlassen musste, besonders auf seine Tritte.

Er war ein Stück in den Wald hineingegangen. Jetzt blieb er stehen und sah sich nach seinen eigenen Spuren um. Da meinte er, eine Bewegung hinter sich zu bemerken. Ein Mensch schien sich schnell hinter einem Baum versteckt zu haben, als er sah, dass Tasso sich umwandte.

Das Blut schoss Tasso in den Kopf. War jemand hinter ihm her? Was hatte der vor? Was sollte er jetzt tun?

Auf keinen Fall durfte er zu der Hütte gehen! Damit würde er Leonides in Gefahr bringen. Aber er durfte auch nicht auf einmal einen Bogen machen und in eine ganz andere Richtung gehen. Das würde bei seinem Verfolger Verdacht erregen. Zunächst musste er die ungefähre Richtung beibehalten und erst allmählich umschwenken.

Aber warum verfolgte ihn überhaupt jemand? Es hatte doch niemand eine Ahnung davon, dass hier ein römischer Legionär versteckt war! Oder vielleicht doch?

Möglichst in der gleichen Geschwindigkeit wie bisher ging Tasso weiter. Er kannte den Weg inzwischen gut. Da vorn kam ein dichtes Gebüsch. Da lag auch kein Schnee, sodass er schnell zur Seite huschen konnte, ohne dass seine Spur ihn verriet.

Es gelang. Mit wild klopfendem Herzen hockte er hinter einem Dornengestrüpp und wartete, wer kommen würde.

Die Geräusche verrieten ihm, dass jemand näher kam.

Vorsichtig hob Tasso den Kopf über den Busch. Er sah seinen Onkel Hadrich.

Was wollte der? Sicher nichts Gutes! Die Angst schnürte Tasso den Atem ab. Was sollte er tun? Fliehen? Sich versteckt halten?

Vorsichtig wagte er noch einmal, über den Busch hinauszusehen, teilweise verdeckt von einigen Zweigen. Aber es war noch kein Grün dran und die Deckung darum unvollkommen.

Hadrich musste ein Stück gerannt sein, denn er war schon gut hundert Schritte an Tassos Versteck vorbei. Jetzt stand er still und sah sich um. Er hielt die doppelschneidige Streitaxt in der Rechten.

Es lag dort wieder mehr Schnee. Hadrich suchte die Spuren Tassos. Als er sie nirgends fand, begann er zu begreifen, dass er hereingelegt worden war. Er wandte sich um und sah das Gebüsch. Dort musste es geschehen sein! Dort hatte sich der Junge bestimmt versteckt. Er rannte zurück.

Blitzschnell gingen Tasso alle Möglichkeiten durch den Kopf. Sich versteckt halten? Nein, das war aussichtslos. Er würde ihn finden. Davonlaufen? Da waren seine Chancen nicht viel besser.

Natürlich war Hadrich schneller als er. Also beschloss er, ihm offen entgegenzutreten.

Er kam hinter dem Busch hervor. »Was ... was machst du denn hier im Wald, Hadrich?« Es sollte ruhig klingen, wie bei einer gewöhnlichen Unterhaltung, aber er konnte das Zittern seiner Stimme nicht ganz unterdrücken.

»Ach, sieh an, da ist er ja, mein lieber Neffe.«

»Was willst du hier?«

»Das könnte ich auch dich fragen.«

Tasso gab sich mutig. »Ich hab zuerst gefragt.«

»Na schön, Kleiner, dann will ich dir auch zuerst antworten.« Er kam jetzt langsam heran und war nur noch dreißig Schritte entfernt.

»Ich werde dich töten.«

Tasso blieb das Herz stehen. Dann raste es umso aufgeregter. Das war doch ein Scherz – oder? Das musste ein Scherz sein!

Hadrich lachte laut und wüst. »Hahaha! Da verschlägt es dir die Sprache, wie? Ein Onkel erschlägt seinen Neffen. Aber ich gebe zu, vorher bin ich dir noch eine Erklärung schuldig. Nur für den Fall, dass du nicht von selber draufkommst.«

Er blieb in gut zwanzig Schritt Entfernung stehen. Es war, als wollte er sich Zeit lassen. Wenn er weiterging, musste das der Anstoß zu Tassos Flucht sein. Dann war kein Gespräch mehr möglich.

Tasso sagte, so leise, dass Hadrich es auf die Entfernung kaum verstand: »Dass ich dich mal in die Wade geschnitten habe, das war ja ... ich meine, da warst du selber schuld. Ich habe nur meiner Mutter geholfen. Du hast den Streit angefangen!«

»Falsch, Kleiner. Ich wollte keinen Streit mit deiner Mutter, eher das Gegenteil. Aber davon verstehst du nichts. Du aber kamst dazwischen. Überhaupt hast du immer gestört, wenn ich was von deiner Mutter wollte. Du warst immer im Weg. Aber damit ist es jetzt vorbei.«

Er kam einige Schritte näher. Tasso wollte fliehen, aber er war wie gelähmt.

»Und dann diese Frechheit in Ammerichs Haus. Vor allen Kriegern hast du mich gedemütigt. Ein Mann lässt sich nicht so von einem Kind demütigen! Merk dir das! Ach nein, du brauchst es dir nicht zu merken. In der kurzen Zeit, die dir noch bleibt, kannst du mit der Erkenntnis doch nichts mehr anfangen.«

»Aber … aber es war mein Messer, und du wolltest …«

»Damals habe ich mir geschworen, dass ich mich rächen werde!«, unterbrach Hadrich ihn. »Und solche Schwüre halte ich. Es kann eine Weile dauern, aber wenn der Zeitpunkt gekommen ist … und jetzt ist er gekommen. Wenn ich noch Rücksicht auf deinen Vater genommen habe – das ist jetzt nicht mehr nötig. Auch mit Gerhild brauche ich auf ihn keine Rücksicht mehr zu nehmen. Also – der Weg ist frei für mich! Nur du stehst mir noch im Weg. Aber nicht mehr lange.« Er kam wieder einige Schritte heran.

»Aber … aber …«, stotterte Tasso.

»Es war nur nötig, dass ich dich mal irgendwo allein treffe. Wo uns keiner beobachtet. Aber da du ja gerne allein durch den Wald streifst, dachte ich, so eine Gelegenheit müsste sich doch finden lassen. Und tatsächlich – sie fand sich!« Hadrich lachte wieder laut.

Jetzt!, dachte Tasso. *Du musst die Lähmung der Angst überwinden. Du musst laufen! Vielleicht gelingt dir ja doch die Flucht!*

Er schoss davon wie ein Pfeil. Den Tragesack ließ er einfach fallen. Über umgestürzte Bäume sprang er hinweg und bahnte sich den Weg durch niedriges Strauchwerk. Äste schlugen ihm ins Gesicht, er merkte es gar nicht.

»Bleib stehen!«, rief Hadrich hinter ihm. Aber er wusste natürlich auch, dass der das nicht tun würde, also fluchte er nur laut und lief hinter ihm her.

Das ging schneller. Er konnte eben doch größere Schritte und weitere Sprünge machen, und als sie eine Weile bergab und bergauf gerannt waren, hatte er auch mehr Kraftreserven. Immer näher kam er dem Jungen.

Tasso hörte Hadrichs Atem und seine gelegentlichen Flüche hinter sich. Sie wurden immer deutlicher hörbar. Er griff nach seinem Messer. Ohne Verteidigungsversuch wollte er sich nicht töten lassen.

Da blieb er mit dem Fuß in einem Dornengestrüpp hängen und fiel hin. Auf! Schnell!

Aber es war zu spät. Hadrich war schon da. Sofort hob er die Axt. Vielleicht war ihm dieser Lauf ganz gelegen gekommen. Aus dem Gespräch heraus wäre es ihm wohl schwerer gefallen, einfach so ein Kind zu erschlagen, noch dazu eins, mit dem er verwandt war. Aber aus dem Verfolgungslauf heraus ging das besser, da war er erhitzt, das Blut war in Wallung, es war ein bisschen wie eine Schlacht.

Tasso sah den wütenden Mann vor sich stehen und die schwere Waffe hoch in der Luft. Aber da schien sie stillzustehen. Das musste die Todesangst sein, die sein Zeitgefühl und alles durcheinanderbrachte!

Aber nein! Der Schlag kam nicht! Hatte er es sich doch anders überlegt?

Hadrich fiel vornüber, die Arme mit der Streitaxt immer noch ausgestreckt. Halb fiel er auf den Jungen.

Tasso rutschte zur Seite und zog sein Bein unter ihm hervor. Da sah er es: Aus Hadrichs Rücken ragte ein Pfeil.

Leonides kam angerannt, im Laufen einen zweiten Pfeil auf den Bogen legend. Aber ein erneuter Schuss war nicht mehr nötig.

»Leonides!«

Tasso sah zwischen dem Legionär und seinem Onkel hin und her. Erst allmählich kam ihm zum Bewusstsein, dass der wirklich tot war. Er rückte schaudernd von ihm weg.

Der Kreter kam heran, überzeugte sich, dass von dem Mann keine Gefahr mehr drohte, und trat dann zu Tasso. Der stand auf und umarmte ihn. Einige Zeit standen sie schweigend zusammen da, dann merkte Leonides, dass der Junge weinte. Er unterbrach sein Weinen nicht, bis es von selbst aufhörte.

Tasso löste sich von dem Mann, fuhr sich mit der Hand über das Gesicht und sagte: »Das … das war mein Onkel.«

Leonides verstand nichts, aber er ließ ihn reden.

»Er wollte mich umbringen. Er hat es gesagt. Einfach so erschlagen. Aber du hast mich gerettet, Leonides!«

Er sah zu ihm hoch. Jetzt erst fiel ihm auf, dass der Kreter durch den Wildwuchs von Bart und Kopfhaar sehr wüst aussah.

Aber seine fast schwarzen Augen sahen ihn so freundlich an, wie er es in Erinnerung hatte. »Tasso – Freund!«, sagte er.

»Ich habe dir etwas mitgebracht, Leonides. Mein Sack … ach so.«

Leonides wollte dem Toten den Pfeil aus dem Rücken ziehen, ließ es dann aber. Das konnte er später machen, wenn Tasso nicht mehr da war.

Er nahm den Jungen beim Arm und ging mit ihm auf ihrer Spur zurück.

»Und – er?«, fragte Tasso und zeigte auf den Leichnam.

Der Kreter machte Bewegungen wie beim Graben und sagte: »Leonides.«

Dann führte er Tasso weiter. Der nickte und folgte willig.

Sie waren bei der Verfolgungsjagd weiter gerannt, als Tasso es in Erinnerung hatte. Endlich aber kamen die beiden zu dem Gebüsch, wo noch der Tragesack lag. Leonides schulterte ihn, und sie gingen zu seiner Hütte.

Die hatte sich den Winter über verändert. Leonides hatte sich einen Sitz und einen – allerdings sehr einfachen – Tisch gezimmert. Ein Geweih von einem Rehbock lag da, den er offenbar geschossen hatte. Anscheinend hatte er auch versucht, das Fell des Rehbocks zu behandeln, um es als Decke oder Ähnliches zu benutzen. Aber das war ihm nicht gelungen. Die Haut lag ziemlich verunstaltet draußen neben der Tür. Es schien auf der Insel in dem Ort, wo er aufgewachsen war, keinen Gerber gegeben zu haben, bei dem er sich als Kind etwas hätte abgucken können.

»Leonides!«, begann Tasso. »Du musst fliehen!«

Er zeichnete die beiden Flüsse Rhein und Weser auf den Boden, und ließ Zeige- und Mittelfinger beider Hände zur Weser wandern, die linke wanderte zurück und die rechte schipperte die Weser hinab.

Leonides nickte.

Mit allerlei weiteren Gesten versuchte Tasso ihm klarzumachen, dass es eilte. Hadrich würde vermisst werden, man würde ihn suchen und dabei sicher auch ihn finden.

Beide hofften, sich richtig verstanden zu haben bei ihrer Vereinbarung: Sie wollten sich morgen früh an der Straße treffen.

Tasso reichte seinem älteren Freund die Hand und ging. Leonides machte sich daran, den ihm unbekannten Chatten zu begraben, den er erschossen hatte, um seinen Freund zu retten.

Als Tasso außer Atem zu Hause ankam, in die Wohnung stürzte und seine Mutter umarmte, wusste die, dass etwas Furchtbares geschehen war.

»Was ist denn, Tasso?«

»Hadrich …« – er brachte nicht mehr heraus.

»Was ist mit Hadrich?«

»Er ist tot.«

»Er ist …?« Gerhild ließ sich auf einen Sitz fallen. »Was ist geschehen? Erzähle es mir, Tasso!«

Ihr Sohn setzte sich neben sie. »Er wollte mich erschlagen. Er …«

»Erschlagen? Das kann ich nicht glauben!«

»Er hat es doch selbst gesagt! Er ist mir in den Wald gefolgt, um mich ungestört zu töten. Das hat er gesagt.«

»Aber warum denn?«

»Auch das hat er gesagt. Ich wäre ihm im Weg, wenn er dich haben wollte, jetzt, wo Vater tot ist. Außerdem hat er sich über mich geärgert und Rache geschworen. Das war so eine Geschichte im vorigen Herbst, nach der großen Schlacht, in Ammerichs Haus. Aber das …«

»Ich kenne die Geschichte. Ich kann mir vorstellen, dass er da sehr wütend war.«

»Er hat mir das alles gesagt, und dann wollte er mich mit der Axt erschlagen. Ich bin weggelaufen, aber er hat mich eingeholt. Fast hätte er mich ermordet …«

»Hast du ihn …?«

»Nein, Leonides.«

»Leonides?«

»Es war furchtbar, Mutter!«

»Das glaube ich dir, mein Junge.« Sie zog ihn wieder an sich, und er ließ es geschehen.

»Dann hat dir Leonides also das Leben gerettet.«

»Ja, aber jetzt ist er in Gefahr. Ich bringe ihn morgen zum Lager der Händler an der Weser. Das sind meine Freunde, die werden ihn mitnehmen.«

»Morgen? Ach, Tasso …«

»Es muss sein, Mutter. Außerdem habe ich es so mit ihm ausgemacht!«

»Ja, es muss wohl sein. Sie werden Hadrich suchen. Aber noch nicht morgen. Bis sein Fehlen auffällt, dauert es ein paar Tage.«

»Aber wir brauchen einen Vorsprung.«

Gerhild nickte und schwieg. Dann stützte sie das Gesicht in die Hände und seufzte. Tasso wusste nicht, wie er das deuten sollte.

»Tut es dir denn leid um ihn?«

Sie sah auf. »Nein, Tasso, nein. Er war zwar mein Schwager, aber ich trauere ihm nicht nach. Wenn ich ehrlich sein soll – ich bin sogar froh, dass ich jetzt von ihm nichts mehr zu befürchten habe. Wir haben doch zuletzt nur noch in ständiger Angst vor ihm gelebt. Zu Recht, wie sich jetzt gezeigt hat.«

Nach einer Weile des Schweigens fragte sie: »Habt ihr ihn begraben?«

»Das wollte Leonides machen, nachdem ich weg war.«

»Er ist ein guter Mensch, dein neuer Freund.«

Tasso stand auf. »Hast du noch so einen Tragesack, Mutter? Wir müssen genug für die lange Wanderung mitnehmen.«

»Ja, ich … ich suche dir etwas zusammen. Aber du gehst doch erst morgen früh! Bist du dir sicher, den Weg zu finden? Du bist ihn erst einmal gegangen!«

»Einmal hin und einmal zurück. Ich bin mir ganz sicher, Mutter!«

»Versprich mir, dass du nicht allein zurückkommst! Es ist zu gefährlich für ein Kind. Sag nichts, Tasso! Ja, ich weiß, du fühlst dich schon ziemlich groß. Aber du bist erst zwölf! Du musst ein paarmal allein im Wald übernachten. Denk an die wilden Tiere! Und gegen Räuber kannst du dich überhaupt nicht verteidigen!«

»Es gibt da keine Räuber!«

»Jetzt nicht. Aber manch einer, der dir begegnet, kann zum Räuber werden, wenn er ein einzelnes Kind sieht. Es ist zu leicht, dich zu überfallen! Also versprich mir, dass du nur in Begleitung zurückkommst!«

»Das kann aber lange dauern, wenn gerade niemand hierherkommen will.«

»Lieber warte ich und weiß dich in ziemlicher Sicherheit.«

»Gut, dann verspreche ich es.«

Sie wollte ihn noch einmal umarmen, aber diesmal ließ er es nicht zu. »Ich kann dann aber die Tiere nicht weiden.«

»Da werde ich mir schon irgendwie zu helfen wissen. Viel schwieriger ist, was ich den Leuten sage, wenn sie nach dir fragen. Ich kann doch nicht schon wieder sagen, du wärst krank. Wochenlang!«

Tasso überlegte. »Sag doch einfach … hm, ja, das geht! Sag einfach, ich wäre mit Hadrich unterwegs. Der ist ja auch weg.«

»Zum Jagen vielleicht. Er ist dein Onkel, und jeder wird verstehen, dass er sich um dich kümmert, wo nun dein Vater tot ist. Das war ein guter Einfall, Tasso! Du bist ein schlauer Junge!«

Tasso fühlte sich geschmeichelt. »Aber wenn ich wiederkomme, und er ist nicht bei mir …!«

»Dann sagst du, ihr hättet euch schon vor Tagen getrennt. Hadrich wäre nach Hause gegangen, und du … was könntest du gemacht haben?«

»Ich sage, wir hätten zusammen in der Hütte gewohnt. Ein paar Tage. Wenn sie nachsehen, werden sie feststellen, dass sie tatsächlich bewohnt war. Er wollte nach Hause, sage ich, und ich bin noch etwas geblieben.«

»Ja, so geht es!«, sagte Gerhild. Ihre Stimme hörte sich allerdings nicht so an, als sei sie davon überzeugt.

* * *

»Da ist es!«

Tasso zeigte auf den Hügel am Flussufer mit den Palisaden. Leonides nickte.

»Du – bleib hier!« Tasso wies auf den Freund und dann auf die Erde.

Leonides nickte wieder lächelnd und setzte sich. Er hatte seine Kleidung, die ihn als römischen Legionär verriet, ausgezogen und mit Helm und Schwert in dem Sack verstaut. Jetzt trug er den Kittel von Hadrich und hatte auch dessen Streitaxt in der Hand. Köcher und Bogen hatte er umgehängt. Er sah wie ein Chatte aus. Ein ungewöhnlich schwarzhaariger allerdings.

Tasso ging hinunter ins Tal. Auf dem Weg zum Hügel traf er eine der Fischerfrauen, die ihn wiedererkannte. Sie grüßten sich freundlich. Als er ans Tor schlug, bellte der Hund sofort.

»Fafnir, ich bin es doch nur! Tasso! Weißt du nicht mehr, dass wir Freundschaft geschlossen haben?«

»Tasso, du?« Das war die Stimme von Helga. Das Poltern verriet, dass der Sicherungsbalken weggenommen wurde. Das Tor ging auf, und Helga begrüßte den Jungen herzlich.

»Was führt dich denn wieder mal zu uns? Komm rein ins Haus, ich habe Fisch vorbereitet. Reichlich, weil ich bald meinen Vater und Tjeff und Ragest erwarte.«

»Bist du jetzt allein?«

»Ja, noch. Was ist?«

»Äh – also ...« Die Sache erwies sich doch als schwierig. Sie war jedenfalls nicht so einfach, wie er vorher angenommen hatte, ohne tiefer darüber nachzudenken. »Ich weiß ja nicht, wie ihr über die Römer denkt.«

»Die Römer? Das sind unsere Feinde, das weißt du doch!«

»Ja, sicher, aber ihr treibt auch Handel mit ihnen.«

»Natürlich. Sie haben Dinge, die wir nicht haben, und umgekehrt. Warum sollen wir da nicht tauschen? Außerdem sind die, mit denen wir Handel treiben, nicht unsere Feinde. Das ist die Armee.«

»Siehst du!«

»Was soll ich sehen?«

»Äh – dass es einen Unterschied gibt. Es gibt gute Römer und schlechte Römer.«

»Sicher gibt es die! Worauf willst du hinaus?«

»Nehmen wir mal an, du würdest einen römischen Legionär finden, der verletzt ist. Würdest du ihm helfen, oder würdest du ihn töten?«

»So ein Unsinn! Wie sollte denn hier ein Legionär herkommen!«

»Nur mal angenommen! Das kannst du dir doch sicher mal vorstellen!«

»Nun, wenn er mir nicht gefährlich werden könnte, würde ich ihm wahrscheinlich helfen.«

»Du hast jetzt Gelegenheit dazu!« Und er erzählte ihr alles.

Helga machte zunächst ein ernstes Gesicht. Je mehr Tasso aber erzählte, desto freundlicher guckte sie. Als er fertig war, lächelte sie: »Geh und hole ihn!«

Einige Zeit später kam Tasso mit dem Kreter herein. Der blickte sich suchend um. Ganz wohl war ihm nicht bei dem Gedanken, sich jetzt von Einheimischen sehen zu lassen, die genau wussten, wer er war. Dazu in diesem Gefängnis!

Aber Helga kam freundlich lächelnd auf ihn zu und rief ihm ein paar Worte zu, die Tasso nicht verstand. Sie erklärte ihm aber gleich: »Das waren ein paar Brocken aus meiner kleinen Sammlung von lateinischen Ausdrücken. Mein Vater beherrscht diese Sprache viel besser. Er kann sich sicher gut mit Leonides unterhalten. Kommt, ihr kriegt was zu essen!«

Sie gingen ins Haus. Hier sah alles noch genauso aus wie vor einem Jahr. Auf dem Feuer brieten Fische in einer eisernen Pfanne.

Sie tranken Wasser, und bald stellte Helga ihnen eine tönerne Schüssel mit Getreidebrei und einem gebratenen Fisch dazu.

Tasso wollte endlich die Gelegenheit nutzen, wo eine Übersetzerin zur Verfügung stand, Näheres über seinen Freund zu erfahren. Aber Helgas Sprachkenntnisse waren doch sehr begrenzt. Sie benutzte auch mehr Handbewegungen als Wörter.

Immerhin erfuhr Tasso auf diese Weise, dass das Lateinische für Leonides auch eine Fremdsprache war. Eigentlich sprach er Griechisch. Davon hatte Tasso noch nie etwas gehört. Leonides kam aus einem Fischerdorf auf der Insel Kreta, aber sein Vater war kein Fischer, sondern er züchtete Schafe. Da er der jüngste von vier Brüdern war, würde er niemals etwas vom väterlichen Erbe abbekommen. Also hatte er sich von den Römern für ihr Heer anwerben lassen. Er war nur wenige Monate in Italien gewesen und dann nach Gallien und an den Rhein gekommen.

»Wenn ich es richtig verstanden habe«, berichtete Helga, »war er wohl am Anfang noch zu jung, um ein Legionär zu werden. Da wurde er als Pferdebursche beschäftigt und hat die Tiere der Offiziere versorgt. Aber jetzt ist er wohl ein vollwertiger Legionär.«

Als die Sonne sich schon deutlich den Baumspitzen auf den Hügeln im Westen näherte, führte Tasso den Kreter hinaus auf den Wehrgang. Sie umrundeten darauf die ganze kleine Verteidigungsanlage und schauten nach allen Seiten in das friedliche Land hinaus.

Sie waren gerade auf der westlichen Seite und beobachteten, wie die Spitzen einiger Tannen in das Bild der rötlichen Sonne stachen, als sie von der anderen Seite Rufe hörten. Sie liefen auf dem Wehrgang nach Osten.

Am anderen Ufer der Weser standen drei Männer mit vielen Pferden. Jeder der Männer hatte einen Strick in der Hand, mit dem jeweils etwa zehn Pferde aneinandergebunden waren. Die drei riefen und winkten und lösten damit im Dorf einige Bewegung aus.

Tasso erkannte sie: Es waren der alte Theudebert, der bärenstarke, aber etwas einfältige Ragest und der Sklave Tjeff.

»Helga! Sie sind da!«, rief Tasso hinunter zum Haus.

Die Gerufene kam heraus. »Was – jetzt schon? Dann ist es gut gegangen. Haben sie Pferde?«

»Ja, viele!«

Helga lief zum Tor und öffnete es. Fischer aus dem Dorf stiegen in ihre Boote und bildeten damit eine Reihe über den Fluss.

Inzwischen hatten Theudebert und seine Helfer die Pferde von dem

Strick befreit, der sie zusammenhielt. Sie führten sie etwas flussaufwärts und begannen, sie ins Wasser zu treiben. Einige der Pferde gehorchten, schritten immer weiter hinein und begannen schließlich zu schwimmen. Die Strömung war nicht stark. Die Fischer in den Booten versuchten sie zum westlichen Ufer des Flusses zu treiben.

Einige Pferde weigerten sich ins Wasser zu gehen. Tjeff und Ragest versuchten es mit sanftem Nachdruck und beruhigendem Zureden. Langsam stellte sich der Erfolg ein.

Inzwischen waren die ersten sechs oder sieben Pferde bereits auf dieser Seite ans Ufer gekommen. Einer der Männer aus dem Dorf und Helga bemühten sich, sie zu beruhigen und zu sammeln. Jetzt trat auch Leonides dazu und klopfte einem der Tiere sanft auf den Hals.

Da erst fiel Tasso auf, dass er allein auf dem Wehrgang stand. Der Anblick hatte ihn so gefesselt, dass er gar nicht gemerkt hatte, wie Leonides hinter Helga her zum Ufer geeilt war. Er lief auch schnell zur Leiter, stieg hinab und rannte den Hügel hinunter.

Theudebert saß nun im Boot eines Fischers. Sie ruderten zwischen den schwimmenden Pferden hin und her, lenkten sie ein wenig und sprachen beruhigend auf sie ein.

Gerade trieben die beiden Männer am anderen Ufer das vorletzte Pferd ins Wasser, das sich bisher am meisten gesträubt hatte. Es war offenbar noch ein junges Tier. Es war nervös und biss um sich. Dann aber schwamm es schnell los, weil offenbar der Boden unten seinen Hufen nachgegeben hatte.

Ein Ruf lenkte Tassos Aufmerksamkeit auf das Boot, das dem diesseitigen Ufer am nächsten war. Da war das Wasser nicht mehr tief. Ein Pferd, ein großes hellbraunes, schwamm nicht mehr, sondern lief, den Bauch nur noch wenig ins Wasser eingetaucht. Es war aber wohl durch die ungewohnten Geräusche und das Wasser so verwirrt, dass es wild ausschlug.

Das Wasser spritzte, und es bestand die Gefahr, dass das Pferd ausrutschte. Leonides warf seinen Kittel ab – eigentlich den von Hadrich – und watete zu dem Pferd. Er sprach ruhig mit ihm, fasste es an dem Zaumzeug, tätschelte seinen Hals und führte es langsam dem Ufer zu.

Als er dort ankam, legte auch gerade das Boot an, in dem Theudebert saß. Er stieg aus und lief zu Leonides.

»Gut gemacht!«, sagte er. »Sehr gut!« Er fasste das Zaumzeug auf der anderen Seite. »Wer bist du überhaupt?« Leonides verstand ihn nicht und grinste darum nur zurück. Das Pferd hatte sich jetzt wieder beruhigt. Theudebert führte es zu den anderen.

In diesem Augenblick kam das junge Pferd, das sich am stärksten gegen das Schwimmen gewehrt hatte, auf dieser Seite aus dem Wasser. Statt aber nun sich zu beruhigen, wo es das Ufer erreicht hatte, sprang es aufgeregt umher. Als die Männer riefen und ihm in den Weg treten wollten, schien dies es noch mehr zu verwirren. Es stieg, sodass Helga schnell zur Seite sprang, um nicht von den Hufen getroffen zu werden. Dann galoppierte es davon.

Die Männer sahen ihm hilflos nach, einige fluchten.

Leonides aber lief zu einem der Pferde, die als Erste herübergekommen waren, einer dunkelbraunen Stute, schwang sich mit einem kräftigen Sprung hinauf und trieb es an. Er saß nur auf dem nackten Pferderücken, aber er wirkte sicher wie in einem Sattel. Im gestreckten Galopp nahm er die Verfolgung des Ausreißers auf.

Alle schauten ihm nach.

»Wer um alles in der Welt ist das?«, fragte Theudebert.

Niemand antwortete ihm. Die meisten, weil sie es nicht wussten, und die es wussten, wollten es nicht sagen, jedenfalls nicht hier vor so vielen Ohren.

»Ich hab ihn eben schon gefragt, aber er scheint stumm zu sein«, fügte der Alte hinzu.

»Nein, er ist nicht stumm!«, erklärte Tasso.

Da erst schien Theudebert aufzufallen, dass der Junge dastand.

»Tasso! Was machst du denn hier? Willst du uns mal wieder besuchen? Oder bist du gekommen, um uns mit den Pferden zu helfen?« Er klopfte ihm auf die Schulter und strich ihm dann über das Haar. Helga antwortete für Tasso: »Ja, er besucht uns. Und der Schwarzhaarige da ist sein Freund. Ich erkläre dir alles später, Vater.«

»Ja, du hast recht, Tochter. Wir wollen uns erst um die Pferde kümmern.«

»Was ist mit dem Letzten da drüben?«

»Das ist eine hochträchtige Stute. Ragest meint, wenn wir sie mit Gewalt ins Wasser treiben, könnte ihr das schaden. Er ist der von uns, der noch am meisten von Pferden versteht. Wobei man sagen muss, dass das nicht viel heißt, denn Tjeff und ich verstehen fast gar nichts. Wir können ja kaum reiten. Wenn sich das mit dem Pferdehandel ausweiten sollte, müssen wir uns unbedingt noch ein paar Kenntnisse aneignen.«

Die Männer aus dem Dorf hatten inzwischen alle Pferde den Hügel hinaufgetrieben und ins Tor hinein. Theudebert, seine Tochter und Tasso folgten ihnen. Bald gesellte sich auch Tjeff dazu.

Helga stellte fest: »Ihr wart sehr erfolgreich, wie ich sehe.«

»Es sind einunddreißig Tiere«, bestätigte Theudebert. »Wenn wir mehr Gold und vielleicht auch noch mehr römisches Glas gehabt hätten, dann hätten wir auch noch mehr Pferde bekommen können. Die Slawen sind sehr daran interessiert. Sie züchten auch gute Pferde, nur reiten sie sie anders zu. Unsere Reiter müssen sie wohl erst an sich gewöhnen.«

»Die Slawen?«, fragte Tasso. »Wer ist das?«

»Das sind Stämme, die im Osten von uns leben. Tjeff konnte sich ein wenig mit ihnen verständigen, aber nicht sehr gut. Weißt du, alle Stämme, die so sprechen wie wir, sind irgendwie mit den Römern beschäftigt. Von ihnen können wir keine Pferde kaufen, weil sie sie selbst brauchen. Unsere eigene Zucht reicht nicht aus, die Verluste in den Schlachten zu ersetzen. Da kam ich auf die Idee, bei den Slawen im Osten nach Pferden zu fragen. Siehst du, Junge, das macht einen guten Händler aus: Er hat ein Gespür dafür, was gebraucht wird oder bald gebraucht werden könnte und wo man es kriegen kann.«

»Du bist ein guter Händler, nicht?«

»Das will ich wohl meinen!«

Jetzt waren sie in ihrem Lager angekommen. Die Pferde liefen frei innerhalb des Palisadenzauns herum. Der Hund war angebunden und kläffte aufgeregt, weil er die großen Tiere für unberechtigte Eindringlinge hielt. Theudebert begrüßte und beruhigte ihn.

Helga bedankte sich bei den Fischern und Bauern aus der Siedlung für ihre Hilfe und gab jedem eine kleine Münze. Als sie das Lager verlassen hatten, schloss sie hinter ihnen das Tor. Tjeff versuchte, die Pferde in einer Ecke der Anlage behutsam zusammenzutreiben, damit sich auch die Hühner beruhigen konnten, die vor den vielen Beinen flüchtend hin und her gestoben waren.

»Ich gehe nach oben und passe auf, ob Leonides kommt!«, rief Tasso und stieg auf den Wehrgang.

Noch war von seinem Freund nichts zu sehen. Die Fischer kehrten in ihre Hütten zurück. Einige saßen davor und arbeiteten an ihren Netzen.

Drüben am anderen Ufer sah Tasso Ragest auf dem Boden sitzen neben der trächtigen Stute.

Die Stangen, die den Boden des Wehrgangs bildeten, klapperten und polterten und verrieten damit, dass jemand kam. Tjeff war es, der sich nun neben Tasso an die Palisaden lehnte.

»Ich mich freue, zu sehen dich wieder«, sagte er. Tasso fand, dass er schon viel besser sprach als vor eineinhalb Jahren.

»Ich freue mich auch, Tjeff.«

»Du bist groß gewachsen!«

»Ich bin zwölf Jahre alt!«

»Ja, aber andere Kinder sind auch zwölf Jahre alt und sind nicht so groß.«

Sie schwiegen eine Weile. Tasso dachte: *Wo ich schon keinen Vater habe, ist es doch gut, ein paar Freunde zu haben.*

»Du, Tjeff, mein Vater lebt nicht mehr. Ein Legionär hat es uns erzählt, der zurückgekommen ist.«

»Oh – ich bin traurig mit dir!«

Tasso nickte. Aber er wollte ihm das nur mitteilen, er wollte nicht weiter darüber reden.

»Gehst du später rüber, um Ragest abzulösen?«

»Nein. Ich bringe zu essen. Aber nicht ich kann bleiben beim Pferd, wenn das kleine Pferd wird geboren. Ich weiß nicht, was ich dann muss machen.«

»Leonides kennt sich anscheinend gut mit Pferden aus. Vielleicht kann er helfen.«

»Wer?«

»Leonides, mein Freund, der hinter dem Pferd her geritten ist.« Und er erzählte ihm alles.

Tjeff nickte nur ernst.

»Kein Chatte hat so schwarz Haar und Augen.«

Tasso war dankbar, dass Tjeff ihn unterbrochen hatte. Er war im Begriff gewesen zu erzählen, dass Leonides seinen Onkel getötet hatte, aber jetzt überlegte er, ob es nicht doch besser war, das zu verschweigen.

»Da!« Tjeff zeigte den Fluss hinauf. Leonides kam zurück. Noch konnte man ihn auf die Entfernung kaum erkennen, aber er musste es sein: ein Reiter und neben ihm ein zweites Pferd. Ganz langsam kamen sie am Ufer entlang auf das Lager zu.

»Handel mit Pferde ist auch neu für Theudebert«, sagte Tjeff.

»Ja, das hat er vorhin erzählt.«

»Ich staune ihn – nein, wie sagst du, wenn Achtung vor andere?«

»Ich bewundere ihn.«

»Ja, ich bewundere Theudebert. Alte Leute oft bleiben bei das, was kennen sie. Aber haben wenig Mut für Neues. Theudebert hat immer Mut für Neues, aber er ist alt.«

Tasso nickte. Das stimmte, was Tjeff da sagte. Er hatte noch nicht darüber nachgedacht, aber jetzt tat er es.

»Komm, Tasso. Jetzt wir gehen und machen das Tor auf.«

Nachdem Tjeff den schweren Torflügel nur wenig geöffnet hatte, sodass zwar kein Pferd, aber ein Mensch hindurchkonnte, schlüpfte Tasso hinaus und lief Leonides entgegen.

Der gab ihm, als er näher kam, ein Zeichen mit der Hand. Er sollte ruhig gehen und ein Stück entfernt bleiben, um das junge Tier nicht nervös zu machen.

Das lief jetzt zufrieden neben der Stute mit dem Reiter her, frei, Leonides hielt es nicht fest.

Als sie den Hügel hinaufkamen, öffnete Tjeff das Tor weit. Leonides stieg ab – genauer: Er rutschte herunter, da er keinen Steigbügel hatte – und trieb und lockte die beiden Tiere behutsam zum Tor hinein. Der Ausreißer wollte zunächst nicht, aber als Leonides beruhigend mit ihm sprach – Tasso dachte, die Sprache müsse wohl Griechisch sein – und als die Stute vorangegangen war, folgte das junge Pferd auch.

Tjeff schloss das Tor.

Theudebert und Helga hatten von drinnen zugesehen. Jetzt kamen sie auf Leonides zu. Der Alte reichte dem jungen Legionär die Hand und redete flüssig mit ihm in Lateinisch. Helga musste ihn inzwischen über Leonides informiert haben. Aus dem Klang der Stimme und seinem Gesichtsausdruck schloss Tasso, dass er dem Kreter wohl freundlich gesinnt war. Also würde er sicher auch die Bitte erfüllen, ihn mitzunehmen.

Dann saßen sie am Tisch, aßen Fisch und tranken Bier, nur Leonides und Tasso begnügten sich mit Wasser. Theudebert und der Kreter unterhielten sich viel. Tasso wunderte sich, wie gut das ging. Irgendwann nickte Theudebert heftig und reichte Leonides seine Hand über den Tisch hinweg. Der ergriff sie. *Das war wohl das Zeichen, dass sie sich einig geworden waren,* dachte Tasso.

Theudebert lieferte auch gleich die Erklärung: »Leonides wird mit uns gehen, wenn wir die Pferde dahin bringen, wo Armin seine Krieger sammelt. Er kann uns dabei viel nützen, weil er sich mit Pferden auskennt. Bevor wir hinkommen, setzt er sich ab und versucht, zu den Römern durchzukommen. Dort im Nordwesten, in der Nähe der Weser, wird das nicht mehr so schwer sein.«

»Bis in die Nähe von Armins Heer soll er mitkommen?«, fragte Tasso.

»Ja, er gilt als unser Sklave. Das erklärt, warum er unsere Sprache nicht spricht. Ich kann ihn ja gekauft haben wie Tjeff. Sollten wir mit Leuten darüber ins Gespräch kommen, Tjeff, kannst du ja so tun, als gehörtet ihr zusammen.«

Leonides stand auf und sagte etwas zu Theudebert. Der nickte und erhob sich ebenfalls.

»Leonides hat angeboten, Ragest abzulösen. Er hat schon einige Male bei der Geburt von Pferden zugesehen oder auch geholfen. Und viele Male bei Schafen, sagt er. Und er meint, so groß wäre der Unterschied nicht.«

* * *

Geräusche und leises Reden weckten Tasso am anderen Morgen. Es dauerte aber eine Weile, bis er sich aus dem Schlaf gekämpft hatte. Da waren die anderen schon weg. Nur Helga hantierte an der Feuerstelle.

Tasso stand auf.

»Na, ausgeschlafen?«, fragte Helga. »Recht so! Schlaf nur lange! Du bist noch ein Kind und hast Zeit.«

»Ich bin zwölf!«, erinnerte Tasso sie.

»Ach so, ja, entschuldige! Willst du mal etwas Schönes sehen, Tasso? Guck mal über den Fluss!«

Tasso lief hinaus, machte schnell einen Abstecher zu der stinkenden Grube und öffnete das Tor so weit, dass er hindurchschlüpfen konnte. Theudebert und Ragest standen auch hier. Tjeff machte gerade ein Boot fertig, mit dem er hinüberfahren wollte. Drüben aber stand Leonides neben einem Fohlen, das versuchte, auf seinen staksigen Beinen zu stehen und sogar ein paar Schritte zu machen. Die Stute neigte ihren Kopf zu dem Fohlen hinunter, als wollte sie es ermutigen.

»Ist das ein schönes Bild«, sagte Tasso.

»Willst du mit hinüber und es ansehen?«, fragte Theudebert.

»O ja, gerne!«

Theudebert rief zum Ufer hinunter: »Warte, Tjeff, nimm Tasso mit!« Tasso lief, und sie ruderten hinüber.

»Darf ich das Fohlen streicheln?«, fragte Tasso. Aber keiner antwortete ihm, weil Leonides ihn nicht verstand und Tjeff sich nicht zuständig fühlte. So ging Tasso vorsichtig hin, misstrauisch beäugt von der Stute, und streichelte das Fohlen behutsam. Die beiden Männer schauten lächelnd zu.

Nach einer Weile sagte Tjeff: »Jetzt fahr mit dein Freund wieder über den Fluss. Ich passe auf. Später wir bringen es mit Boot, aber soll noch bei sein Mutter bleiben. Und Stute soll noch nicht schwimmen.«

Tasso konnte sich kaum losreißen. Endlich stieg er mit Leonides in das Boot, und sie ruderten zurück.

Als alle am Tisch saßen, holte Leonides seinen Tragesack herbei und öffnete ihn. Dann begann ein längeres Gespräch mit Theudebert, währenddessen er die verschiedenen Gegenstände aus seinem Sack holte und auf die Bank legte: Schwert, Helm, den ledernen Brustpanzer, den roten Mantel und die Schuhe, die über die Waden hinaufgeschnürt wurden. Spieß und Schild, die früher zu seiner Bewaffnung gehört hatten, fehlten. Er hatte sie schon als Verletzter auf seiner Wanderung fortgeworfen.

Wieder reichten der Kreter und der alte Chatte sich die Hände – offenbar ein erneuter Geschäftsabschluss. Beide waren zufrieden, wie Tasso ihrem Lächeln entnahm.

»Also, mein Junge«, erklärte Theudebert, »hör zu, was wir beschlossen haben. Für dieses Schwert samt Scheide hat dein Freund mir das Fohlen abgekauft. Er sagt, wenn er zu seiner Legion zurückkommt, werden sie schon eine neue Waffe für ihn haben. Es ist ihm auch zu gefährlich, mit diesen römischen Sachen im Gepäck herumzulaufen, wenn er als Sklave gelten soll.«

»Aber … aber das Fohlen kann doch noch nicht so weit …«

»Nein, Tasso, er will es dir schenken.«

»Was?«

Tasso sah Leonides an, der lächelte und nickte.

»Schenken?«

»Ja! Sage ich doch! Er fühlt sich dir wohl zu Dank verpflichtet. Das hat er aber nicht gesagt. Er sagte nur, du seist sein Freund!«

»Freund!«, nickte Leonides lächelnd. »Tasso – Leonides – Freund!«

Tasso sprang auf, lief zu dem Kreter hin und umarmte ihn.

»Moment!«, mahnte Theudebert. »Ich war noch nicht fertig. Für die anderen Dinge sollen wir das Fohlen aufziehen und pflegen, bis es groß genug ist, dass du es abholen kannst. Und darauf reiten.«

»Danke!«, brachte Tasso nur hervor, und er musste sich bemühen, Freudentränen zurückzuhalten. Ein Pferd! Er würde ein eigenes Pferd haben! Und sein Freund hatte es ihm geschenkt!

Leonides sprach noch einmal mit dem alten Händler. Tasso ahnte, dass es wieder um ihn ging, und war gespannt auf das Ergebnis und die Übersetzung. Theudebert merkte es und schmunzelte, wartete auch extra noch ein Weilchen, um ihn neckend auf die Folter zu spannen, und erklärte dann: »Also, eins noch. Nicht genug mit dem Fohlen, Leonides will dir noch etwas schenken. Seinen Bogen nämlich. Er sagt, er kann ihn bei den Römern doch nicht gebrauchen. Er wüsste auch nicht, wie er denen erklären sollte, wo er ihn herhat.«

»Danke! Vielen Dank, Leonides!«

Theudebert übersetzte die Worte des Kreters, dass im Gegenteil er zu danken habe.

Wenn Tasso nur seine Sprache beherrschte, um dem Legionär richtig danken zu können! Aber andererseits – was sollte er ihm mehr sagen als »danke«? Und dass er sein Freund war? Und das wusste er alles schon!

* * *

Sie blieben noch drei Tage.

Theudebert wollte, dass die Pferde sich ausruhten, besonders die Stute, die das Fohlen geboren hatte. Außerdem war es plötzlich wieder sehr kalt geworden. Hagel fiel, dazwischen wieder Regen. Bei solchem Wetter hatten sie noch keine Lust zu reisen. Sie hatten es ja nicht eilig. In den letzten Wochen waren sie sowieso schon zu lange bei unschönem Wetter unterwegs gewesen.

Tasso genoss jede Minute.

Wenn das Wetter es einigermaßen zuließ, war Leonides mit ihm unten auf dem Uferstreifen und unterrichtete ihn im Reiten. Theudebert stellte ihnen dafür zwei der Pferde zur Verfügung. Zwar gab es manche Dinge, die Leonides dem Jungen gern mit Worten erklärt hätte, was nun leider nicht ging. Aber auch ohne gemeinsame Sprache war er unter allen im Lager der, der ihm das meiste über den Umgang mit Pferden beibringen konnte.

Wurde das Wetter gar zu unangenehm, zogen sie sich in den Lagerschuppen zurück und übten Bogenschießen. Tasso stellte fest, dass ihm außer der schieren Muskelkraft, die er zum Spannen brauchte, auch noch manches andere fehlte. Es machte ihm große Freude zu sehen, wie seine Schüsse auf die gegenüberliegende Knüppelwand immer genauer trafen.

Am zweiten dieser drei Tage ging Theudebert mit Tasso und dem Fohlen zu einem der Bauern in der Siedlung. Der hatte selbst ein Pferd. Seit Kurzem erst, er hatte es für seine Landarbeit gekauft. Es war kein Reittier, sondern ein kräftiger, schwerfälliger Gaul. Theudebert machte mit ihm aus, dass er das Fohlen aufziehen und auf seinen Wiesen weiden lassen sollte. Eine Weile feilschten sie über den Preis. Dann waren sie sich einig und besiegelten ihre Abmachung mit Handschlag.

Der Bauer fragte Tasso: »Wie heißt denn das Fohlen?«

»Das … es hat noch keinen Namen!«

»Na, dann überleg dir mal schnell einen! Ich muss doch wissen, wie ich es rufen soll.«

Theudebert nickte: »Es muss ein männlicher Name sein, es ist ein Hengstfohlen.«

Tasso dachte nicht lange nach. »Dann möchte ich es Leonides nennen.«

»Ach? Aber dann verwechselst du es mit deinem Freund.«

»Er ist ja bald nicht mehr da!«, meinte Tasso.

»Na schön – wie du willst.«

Am letzten Abend vor dem Aufbruch der vier Männer war es nicht mehr so kalt, aber kräftiger Regen prasselte aufs Dach. Alle saßen im Wohnhaus zusammen. Helga spielte immer mal auf ihrer Flöte, machte aber zwischendurch Pausen. Tjeff schnitzte mit einem kleinen spitzen Messer an einem Stück Hirschgeweih. Theudebert und Leonides unterhielten sich auf Lateinisch. Leonides saß immer am dichtesten beim Feuer, er hatte sich wohl trotz der vielen Monate im Norden noch nicht so recht an die Kälte gewöhnt, besonders beim Stillsitzen. Ragest saß auf dem Boden neben dem Feuer auf einem Fell, lehnte den Rücken gegen die Wand und hatte die Augen geschlossen. Er schlief aber nicht, denn ab und zu blinzelte er, und wenn es einen Grund gab, ließ er zu dem, was andere sagten, ein bestätigendes Grunzen hören. Oder er brummte zu Helgas Flötenmelodie einige Töne, die wohl passen sollten, es aber keineswegs taten.

»Was machst du?«, fragte Tasso Tjeff.

»Gibt Schmuck für hier.« Er zeigte auf die Stelle an der Schulter, wo das Gewand der Frauen von einer Nadel zusammengehalten wurde. Allerdings nur bei Frauen. Darum fragte Tasso verwundert: »Für dich?«

»Nein. Für … ich weiß noch nicht. Ich mache es nur zum Spaß.«

»Ach so.«

Helga setzte ihre Flöte ab. »Tasso, willst du denn allein nach Hause gehen? Das ist nicht ungefährlich!«

»Meine Mutter hat es mir verboten. Ich soll warten, bis jemand in unsere Gegend reist.«

»So schnell wird das nicht geschehen. Aber du kannst gerne noch hierbleiben. Ich freue mich, wenn ich nicht allein bin.«

Theudebert mischte sich ein: »Harmbrecht und Wisbert werden kommen. Sie sind vor einigen Wochen die Werra hinaufgefahren. Ich vermute aber, dass sie von hier aus die Fulda hinauffahren werden. Den Weg nehmen sie meistens nach Metze.«

Theudebert erklärte Leonides, was sie gerade besprochen hatten. Eine Weile gingen die lateinischen Sätze hin und her, dann sagte der Alte: »Leonides wünscht dir eine gute Reise.«

»Die wünsche ich ihm auch. Sag ihm das bitte.«

»Er wünscht dir, dass du bald ein großer, starker Mann wirst, und dass Odin dich allezeit beschützt.«

»Odin? Das Wort hat er aber nicht gesagt. Das hätte ich verstanden.«

»Nein«, lächelte Theudebert, »das Wort nicht. Er hat von Zeus gesprochen. Wenn ich recht weiß, ist das der oberste Gott bei den Griechen. Der römische heißt Jupiter. Ich habe nur bei meiner Übersetzung gleich Odin dafür eingesetzt, damit du es verstehst.«

»Aber ... aber ...«, Tasso wusste nicht, wie er aussprechen sollte, was ihm durch den Kopf ging.

»Na gut«, sagte Theudebert, »wenn du es genau übersetzt haben willst: Also – Zeus möge dich beschützen!«

»Ich wollte nicht deine Übersetzung bemängeln, Theudebert. Ich meine nur ...«

»Was meinst du?«

»Es ist doch nicht egal, welcher Gott mich beschützt!«

»Ich finde doch. Hauptsache, es beschützt dich einer.«

»Aber ...«, wieder schwieg Tasso verwirrt. Er musste erst seine Gedanken ordnen.

Helga half ihm: »Ich verstehe, was Tasso meint. Gibt es denn diesen Zeus überhaupt? Wir haben nie etwas davon gewusst. Oder von Jupiter. Erst durch die Verbindung mit den Römern haben wir davon gehört.«

»Na und?«, fragte der Alte. »Jetzt wissen wir's.«

»Aber, Vater, gibt es sie denn überhaupt? Jahrhundertelang haben wir nur Odin und Donar und Ziu gekannt, und auf einmal soll es noch andere Götter geben! Wie viele tauchen wohl noch plötzlich auf? Man weiß ja gar nicht, woran man sich halten soll!«

Theudebert winkte ab. Ihm schien das nicht besonders wichtig zu sein. »Wir halten uns an unsere Götter, die Römer an ihre und die Griechen an Zeus und seine zahlreichen Nachkommen. Na und?«

»Aber einer kann doch nur der oberste Gott sein!«

»Warum? Hier ist Odin der oberste und bei denen eben ein anderer.«

Tasso meldete sich wieder zu Wort: »Aber dann kann mich Zeus nicht beschützen, wenn der nur im Land der Griechen und auf der Insel Kreta regiert. Sag ihm das mal!«

Theudebert waren diese Spitzfindigkeiten offenbar etwas lästig, aber er tat Tasso den Gefallen. Einige Sätze gingen zwischen ihm und dem Kreter hin und her. Offenbar hatte der nach den germanischen Göttern gefragt, denn Tasso hörte in Theudeberts Antwort die Aufzählung »Odin, Donar, Ziu«. Nach einigen weiteren Sätzen, in denen »Ziu« und »Zeus« zu hören war, erklärte der Alte: »Leonides meint, unser Ziu und ihr Zeus seien vielleicht derselbe. Der Name klingt so ähnlich.«

Helga meinte: »Das würde einiges klären. Aber es gibt immer noch zu viele Götter, finde ich, auch wenn wir zwei zu einem verschmelzen können. Was ist mit den Göttern in Iberien? Oder bei euch, Tjeff, welcher Gott herrscht denn da?«

»Weiß nicht gut«, antwortete der. »Ich war ein kleines Kind dort. Aber weiß, dass keiner von all, ihr jetzt gesagt habt.«

»Wisst ihr, warum das so schwierig ist?«, fragte Theudebert, und gab gleich selbst die Antwort: »Weil kein Gott sich sehen lässt! Sie ziehen sich in den Himmel zurück und lassen uns rätseln! Woher wissen wir denn von ihnen? Aus der Überlieferung, von unseren Vorfahren. Und woher wissen die es?«

Die Frage stand eine Weile im Raum. Niemand konnte sie beantworten, und Theudebert wusste wohl auch, dass niemand das konnte.

Schließlich meinte Helga: »Aber wenn Donar zum Beispiel Blitze schleudert …«

»Woher weißt du, dass Donar das tut? Vielleicht tut es Poseidon oder Apollo oder was es da noch alles geben soll. Nein, nein, nie hat einer von den Göttern sich bei uns Menschen sehen lassen.«

Nach einer weiteren Zeit des Schweigens und des Überlegens sagte Tasso: »Ich habe Donar bei der heiligen Eiche gebeten, er soll meinen Vater behüten und zurückschicken. Aber … aber stattdessen kam ein Bote, der uns sagte, dass er tot ist.«

Das war neu für die meisten. Tjeff, dem er es gesagt hatte, hatte es nicht weitererzählt. Sie schwiegen wieder, aber diesmal nicht, um zu überlegen, sondern aus Betroffenheit und Mitleid. Helga legte Tasso die Hand auf den Arm.

Aber ihn selbst trieb die Frage, ob Donar machtlos sei, im Augenblick mehr um als der Schmerz über den Verlust des Vaters. Der war nun schon einige Zeit her. Die Frage nach dem Gott, der ihn beschützen und mit ihm sein könnte, überhaupt: welche Götter es gab und welche nicht, was die letzte Wahrheit sei – dies war wichtiger.

»Ich sage ja«, unterbrach Theudebert schließlich das Schweigen, »die Götter spielen Versteck. Sie lassen uns keinen Blick in ihre Geheimnisse werfen. Warum zeigen die Götter sich nicht?«

Nach einer Weile, als keiner mehr wusste, was er dazu noch Hilfreiches sagen könnte, begann Helga wieder mit ihrem Flötenspiel, und Theudebert fasste für Leonides kurz zusammen, was sie besprochen hatten. Offenbar schien der Kreter sich dafür sehr zu interessieren, denn er fragte ein paarmal eifrig nach, und Theudebert antwortete geduldig.

Tasso fasste es für sich auch noch einmal zusammen. Er beschloss, weiter darüber nachzudenken – vielleicht später, wenn er größer sein würde.

* * *

Es war, als hätte Theudebert es genau gewusst, als er den Zeitpunkt der Abreise festlegte: Die Sonne ging strahlend über den Wäldern auf der anderen Seite der Weser auf. Noch war die Luft kalt, aber das würde sich bald ändern.

Eine ziemliche Betriebsamkeit herrschte in dem Lager. Leonides und Ragest gaben den Pferden zu fressen und führten sie dann zum Fluss hinunter, damit sie trinken konnten. Tjeff packte alles, was Helga an Verpflegung zusammengetragen hatte, in Säcke, die sie den Pferden auflegen konnten. Theudebert kramte lange im Schuppen, bis er endlich einen alten Sattel hervorbrachte. Nur einen, die anderen Reiter mussten ohne auskommen. Dann besprach der Hausherr mit seiner Tochter das Wichtigste für die nächste Zeit.

Tasso beobachtete das alles mit einem Gefühl der Beklemmung.

Leonides kam mit den Pferden, die einen Reiter oder eine Last tragen sollten, noch einmal den Hügel herauf. Sie wurden bepackt, und die Reiter saßen auf, außer Leonides.

Der kam, sein Pferd am Zügel führend, auf Tasso zu.

Tasso schämte sich seiner Gemütsbewegung und wollte nicht, dass Leonides etwas davon merkte. Plötzlich drehte er sich um, lief weg und rief dem Kreter über die Schulter zu: »Ich winke euch vom Wehrgang aus nach!«

Er stieg die Leiter hinauf und rannte an eine Stelle in der Nähe des Tores, von wo aus er die Abreise verfolgen konnte.

Leonides ritt als Letzter hinaus.

Als sie den Hügel hinunterritten, sah Tasso, dass Tjeff noch einmal umkehrte. Man konnte hören, wie er den anderen etwas zurief, wo das Wort »vergessen« drin vorkam. Er trieb sein Pferd den Hügel hinauf und zum Tor hinein. Helga, die am Tor gestanden hatte, folgte ihm ins Innere der Anlage.

Tjeff sprang ab und sah sich um. Tasso oben auf dem Wehrgang sah er nicht, darum glaubte er sich unbeobachtet. Er zog das kleine Kunstwerk hervor, das er gestern geschnitzt hatte, trat vor Helga hin und steckte es ihr ans Kleid. Da noch keine Nadel dran war, fand es nur Halt in einer Stofffalte.

»Wenn ich wiederkomme, ich mache ein Nadel dran«, sagte er.

»Für mich?«, brachte Helga verwirrt hervor.

»Ich schenke es für dich«, sagte Tjeff leise. Dann wirkte es, als wolle er genauer nachsehen, und müsse deshalb näher herankommen. Als sein Kopf sich ihrem auf eine Handbreit genähert hatte, küsste er sie blitzschnell auf die Wange, drehte sich sofort um, lief zu seinem Pferd und war mit einem Satz oben. Heftig drückte er dem Tier die Fersen in den Leib und sprengte durchs Tor hinaus.

Helga war so verblüfft, dass sie sich für einige Augenblicke gar nicht rührte. Dann beobachtete Tasso, wie sie – anscheinend gedanklich völlig abwesend – wie mit einstudierten Bewegungen das Tor schloss. Den Riegel legte sie gar nicht vor.

Sie stand still vor den Hölzern und starrte sie an. Da sah Tasso, dass sie weinte.

»Helga, warum weinst du?«, rief er.

Sie erschrak, bemerkte den Jungen, und da schossen die Tränen erst recht hervor. Sie rannte ins Haus.

Das alles hatte Tasso abgelenkt. Er wollte doch winken! Schnell wandte er den Blick wieder nach draußen.

Tjeff ritt gerade die letzten Schritte den Hügel hinunter. Da machte Leonides, der unten mit Theudebert und den Lastpferden gewartet hatte, ein Zeichen mit der Hand, sie sollten losreiten. Er selbst aber wendete sein Tier und ritt nun den Hügel hinauf, direkt auf die Stelle zu, wo Tasso stand. Man sah, dass er wirklich der geschickteste Reiter war. Er trieb das Pferd dicht an die Palisaden und ließ es dort stillstehen. Dann stützte er die Hände auf die Kruppe, beugte sich vor, und im Nu waren erst die Knie, dann seine Füße auf dem Rücken des Pferdes. Er richtete sich auf, hielt sich dabei an den Palisaden fest, und war nun mit dem Kopf fast auf gleicher Höhe mit dem Kopf Tassos.

Der war völlig verblüfft über diese plötzliche und äußerst geschickte Übung.

Leonides grinste ihn breit an. »Muss mach auf Wiedersehen, mein Freund.« Er reichte ihm die rechte Hand hinauf, während er sich mit der linken festhielt.

Tasso reichte ihm die Hand und strahlte den Mann an. »Auf Wiedersehen, Leonides!«

Der bückte sich vorsichtig, stützte sich ab und ließ sich wieder auf den Pferderücken fallen. Dabei schrammte noch sein linkes Bein an den Palisaden hinunter. Er schnalzte und gab ein Zeichen mit den Schenkeln, und das Pferd setzte sich den Hügel hinab in Bewegung.

Tasso winkte hinterher. Er war jetzt auf einmal nicht mehr so traurig wie noch vorhin. »Auf Wiedersehen!«, murmelte er. »Ach, Unsinn! Wiedersehen werden wir uns nie. Lebe wohl, mein Freund!«

Als die Gruppe fast auf der Straße war – Tasso hatte gewinkt, und sie hatten immer wieder zurückgewinkt – hielten sie an. Tasso sah, dass sie miteinander redeten. Verstehen konnte er nichts. Dann lachten sie laut, das hörte er. Jetzt sah er auch den Grund: Theudebert kam zurückgeritten. Sie lachten wohl darüber, dass der Reihe nach jeder noch einmal zurückwollte.

Theudebert wagte kein Kunstturnen auf seinem Pferd. Er ritt nur bis an den Zaun heran und sagte: »Mir ist gerade noch etwas eingefallen, Tasso. Willst du nicht auch Händler werden?«

»Ich?« Er war so verblüfft und außerdem mit seinen Gedanken noch bei dem Abschied, dass ihm nichts Klügeres einfiel.

»Sieh mal: Ich bin alt, sehe immer schlechter und werde bald nicht mehr auf Reisen gehen können. Ein paar Jahre vielleicht noch, aber nicht mehr viele. Und Helga – na ja, sie bleibt lieber hier. Wer soll das alles dann übernehmen? Ragest ist nicht klug genug dafür. Tjeff wäre es, aber er ist ein Sklave, und ich vermute, die freien Chatten werden nicht gern mit ihm Geschäfte machen wollen.«

»Ich … aber ich bin doch noch nicht groß genug für so was!«

»Nein, noch nicht. Aber du könntest bald anfangen, alles zu lernen, was man dafür wissen und können muss.«

»Also … ich weiß nicht.«

»Na, du kannst es dir ja noch überlegen. Wir sehen uns sicher bald wieder, spätestens, wenn du dein Pferd abholst.«

Er wendete und ritt davon, den Hügel hinunter vorsichtig, in der Ebene im Galopp.

Als er bei den anderen ankam, waren die schon auf der Straße und wendeten sich nach Norden.

Tasso sah ihnen nach, bis sie hinter einer Biegung verschwanden.

* * *

Je nachdem, ob die Hügel am Ufer der Fulda näher an den Fluss kamen oder weiter zurücktraten, blinzelte die Sonne aufs Wasser oder verschwand. Als sie wieder einmal kurz zu sehen war, bemerkte Tasso in ihrem rötlichen Licht ein schlichtes, aber ziemlich großes Gebäude am Ufer.

Harmbrecht deutete darauf. »Dahin!«

Bald legten sie an, stiegen auf einen hölzernen Steg und banden das Boot fest. Da lagen schon zwei Boote. Sie nahmen ihr wichtigstes Gepäck und gingen zu dem Haus hinüber.

Harmbrecht und Wisbert begrüßten eine dicke Frau. Die knurrte statt einer Antwort und wies auf einen Tisch in dem großen Raum. Da saßen noch andere Bootsleute, die mit den Neuankömmlingen Grüße austauschten.

Die Wirtin, ebenso übellaunig wie wohlgenährt, knallte ungebeten drei Krüge mit Bier auf den Tisch. Wisbert sagte: »Unser junger Freund hier möchte gern etwas Milch trinken.«

Daraufhin holte sie wortlos einen Becher mit Milch, stellte ihn vor Tasso hin und schob dessen Bierkrug einfach zu Wisbert hinüber.

Tasso hatte im Nu ausgetrunken. Dann versuchte er, sich mit der rechten Hand die linke Schulter zu massieren. Das klappte aber nicht so richtig. Wisbert stand auf, trat hinter ihn und walkte ihn durch. Das tat gut!

»So«, sagte Harmbrecht, »jetzt können wir uns unterhalten. Versteh mich recht, Tasso, es ist nicht schlechte Laune, wie bei unserer Wirtin, dass wir im Boot nicht reden. Aber zum Rudern braucht man alle Kraft und allen Atem. Darum gilt bei uns die Regel: Geplaudert wird erst abends in der Schenke oder am Lagerfeuer. Beim Rudern sprechen wir nur das Allernötigste.«

Wisbert setzte sich wieder und trank auch noch den Bierkrug, den die Wirtin Tasso zugedacht hatte, zur Hälfte leer und schob den Rest seinem Vater hin.

Tasso sagte: »Ich weiß noch, worüber wir uns das letzte Mal unterhalten haben. Über fremde Länder, und wie es im Süden weitergeht. Und auch über Tiberius und das römische Heer. Damals hatte Armin noch nicht gegen Varus gesiegt.«

Wisbert nickte. »Aber jetzt ist Tiberius wieder zurückgekommen. Er hat in Pannonien Ordnung gemacht. Und nun hat er Zeit, auch am Rhein wieder Ordnung zu schaffen. Da war nach der Niederlage gegen den Cherusker alles in Auflösung begriffen.«

Harmbrecht ergänzte: »Tiberius ist der Mann, der alles wieder in den Griff kriegt.«

»Ihr habt damals schon gesagt, Tiberius würde uns sicher überfallen, wenn er Gelegenheit dazu hätte.«

»Sicher.«

»Auch nach der Niederlage gegen Armin?«

»Natürlich!« Harmbrecht lächelte. »Meinst du, der Verlust von drei Legionen würde der Macht Roms das Genick brechen? Dazu ist mehr nötig! Sie können ihre Rheinarmee jederzeit mit neuen Kräften auffüllen.«

Wisbert freute sich: »Wo wir gerade von neuen Kräften sprechen – da kommt unser Essen!«

Die dicke Frau trug eine große dampfende Schüssel heran und stellte sie ächzend auf den Tisch. Unter den nackten Arm hatte sie drei Holzlöffel geklemmt. Die ließ sie neben die Schüssel fallen und verschwand wieder in der Küche.

Es duftete köstlich. Und als Tasso den ersten Löffel von der Suppe probierte, schmeckte es auch so. »Hm!«, machte er.

Wisbert lachte. »Ja, was unserer Wirtin an Liebenswürdigkeit fehlt und an sonstigen fraulichen Reizen, das macht sie durch ihre Kunst als Köchin wett.«

Dicke Fleischstücke schwammen in der Brühe und viel Gemüse.

Bis der erste Hunger gestillt war, schwiegen die drei genauso wie beim Rudern. Dann lehnte Tasso sich zurück. Er musste mal eine Pause machen.

»Ihr meint also, Tiberius ist ein besserer Feldherr als Varus?«

»Allerdings!«, nickte Harmbrecht.

Wisbert machte eine wegwerfende Handbewegung. »Varus! Der hat sich doch von Armin an der Nase herumführen lassen. Wie ein Kind!«

»Du meinst, weil er ihn an diese Stelle gelockt hat, zwischen Wald und Sumpf?«

»Das auch, aber ich meine schon vorher, als Segestes Armin des Verrats beschuldigte.«

»Segestes, der Cheruskerfürst?«

»Ja, er und Armin können sich auf den Tod nicht ausstehen. Ich weiß nicht warum. Natürlich, Segestes ist für die Römer und Armin dagegen. Aber das allein kann es nicht sein. Sie waren schon vorher verfeindet, als Armin noch ein treuer Offizier in Roms Armee war. Wer kennt sich bei diesen Edlen und Fürsten und ähnlichen hohen Herren schon aus.«

»Na ja«, fiel ihm sein Vater ins Wort, »Eifersüchteleien und Neid und so was gibt's bei uns kleinen Leuten auch.«

»Stimmt. Jedenfalls will Armin gerne Thusnelda haben, die Tochter von Segestes. Aber der gibt sie ihm nicht.«

»Erzähle mal, wie das war, als Segestes Armin beschuldigt hat, er wolle Varus verraten.«

»Beide waren bei Varus in seinem Lager. Armin hatte das Gerücht ausgestreut, ein Germanenstamm habe sich gegen Rom erhoben. Und er überredete Varus, mit drei Legionen auszuziehen, um den Aufstand blutig niederzuschlagen. Da kam Segestes und sagte Varus, das alles habe Armin nur erfunden, um ihn in eine Falle zu locken. Das stimmte natürlich, Segestes wusste es genau, es waren ja auch seine Leute an der Sache beteiligt. Aber Varus glaubte Armin mehr als Segestes. So sind sie mit drei Legionen, einem riesigen Tross und beachtlichen germanischen Hilfstruppen losgezogen. Armin mittendrin. Erst wenige Tage vor der Schlacht hat sich Armin von Varus getrennt unter dem Vorwand, weitere Hilfstruppen heranführen zu wollen. Er hat dann auch tatsächlich Truppen herangeführt, nur waren die keine Hilfe für den Römer, im Gegenteil!«

»Woher weißt du das alles?«

»Wir kommen weit rum. Da hören wir viel.«

»Wenn jetzt Tiberius wieder am Rhein ist – wird er bald mit einem Heer übersetzen?«

»Ich weiß es nicht, mein Junge. So ganz schnell wird es wohl nicht gehen. Er wird sich auch nach den schlimmen Erfahrungen vom vorigen Jahr hüten, unbesonnen loszumarschieren. So eine Niederlage wollen die Römer nicht noch einmal erleben.«

Harmbrecht ergänzte: »Aber kommen wird er. So sicher wie die Sonne, wenn die Nacht um ist. Rom kann es sich gar nicht leisten, so eine Scharte unausgewetzt zu lassen. So was spricht sich rum im Weltreich und ermutigt andere, auch Aufstände zu wagen.«

»Also machen wir uns auf einiges gefasst!«, sagte Wisbert. »Aber vorher iss noch von der guten Suppe. Die gibt Kraft.«

Tasso folgte dem Rat und schob noch einige Löffel in den Mund. Aber dann musste er den Rest den beiden Männern überlassen, er konnte einfach nicht mehr.

Einer von den anderen Männern im Raum rief herüber: »Jetzt ist eure Schüssel leer. Da habt ihr doch sicher nichts dagegen, wenn wir uns noch für ein Weilchen zu euch setzen?«

»Natürlich nicht! Kommt nur!«

Es waren fünf Männer, eine Bootsmannschaft mit zwei, eine mit drei Leuten. Sie bestellten neues Bier und Wasser für Tasso und erzählten. Das größere Boot war die Weser heraufgekommen und brachte Nachrichten vom Land der Friesen, wo die Römer ziemlich uneingeschränkt herrschten. Auch der Stamm der Bataver, der mit den Chatten verwandt war, siedelte da. Das andere Boot war auf der Werra heruntergekommen, wie Harmbrecht und Wisbert. Sie waren aber nicht nur bei den Salzquellen gewesen, sondern weiter oben. Da hatten sie vom Markomannenreich unter König Marbod gehört, der anscheinend immer sicherer im Sattel saß, zum Ärger des Kaisers in Rom.

Tasso bekam eine Ahnung davon, woher Harmbrecht und Wisbert ihre Kenntnisse hatten. Er lauschte gefesselt, was sich die Männer erzählten, konnte allerdings oft die Bruchstücke nicht richtig zusammensetzen. Einer wusste Näheres von Tiberius zu berichten. Der hatte sich früher mit dem römischen Kaiser Augustus überworfen und war freiwillig in die Verbannung gegangen. Auf eine Insel im Meer rund um das römische Land.

»Hieß die Kreta?«, fragte Tasso.

»Nein. Woher kennst du denn eine Insel im südlichen Meer?«

»Ach, nur so. Habe mal davon gehört.«

Tiberius sei aber nach sieben Jahren zurückgekommen, erzählte der Mann weiter. Augustus habe sich mit ihm versöhnt und ihn, weil alle vorgesehenen Nachfolger frühzeitig starben, als Adoptivsohn angenommen und damit zum künftigen Kaiser auserwählt.

»Dann wird er irgendwann nach Rom gehen, und wir sind ihn los«, sagte einer der Ruderer.

Wisbert meinte: »Denkst du, er lässt uns in Ruhe, wenn er Kaiser ist? Bestimmt nicht!«

»Es ist gut, dass wir endlich dagegen aufgestanden sind! Viel zu viele unserer führenden Leute haben sich von Rom blenden lassen!«

»Mach dir keine falschen Hoffnungen!«, knurrte Harmbrecht. »Was heißt überhaupt: Wir sind dagegen aufgestanden? Armin war das! Sein Stamm ist ihm gefolgt, und Chatten und Brukterer und Hermunduren und noch einige. Aber die meisten sind ohne die Führung durch ihre Fürsten gekommen, in einzelnen Trupps, nicht um das Land zu retten, sondern um Beute zu machen.«

»Segestes hat aber immerhin mitgemacht, obwohl er strikt dagegen war.«

»Weil er nicht anders konnte. Seine Cherusker wären ihm alle weggelaufen.«

Ein junger, strohblonder Mann aus dem Dreierboot hieb mit der Faust auf den Tisch und rief mit blitzenden Augen: »So sollte es immer gehen! Wenn die Fürsten sich nicht zusammentun wollen, aus Ehrgeiz oder Eifersucht und um ihre Macht zu erhalten, dann sollte das Volk sie davonjagen.«

»Ach, Freund«, lächelte Harmbrecht, »glaubst du, ohne Fürsten ginge das mit der Einigkeit und dem gemeinsamen Kampf gegen Rom besser? Wenn irgendein Vorteil zu ergattern ist, denkt jeder nur an sich.«

Tasso hatte das Gespräch mit glühendem Kopf verfolgt. Jetzt brach es aus ihm heraus: »Aber das müssen sie doch einsehen, dass man zusammenhalten muss! Und die Fürsten sollten doch …«

»Ach, du bist ja auch noch da, Tasso!«, unterbrach ihn Wisbert. »Du solltest längst schlafen! Geh schon mal! Die Wirtin zeigt dir den Schlafraum. Wir kommen auch bald.«

Tasso ärgerte sich. »Ich bin kein kleines Kind mehr!«

Wisbert merkte, dass er den Jungen an einer empfindlichen Stelle getroffen hatte, und versuchte, das wiedergutzumachen. Er legte ihm beruhigend die Hand auf den Unterarm. »Ich meine, weil du doch heute zum ersten Mal so weit gerudert bist und dich so angestrengt hast. Da tut dir Schlaf gut. Ich meine nicht, dass du zu klein wärst, um unser Gespräch zu verstehen!«

»Ich verstehe es, und ich will es auch hören! Ich muss doch wissen, wie das ist mit unserem Stamm und dem Krieg und mit alldem! Sonst sagt es mir ja keiner!«

Wisbert nickte. »Wenn du willst, höre nur weiter zu. Ich bin nicht dein Vater, der dich ins Bett schicken müsste. Aber eins sollst du auch wissen: Die Gespräche der Männer abends beim Bier sind nicht immer die zuverlässigsten Wissensquellen. Man erhitzt sich beim Reden, man übertreibt, man will mit dem, was man zum Besten gibt, den anderen ausstechen … Hör dir nur alles an. Aber denke nicht, dass du dann den Überblick hast! Habe ich recht?« Er blickte sich in der Runde um.

Die anderen nickten zum Teil deutlich, zum Teil zögernd.

Plötzlich war Tasso doch sehr müde. Und weil sein Ärger verflogen war, nickte er Wisbert zu und stand auf.

Wisbert rief die Wirtin und bat sie, Tasso das Nachtlager zu zeigen. Sie ging wortlos durch eine mit einem Vorhang verhangene Öffnung – sie passte gerade so hindurch – und Tasso nahm an, dass er ihr folgen sollte. Hinter einem weiteren Durchgang war ein übel riechender Raum mit reichlich Stroh auf dem Boden. Die dicke Frau deutete hinein, knurrte wie ein misstrauischer Wachhund und verschwand.

Tasso legte sich irgendwohin, möglichst nahe an der Wand, damit die anderen, wenn sie später im Dunkeln hereinkamen, nicht über ihn stolpern mussten. Aber obwohl er todmüde war, konnte er nicht einschlafen, bis die Männer leicht angetrunken hereingestolpert kamen. Er lag sogar noch wach, als bereits lautes Schnarchen den Raum erfüllte. Immer wieder ging ihm durch den Kopf – ungeordnet allerdings und ohne nüchternes Abwägen von Gründen, die dagegen oder dafür sprachen –, ob er ein Krieger werden sollte. Einer, der nicht nur Beute machen wollte, sondern der seinem Volk die Freiheit rettete. Oder ob er lieber Händler werden sollte. Oder gar Schmied?

* * *

Gerade als das Boot an einem kleinen Steg in dem Flüsschen Eder angebunden war und Harmbrecht, Wisbert und Tasso mit dem Ausladen beginnen wollten, sahen sie eine Gruppe von Männern durch die Furt stapfen. Das Wasser ging ihnen an der tiefsten Stelle bis zu den Oberschenkeln, deshalb hielten sie ihr Gepäck hoch. Man sah Schwerter und Streitäxte, Spieße und Schilde, Bogen und Köcher.

Wisbert zeigte auf den Trupp. »Das sind vermutlich Krieger, die sich Armin anschließen wollen. Sie gehen nach Norden. Vielleicht kannst du ein Stück mit ihnen gehen, Tasso. Komm, wir fragen sie!«

Sie liefen zu der Stelle, wo die Straße – zu erkennen an der hart getretenen Erde und den Wagenspuren – aus dem Fluss herausführte und an einigen Häusern und Hütten vorbei sich ins Land schlängelte.

Als die Männer, es waren elf, aus dem Wasser ans Ufer kamen, standen Wisbert und Tasso bereits da und warteten auf sie.

»Willkommen in Metze!«, begrüßte sie Wisbert.

Ein langer, zäh wirkender Mann, der den Trupp anführte, sagte: »Wir bleiben nicht. Wir ziehen weiter.«

»Das dachte ich mir«, antwortete Wisbert. »Ihr wollt sicher zu Armins Heer, stimmt's?«

»Wozu willst du das wissen? Willst du dich anschließen? Nur zu!«

»Nein, aber ich bitte euch, diesen Jungen ein Stück mitzunehmen. Er heißt Tasso und wohnt einen guten Tagesmarsch nördlich von hier. Ich möchte ihn nicht allein gehen lassen. Er ist erst zwölf.«

Der Trupp war stehen geblieben, während ihr Anführer mit Wisbert sprach. Einige bückten sich und drückten mit den Händen das Wasser aus dem Stoff ihrer Hosenbeine.

Ein nicht sehr großer und nicht sehr breitschultriger Mann, aber sehr sportlich wirkend mit schnellen Bewegungen, trat zwei Schritte näher. Er hatte zusammengekniffene Augen, als blendete ihn die Sonne. Aber es war diesig. Also musste es wohl ein strenger Blick sein, mit dem er Tasso musterte.

»Zwölf bist du? Siehst wie vierzehn aus. Kannst mal ein guter Krieger werden.«

»Du kannst gern mitkommen, Junge. Aber wir nehmen mit unserer Marschgeschwindigkeit keine Rücksicht auf dich.«

»Danke! Ja, ich bin einverstanden. Ich hole nur schnell mein Bündel da aus dem Boot.«

»Wir gehen weiter. Du wirst uns sicher einholen.«

Tasso lief zum Boot, holte seinen wenigen Besitz mit etwas Getreide, einem gebratenen Stück Fisch und einigen getrockneten Pflaumen, warf den Köcher über die Schulter und nahm den Bogen in die Hand. Er verabschiedete sich von Harmbrecht und dann von Wisbert, bedankte sich und lief den Männern nach. Schnell hatte er sie eingeholt. Die elf unterhielten sich wenig. Sie waren wohl schon etwas ermüdet von der Wanderung bis hierher.

Einige hatten ungepflegt wuchernde Kopfhaare und Bärte. Tasso vermutete, dass sie diesen Schwur geleistet hatten, von dem man ihm erzählt hatte: Bart und Haupthaar erst zu schneiden, wenn sie einen Feind getötet hätten. Die meisten waren sehr jung, unter zwanzig, einige so jung, dass ihr ungeschorener Bart noch nicht viel hermachte. Nur der lange Anführer und noch zwei oder drei waren wohl schon über dreißig Jahre alt.

Ein junger Mann – höchstens fünf oder sechs Jahre älter als Tasso, mit auffallend roten Haaren – sprach den neuen Reisegefährten an: »Tasso heißt du?«

»Ja.«

»Ich bin Armfried. Ich will zu Armin.«

»Ich weiß. Ihr alle wollt zu ihm, nicht?«

»Ja. Ich will unter einem großen Führer kämpfen und Siege und Ehre erringen und außerdem Beute machen. Und unsere Heimat verteidigen.«

Tasso bemerkte sehr wohl die Reihenfolge, in der Armfried seine Gründe aufzählte, dachte an die Gespräche mit den Bootsleuten, sagte aber nichts. Stattdessen antwortete er nach einer Weile: »Ich habe Armin gesehen und mit ihm gesprochen.«

»Du?« Armfried blieb vor Verblüffung stehen. Aber als die Nachfolgenden ihn anrempelten, ging er schnell weiter.

»Das war schon vor zwei Jahren. Vor der Varusschlacht. Wir trafen uns zufällig da, wo ich wohne. Er wollte wohl zu unseren Chattenfürsten und mit ihnen Pläne schmieden. Das wusste ich natürlich damals noch nicht. Ich hab's mir nur hinterher so zusammengereimt.«

»Wie ist er? Wie hat er auf dich gewirkt? Klug? Kräftig? Willensstark?«

»Ich weiß nicht. Stark schon, aber sonst ... Ich war damals erst zehn. Er war jedenfalls sehr freundlich zu mir. Ich durfte mit auf seinem Pferd sitzen.«

»Oh – wenn mir das mal geschehen würde! Es muss wunderbar sein!«

Ein Mann war einige Zeit dicht vor ihnen gegangen und hatte das Gespräch mitgehört. Jetzt verlangsamte er kurz seinen Schritt und ging neben Tasso.

»Du bist ein Kind, Armfried! Jedenfalls redest du wie ein Kind, das gerne Heldengeschichten hört. Armin ist ein Mann wie andere Männer auch. Sicher, ein guter Kämmpfer ist er. Er weiß auch viel, und er besitzt die Gabe, andere mit seiner Begeisterung anzustecken. Aber auch nicht alle. Er ist nicht Donar, er ist ein Mensch. Und wenn wir ihm nicht unseren Arm und unser Schwert zur Verfügung stellen, kann er gar nichts ausrichten.«

»Das will ich ja. Ich will für ihn kämpfen!«, sagte Armfried feierlich, so feierlich, wie das eben beim schnellen Gehen möglich war.

»Kennst du Armin auch?«, fragte Tasso.

Der Mann nickte. Armfried erklärte: »Er war doch bei der Varusschlacht dabei. Er und unser Anführer.«

»Aus unserem Dorf waren viele dabei«, sagte Tasso.

Der Krieger meinte: »Aus dem Norden des Chattenlandes haben sich natürlich mehr seinem Kampf angeschlossen als aus dem Süden.«

»Kommt ihr von dort, aus dem Süden?«

»Die meisten kommen aus dem Bereich des Fürsten Katumer, der seinen Sitz auf der Amöneburg hat. Zwei, unter ihnen unser Anführer, kommen noch weiter aus dem Südwesten. Aus den Taunusbergen. Die Chatten siedeln dort noch nicht lange.«

Armfried fragte: »Sind sie überhaupt richtige Chatten, wenn sie so weit weg wohnen?«

»Sicher. Immer noch ist dieses Metze, durch das wir gerade gehen, ihr Mittelpunkt. Sie schicken Leute zur Thingversammlung und entscheiden mit bei wichtigen Fragen. Und sie kommen hierher, um den Göttern zu opfern an den heiligen Stätten.«

Sie kamen an vielen Häusern und Höfen vorbei. An manchen Stellen standen sie enger beisammen, dann wieder weitläufig verstreut. Aus einer Schmiede klang helles Hämmern, und direkt daneben blickten sie in den Werkhof eines Wagners.

Ein Wirtshaus lud zum Ausruhen und Trinken ein, aber der Lange ging weiter, und keiner sagte etwas dagegen.

Tasso hätte sich das alles gern genauer angesehen, zumal er damals, als er mit Sello hier war, auch keine Zeit dafür gehabt hatte. Aber die Männer schritten unerbittlich weiter.

An einem spärlichen Wasserlauf machten sie eine Pause. Jeder trank etwas, ließ sich ins Gras fallen und verzehrte etwas von dem, was er bei sich trug.

Tasso machte die Augen zu, und da niemand sprach und auch sonst nichts weiter geschah, schlief er ein. Die letzte kurze Nacht hatte Spuren hinterlassen.

Aber dann wurde er durch einen lauten Ruf aus dem Schlaf gerissen. »Auf, Tasso, wenn du weiter mitwillst! Schlafen kannst du heute Abend!«

Sie schritten wieder kräftig aus. Tasso fürchtete, er werde das nicht bis zum Einbruch der Dunkelheit durchhalten. Aber da zeigte der Anführer zu einer der Wallburgen auf einem Bergkamm hinauf.

»Da oben übernachten wir. Ich war da mal einige Zeit und kenne den Kommandanten. Es ist sicherer, als einfach irgendwo im Wald zu schlafen, und auch wärmer. Wir können in einer Scheune liegen.«

Es dauerte länger, als Tasso geschätzt hatte, bis sie am Fuß des Berges waren. Und dann forderte der Anstieg seine letzten Kräfte. Aber er bemühte sich, keine Schwäche zu zeigen.

Sie kamen durch ein Tor in der Mauer, die aus aufgeschichteten großen Steinen bestand, mit kleineren Steinen in den Zwischenräumen. Als sie das Tor hinter sich hatten, waren sie aber noch nicht im inneren Hof, wie Tasso vermutet hatte. Sie mussten ein Stück zwischen hohen Mauern rechts und links weitergehen bis zu einem zweiten Tor.

»Warst du noch nie in so einer Burg?«, fragte Armfried, der wohl bemerkt hatte, wie Tasso sich staunend umblickte.

»Nein.«

»Du weißt nicht, wozu dieser Gang da ist?«

»Nein, sag's mir!«

»Wenn die Feinde das erste Tor gestürmt haben sollten, vielleicht mit Rammböcken aufgebrochen, dann sind sie noch nicht drin. Sie müssen sich die gleiche Arbeit mit dem zweiten Tor machen. Dabei können sie aber von oben beschossen werden. Da haben sie's viel schwerer.«

»Ah – gut ausgedacht!«

Sie kamen in den Hof der Burg. Verschiedene Gebäude standen da, große und kleinere, Ställe, Scheunen, sogar eine kleine Schmiedewerkstatt. In einer Ecke hing ein geschlachtetes Schwein an einem Haken von einem Balken, ein Metzger machte sich daran zu schaffen. Zwei Frauen trugen einen Bottich mit Milch, die sie eben gemolken hatten, vom Stall in eines der Häuser. Sonst war der Hof leer – bis auf den Bewaffneten am Tor, mit dem ihr Anführer gesprochen hatte. Die beiden gingen gemeinsam zu dem größten der Häuser.

Einige Zeit später kam der Anführer zurück und sagte ihnen, dass sie dort drüben in einer Scheune übernachten dürften. Niemand hatte aber schon Lust, sein Nachtlager aufzusuchen, es war noch nicht dunkel, und sie waren noch zu erhitzt vom Laufen, um in das stickige Gebäude zu gehen.

»Kannst du denn schon damit umgehen?«, fragte Armfried und zeigte auf Tassos Bogen.

»Natürlich!« Es klang sehr sicher.

Die anderen, die rechts und links von den beiden saßen, lachten.

»Na ja«, räumte Tasso ein, »sehr weit schieße ich noch nicht. Aber auf fünfzig Schritte treffe ich gut!«

Das mit den fünfzig Schritten war ihm nur im Ärger über das Gelächter so herausgefahren.

»Das will ich sehen!«, trumpfte einer der jungen Männer auf.

»O ja!«, sagte ein anderer. »Lasst uns ein Wettschießen machen!« Schon stand er auf. »Wer ist dabei?«

Drei der elf Männer hatten einen Bogen, aber sieben stellten sich auf. Vier wollten sich den Bogen eines Gefährten leihen.

»Das Ziel soll der Pfosten sein, der das vorstehende Dach der Scheune stützt. Da drüben.« Er zeigte quer über den Hof.

Als Tasso das Ziel sah, bekam er einen Schreck. So weit?

Armfried sagte: »Wir müssen die Regeln genau festlegen. Ich schlage vor, jeder hat zehn Schuss.«

»Fünfzehn!«, meinte ein anderer.

»Gut, fünfzehn. Wer den Pfosten am meisten trifft, hat gewonnen.«

Schon begann der Erste. Er traf sechs Mal. Anerkennendes Gemurmel war rundum zu hören.

Ähnlich waren auch die Ergebnisse der anderen. Die geringste Trefferzahl war zwei, einer traf zwölf Mal.

Tasso kam zum Schluss dran, weil man ihn eigentlich nicht als richtigen Teilnehmer am Wettkampf ansah, obwohl das Gespräch mit ihm der Anstoß zu dem Schießen war.

Tasso strengte sich an, den Bogen so kräftig wie möglich zu spannen. Aber als er losließ, flog der Pfeil nicht weit genug. Er traf vor dem Ziel auf dem Boden auf und rutschte noch ein Stück weiter, allerdings weit am Ziel vorbei.

Alle lachten, einige mild, weil sie ohnehin nicht mehr erwartet hatten, andere wüst.

Tasso ärgerte sich und schämte sich zugleich. Armfried trat heran. »Du hast noch nicht die nötige Kraft dafür. Da musst du höher zielen. So ungefähr.« Er zeigte den Winkel mit der Hand.

»Ich weiß!«, knurrte Tasso.

»Warum hast du es dann nicht gemacht?«

Was Tasso am meisten wütend machte, war, dass er es wirklich wusste, aber nicht dran gedacht hatte. Er biss die Zähne zusammen und legte einen neuen Pfeil auf die Sehne.

Diesmal schoss er in steilerem Winkel nach oben. Der Pfeil flog zwar weit genug, aber er traf das Dach der Scheune und blieb im Stroh stecken.

Wieder lachten die Zuschauer. Was Tasso noch wütender machte, war, dass einige sich einfach abwendeten und Unterhaltungen begannen, als sei das Wettschießen eigentlich schon beendet. Er kochte vor Zorn.

Armfried war zu der Scheune gelaufen, hatte ein Regenfass unter das Dach geschoben, war hinaufgestiegen und hatte mit dem Speer an den Pfeil geschlagen, sodass der aus dem Stroh flog und herunterfiel. Jetzt kam er mit Tassos zwei Pfeilen zurück. Er grinste. Indem er ein wenig zur Seite trat, rief er Tasso zu: »Am besten, du zielst auf mich, dann triffst du vielleicht den Pfosten!«

Allgemeines Gelächter antwortete ihm.

Tasso konnte seine Wut nicht mehr bändigen. Er zog an, zielte tatsächlich auf Armfried, der nun viel näher war als der Pfosten, und ließ den Pfeil von der Sehne schnellen. Der fuhr in einen unteren Zipfel von Armfrieds Kittel, riss ihn herum und blieb darin stecken.

Für einige Augenblicke herrschte Totenstille.

Jeder wusste, auch Tasso natürlich, dass die Aufforderung Armfrieds, auf ihn zu zielen, ein Scherz gewesen war. Und jeder wusste auch, und auch dies war Tasso selbst klar, dass dieser Schuss aus Wut geschehen war.

Armfried – immer noch still an seinem Platz stehend – sagte leise: »Bist du verrückt?« Dann wiederholte er schreiend: »Bist du verrückt?«

Niemand sonst sagte etwas oder rührte sich. Auch Tasso stand wie angewurzelt. Nur in seinem Kopf drehte sich alles.

Der lange Anführer der Gruppe stand auf, kam auf Tasso zu, blieb vor ihm stehen und sah ihn einige Augenblicke wortlos an. Dann riss er ihm mit der Linken den Bogen aus der Hand und gab ihm fast gleichzeitig mit der Rechten eine Ohrfeige, dass es laut schallte und Tasso taumelte. Er schleuderte den Bogen zweimal um den Kopf und ließ ihn dann davonsausen, über die Wallmauer der Burg.

»Ehe du lernst, mit Waffen umzugehen, lerne erst mal, dich selbst zu beherrschen!«, sagte der Anführer, nicht laut, aber scharf.

»Und wenn du vielleicht irgendwann mal mit dem Bogen umgehen kannst, dann schieße auf Römer, nicht auf die eigenen Leute. Aber ehe du das versuchst, übe erst noch!«

Er setzte sich einfach wieder an seinen Platz und biss weiter in den Apfel, den er vorhin zu essen begonnen hatte.

Tasso weinte. Natürlich machte es das nicht besser, aber darüber dachte er nicht nach. Er war nicht nur beschämt durch das klägliche Schießen, nachdem er vorher geprahlt hatte. Er war erst recht beschämt durch diese Worte und die Ohrfeige. Und das Schlimmste war: Der Anführer hatte ja recht mit seinen Worten! Er hatte sich unmöglich verhalten! Er hatte abgrundtief versagt!

Tasso lief weinend weg.

»He!«, rief einer und warf ihm sein Bündel nach. Es landete neben ihm und schlidderte durch die Wucht des Fluges vor seine Füße. Tasso griff danach und rannte weiter. Die beiden Tore waren noch offen. Er lief hinaus und den Berghang hinunter.

Einmal stolperte er, weil er vor Tränen nicht richtig sehen konnte und auch gar nicht auf den Weg achtete, aber er rappelte sich wieder auf und rannte weiter.

Erst unten am Berghang kam er außer Atem und fiel in einen langsamen Trott.

Es wurde jetzt dunkel. Irgendwann konnte Tasso nicht mehr gehen.

Er setzte sich unter eine Buche am Rand des Weges und lehnte sich mit dem Rücken an den Stamm.

Allmählich wurden seine wirren Gedanken klarer. Aber er wollte sie gar nicht so klar haben. Jedes Mal, wenn ihm das Geschehen dieses Abends zum Bewusstsein kam, wurde ihm vor Scham und Selbstvorwürfen so heiß im Kopf, dass sich alles vor seinen Augen zu drehen begann. Nein, er wollte nicht über das alles grübeln, lieber an etwas anderes denken! Aber er wurde die schreckliche Erinnerung und diese Schamgefühle nicht los.

Viel später, es war längst stockdunkel, fröstelte ihn. Er nahm das Schaffell, das ihm Helga für die Nächte mitgegeben hatte, aus seinem Bündel, hängte es um, blieb aber so sitzen. Und endlich, lange nach Mitternacht, fiel er in einen erlösenden Schlaf.

Irgendwann träumte er, Armfried, der junge Mann mit den roten Haaren, stände vor ihm, wollte sich rächen für den Schuss auf ihn und packte und schüttelte ihn.

Tasso wachte auf – das war ja gar kein Traum!

Tatsächlich stand der junge Mann vor ihm! Aber offenbar nicht, um sich an ihm zu rächen, sondern er rüttelte ihn, um ihn zu wecken. Er sah nicht wütend zu ihm herunter.

»Hast du etwa hier geschlafen?«, fragte Armfried. »Wenn dich nun jemand überfallen hätte! Oder ein wildes Tier …«

»Armfried …«

»Du hättest dich wenigstens ein bisschen verstecken sollen! Nicht einfach hier am Straßenrand …«

»Armfried … Was ich getan habe … ich schäme mich so! Ich …«

Der junge Mann lächelte. Das tat Tasso unendlich gut. Jetzt sah er, dass noch einige von den anderen drum herumstanden.

»Ist gut!«, sagte Armfried. »Du hast nicht gewusst, was du tatest. Aber der Anführer hatte schon recht: Du musst es lernen, dich selbst zu beherrschen.«

»Ja, ich weiß, Armfried. Ich weiß, dass ich viel lernen muss! Wenn ich mir vorstelle, ich hätte dich erschossen! Nur weil ich zornig war …!«

»Na, da hätte dir schon der Zufall zur Hilfe kommen müssen, wenn du mich hättest richtig treffen wollen.« Armfried lächelte.

Und obwohl Spott in dem Satz lag, lächelte Tasso jetzt auch ein wenig. Oder gerade deswegen?

Armfried legte den Bogen und drei Pfeile vor Tasso hin.

»Hier. Hab ich im Gebüsch am Berghang gesucht. Deinen Bogen meine ich, die Pfeile hatte ich ja schon. Damit du noch ein bisschen üben kannst.«

»Komm, Armfried!«, rief einer der anderen. Die hatten sich schon umgewandt, um den Anschluss nicht zu verlieren an die, die weitergegangen waren.

»Willst du mitgehen?«, fragte Armfried. »Ich könnte ein gutes Wort für dich einlegen.«

Tasso schüttelte den Kopf. »Nein, nein, ich will lieber … ich gehe allein.«

»Gut. Verstehe ich«, nickte der junge Mann. »Weißt du, Tasso, mein Vater hat mir mal eine ähnlich saftige Ohrfeige gegeben, als ich … na, das tut ja nichts zur Sache. Jedenfalls – ich war tief beleidigt und habe geheult wie du gestern. Aber ich habe den Fehler, den mein Vater damit gestraft hat, nie wieder gemacht. Also trag es ihm nicht nach. So, jetzt muss ich aber … Lebe wohl! Vielleicht sehen wir uns ja mal wieder.«

Erst jetzt stand Tasso auf. »Ja, Armfried, und … und vielen Dank!«

»Wofür?«

»Na, dass du so … ich meine, dass du mir nicht … äh, zum Beispiel für den Bogen, dass du ihn mir mitgebracht hast!«

»Ich wusste ja nicht, dass ich dich treffe. Ich wollte ihn für mich nehmen. Aber als ich dich da sitzen sah … na, er gehört dir ja!«

Er drehte sich um und lief den anderen nach.

Tasso sah ihm lange nach. Aber statt sich dann auch auf den Weg zu machen, setzte er sich erst noch mal hin. Er war noch nicht mit Nachdenken fertig.

* * *

In der Schmiede Hortwins waren nur zwei Leute bei der Arbeit: Gerwin hielt mit der Zange ein Werkstück auf den Amboss, und der Knecht bearbeitete es beidarmig mit dem schweren Vorschlaghammer.

»Tag, Gerwin!«, sagte Tasso.

Gerwin sah auf und grinste. Als das Werkstück kalt geworden war, schob er es in die glühenden Kohlen und kühlte die Zange in dem Wasserbecken neben dem Schmiedefeuer ab. Der Knecht ging zum Blasebalg und ließ die Kohlen durch Luftzufuhr hell aufglühen.

»Da bist du ja, Tasso!«, sagte Gerwin. »Alle haben dich gesucht.«

»Ich war bei den Händlern an der Weser und bin mit einem Boot die Fulda hinaufgefahren und über Metze zurückgekommen. Ich war noch gar nicht zu Hause.«

»Und wo ist dein Onkel?«

»Ja, der …«

Tasso machte sich selbst den Vorwurf, dass er sich nicht besser auf diese Frage vorbereitet hatte. Er hatte wohl daran gedacht, dass er sie den Freunden Hadrichs würde beantworten müssen. Aber dass er auch Gerwin etwas vorlügen müsste, war ihm nicht bewusst gewesen. Und dann auch Gundis. Er hatte alles zu sehr auf die leichte Schulter genommen! Vielleicht war er wirklich noch zu klein für das alles. Seit dem Erlebnis gestern Abend lag ihm der Gedanke nahe.

»Deine Mutter sagt, ihr wärt zusammen jagen gewesen. Sie macht sich wahrscheinlich große Sorgen.«

»Ach ja. Ich hatte aber schon mit ihr abgesprochen, dass ich mit meinen Freunden, den Händlern, gehen darf, wenn ich sie treffe. Da, wo sie manchmal vorbeikommen.«

»Mensch, begreifst du denn nicht? Wenn Hadrich zurückgekommen wäre und ihr erzählt hätte, wo du bist, wäre sicher alles in Ordnung gewesen. Aber wo er nun nicht kam – es muss ihm was passiert sein. Und da nahmen natürlich alle an, dir auch.«

»Ja – so gesehen … Aber warum ist denn Hadrich nicht zurückgekommen?«

Gerwin zog mit der Zange das Eisen aus dem Feuer. Als er sah, dass es noch nicht genug glühte, schob er es in etwas anderer Stellung wieder hinein. »Wenn du das nicht weißt …«

»Wir haben uns verabschiedet. Was dann aus ihm geworden ist, weiß ich nicht.«

»Dann beeil dich, dass du nach Hause kommst! Damit du deine Mutter von ihren Sorgen befreist!«

»Ja, du hast recht. Äh – sonst ist wohl bei euch niemand da?«

Das Werkstück glühte jetzt hellrot. Gerwin legte es auf den Amboss. Der Knecht sah es und kam heran.

Gerwin sagte: »Mein Vater verhandelt mit jemandem, der einen Wagen kaufen will. Der Wagner ist mit ihm zusammen bei dem. Mutter ist drin.«

»Und …« Er wollte nach Gundis fragen, besann sich aber schnell anders. »Sello, dein Großvater?«

»Ja, weißt du, der ist sehr alt geworden. Er arbeitet nichts mehr. Er sitzt drin am Feuer, obwohl es ja nun wirklich nicht mehr kalt ist.«

»Aha. Na, ich gehe dann. Grüß die anderen von mir!«

Gerwin hatte kaum zugehört, weil er auf die Hammerschläge achtete, und würde die Grüße wohl nicht ausrichten.

Tasso ging durchs Dorf, wo ihm verschiedene Leute nachsahen, aber nur einer rief ihm etwas zu. Allerdings von so weit, dass Tasso weitereilen und so tun konnte, als hätte er es nicht gehört. Auf dem Weg in die kleine Siedlung begegnete ihm niemand.

Er hob zu Hause den Vorhang nicht gleich zur Seite, um seine Mutter nicht zu erschrecken, sondern rief von draußen: »Mutter!« Sie kam herausgestürzt, in der Hand das Tuch, durch das sie den Quark abgeschöpft hatte. Es tropfte daraus auf Tassos Rücken, als sie ihn umarmte. »Tasso! Mein Junge! Wie freue ich mich, dass du wieder da bist!«

»Ich musste lange warten, weil ich doch nicht allein herwandern sollte. Ich bin mit Harmbrecht und Wisbert im Boot gefahren.«

»Im Boot?«

»Ja, das kleine Stück die Weser hinauf, dann die Fulda, und schließlich noch eine kurze Strecke auf der Eder. Von da aus bin ich zu Fuß gekommen.«

»Allein?«

»Die größte Strecke mit einer Gruppe von Kriegern, die zu Armin wollten. Du, Mutter, ich habe ein Fohlen! Leonides hat es gekauft und mir geschenkt. Es ist noch da im Lager. Wenn ich will, kann ich's holen. Stell dir vor! Ich habe ein Pferd!«

»Komm erst mal rein, Tasso!« Sie zog ihn ins Haus. »Wir müssen überlegen, was wir jetzt tun.«

»Wie denn – jetzt tun?«

»Sie waren mehrmals bei mir und haben nach Hadrich gefragt. Ich habe gesagt, er hätte dich mit auf die Jagd genommen. Er hätte dir einiges beibringen wollen. Wie wir's ausgemacht haben. Ich war noch an dem Tag, als ihr weggegangen seid, in der Hütte und habe alles so hergerichtet, dass es so aussah, als wärt ihr beide da gewesen. Ich habe ihnen dann gesagt, dass ihr da hinwolltet. Sie haben nachgesehen, und das alles schien sie überzeugt zu haben. Ich habe mich natürlich sehr traurig gestellt. Sie sollten ja denken, dass ich glaubte, du wärst auch verschwunden. Es war nicht einfach. Einige Frauen haben mir sogar ihr Mitleid ausgesprochen, dass ich so kurz hintereinander Mann und Sohn verloren habe.«

»Ich hätte nicht gedacht, dass sie Mitleid mit dir haben. Sie sind doch sonst immer so ... na ja, sie halten sich für besser.«

»Vielleicht haben sie sich anders besonnen, wo es mir nun so schlecht erging.«

Tasso ließ sich auf die Bank fallen und trank etwas Wasser aus dem Krug, der dort stand.

»Am besten wird es sein«, sagte Gerhild überlegend, »wenn wir gleich zu Ammerich gehen. Er hatte veranlasst, dass nach Hadrich gesucht wird. Er soll wissen, dass du wieder da bist. Und du sagst ihm, dass du nicht weißt, was mit Hadrich ...«

»Ja, das habe ich Gerwin auch schon so erzählt.«

»Gut. Denke genau nach und dann erzähl überall das Gleiche! Komm! Oder bist du sehr erschöpft?«

»Nein, ich kann natürlich noch nach Berffe laufen und zurück!«

Seinen Tragesack und seinen Bogen ließ Tasso da, und dann machte er sich mit seiner Mutter auf den Weg.

Auf dem Hof vor Ammerichs Haus trafen sie Hilbracht, der dabei zusah, wie zwei Männer sich zu Übungszwecken einen Schwertkampf lieferten. Es sah allerdings ziemlich gefährlich aus. Die Schwerter krachten mit lautem Getöse aufeinander und auf die Schilde, und die Kämpfer machten verbissene Gesichter. Erst als der eine rückwärts stolperte und der andere ihm lachend das Schwert auf die Brust setzte und ihm dann aufhalf, war klar, dass es nicht Ernst war.

»Gut gemacht!«, sagte Hilbracht zu dem Sieger. Es klang, als sei er der Lehrmeister, was aber unmöglich der Fall sein konnte, denn er war halb so alt.

Als Gerhild und Tasso in seinen Blick kamen, rief er: »He! Da bist du ja!«

Er kam sofort herbei und fasste Tasso an seinem Kittel.

»Wo ist Hadrich?«

»Ich weiß es nicht«, presste Tasso hervor, etwas eingeschüchtert durch das harte Zupacken des anderen.

Gerhild sagte mit fester Stimme: »Lass ihn! Wir sind auf dem Weg zu deinem Vater. Wir wollen ihm berichten, was geschehen ist. Jedenfalls soweit mein Sohn es weiß.«

»Das könnt ihr auch mir sagen.«

»Nein, wir werden es Ammerich sagen. Er hat mir ausdrücklich befohlen, ihm zu berichten, wenn es etwas zu berichten gibt.«

»Meinetwegen kannst du es ihm ja nachher auch noch erzählen. Aber erst erzähle es mir!«

»Nein!«, sagte Gerhild. Es klang nicht trotzig, nur sachlich und halblaut. Aber sie sah dem jungen Mann dabei starr in die Augen.

»Was nimmst du dir heraus?«, zischte Hilbracht. »Eine Unfreie gegenüber einem Edlen!« Er packte sie an beiden Armen. Dafür musste er Tasso loslassen.

Gerhild sagte: »Geh schon mal vor, Tasso. Ich komme gleich nach, wenn ich das Gespräch mit diesem Edlen beendet habe.«

Tasso verstand. Wenn er ins Haus ging, würde Hilbracht seine Mutter nicht weiter festhalten, sondern ihm folgen. Er lief zum Eingang.

Da standen Hilbrachts zwei jüngere Schwestern. Sie hatten den Schwertkampf und auch das Folgende beobachtet. Sie kannten Tasso, wussten, worum es ging, und öffneten den Eingang. Tasso brauchte einen Augenblick, um die Augen an das Dämmerlicht zu gewöhnen.

Ammerich saß in seinem Sessel mit Armlehnen neben der Feuerstelle und hatte die nackten Füße auf einem Schemel liegen. Eine junge Magd rieb sie ihm mit einer Salbe ein. Die Füße sahen unschön aus, aufgequollen und wund.

Ob Ammerich krank war? Er wirkte auch älter als vor einem guten halben Jahr, als Tasso ihn zum letzten Mal gesehen hatte. Faltig im Gesicht und an den Armen. Nur sein volles weißes Haar sah noch genauso aus. Das hatte er gehabt, solange Tasso zurückdenken konnte.

»Wen bringst du da?«, fragte Ammerich die Magd an der Tür. Tasso schloss daraus, dass er wohl auch nicht mehr gut sehen konnte.

»Das ist der Neffe von Hadrich, der mit ihm zur Jagd war.«

»Ach – komm näher, Junge!«

Tasso trat zu ihm. Die Fußbehandlung ging weiter.

»Du bist doch der Junge, der beinahe unser Dach angezündet hätte, nicht wahr?«

»Ja, das stimmt. Aber es war dumm von mir, und ich mache so was nicht wieder! Bestimmt nicht!«

»Na, da bin ich ja beruhigt. Sag mir noch mal deinen Namen, ich habe ihn vergessen!«

»Tasso.«

»Setz dich da auf die Bank, Tasso! Nein, rück etwas näher, damit ich dich besser erkenne.«

Gerade kam Hilbracht herein, gefolgt von Gerhild. Sie musste sich bei dem niedrigen Eingang bücken, aber Tasso fiel auf, dass sie sich anschließend gleich wieder hoch aufrichtete. So gerade hielt sie sich zu Hause nie.

Hilbracht rief: »Sie wollten unbedingt mit dir reden, Vater. Dabei könnte ich dir die Sache abnehmen.«

»Lass nur, mein Sohn. So ein Gespräch schadet mir nicht. Und wie du weißt, sind meine Füße krank, aber ich rede ja nicht mit den Füßen.«

Die beiden kamen auch heran, Hilbracht setzte sich auf die Bank, Gerhild erst, nachdem Ammerich darauf gedeutet hatte.

»Also, Tasso – erzähle! Was ist geschehen?«

»Ich war mit Hadrich im Wald. Er wollte mit mir jagen. Er hat gesagt, wo nun mein Vater tot ist, sein Bruder, da wollte er sich um mich kümmern.«

»Ach ja, Mutrich kommt nicht wieder, ich habe davon gehört. Es tut mir leid, Gerhild. Oder sagte ich das neulich schon?«

»Es tut mir auch gut, wenn du es ein zweites Mal sagst«, antwortete Gerhild leise.

Ammerich nickte.

Hilbracht mischte sich ein: »Aber Hadrich konnte dich nicht leiden! Das hat er oft gesagt!«

»Er war doch mein Onkel!«, versuchte Tasso zu erklären.

»War?«

Tasso schoss das Blut zu Kopf. Aber er konnte einigermaßen ruhig antworten: »Nehmt ihr nicht alle an, dass er tot ist?«

»Außerdem hatte ich den Eindruck«, ergänzte seine Mutter, »dass die Nachricht vom Tod seines Bruders … na ja, vielleicht hat er sich ein bisschen verantwortlich gefühlt.«

Die Fußbehandlung war beendet. Die Magd ging mit ihrem Salbentopf davon, Ammerich ließ die Füße auf dem Schemel liegen.

»Hadrich hat nie gejagt«, sagte Hilbracht spitz.

»Das stimmt, aber …«, begann Gerhild, aber Ammerich unterbrach sie: »Lass deinen Sohn antworten!«

Tasso schluckte: »Ja, es stimmt, sonst hat er wohl nicht gejagt.«

»Warum jetzt?«

»Das war so ...« Tasso fühlte sich auf dünnem Eis, aber er wusste, er durfte sich das nicht anmerken lassen. »Meine Freunde, die Händler, wollten mir einen Bogen schenken. Zum Dank, weil ich ihnen geholfen habe, als der Bär ...«

»Ach ja, du hast ja den Bären getötet!« Der Spott in Hilbrachts Stimme war nicht zu überhören. Aber Tasso tat so, als hörte er ihn trotzdem nicht.

»Ja, und da wollten sie mir das Messer und einen Bogen ...«

»Um das Messer ging der Streit damals hier, nicht wahr?«, fragte Ammerich, obwohl er genau zu wissen schien, dass es darum gegangen war.

»Weil sie aber keinen Bogen hatten, gaben sie mir eine goldene Münze und sagten mir, ich solle mir bei Lowart einen guten machen lassen. Nicht einen für Kinder, sondern einen, den ich auch später wirklich gebrauchen kann. Hadrich kam eines Tages und sagte, er habe gehört von meinem neuen Bogen, ob ich denn überhaupt damit umgehen könne. Na ja, und da hat er mir vorgeschlagen, gemeinsam zu jagen. Meine Mutter kannte diese alten Häuser. Da waren wir dann einige Tage.«

»Habt ihr auch etwas gejagt?«, fragte Ammerich.

»Ja, ein Reh«, sagte Tasso. »Und zwei Rebhühner.« Die erfand er einfach dazu.

Gerhild ergänzte: »Hilbracht hat ja das Fell gefunden, als er mit seinen Leuten da war.«

»Stimmt das, Sohn?«

Hilbracht nickte leicht.

»Dann muss wohl alles bis dahin stimmen«, überlegte Ammerich.

»Wer sollte sonst das Reh geschossen haben? Der Junge doch sicher nicht.«

»Natürlich stimmt es!«

»Sag mal ...« Ammerich sah Tasso an. »Hast du auch zu schießen versucht?«

»Nicht auf Tiere. Nur auf Bäume oder ähnliche Ziele.«

»Würdest du ein Tier töten?«

»Ich hab schon mal ein Schwein ...« Aber die Geschichte wollte er jetzt nicht erzählen. Sie würden ihm nicht glauben, dass er bei Fürst Armin auf dem Pferd gesessen hat. Er musste alles vermeiden, was seine Glaubwürdigkeit erschüttern könnte.

»Und den Bären nicht zu vergessen!«, sagte Hilbracht.

»Würdest du auch auf einen Menschen schießen?«

»Nie!«, beteuerte Tasso. »Höchstens auf einen Römer, aber doch nicht auf einen Menschen, den ich kenne …«

Plötzlich stand die Szene von gestern Abend vor ihm. Er hatte auf einen Menschen geschossen!

Nie? Diese Antwort sollte nicht gelogen sein wie das andere, das er vorher erzählt hatte. Und doch war auch dies nicht wahr! Er konnte so wütend werden, dass er auf einen Menschen schoss, der ihm gar nichts getan hatte!

Alle drei Erwachsenen merkten, dass in Tassos Gedanken etwas vorging. Er sprach nicht weiter, er starrte entgeistert Ammerich an oder durch ihn hindurch, er wurde bleich.

Der Alte sagte: »Was ist, Junge? Verschweigst du uns etwas?«

»Vielleicht hat er ihn erschossen!«, rief Hilbracht. »Hast du es gesehen, Vater? Er hat gestockt! Er ist ganz durcheinander. Sag's ehrlich! Hast du Hadrich erschossen? Oder erstochen?«

»Nein!«, schrie Tasso. Er hatte die Hände zu Fäusten geballt.

»Ich glaube dir nicht! Du hast ihn … wahrscheinlich, weil er dein Messer haben wollte oder …«

»Sei still, Hilbracht!«, befahl Ammerich streng. »Ein Kind! Seinen eigenen Onkel! Deine Gedanken gehen mit dir durch!«

»Aber sie waren Feinde, Vater! Glaub es mir doch. Du weißt es nicht, weil du Hadrich nicht gekannt hast. Ich aber! Er war der beste Mann in meiner Truppe!«

»Erzähle weiter, Tasso!«

»Wie? Ach so, ja. Also, wir wollten dann nach Hause gehen. Auf der Straße trafen wir Theudebert mit seinem Karren. Er fragte, ob ich nicht mitkommen wollte. Ein paar Tage nur. Ich könnte mit den zwei anderen Händlern im Boot zurückkommen, auf der Fulda bis Metze. Ich bin noch nie so weit in einem Boot gefahren. Und überhaupt, ich bin gerne in dem Händlerlager an der Weser. Also habe ich Hadrich gesagt, er möchte meiner Mutter Bescheid geben. Und bin mit Theudebert gegangen. Wenn du es nicht glaubst, kannst du einen Boten hinschicken und fragen lassen.«

Ammerich winkte ab. »Du hast dich also von Hadrich verabschiedet und weißt nicht, was dann mit ihm geschehen ist?«

»Nein. Also – ich meine – ich weiß nichts.«

»So, so. Nun, dann hat uns dein Besuch auch nicht weitergeholfen. Da niemand Überreste gefunden hat, ist nicht wahrscheinlich, dass ein wildes Tier ihn angefallen hat. Ich vermute, dass er ganz plötzlich beschloss, zu Armins Heer zu gehen.«

»Unmöglich«, behauptete Hilbracht. »Ohne Vorbereitung? Ohne seinen Speer? Außerdem gehört er zu meiner Kampfgruppe. Er würde nie allein ...«

»Das haben wir alles schon erörtert. Wir wissen eben keine Antwort. Ihr zwei könnt jetzt gehen.«

Mutter und Sohn erhoben sich, grüßten höflich und gingen.

Als Tasso bei Hilbracht vorbeikam, fühlte er sich förmlich durchbohrt von dessen Blick. Wenn Tasso es nicht schon gewusst hätte – nach den Ereignissen vor einem halben Jahr und nach diesem Gespräch –, dieser Blick hätte es ihm verraten: Hilbracht hasste ihn.

Draußen fasste er die Hand seiner Mutter. Sie spürten Erleichterung, als sie den Hof verließen. Aber sie hüteten sich, das allzu deutlich zu zeigen – falls ihnen jemand nachblickte.

* * *

Als Tasso um die Ecke des Hauses bog und auf den Hof der Schmiede trat, stand Gundis plötzlich nah vor ihm. Anscheinend wollte sie gerade ins Dorf.

»Ach, Tasso! Ich hab schon gehört, dass du wieder da bist!«

Sie sprach so normal und unbefangen, dass Tasso einen Augenblick verunsichert war. Er hatte sich die erste Begegnung nach langer Zeit anders vorgestellt. Wie, das wusste er auch nicht, nur anders. Aber das war natürlich Unsinn. Was hatte er sich nur für Dummheiten ausgemalt!

»Na, hast du deine Sprache verloren? Ist sie in die Fulda gefallen?« Gundis lachte.

»Nein – äh – natürlich nicht, ich hatte nur, also ich war gerade mit meinen Gedanken woanders. Guten Tag, Gundis!«

»Ich muss schnell was im Dorf erledigen. Wenn du bei uns arbeiten willst, sehen wir uns sicher später noch.« Weg war sie.

Tasso blickte ihr nach, bis sie hinter einem Haus verschwand. Dann drehte er sich um und ging auf den Hof.

In der Schmiede wurde gearbeitet. Hortwin und sein Knecht standen wieder am Amboss und Gerwin am Blasebalg. Gerade verließ der aber die Ecke und warf neue Kohlen aufs Feuer.

Ehe Tasso hingegangen war, rief jemand nach ihm: »Ah – da ist ja mein junger Freund!«

Tasso wandte sich zur Seite. Da saß Sello auf einer Bank, den Rücken an die Hauswand gelehnt, und hatte die Beine weit ausgestreckt. Mit den Armen stützte er sich rechts und links auf der Bank ab, als müsse er verhindern, dass er umfiel. Tasso ging zu ihm.

»Ich grüße dich, Sello. Geht es dir gut?«

»Es könnte besser gehen, mein Freund«, sagte er so traurig, dass seine sonst so hohe Stimme fast wie eine normale Männerstimme klang. »Meine Beine wollen einfach nicht mehr. Meine Schwiegertochter und meine Enkelin haben mich hier in die Sonne gesetzt. Wenn die nämlich auf meine steifen Glieder scheint, werden die gleich ein bisschen beweglicher und schmerzen nicht mehr so.«

»Es tut mir leid, dass du nicht mehr so gut gehen kannst.«

»Komm, setz dich ein Weilchen zu mir. Ich habe so wenig Unterhaltung, weißt du, da ist mir immer langweilig.«

Tasso tat ihm den Gefallen. Nicht nur um seinetwillen, sondern auch, weil er sowieso nach einem Grund gesucht hatte, sich hier noch so lange aufzuhalten, bis Gundis zurückkam. Einige Augenblicke saßen sie schweigend nebeneinander. Dann sagte Tasso: »Du hast es sicher gehört, nicht wahr?«

»Was meinst du?«

»Dass mein Vater tot ist.«

Sello wandte ihm das Gesicht zu. »Ja, natürlich, das meinst du. Ich hatte nicht dran gedacht, weil es schon so lange her ist, dass ich davon hörte. Du denkst an unser Opfer bei der Donareiche.«

Es war dem Ton nach keine Frage, eher eine Feststellung. Tasso nickte.

Nach einer Weile murmelte er: »Es hat nichts genützt.«

»Wer weiß?«, sagte der Alte.

Tasso blickte ihn erstaunt an. Der fuhr fort: »Du musst daran festhalten! Manchmal geschehen ganz erstaunliche Dinge. Beleidige

Donar nicht! Du beleidigst ihn, wenn du denkst, er hätte dich nicht gehört.«

»Aber … aber er ist tot!«, sagte Tasso empört. Dann schwieg er, dachte nur bei sich: *Er ist wirklich ein bisschen wunderlich geworden, der alte Sello. Anfangs habe ich es nicht gemerkt. Aber wenn er das nun so sagt …*

Sello begann etwas aus seiner Kindheit zu erzählen. Anscheinend etwas, das beweisen sollte, dass Donar hilft. Aber Tasso hörte nicht zu. Er war mit seinen eigenen Gedanken beschäftigt.

Es ist schade, dachte er. Er hatte nie einen Großvater. Er hatte auch nie jemanden, der ihm ausführlich von den Göttern erzählen konnte. Nur seine Mutter, aber die wusste nur das Nötigste, was eben alle wissen. Es hatte ihn sehr gefesselt, als Sello ihm damals alles das erzählt hatte von den Wölfen, die den Mond verschlingen wollten, weil sie eigentlich Dämonen waren, von den Toten, die als Gespenster aus den Gräbern kamen und den Lebenden Angst machten, aber ihnen auch halfen, von den Wald- oder Quellengeistern und über allem von Odin, der auf seinem achtbeinigen Hengst Sleipnir über den Himmel ritt. Aber jetzt war Tasso größer und sich nicht mehr sicher, ob das alles so stimmte. Es ging ihm immer wieder durch den Kopf, was Theudebert gesagt hatte: »Die Götter zeigen sich nicht.« Wenn sich doch mal einer zeigen würde!

»He, Tasso!«, rief Hortwin aus der Schmiede herüber.

»Ja?« Tasso stand auf und ging auf die Werkstatt zu.

»Ich muss mal weg. Wenn du dir ein kräftiges Essen verdienen willst, kannst du inzwischen helfen, bis ich wieder zurück bin.«

»Ja, gern.«

Während Hortwin ging und der Knecht, der sich mal etwas ausruhen sollte, zum Blasebalg schritt, zeigte Gerwin Tasso, wie er den schweren Hammer mit zwei Händen halten musste, damit, falls er mal abrutschte, ihm nicht der Stiel in den Bauch fuhr.

Nach einigen Schlägen hatte Tasso es schon ganz gut raus.

Er hatte ja bei Weitem nicht so viel Kraft wie die Männer. Aber er war ausgeruht und voller Ehrgeiz und legte alle Kraft, die ihm zur Verfügung stand, in seine Schläge. Und auch alle Enttäuschungen und allen Ärger über so viele ungelöste Fragen. Er schlug, bis ihm der Schweiß in Strömen von der Stirn rann.

11 n. Chr.

»Ich habe in Berffe allerlei Neues erfahren«, sagte Gerhild zu ihrem Sohn. »Hilbracht heiratet bald. Eine Edle von weiter südlich. Sie wollen dann nicht im Haus Ammerichs wohnen. Vielleicht will Ammerich es auch selbst nicht. Jedenfalls bauen sie ein neues, großes Haus. Auf demselben Gelände, aber etwas weiter oben am Hang. Man kann von da über das Dorf sehen.«

»Ich kann mir denken, wo das ist. Der Hang wird dort etwas flacher.«

»Ammerich hat extra einen Baumeister bestellt, der kommt in einigen Tagen. Ein Mitarbeiter von ihm ist aber schon da, um Arbeiter anzuwerben. Ich habe ihm gesagt, du könntest auch helfen. Da kannst du etwas verdienen. Ich will ja mein Vieh verkaufen, weil ich allein nicht damit zurechtkomme, wenn du nicht da bist. Statt Käse zu machen, will ich wieder mit Weben anfangen. Aber zunächst …«

»Aber … nein, Mutter, das geht nicht! Bei Hilbrachts Haus! Er hasst mich!«

»Ich weiß, Tasso, das habe ich auch bedacht. Aber der Mann meinte, Hilbracht würde sich gar nicht darum kümmern. Das macht allein der Baumeister. Ich habe darüber nachgedacht und finde, er hat recht. Hilbracht hat nur Augen für Kampf und solche Dinge, nicht für Hausbau. Er wird gar nicht mitbekommen, wer da arbeitet.«

»Meinst du?«

»Bestimmt!«

»Und was habe ich da zu tun?«

»Das werden sie dir dann zeigen. Ich bin mir sicher, dass du es kannst.«

Tasso wurde einem älteren Arbeiter zugeteilt, der Garbrecht hieß und Erfahrung im Bau von Häusern hatte.

Garbrecht war freundlich, und da Tasso sich geschickt anstellte und fleißig war, kamen sie gut miteinander aus.

Ihre erste Arbeit war, Stämme, die andere gefällt hatten, an den Spitzen über dem Feuer anzuschwärzen, damit sie nicht so schnell faulten, und dann in Löcher zu setzen, die wieder andere gegraben hatten. Alles war gut und sinnvoll geplant. Der Baumeister verstand etwas davon.

Während einige in sorgfältiger Arbeit die stehenden Balken durch liegende verbanden und die schrägen Dachbalken anbrachten – alles ordentlich verzapft und durch schräg stehende Balken gegen Umfallen gesichert, gingen Garbrecht und Tasso und andere in die Wälder und schnitten geeignete Zweige für das Geflecht, mit dem dann die Gefache ausgefüllt wurden. Es machte Tasso Spaß, und einmal sagte er abends zu seiner Mutter, dass er genauso wie sie das Weben lernte, nur mit dickeren Fäden.

Diese Arbeit dauerte mehrere Tage, obwohl sechs Männer daran arbeiteten. Das Haus wurde nämlich groß, größer noch als das von Ammerich, und das war bis dahin das prächtigste Gebäude im Dorf gewesen.

Andere arbeiteten inzwischen an der Feuerstelle, die aus sorgfältig behauenen Steinen bestand und auch, wie in Ammerichs Haus, einen richtigen Abzug bekam statt eines einfachen Lochs im Dach.

Während dieser ganzen Zeit ließ sich Hilbracht tatsächlich nicht blicken. Tasso war froh darüber.

Als die letzten Gefache noch leer waren, wurde Garbrecht mit seinem Handlanger zu einer neuen Arbeit eingeteilt. Ein schwerer, von Ochsen gezogener zweirädriger Wagen brachte Lehm.

Ihre Aufgabe bestand darin, den Lehm mit Wasser zu einem Brei anzurühren, der sich gut verarbeiten ließ. Dünn genug musste er sein, dass er in alle Zwischenräume des Geflechts drang, wenn er dagegengeworfen wurde, aber dick genug, dass er nicht herunterlief. Es war eine dreckige Arbeit, weil immer Spritzer von dem Lehm herumflogen. Die Füße und Beine waren sowieso immer lehmverkrustet, weil sie die Masse mit den Füßen kneteten.

Glücklicherweise war es warm genug, sodass alle, die damit beschäftigt waren, mit nur einem Lendenschurz als einzigem Kleidungsstück arbeiten konnten.

Tasso hatte eine kindliche Freude beim Arbeiten mit der klebrigen Masse. Sie lachten viel, obwohl es auch anstrengend war, und kamen gut voran.

Einmal stießen sich die Arbeiter, die den Lehm mengten, an und zeigten hinüber zu Ammerichs Haus. Tasso stießen sie nicht an, aber er bemerkte es und blickte auch hinunter.

Da kam Hilbracht und an seiner Seite eine junge Frau. Wahrscheinlich die, die er bald heiraten wollte. Vermutlich wollte sie sich das neue Haus ansehen. Da musste Hilbracht natürlich mit.

Langsam kamen sie den Hügel herauf. Tasso überlegte, ob er sich schnell verbergen sollte. Aber wenn er jetzt weglief, machte er erst recht auf sich aufmerksam. Da war es wohl besser, sich still zu verhalten und darauf zu hoffen, dass Hilbracht gar nicht auf die Hilfsarbeiter achten würde.

Der Baumeister erklärte den beiden einiges. Tasso konnte es nicht verstehen, aber er sah die Armbewegungen, mit denen der Mann seine Worte unterstrich und ergänzte.

Während Hilbracht sich weiter mit dem Baumeister unterhielt und dann eingehend den Eingang mit dem Muster betrachtete, kam die junge Frau auf die Arbeiter beim Lehm zu. Anscheinend wollte sie einmal um das ganze Haus herumgehen.

Tasso starrte der Frau entgegen. Ihre Gestalt war schlank und aufrecht, und sie bewegte sich weich und mit weiblicher Geschmeidigkeit. Die Schönheit ihrer Gestalt wurde durch ein tadelloses Wollkleid unterstrichen, das auf der Brust farbig bestickt war. Auf der linken Schulter saß eine goldene Fibel, die dort die Falten zusammenhielt. Der breite Gürtel trug vorn eine große runde Schließe aus Bronze.

»He, Tasso, starr nicht so auffällig dahin!«, grinste leise einer der anderen Arbeiter.

Tasso bekam einen roten Kopf und wandte sich wieder dem Holzbottich zu, in dem er Wasser und Lehm mischte.

Der Mann murmelte: »Na ja, ganz abwenden musst du dich auch nicht. Guck nur ein bisschen unauffälliger, so wie ich!« Die anderen Männer lachten dazu leise.

Selbst wenn er es nicht gewollt hätte – jetzt schien es Tasso angebracht, noch mal zu der Frau hinzusehen, nur eben verstohlen. Sie hatte rotes Haar, nicht rötlich-blond wie seine Mutter und er auch, sondern dunkler. Ihre zwei langen Zöpfe hingen vorn über das Kleid. Als sie nun näher kam, stellte Tasso fest, dass die Schönheit ihres Gesichtes nicht ganz mit der ihrer Gestalt mithalten konnte. Besonders in der unteren Hälfte: Die Lippen waren sehr schmal und wirkten verkniffen, und das kräftige Kinn stand etwas zu weit vor. Was aber bei Weitem nicht heißen konnte, dass sie hässlich gewesen wäre!

Tasso wandte sich nach dieser ersten Einschätzung wieder ganz seiner Arbeit zu. Garbrecht und er trugen den Bottich zur Hauswand an die Stelle, die sie jetzt mit dem Lehm bewerfen mussten. Aber sie warteten. Wenn es spritzte, durfte die Frau nichts abbekommen.

Die kam jetzt auf ihrem Weg um das Haus direkt bei ihnen vorbei. Da trat sie auf einige Lehmreste, die bei der Füllung des vorigen Gefaches heruntergespritzt waren, und rutschte aus. Mit einem leisen Aufschrei riss sie die Arme hoch und suchte nach einem Halt. Tasso stand direkt daneben und griff nach ihr, um einen Sturz zu verhindern.

Schon stand sie wieder sicher.

»Na!«, rief sie und schüttelte Tassos Hand von ihrem Arm. »Sieh dir das an! Jetzt hast du mit deinen dreckigen Fingern Lehm an mein Kleid geschmiert! Was fällt dir ein!«

»Ich … aber …«, stotterte Tasso, »ich wollte dich doch nur halten!«

»Ich kann mich schon selber halten! Trottel!«

Damit machte sie kehrt und ging mit eiligen Schritten zurück. Tasso sah, wie sie mit Hilbracht sprach und auf ihn deutete.

Auch das noch! Wenn Hilbracht jetzt herkam, musste er ihn erkennen! Und zu dem Hass, den er ohnehin auf ihn hatte, würde noch ein Grund hinzugefügt! Mit seiner Arbeit hier war es dann auf jeden Fall aus. Aber wahrscheinlich würde Hilbracht sich noch Schlimmeres ausdenken, als ihn nur fortzuschicken.

»Hilbracht darf mich nicht erkennen!«, flüsterte Tasso, ging die paar Schritte zu dem Lehm hinüber und begann, sich intensiv damit zu beschäftigen. Dabei schmierte er sich schnell noch zusätzlich Lehm ins Gesicht, um sich zu entstellen.

»Der Junge hat Batizas Kleid verdreckt?«, sagte Hilbracht. Es war dem Ton nach halb eine Frage, halb ein Vorwurf.

»In bester Absicht!«, erklärte Garbrecht. »Nimm's ihm nicht übel! Deine … die junge Frau ist auf dem Lehm ausgerutscht. Mein Helfer wollte verhindern, dass sie fällt. Dabei musste er sie natürlich mit seinen verschmutzten Händen anfassen.«

Hilbracht sah zu Tasso hinüber und sagte einige Augenblicke gar nichts. Der meinte, seine Blicke im Rücken zu spüren. Er arbeitete mit ungeheurem Eifer und tat, als hätte er nichts mitbekommen.

Jetzt nickte Hilbracht kurz, wandte sich wortlos um und ging zurück.

Tasso sah es aus den Augenwinkeln und atmete auf.

* * *

Seit sie das hügelige Land verlassen hatten und in eine flachere Gegend gekommen waren, ging die Reise einfacher. Was sie unangenehm machte, war jetzt nur noch das feuchte Wetter. Manchmal war nur die Luft feucht, und Nebelschwaden ließen sie kaum fünfzig Schritte voraussehen, dann wieder nieselte es.

Sie waren bis auf die Haut nass. Tasso bereute schon fast, dass er Theudeberts Einladung angenommen hatte, ihn auf der Handelsreise zu begleiten. Missmutig trotteten sie rechts und links neben dem Ochsen. Dem konnte man ja selten anmerken, ob er gute oder schlechte Laune hatte, falls Ochsen so etwas überhaupt kannten, aber es war unverkennbar, dass er sich an manchen Stellen des Weges besonders anstrengen musste, wo die schon seit Tagen anhaltende Nässe den Grund der Straße feucht und schwer gemacht hatte.

Der Alte auf der linken Seite des Gefährts und der Junge auf der anderen Seite sprachen kaum miteinander. Dazu waren sie nicht aufgelegt. So hörte man nur das Schnaufen des Zugtiers, die schmatzenden Tritte auf dem nassen Weg und das Knarren und Ächzen der verschiedenen sich bewegenden Holzteile am Wagen.

Plötzlich tauchten vor ihnen Männer auf. Zehn oder zwölf mochten es sein. Sie waren voll bewaffnet und hatten auch Speere oder Schwerter kampfbereit in der Hand. Wild sahen sie aus mit ihren nassen und schmutzigen Kleidern und den ungepflegten Haaren und Bärten. Ein breiter großer Mann mit einem Brustumfang wie die alte Donareiche trat einen Schritt vor und rief ihnen entgegen: »Halt! Euer Wagen gehört uns!«

Tasso war im Nu aus seinem schläfrigen Trott gerissen und hellwach. Er zog einen Pfeil aus dem Köcher auf seinem Rücken und legte ihn auf den Bogen. Theudebert sah es zunächst nicht, weil der Ochse zwischen ihnen war. Da der Alte aber in seinem Schreck vergaß, das Tier anzuhalten, trottete es gemächlich weiter, während sie stehen blieben.

Als auch der Karren nicht mehr zwischen dem Händler und seinem jungen Begleiter war, blickte Theudebert nach rechts.

»Nicht doch, Tasso! Nimm den Bogen runter!«

»Warum? Sollen wir uns nicht wehren?«

»Nein, Junge, wir wehren uns nicht. Das wäre aussichtslos. Ein halbblinder Greis und ein Knabe – gegen diese Truppe da! Vielleicht lassen sie uns wenigstens das Leben, wenn wir ihnen kampflos den Wagen überlassen.«

Das Gespräch hatten sie leise geführt. Inzwischen war der Ochse bei den Wegelagerern angekommen. Einer der Männer hielt ihn an.

»So ist es recht«, sagte der Große. »Nun musst du nur noch den Bogen runternehmen, Kleiner, und alles geht friedlich ab.«

Tasso gehorchte, ließ aber den Pfeil auf der Sehne.

Theudebert rief: »Fürchtet ihr nicht, dass Fürst Armin oder Fürst Segestes euch bestrafen wird, wenn ihr hier friedliche Händler überfallt und beraubt?«

Der Anführer lachte, und seine Gefährten stimmten ein. »Nur dass du Bescheid weißt, Alter: Dies war kein Raub! Wir haben euren Wagen nur beschlagnahmt für die Versorgung von Armins Heer. Wir gehören nämlich dazu.«

»Beschlagnahmt? Hat etwa Armin angeordnet, dass ihr den Leuten einfach wegnehmen sollt, was ihr braucht?«

»Angeordnet? Armin hat anderes zu tun. Der macht Schlachtpläne und trauert, dass er seine Geliebte nicht kriegen kann. Für unsere Verpflegung müssen wir selber sorgen.«

Zwei der Männer führten schon ganz wie selbstverständlich den Ochsen fort. Ein anderer kam auf Theudebert und Tasso zu. Im Vergleich zu dem Anführer war er ausgesprochen schmalbrüstig, aber immer noch doppelt so breit wie Tasso.

»Den Bogen da könnte ich gut gebrauchen«, knurrte er und zeigte auf Tassos Waffe.

»Nein, den gebe ich dir nicht! Der gehört mir!« Tassos Augen blitzten.

»Sei still, Tasso!«, flüsterte Theudebert.

Aber der Junge war finster entschlossen, sich zu verteidigen, wenn man ihm auch noch den Bogen wegnehmen wollte. Er zielte auf den Mann und spannte die Sehne. Er war sich sicher, ihn auch zu treffen. Schließlich hatte er den ganzen Winter über täglich geübt.

Mache ich das aus unbeherrschter Wut wie damals?, fragte es in einer Ecke seines Kopfes. Aber nein, er musste seinen wertvollsten Besitz verteidigen, den er bei sich hatte.

Der Mann blieb stehen. »Na, Bübchen, du wirst dich doch nicht unglücklich machen wollen!«, knurrte er. »Ich kriege deine Sachen doch!«

»Ja, hol sie dir!«, schrie Tasso. Er war dem Weinen nahe und ärgerte sich selbst darüber. »Du kannst alles haben! Einen guten Bogen und sechzehn Pfeile! Fünfzehn davon lose und einen in deinem Bauch!«

Das schien den Mann zu beeindrucken. Er wusste nicht, was er antworten und ob er weitergehen sollte.

Theudebert rief laut, sodass alle es hörten: »Wenn ihr Hunger habt, kann ich ja noch verstehen, wenn ihr euch was zu essen besorgt. Aber das habt ihr ja nun. Wozu ist das hier noch nötig?«

Der Anführer rief: »Komm, Sarigest! Lass sie!«

Widerwillig einerseits, weil er um seine erhoffte Beute kam, wandte sich der Mann ab, andererseits schien er auch ein wenig erleichtert. Um nicht einen Pfeil abzukriegen, musste er sich einem Knaben fügen – das ging ihm gegen den Strich und hätte ihm das Gespött der Kameraden eingebracht. Da war ein klarer Rückzugsbefehl des Anführers eine Hilfe.

Da standen nun Theudebert und Tasso auf der Straße mit nichts mehr als ihren Waffen und ihrer nassen Kleidung. Nichts zu essen, nichts für ein Nachtlager hatten sie bei sich, noch nicht mal etwas, womit sie Feuer machen konnten.

»Diese Gauner! Diese Strauchdiebe!«, schimpfte Tasso, und Theudebert unterstützte ihn: »Krieger wollen die sein? Räuber sind sie!« Niemand hörte sie, aber das konnte sie nicht daran hindern, ihre Wut hinauszuschimpfen. Sie stapften den matschigen Weg entlang durch den Nieselregen und machten ihrem Ärger in Worten Luft, mal laut, fast geschrien, mal verhalten, durch Knurren und Grummeln.

Als sie sich nach einigen Hundert Schritten ein wenig beruhigt hatten und ihnen auch keine Schimpfworte und Flüche mehr einfielen, gingen sie schweigend weiter.

Endlich fragte Tasso: »Wohin gehen wir eigentlich?«

»Zu Armin! Wohin sonst?«

»Aber was wollen wir da? Wir haben doch nichts mehr zu verkaufen!«

»Ich will mein Eigentum zurück. Fürst Armin ist der Anführer all dieser Leute. Er muss die Ordnung aufrechterhalten. Und wenn das nicht gelingt, muss er wenigstens hinterher dafür sorgen, dass das Unrecht beseitigt wird.«

»Meinst du, dass er … ja, eigentlich hast du recht. Er wird uns bestimmt helfen.«

Theudebert fuhr sich mit der Hand über das spärliche Haar, aber viel trockener wurde es dadurch auch nicht. »Na ja, dass er uns bestimmt helfen wird … so hoffnungsvoll bin ich nicht. Aber versuchen will ich es wenigstens.«

Schweigend stapften sie weiter.

»Du warst übrigens sehr leichtsinnig vorhin. Das hätte auch schiefgehen können! Aber du warst auch mutig. Darum weiß ich jetzt nicht so recht, ob ich dich schimpfen oder loben soll.«

Plötzlich stand am Wegrand ein Mann. Er trat hinter einem Baum hervor, und es sah aus, als hätte er sich dort nur untergestellt, um das Ende des Regens abzuwarten. Seine Kleidung war aber genauso durchnässt wie die der Wanderer. Waffen trug er nicht.

»Ich nehme an, ihr gehört nicht zum Heer«, sagte er.

Theudebert ging so lange weiter, bis er vor ihm stand. »Sehen wir so aus? Ein Knabe und ein Greis!«

»Eben. Das beruhigt mich.«

»Im Gegenteil, eine Horde von denen hat uns beraubt. Wir sind Händler. Sie haben meinen Ochsenkarren mitgenommen.«

»Ich habe sie gesehen. Glücklicherweise rechtzeitig genug. Also bin ich mit meinem Wagen da hinter das Waldstück gefahren.«

»Bist du auch Händler?«

»Bauer. Mein Hof steht nicht weit von hier. Die Horden haben uns schon zweimal heimgesucht und unsere Vorräte gestohlen. Darum hab ich mich schnell versteckt.«

Theudebert wagte zu fragen: »Dann kannst du unsere Lage verstehen. Aber du bist sicher nicht bereit, uns für eine Nacht aufzunehmen? Wir müssen unsere Kleider an einem Feuer trocknen. Und Hunger haben wir auch.«

»Kommt nur mit. Wenn ihr mit einer einfachen Suppe zufrieden seid … Wenn es euch nicht erwischt hätte, hätten sie mich ausgeraubt.«

»Odin vergelte dir deine Gastfreundschaft. Und sollte ich mit meinem Eigentum oder einem Teil davon wieder zurückkommen, vergelte ich es dir auch.«

Gemeinsam holten sie den von einem Pferd gezogenen Wagen aus seinem Versteck. Neben der Straße war der Boden noch weicher, und alle drei mussten schieben, um auf die Fahrbahn zu kommen. Der Wagen war glücklicherweise nicht hoch beladen, nur eine gute Elle hoch mit Feuerholz.

Im Haus des Bauern, zwischen seiner Frau, drei Alten und sieben

Kindern, dem Größten etwa in Tassos Alter, zwei Mägden und einem Knecht, wurde es den beiden schnell warm. Sie bekamen Kleider geliehen, sodass ihre eigenen trocknen konnten. Das Essen war zwar spärlich, dafür aber die Unterhaltung umso lebhafter. Bei Einbruch der Dunkelheit sang die Bäuerin mit drei der Mädchen sogar noch ein Lied. Es klang sehr schön, die Kinder hatten klare, helle Stimmen. Das Lied handelte von einem Eichhörnchen, das ein Vogelnest ausraubte und die Eier verspeiste. Dafür pickte der Vogel dem Eichhörnchen die Augen aus.

Als die Kinder schlafen gingen, sprachen die Erwachsenen noch ein wenig weiter. Theudebert ließ sich beschreiben, wie er zu Armin kommen könnte, und der Bauer ließ sich erklären, was er dort wollte. Darauf schüttelte er nur den Kopf.

* * *

Die Burg des Cheruskerfürsten Armin lag zwar auf einer Anhöhe, aber weder waren die Abhänge sehr steil, noch war das Bauwerk selbst besonders imponierend. Es hatte auch, soweit die beiden das von unten erkennen konnten, keinen Unterbau aus geschichteten Steinen. Nur kräftige Stämme, in die Erde eingegraben, bildeten die Außenwand.

War das Bauwerk wenig beeindruckend, so war es umso mehr der Betrieb, der ringsum herrschte. Reiter und Krieger zu Fuß, einzeln und in Gruppen, bewegten sich in dem Gelände um den Burghügel herum und auf dem gewundenen Weg, der hinaufführte. Unten standen Zelte und einfache Hütten aus Ästen und Stämmen ohne erkennbare Ordnung im flachen Gelände. Wagen, zumeist zweirädrige, weidende Pferde und hier und da brennende Feuer vollendeten das Bild unüberschaubaren Durcheinanders.

Theudebert und Tasso gingen den Weg zur Burg hinauf. Am äußeren der zwei Tore trat ihnen eine Wache in den Weg.

»Wohin wollt ihr?«

»Zu Fürst Armin«, antwortete Theudebert.

Der Mann lachte. »Dahin wollen viele. Du musst mir schon sagen, was du von ihm willst.«

»Ich will mich beschweren, weil Leute aus seinem Heer mich bestohlen haben.«

Der Wachposten lachte noch mehr. Das lockte seinen Kameraden herbei, der auch hören wollte, was es da Lustiges gab.

»Schlag dir das aus dem Kopf, Großvater, und geh mit deinem Enkel wieder nach Hause!«

»Warum? Sorgt Armin nicht für Ordnung in seinem Land?«

»Doch, soweit man das überhaupt kann, wenn solche unruhigen Zeiten sind. Aber er hat viel zu tun und muss sich um Wichtigeres kümmern als um dein Eigentum.«

»Aber er muss doch wenigstens …«

Der Wachposten hob seine Lanze auf Hüfthöhe, fasste sie mit zwei Händen und richtete sie auf Theudeberts Brust.

Der machte noch einen letzten Versuch: »Wenn er selbst keine Zeit hat, dann hat er vielleicht einen Vertreter, der an seiner statt …«

Die Lanzenspitze näherte sich und berührte Theudeberts Kittel. Da mischte Tasso sich ein: »Lasst mich zu ihm! Ich bin sein Freund!«

Die Männer lachten, und Theudebert winkte Tasso mit der Hand, er solle schweigen. Aber der rief umso lauter:

»Er wird es euch sehr übel nehmen, wenn er erfährt, dass ihr mich nicht zu ihm gelassen habt! Wir kennen uns seit Jahren!«

»Das kann jeder sagen!«, knurrte der Lanzenträger, nun etwas unsicherer geworden von dem sicheren Auftreten des Jungen.

»Du kannst leicht feststellen, ob ich recht habe. Führe mich zu ihm. Wenn stimmt, was ich sage, hast du richtig gehandelt. Wenn nicht, bin ich mit jeder Strafe einverstanden.«

»Wenn wir jemanden strafen, fragen wir nicht, ob er einverstanden ist«, knurrte der Mann. Aber sein Kamerad sagte: »Bring ihn hin! Es klingt, als wäre es die Wahrheit. Sonst hätte er das mit der Strafe nicht gesagt.«

Der Erste senkte die Spitze seiner Waffe. »Kommt!« Er wandte sich um und ging durchs Tor, ohne zu prüfen, ob sie ihm auch folgten. Aber das taten sie natürlich.

Verschiedene hölzerne Gebäude – Wohnhäuser, Ställe und Werkstätten – standen rechts und links des Weges, der auch nach dem Tor noch weiter hinaufführte. An der höchsten Stelle des Hügels stand das Hauptgebäude, das sich aber von allen anderen nur durch seine Größe unterschied, weder durch eine besonders schöne Gestaltung noch durch das verwendete Baumaterial. Davor war ein freier Platz, und da saßen etwa zwanzig Männer auf Bänken um einen Tisch, tranken Bier und unterhielten sich.

Tasso sah es sofort: Der vor Kopf des Tisches war Armin. Aber selbst wenn er ihn nicht wiedererkannt hätte, hätte er es sehen können: Der Fürst redete, und die anderen hörten zu, warfen nur je und dann eine Frage oder eine Bemerkung ein.

»Bleibt hier stehen!«, befahl der Wachposten und ging zu dem Tisch hinüber. Dort flüsterte er mit einem der Männer, einem alten mit langem weißen Bart, und kam wieder zurück.

»Wir sollen warten. Er gibt uns ein Zeichen, wenn wir kommen sollen.«

Da sonst wenige Menschen auf dem Hof waren – es gab hier keine Ställe und keine Werkstätten –, war es ziemlich still. So konnte Tasso, als er sein Ohr darauf eingestellt hatte, trotz der Entfernung das meiste von dem verstehen, was Armin sagte.

»Niemals! Niemals!«, antwortete der Fürst gerade auf eine Bemerkung aus der Runde. »Ich sage euch, die Zahl spielt eine viel geringere

Rolle, als ihr denkt. Viel wichtiger ist die Strategie – so nennen es die Römer. Und die Disziplin der Armee natürlich, denn ohne Disziplin kann die Strategie des Heerführers nicht umgesetzt werden. Vor allem nicht schnell genug! Und auf Geschwindigkeit kommt es an. Darum sage ich: Wir müssen üben! Die verschiedenen strategischen Möglichkeiten müssen viele Male geprobt werden, damit im Ernstfall jeder einzelne Mann genau weiß, was er zu tun hat, sobald ein Befehl kommt.«

Obwohl Tasso nicht alles verstand, war er gefesselt von seiner Redeweise. Er sprach schnell und nachdrücklich, unterstrich seine Worte mit eifrigen Gesten, und man musste den Eindruck haben, dass er von dem, was er sagte, selbst begeistert war.

Einer der anderen ergriff das Wort. Es war nicht zu verstehen, weil er leiser sprach – wie überhaupt alle leiser sprachen als Armin – und außerdem von Tasso abgewandt.

Armin breitete die Arme aus. »Was soll ich machen? Habt ihr einen Rat? Ich habe dafür nur meine eigenen Cherusker. Und vielleicht auch noch die, die mir aus anderen Stämmen zugeströmt sind, auf eigene Faust. Die aber unter dem Befehl eines Fürsten zu uns stoßen, selbst die Cherusker unter Segestes, kann ich nicht so in meine Übungen einbauen. Erstens, weil sie erst dann kommen, wenn ich sie rufen lasse und die Schlacht unmittelbar bevorsteht, und zweitens, weil kein Fürst seine Leute aus seinem eigenen Befehl entlassen will.«

Wieder eine Zwischenbemerkung.

»Genauso ist es. Wir machen einen Angriffsplan, die anderen Fürsten und ich. Wer dazu nicht ›Ja‹ sagt, verlässt mich wieder. Wem während der Schlacht etwas anderes einfällt, handelt trotz Plan nach eigenem Gutdünken. Und wenn sich die Schlacht anders entwickelt als gedacht – wer weiß schon alles vorher! – und ich mich den neuen Gegebenheiten anpassen muss, dann sagen sie: ›Wir haben aber etwas anderes beschlossen!‹ Es ist zum Haareausraufen!«

Jemand sagte etwas, und zustimmendes Gemurmel wurde laut, sogar leichtes Lachen.

»So ist es«, sagte Armin. »Unser Sieg gegen Varus hat es bewiesen. Wir trinken darauf!« Er hob seinen Becher, und alle anderen taten es ihm nach. Es sah merkwürdig aus, wie die Reihen der Männer auf den gegenüberstehenden Bänken den Kopf zurücklegten und ihre Gefäße austranken.

Dies schien ein Signal zum Aufbruch zu sein. Einige der Männer gingen in verschiedene Richtungen davon, andere saßen oder standen noch herum und unterhielten sich.

Der Weißbärtige winkte dem Krieger, der winkte den beiden Eindringlingen, und gemeinsam gingen sie zu dem Tisch.

»Armin«, sagte der Mann, »hier wollen dich zweie sprechen. Der Junge behauptet, er kennt dich gut. Stimmt das?«

Armin hatte sich gerade nach einem kurzen Zwiegespräch von einem anderen abgewandt und sah jetzt den Wachposten und danach Theudebert und Tasso an. Er schüttelte den Kopf.

»So, hast du mich also doch belogen!« Der Mann drehte Tasso den Arm auf den Rücken, dass es schmerzte.

»Au!«, schrie der. »Doch, Armin! Du hast es vielleicht vergessen. Es ist auch schon über drei Jahre her ...«

»Weg mit euch!«

Der Krieger schleifte den Jungen fort, und Theudebert folgte freiwillig.

»Warte!«, rief Armin. »Was war vor über drei Jahren?«

Tasso fasste wieder neue Hoffnung. »Du warst bei uns vorbeigekommen, um die Chattenfürsten zu besuchen. Ich hatte auf ein kleines Schwein geschossen. Das lief euch mit dem Pfeil im Rücken über den Weg. Du und dein junger Begleiter, ihr habt es erst zu Pferd gejagt und dann zu Fuß ...«

»Und wir haben es erwischt. Du hast es dann erstochen! Ich erinnere mich!«

»Ich durfte mit euch essen, und du hast mich auf deinem Pferd ein Stück mitgenommen.«

»Ja, und dein Name ist ... sag nichts! Es fällt mir gleich ein!« Alle schwiegen. Auch die Männer, die mit am Tisch gesessen hatten, standen neugierig dabei und lächelten.

»Nein, ich komme nicht mehr drauf. Sag's mir!«

»Tasso.«

»Richtig, Tasso. Du bist groß geworden, Tasso! Und sogar ein gutes Messer und noch einen besseren Bogen hast du bei dir. Willst du in meinem Heer mitkämpfen? Ich fürchte, dafür ist es wohl doch noch etwas zu früh. Aber komm in drei oder vier Jahren noch mal wieder.«

»Wir sind gekommen ... au!«

»Lass ihn los!«, befahl Armin. »Komm, Tasso, setz dich zu mir! Ist das dein Großvater?«

»Nein, ein Freund von mir, ein Händler. Ich lerne bei ihm.«

»Ich heiße Theudebert«, stellte der sich vor.

Armin setzte sich auf den Platz, auf dem er eben schon gesessen hatte, und hob seinen Becher. »Kann mir mal jemand Bier nachfüllen? Und diesen beiden auch!«

Eine Magd brachte einen großen Krug und zwei tönerne Becher. Inzwischen hatten Tasso und Theudebert sich gesetzt. Drei andere Männer, darunter der weißbärtige Alte, setzten sich auch. Sie gehörten offenbar zum Stab des Fürsten.

Der Alte sagte zu Tasso: »Erkennst du mich auch? Ich war damals auch dabei.«

»Ach ja! Aber dein Bart war kürzer und nicht so weiß.«

»Was führt euch zu mir?«, fragte Armin. »Wie gesagt, zum richtigen Kämpfen bist du zu jung und du zu alt.«

»Nein, Fürst Armin«, sagte Theudebert, »wir sind gekommen, um Handel zu treiben. Ich hatte einen großen Karren, von einem Ochsen gezogen. Aber Leute aus deinem Heer haben ihn uns einfach weggenommen. Wir wollten dich bitten, dafür zu sorgen, dass wir ihn wiederbekommen.«

»Hm. Das ist schwierig, Theudebert.«

»Es wäre zu deinem eigenen Nutzen, Fürst Armin. Jetzt haben deine Männer alles, was in dem Wagen war. Aber es kommt nichts mehr nach, denn ich kann nichts bringen von all dem, was ein Heer braucht. Und wenn es sich herumspricht, kommen auch andere Händler nicht mehr. Wenn wir aber bezahlt bekommen, was wir liefern, und gerecht behandelt werden, bekommt ihr immer genug Nachschub.«

Armin nickte.

»Trinkt erst mal!« Das taten sie gründlich. Dann fuhr der Fürst fort: »Es ist keineswegs so, dass ich euch nicht helfen will, aber das ist schwieriger, als ihr denkt. Ich erkläre es euch: Meine eigenen Männer habe ich unter Kontrolle. Die stehlen nichts in unserem eigenen Gebiet. Aber es streifen hier sehr viele andere Krieger herum. Das sind Cherusker von Segestes, Hermunduren, Chauken und natürlich auch viele Chatten wie ihr seid. Wie soll ich die ernähren? Ich will sie eigentlich auch gar nicht hier haben. Sie sollten erst kommen, wenn ich sie rufe, so wie die Hauptheere der befreundeten Fürsten. Aber es sind wilde Gesellen, die sich nicht so leicht etwas befehlen lassen. Sie wollen möglichst schnell vor Ort sein, wenn es Beute zu holen gibt. Ich weiß nicht, wo diese verschiedenen Gruppen genau sind, was sie treiben und wovon sie sich ernähren.«

»Wir haben einen Bauern kennengelernt, der schon zweimal ausgeraubt wurde.«

Armin lachte. »Zweimal? Dann wird er wohl beim ersten Mal vieles versteckt gehabt haben, dass es beim zweiten Mal noch was zu holen gab. Und da wird auch noch was geblieben sein. Aber wenn ich lache, denkt nicht, dass es mir egal wäre. Aber was soll ich tun?«

Es klang so hilflos, dass Tasso schon fast mit dem Fürsten Mitleid bekam. Der stand jetzt auf.

»Ich muss leider fortreiten. Aber ich mache euch einen Vorschlag. Tasso, du kennst doch schon meinen alten Freund Segimer. Er geht mit euch da drüben in das Haus. Da liegt ein Teil der Beute, die wir Varus abgenommen haben. Segimer soll euch so viel davon geben, wie euer Gefährt samt Ladung wert war. Einverstanden?«

Tasso sah zu Theudebert, und der nickte. Er stand auch auf und sagte feierlich: »Ich danke dir, Fürst Armin! Ich sehe, dass du nicht nur geschickt Krieg führen, sondern auch Frieden bewahren kannst.«

»Ich danke dir für deine Worte, Theudebert! Sie sind voll Weisheit des Alters. Und Tasso, denk dran: In vier oder fünf Jahren bist du mir willkommen!«

»Eben hast du drei oder vier gesagt.«

»Na, meinetwegen auch früher. Triffst du mit deinem Pfeil den Pfosten da?«

Er zeigte auf einen Stamm, der ein überstehendes Dach stützte. Nicht weit entfernt, aber ziemlich dünn. Tasso überlegte nicht lange, legte einen Pfeil auf und schoss. Er traf das Holz, aber nicht in der Mitte, sodass der Pfeil nicht stecken blieb, sondern abgelenkt wurde und herunterfiel.

Armin klopfte ihm auf die Schulter. »Gut, Tasso! Sagen wir: in drei bis vier Jahren. Geht mit Odin! Segimer, du hast gehört, was ich sagte?«

»Ja, Armin.«

Der Fürst eilte über den Hof. Auf der anderen Seite hielt ein Knecht sein Pferd bereit. Einige Männer saßen dort bereits im Sattel. Armin schwang sich hinauf. Als er seinem Trupp voran den Hof verließ, blickte er noch einmal zu Tasso und hob grüßend die Hand.

Der weißbärtige Segimer sagte: »Folgt mir!«, und ging voraus.

Als er die Tür öffnete, staunten Tasso und Theudebert. Auf einem Haufen lagen bis unter die Decke Rüstungen: Brustpanzer aus Metall oder Leder, Helme, Beinschienen. An anderer Stelle waren die Waffen gelagert: Speere, Schwerter und Schilde.

»Wollt ihr davon etwas? Unseren Leuten sind die römischen Schwerter zu kurz. Die sind sie nicht gewöhnt. Nun gut, wenn einer nichts anderes hat, ist so ein Römerschwert besser als gar nichts. Oder wollt ihr ... seht mal hier!«

Er öffnete eine Kiste, die offenbar auch aus dem römischen Tross stammte. Da blinkten allerlei Gegenstände aus Silber und aus Glas.

Segimer hob eine silberne Kanne heraus. »Ist die nicht wunderschön?«

Das fand Tasso auch. Sie war fein ziseliert und mit farbigen durchscheinenden Steinen besetzt.

»Die ist doch sicher mehr wert als euer Ochsenkarren!«

Theudebert wiegte den Kopf. »Eigentlich ja«, sagte er, »aber der Wert einer Sache ist auch davon abhängig, ob ich sie verkaufen kann. Wer aber hat genug, um mir so ein wertvolles Stück abzukaufen?«

»Vielleicht kommst du ja mal bei einem eurer chattischen Fürsten vorbei. Oder bei sonst einem Edlen. Nun, es wird sicher in Armins Sinn sein, wenn ich dir noch ...« – er wühlte in der Kiste, dass es klapperte – »wenn ich dir noch diese zwei passenden Becher aus Silber dazugebe.«

»Danke, Segimer!«, sagte Theudebert. »Ich sehe, dass Armin einen Freund und Berater hat, der seiner würdig ist.«

»Dann sind wir uns also einig.« Segimer klappte die Kiste zu. Sie verließen das Lagerhaus.

»Nun lebt wohl! Und seht zu, dass euch niemand die Sachen wegnimmt! Kommt, ich lasse euch noch etwas zu essen für den Weg mitgeben.«

Mit je einem Tragesack auf der Schulter verließen die beiden kurz darauf die Burg des Cheruskerfürsten Armin. Am Tor grüßten sie den Wachposten freundlich, der sie zu Armin gebracht hatte, und stiegen ins Tal hinunter.

12 N. CHR.

Tasso erkannte sein Pferd sofort, als er aus dem Wald trat. Das war allerdings auch nicht schwer. Es gab hier nur fünf Pferde: die drei der Händler – kleiner als die meisten Pferde, die Tasso gesehen hatte –, das dicke und kräftige Pferd des Bauern und seinen jungen Hengst Leonides.

Er rannte zu der Weide und kletterte über den Zaun aus waagerecht liegenden Stangen.

»Komm zu mir, Leonides, komm!«

Langsam ging er auf das Pferd zu.

Es sah eine Weile ratlos zu ihm hin, dann warf es den Kopf hoch und scharrte mit einem Vorderhuf.

»Du kennst mich doch, Leonides, nicht wahr? Komm zu mir!«

Langsam trabte das Tier seinem Besitzer entgegen.

Tasso hätte nicht glücklicher sein können. Zwar hatte er sich nur einige Tage mit Leonides beschäftigen können, im vorigen Jahr, ehe sie zu Armins Lager aufbrachen, und dann wieder nach der Rückkehr, sodass er sich kaum mit ihm anfreunden konnte. Aber das Pferd erkannte seinen Besitzer und freute sich offensichtlich, dass er da war!

Tasso klopfte ihm auf den Hals und sprach freundlich mit ihm. Dann reichte er ihm den Apfel, den er extra zu dem Zweck von zu Hause mitgebracht hatte.

Noch durfte er sein Pferd nicht reiten, hatten alle gesagt. Erst etwas später. Bestimmt im nächsten Jahr.

Tasso verabschiedete sich von Leonides, kletterte über den Zaun zurück und setzte seinen Weg zum Lager auf dem Hügel fort.

Vor dem Tor angekommen, wollte er laut rufen. Aber das war nicht nötig, denn Fafnir bellte aus Leibeskräften.

Tasso hörte Helgas Stimme: »Ist ja gut, Fafnir! Gib Ruhe! Ah – nach deinem Bellen und deinem Schwanzwedeln muss wohl jemand draußen stehen, den du kennst.« Sie war jetzt am Tor.

»Helga, ich bin's, Tasso!«

Nach einem Augenblick des Schweigens erklang es von drinnen: »Nein, das kann unmöglich sein! Der Tasso, den ich kenne, hat eine Kinderstimme. Aber da spricht jemand tief, fast wie ein richtiger Mann!«

»Ich muss aber wohl riechen wie Tasso, denn Fafnir hat mich erkannt.«

»Das muss ich erst sehen. Stell dich mal in die Mitte! Tatsächlich, er ist es! Na, so was!«

Die Stange wurde zur Seite geschoben und das Tor ein wenig geöffnet. Tasso schlüpfte hinein. Sie begrüßten sich herzlich.

»Ist es da, Helga?«

»Was?«

»Na, das Kind!«

Helga lächelte und nickte.

»Und? Ist es ein Junge oder ein Mädchen?«

»Ein Junge.«

»Schön. Kann ich ihn mal sehen?«

»Natürlich kannst du ihn sehen! Ich wäre sogar schwer beleidigt, wenn du ihn nicht sehen wolltest!«

Sie gingen zusammen zum Haus.

Mit freundlichem Rufen wurde Tasso begrüßt. Alle drei Männer saßen da: Theudebert, Tjeff und Ragest. Sie würfelten.

»Setz dich zu uns, Tasso!«, forderte Theudebert ihn auf. Ragest in seiner einfältigen Freundlichkeit packte Tassos Arm, als der bei seinem Platz vorbeikam, und drückte und schüttelte ihn heftig. Hätte das ein anderer so gemacht, wäre es Tasso als ein tödlicher Angriff erschienen, aber bei Ragest wusste er, dass es Ausdruck seiner Wiedersehensfreude war.

»Ich komme gleich«, sagte er, »ich will nur erst das Kind sehen.«

Helga führte ihn in eine Ecke des Hauses. Da war ein hölzernes Bettchen mit Riemen an den Dachbalken aufgehängt, und darin lag, in Tücher eingewickelt, der Säugling. Er sah niedlich aus, fand Tasso, und hatte auch kaum ein schiefes Gesicht, wie er es erwartet hatte. Vielleicht hatte er das Gesicht von seinem Vater geerbt. Tasso sagte aber nichts dazu. »Hübsch«, meinte er nur.

»Er heißt Osbert.«

Theudebert rief: »Nun komm, Tasso! Es ist Sache der Frauen, so lange an Kinderbetten zu stehen!«

Helga lachte. »Ach – seit wann ist dir denn das klar? Seit du ihn gestern den halben Vormittag geschaukelt hast?«

Die Männer grinsten, und Tasso setzte sich zu ihnen, nachdem er dem hängenden Bettchen noch einen kleinen Stoß gegeben hatte.

Theudebert strich die Würfel aus Horn, die Tjeff geschnitzt hatte, mit der rechten Hand über die Tischkante in die geöffnete Linke.

»Später können wir weiterspielen. Erst will ich meine Pläne mit euch besprechen. Ich habe damit nur auf Tasso gewartet.«

Helga mahnte: »Noch mal, Vater: Schone dich, bis du wieder bei Kräften bist! Wenn du unterwegs so einen Schwächeanfall kriegst wie neulich ...«

Theudebert winkte ab. »Mach nicht aus einem leichten Lüftchen einen Sturm! Aber ich will mich ja auch schonen. Ich weiß selbst, dass mir die Kräfte der Jugend langsam abhandenkommen.«

»Hast du noch Bier?«, fragte Ragest Helga.

Da sprang Tjeff auf und holte den Krug. So umsichtig kannte Tasso ihn gar nicht.

»Ich hatte eigentlich vor, mit Tasso in diesem Frühjahr die Reise nach Süden zu machen. Ich habe ihm unterwegs schon vieles erklärt, aber das reicht nicht, um den Wert der Waren und des Geldes und anderer Tauschartikel richtig einzuschätzen. Und um zu wissen, was wo zu holen ist und was wo gebraucht wird. Und wie man mit den verschiedenen Leuten am besten verhandelt. Das muss man sehen und möglichst sogar selbst unter Aufsicht tun, um es richtig zu lernen. Ragest sollte uns begleiten, zum Schutz. Die Erfahrungen auf der letzten Reise haben mich gelehrt, dass ein Knabe und ein Greis zu hilflos sind.«

»Ich bin kein Knabe mehr!«, protestierte Tasso. Es war ihm ernst damit, und er ärgerte sich ein bisschen. Aber Theudebert ging nicht darauf ein.

»Ich habe meine Pläne geändert, weil ich mich erst erholen will. Aber wir können ja nun nicht alle hier herumsitzen. Darum könntet ihr drei noch mal zu den Slawen gehen und Pferde kaufen.«

»O ja!«, rief Tasso. Die Aussicht auf eine abenteuerliche Reise ließ ihn den Ärger schnell vergessen.

»Wir hatten beim letzten Mal den Fehler gemacht, zu früh im Jahr aufzubrechen. Es war zu kalt, für uns und für die Tiere. Aber jetzt ist das Wetter angenehm. Außerdem dachte ich, ihr solltet auch auf dem Hinweg reiten, auf unseren drei Pferden. Ich habe auch jetzt drei Sättel«, erklärte er lächelnd, zu Tasso gewandt.

»So geht es schneller, und ihr könnt weiter nach Osten reisen und sehen, wo ihr die besten Pferde für einen günstigen Preis bekommt.«

Tjeff meinte: »Vielleicht wir können bezahlen slawische Helfer. Sie helfen uns, bringen die Pferde bis die Weser. Dann lohnt besser mehr.«

»Mach das, Tjeff! Ich gebe euch alle Freiheit, es so zu machen, wie ihr es für richtig haltet in den Verhältnissen, die ihr dort antrefft. Für dich tut es mir leid, Tjeff. Ich wollte dich eine Zeit lang bei deiner Frau und deinem Kind lassen. Aber nun musst du doch mit, diese Reise geht nicht ohne dich.«

»Ist gut«, nickte der.

»Ich kann noch nicht so richtig reiten«, gab Tasso zu bedenken.

»Macht nichts, wir auch nicht«, sagte Ragest, und die anderen lächelten.

»Einmal musst du ja anfangen, es zu lernen«, meinte Theudebert. »Tjeff hat die Führung auf dieser Reise, ihr anderen tut, was er sagt.«

»Klar!«, sagte Tasso, und Ragest, frei von jedem Ehrgeiz, klopfte Tjeff lachend auf die Schulter.

»Und noch etwas. Ihr solltet die silberne Kanne und die zwei Becher mitnehmen.«

Tasso warf ein: »Hast du ihnen erzählt, dass du einen Becher dem Bauern schenken wolltest, der uns so freundlich aufgenommen hatte.«

»Ja, hat er!«, sagte Helga. »So etwas Wertvolles!«

Theudebert machte ein ernstes Gesicht. »Dankesschuld ist mir heilig! Aber er wollte ihn nicht. Er sagte, der würde ihm doch wieder geraubt. Und wenn nicht – was sollte er mit einem silbernen Becher? Etwas zu essen für ihn und seine Leute wäre ihm lieber. Na, da konnten wir ihm helfen, dank der Großzügigkeit deines alten Bekannten Segimer.«

Helga murmelte lächelnd: »Manchmal weiß ich wirklich nicht, ob deine Freigebigkeit nur aus deinem guten Herzen kommt oder ob du das tust, um einen guten Grund für künftige Handelsbeziehungen zu legen. Es ist ja auch auffallend, dass du im ganzen Chattengau Freunde hast.«

»Beides, meine Tochter, beides! Aber was ich zu den Silbersachen sagen wollte: Ihr werdet keinen Bauern finden, der genug besitzt, um euch einen angemessenen Gegenwert zu bieten. Darum müsst ihr versuchen, bis zu einem der slawischen Fürsten zu kommen. Nehmt aber auch genug Goldstücke und anderes Wertvolle mit, damit ihr auch Pferde kaufen könnt, wenn der Tausch mit der Kanne nicht klappt. Es wäre schade, wenn ihr dann die Reise umsonst gemacht hättet.«

Tasso fragte: »Ich habe gehört, weiter im Osten wären auch Stämme, die unsere Sprache sprechen. Stimmt das nicht?«

»Doch, das stimmt«, erklärte Theudebert. »Sie beherrschen das Land. Aber Slawen sind auch noch da. Das Land ist weit. Sie treten sich schon nicht gegenseitig auf die Füße.«

»Wann reiten wir?«, fragte Tjeff. »Morgen?«

»Ja, morgen.«

Ragest lehnte sich über den Tisch. »Dann lasst uns schnell noch ein bisschen würfeln!«

* * *

Auf der Straße, die in vielen Windungen durch das Dorf Berffe führte, war Trubel. Unzählige Menschen, ältere und jüngere, Greise und Kinder, standen herum und unterhielten sich, tranken und lachten, einige sangen sogar. Besonders in der Dorfmitte sammelten sich die Menschen. Es wäre kaum möglich gewesen, mit dem Wagen durchzukommen.

Aber das war auch gar nicht die Absicht der drei Händler Theudebert, Ragest und Tasso. Sie hatten es extra so eingerichtet, dass sie auf dem Weg nach Süden in den Bereich der Amöneburg zum Sonnenwendfest hier waren.

Theudebert lenkte also den Wagen in den Hof der Schmiede. Ragest und Tasso begleiteten ihn auf Pferden, und er selbst saß auf dem Wagen. Vier Pferde von denen, die sie fern im Osten geholt hatten, waren am Wagen angebunden. Theudebert hatte schon eine ziemlich genaue Vorstellung, wem er sie verkaufen wollte.

In der Schmiede wurde heute nicht gearbeitet, es war auch niemand da außer dem alten Sello. Der saß auf seiner Bank in der Sonne, die heute besonders heiß schien.

»Guten Tag, Sello«, grüßte Theudebert. »Du bist es doch, oder? Meine Augen sind nicht mehr so gut.«

»Freu dich, Theudebert, alter Halsabschneider, dass es bei dir nur die Augen sind. Bei mir sind es die Beine. Was verschafft mir das Vergnügen deines Besuches? Ach, und da ist ja auch mein junger Freund Tasso!«

»Ich grüße dich, Sello!«

Theudebert stieg vom Wagen. Es ging aber nicht viel eleganter, als es bei Sello gegangen wäre. Tasso sprang schnell vom Pferd und half ihm.

»Wir wollen ein bisschen mitfeiern. Und wenn du alter Geizkragen nichts dagegen hast, lassen wir den Wagen und unsere Pferde so lange in eurem Hof.«

»Ich habe nichts dagegen, du alter Gierschlund. Wir zwei könnten ja mal einen Tanz über die Dorfstraße machen. Oder an den Spielen teilnehmen. Ich gewinne vielleicht im Wettlauf und du im Bogenschießen.«

»Lassen wir's lieber!«, lachte Theudebert. »Man muss ja auch dem Nachwuchs mal eine Gelegenheit zum Siegen geben. Sonst werden sie ganz entmutigt.«

Er setzte sich neben Sello, während Tasso und Ragest die Zugpferde ausschirrten und mit den anderen Pferden zusammen an der Stange anbanden, die zu diesem Zweck vor dem Haus angebracht war.

Sello sagte: »Du wirst immer wohlhabender, Theudebert. Vor einigen Jahren noch kamst du zu Fuß und führtest deinen Ochsen. Heute lässt du dich von zwei Pferden ziehen, handelst mit Pferden, die auch noch Lasten tragen, und wirst auch noch von zwei bewaffneten Reitern begleitet! Wie machst du das nur?«

Theudebert lachte. »Wie ich das mache? Zunächst haue ich die Schmiede übers Ohr, bei denen ich Waffen und Geräte kaufe. Dann haue ich die übers Ohr, denen ich sie verkaufe. Und so ähnlich mache ich's bei allen meinen Handelsgütern.«

»Ich hätte Händler werden sollen!«

»Ganz ehrlich – es war auch viel Glück dabei. Ich konnte zum Beispiel nicht wissen, ob das mit den Pferden klappt. Aber jetzt ist der Handel damit sehr einträglich. Meine Leute haben eine ganze Herde mitgebracht.«

»Du bist zu beneiden! Wenn du aber auch so gute Leute hast wie meinen jungen Freund Tasso!«

Der kam eben heran. »Willst du mitgehen, Theudebert, oder bleibst du noch hier sitzen?«

»Geht ihr mal alleine! Ich unterhalte mich noch ein bisschen mit diesem alten Rostklopfer.«

»Gut. Und falls wir uns nicht beim Fest sehen – ich schlafe zu Hause und komme morgen wieder.«

»Ja. Es muss nicht vor Mittag sein. Wenn ihr heute Abend lange feiert, werdet ihr morgen ausschlafen wollen.«

Tasso und Ragest verließen den Hof.

Von den Leuten erfuhren sie, dass die Wettkämpfe bald auf dem Platz vor Ammerichs Haus stattfinden sollten. Also gingen sie dorthin.

Hier sammelten sich jetzt schon die Leute.

»He, Tasso!« Gerwin schlug ihm von hinten auf die Schulter. Tasso drehte sich um und reichte ihm die Hand.

»Dass man dich mal wiedersieht! Wo treibst du dich denn die ganze Zeit rum?«

»So ist das eben, wenn man Händler ist. Immer unterwegs. Na ja, nicht immer, aber meistens. Du, Gerwin, ich war zehn Tagesritte weit im Osten, bei den Slawen!«

»Was hast du denn da gemacht?«

»Gehandelt, Pferde gekauft.«

»Ich beneide dich, dass du so weit herumkommst! Und ich stehe Tag für Tag in der Schmiede!«

»Ich weiß nicht, wie ich dich da trösten soll. Vielleicht damit, dass du es immer schön warm hast, während ich manchmal frieren muss.«

»Pha – Sicherheit! Sicherheit ist Langeweile. Gefahr macht das Leben wertvoll!«

Gerwins Vater Hortwin trat dazu. »Willkommen in Berffe, Tasso! Bist du extra gekommen, um dich im Wettkampf mit Gerwin zu messen?«

»Nicht direkt deswegen – aber warum nicht? Was machen wir mit, Gerwin? Laufen und Bogenschießen?«

»Laufen ja, aber Bogenschießen nicht. Dafür werde ich mit dem Speer werfen. Sie fangen bei den Männern mit dem Bogenschießen an, danach Speerwerfen und das Steinwerfen. Danach Springen und Laufen, wenn es nicht mehr so heiß ist, gegen Abend. Am Schluss Reiten. Fechten und Ringen gibt es diesmal nicht. Mit den Zweikämpfen dauerte das immer so lange.«

»Ich gehe da zum Hang«, sagte Tasso, »da kann ich die Läufer besser sehen. Kommst du mit?«

»Nein, der Lauf der Kinder interessiert mich nicht so. Ich trinke etwas, da drüben.«

Tasso rannte ein Stück den Hügel hinauf, auf dem Hilbrachts Haus stand, an dem er mitgebaut hatte.

Plötzlich stand Gundis vor ihm.

Ihm blieb der Atem stehen – vor Überraschung. Nicht, dass er nicht mit ihrer Anwesenheit auf dem Fest gerechnet hätte – er hatte sich schon viele Male suchend nach ihr umgeschaut. Aber ihr Anblick überraschte ihn.

»Gundis!«

»Tasso!«

Sie hatte ihr schönstes Kleid an – natürlich, es war ja ein Fest –, und ein mit Silberdraht verzierter, breiter Gürtel, der vorn eine große kupferne Schließe hatte, hielt es um ihre schmalen Hüften zusammen. Ihre Zöpfe waren wohl durch irgendwelche Spiele in Unordnung geraten. Das schadete aber nicht, im Gegenteil, die lockeren Haare bildeten im Licht der Sonne einen goldenen Kranz um ihr Gesicht. Der goldene Kranz leuchtete, aber noch mehr leuchteten ihre Augen.

Sie ist wunderschön!, schoss es Tasso durch den Kopf. So schön hatte er sie gar nicht in Erinnerung. Noch nicht mal einen schwarzen Fleck von Kohlen hatte sie im Gesicht!

»Willst du mich nicht begrüßen?«, lächelte sie.

Da erst kam ihm zum Bewusstsein, dass sie ihm die Hand entgegenstreckte. Er griff danach, konnte aber nichts sagen.

Es war ihm, als wenn von ihrer Hand ein Blitz ausging und durch seinen Körper fuhr. Nicht ein richtiger natürlich, wie Donar ihn schleuderte, aber doch ähnlich. Nicht ganz so schnell, dafür hielt er länger an.

»Lass mich doch los, Tasso!«

Erschrocken öffnete er seine Hand wieder. Sie zog ihre zurück, diese kleine, warme, weiche Hand, die seltsamerweise so eine Kraft verströmte.

»Bist du länger hier?«

»Wie?«

»He, Tasso! Bist du mit deinen Gedanken schon beim Wettlauf oder beim Bogenschießen?«

»Äh – entschuldige! Nein – äh – was hast du gefragt?«

»Ob du länger in Berffe bleibst.«

»Nein, leider nicht. Also – morgen fahren wir nach Süden. Aber ich komme wieder!«

»Das will ich hoffen!«, lachte sie.

»Äh – wie geht es dir? Ich meine, arbeitest du noch manchmal in der Schmiede mit?«

»Manchmal. Wolltest du da rauf, um besser zu sehen?«

»Ja, um den Lauf zu sehen.«

»Ich komme mit.«

Sie gingen zusammen noch ein Stück höher und setzten sich auf einen Wiesenhang. Nebeneinander. Tasso hatte die feste Überzeugung, wenn er sich jetzt nur ein wenig abstieße, würde er sanft den Hügel hinunterschweben. Aber er probierte es nicht aus.

Vom Lauf der Kinder bekamen sie beide nichts mit, obwohl die Aussicht von hier sehr gut war. Tasso wusste nachher noch nicht einmal, wer gewonnen hatte.

Irgendwann fragte Gundis: »Willst du nicht beim Bogenschießen mitmachen?«

»Doch, das wollte ich.«

»Dann musst du jetzt hingehen! Sie stellen sich auf.«

»Ach ja? So bald schon?«

»Sieh doch – da.«

»Ja, stimmt. Kommst du mit?«

»Ich? Zu den Männern? Ich gehe mit runter, ja. Aber dann gucke ich von Weitem zu. Ich wünsche dir, dass du am besten triffst, Tasso!«

Sie sah ihn an. Es war ihm, als leuchteten ihre hellen Augen durch seine hindurch den Hals hinunter bis in seine Brust. Er zwang sich, vernünftig zu antworten. »Es … es wird wohl nicht … ich meine, die Schüsse über achtzig Schritt sind noch zu weit für mich. Aber über dreißig Schritte – das könnte besser gehen.«

»Na, dann komm!« Sie stand auf.

»Ach ja.« Er erhob sich auch.

Gemeinsam gingen sie zu der Stelle, wo die Bogenschützen sich sammelten.

»Bis später!«, sagte Gundis. »Und gewinne!« Sie lachte und lief davon.

Das nahm er sich vor! Er wollte alles tun, um … na ja, um zumindest gut abzuschneiden. Aber dafür musste er alle Gedanken auf den Wettkampf richten!

Die Männer stellten sich in einer Reihe nebeneinander auf. Es waren etwa 35 oder 40 Schützen. Einige waren nur wenig älter als Tasso, aber die meisten waren Männer. Weit da vorn war ein Brett mit darauf gemalten Kreisen aufgestellt.

Der Erste in der Reihe trat vor bis an einen auf den Boden gelegten Speer. Es war Hilbracht, der Edle.

»Kleinigkeit für dich, Hilbracht! Das triffst du doch!« So und ähnlich riefen einige der anderen Schützen und einige aus dem Publikum. Hilbracht legte einen Pfeil auf, zog an, zielte kurz und schoss.

Der Pfeil fuhr in das Holz. Er steckte nicht ganz in der Mitte, aber in dem Ring drum herum. Die Leute johlten.

Das war ein guter Schuss auf die Entfernung, das musste Tasso zugeben.

Hilbracht schoss schnell. Der zweite Pfeil traf nur die äußere Fläche des Brettes, außerhalb des Rings.

Der dritte Schuss ging ganz daneben und traf auch das Brett nicht. Hilbracht fluchte, und einige Zuschauer ließen ihre Enttäuschung in Ausrufen hörbar werden, aber die meisten schwiegen.

Ammerich, Hilbrachts Vater, saß auf seinem Sessel, den sie ihm neben den Kampfplatz gestellt hatten. »Streng dich an, Junge!«, rief er. »Warum schießt du so schnell? Lass dir doch Zeit! Wie willst du sonst die drei Siege erringen, die du uns allen so lauthals versprochen hast?«

»Warte nur ab, die kommen schon!«, rief Hilbracht. Er versuchte, seinen Ärger zu verbergen, aber das gelang nicht recht.

Die Misserfolge der weiteren Schützen ließen Hilbrachts Schüsse in einem besseren Licht erscheinen. Erst einer hatte ihn bisher übertroffen. Das war offenbar ein Wotansbruder. Tasso meinte, den eisernen Ring zu erkennen. Und diese Leute verbrachten viel Zeit mit Üben.

Tasso war einer der letzten Schützen. Die jungen Leute, die natürlich die Männer nicht besiegen konnten, kamen zuletzt dran.

Tasso warf einen Blick zu Gundis hinüber. Sie stand neben ihrem Vater und machte ihm irgendein Zeichen mit der Hand, das er aber nicht verstand. Sicher wollte sie ihm sagen, er solle gut schießen, aber das hatte er sowieso vor.

Da Tassos Arme nicht so stark waren wie die der Männer, konnte er den Bogen nicht so weit spannen. Also bekam der Pfeil nicht so viel Geschwindigkeit. Damit er trotzdem weit genug flog, musste Tasso schräg nach oben schießen. Er hatte das viele Male probiert. Das bedeutete natürlich, dass das Zielen schwerer war. Ein hoch im Bogen fliegender Pfeil war auch stärker den Windböen ausgesetzt. Aber heute gab es glücklicherweise keine.

Tasso zielte. Ein Zuschauer rief: »Willst du den Sonnenwagen treffen?« Der Pfeil flog im Bogen und verfehlte das Brett nur knapp. Einige murmelten anerkennend. Offenbar hatten auch die Spötter jetzt gemerkt, dass Tasso es für seine Möglichkeiten richtig gemacht hatte.

Der zweite Schuss ging zu weit über das Ziel hinaus. Tasso hatte wohl zu steil geschossen. Die seitliche Abweichung war aber nur gering.

Während Tasso ruhig – er wunderte sich selbst, dass er gar nicht aufgeregt war – den dritten Pfeil auflegte, hörte er Gundis' helle Stimme: »Jetzt triffst du in die Mitte, Tasso!« Die Leute lachten.

Der Pfeil flog, und nach einem eleganten Bogen traf er tatsächlich in den innersten Kreis.

Die Menge johlte. Die von den Wettkämpfern und Zuschauern, die sich schon abgewandt hatten, weil sie von den Jungen keinen Meisterschuss erwarteten, blickten hin. Einige rieben sich erstaunt die Augen, einige nickten anerkennend, einige jubelten sogar.

Tasso fühlte sich ungeheuer stolz. Ja, wenn er ganz ehrlich war, musste er zugeben, dass hier auch das Glück eine wichtige Rolle gespielt hatte. Er warf einen Blick zu Gundis hinüber, die strahlte und in die Hände klatschte, und ging zu seinem Platz zurück.

Nachdem die Letzten sich ziemlich erfolglos versucht hatten, stellten Helfer das Ziel näher heran. Jemand maß dreißig Schritte ab.

Hilbracht schoss wieder gut. Der Wotansbruder auch. Als die weiteren Schützen unter diesen Treffern blieben, hörte Tasso Gemurmel von einer spannenden Endausscheidung. Er wusste nicht, was geplant war, um den endgültigen Sieger zu ermitteln.

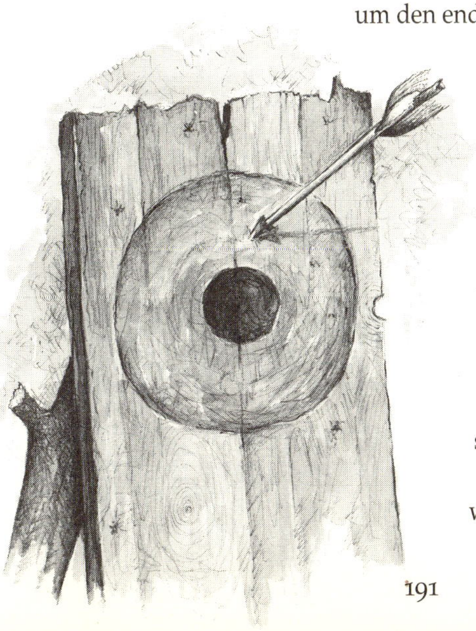

Endlich wurde er wieder nach vorn gewinkt. Ob ihm eben der Blick zu Gundis Glück gebracht hatte? Eigentlich wollte er nicht hinsehen, damit nicht jemand es bemerkte und ihn verspottete. Aber dann tat er es doch.

Tassos erster Schuss traf in die Mitte. Johlen und Klatschen umher.

Der zweite traf den Rand. Er war überhaupt nicht aufgeregt.

Und er traf ein drittes Mal. Auch diesmal nicht genau in die Mitte, aber es reichte.

Das Gejohle war unbeschreiblich. Wildfremde Leute, auch einige der Männer, die an dem Schießen teilgenommen hatten, gratulierten Tasso, klopften ihm auf die Schulter, schüttelten ihm die Hände.

Gundis drang nicht bis zu ihm vor. Aber er sah sie in einiger Entfernung stehen und ihn anstrahlen. Ihr triumphierendes Lächeln beglückte ihn mehr als die vielen lauten Worte direkt bei ihm.

Die drei besten Schützen, die noch einmal antreten mussten, bekamen nun die Regeln für den letzten Durchgang erklärt.

Etwa in zwanzig Schritt Entfernung sollten sie ein bewegtes Ziel treffen. Auf einem Schlitten, wie man ihn im Winter benutzte, war ein Stück Baumstamm aufrecht stehend befestigt, etwa armlang und so dick wie die Handspanne eines Mannes. Zwei Männer zogen den Schlitten an einem Seil quer über die Schussbahn. Der Schütze musste den Stamm treffen. Er konnte auch mehrmals schießen, aber nur während das Ziel zwischen zwei Markierungen unterwegs war.

Hilbracht stellte sich mit siegesgewissem Lächeln auf. Seine Freunde – oder die, die sich einen Vorteil davon versprachen – feuerten ihn an. Sein Pfeil lag auf dem Bogen bereit, aber er hielt ihn lässig nach unten.

Auf einen Wink des Spielleiters begannen die Männer am Seil zu ziehen. Sobald der Schlitten die Markierungslinie überschritten hatte, schoss Hilbracht. Der Pfeil traf den Stamm.

Es war ein unbeschreibliches Gejohle, keiner hätte sein eigenes Wort verstehen können.

Der Edle legte sofort einen zweiten Pfeil auf und schoss. Aber er verfehlte das Ziel. Schnell versuchte er es ein drittes Mal, aber es war zu spät.

Die Begeisterung der Menge kannte keine Grenzen. Während der Schlitten auf den Startpunkt zurückgebracht wurde, beruhigte sie sich nur wenig.

Der Wotansbruder schien mit seiner Erfahrung aus mancherlei Kämpfen anders vorgehen zu wollen: nicht unbedingt schnell schießen, aber sicher. Er verfolgte den Schlitten mit seiner Waffe, bis er gerade vor ihm war – und traf!

Aber ein zweiter Schuss war nun nicht mehr möglich.

»Was machen wir?«, rief Hilbracht dem Spielleiter zu. »Treten wir noch einmal an?«

»Ja, gleich«, rief der zurück. »Aber warte noch, erst muss der Junge schießen.«

»Na, meinetwegen.«

Tasso hatte den Eindruck, als stockte Hilbracht kurz, als er zur Seite gehen und ihm Platz machen wollte. Offenbar hatte er ihn erst jetzt erkannt. Das war gut möglich, denn als Tasso vorhin geschossen hatte, hatte der Edle gar nicht darauf geachtet, was die Kinder da machten. Er hatte sich lieber in den Lobreden seiner Freunde gesonnt.

Tasso bemerkte das ärgerliche Blitzen in den Augen des Mannes. Das machte ihn unruhig. Aber unruhig durfte er nicht sein. Wie konnte er seine Gedanken und Gefühle gelassen machen? Natürlich – er musste von Hilbracht weg zu Gundis schauen.

Sie stand ganz unbeweglich da.

Tasso ließ seinen Blick lange auf ihr ruhen und genoss die Kraft, die dadurch in ihn kam.

»Fertig?«, rief der Spielleiter.

Tasso sah zu ihm hinüber und nickte lächelnd.

Der Arm des Mannes senkte sich, die Helfer zogen am Seil, das Ziel rutschte in die Schussbahn. Kaum hatte es die Markierung überschritten, flog Tassos Pfeil und blieb in dem Balken stecken. Von dem allgemeinen Geschrei nahm er überhaupt nichts wahr. Er hatte Besseres zu tun, als darauf zu hören. In Windeseile hatte er einen neuen Pfeil auf dem Bogen, spannte, zielte ruhig und schoss. Auch der zweite Pfeil steckte im Ziel, eine Handbreit unter dem ersten.

Auf einmal wurde ihm schwindlig. Er fiel nicht hin, nein, aber alles schien sich um ihn zu drehen. Er hörte das Gejohle der Leute nicht, er hatte nur den Eindruck, dass lachende Gesichter, aufgerissene Augen, lautlos schreiende Münder sich tanzend um ihn herumbewegten. Er hätte gar nicht fallen können, denn es standen so viele Leute um ihn, dass zum Umfallen gar kein Platz gewesen wäre.

Erst allmählich wurde es ruhiger in ihm und wohl auch um ihn herum. Er bemerkte, dass nur noch seine Freunde dastanden. Ragest schüttelte seine Rechte, dass sie schmerzte, was ihn vollends in die Gegenwart zurückholte, und Gerwin schüttelte seine Linke. Hortwin zwängte sich dazwischen, um nahe genug an ihn heranzukommen, dass er ihm auf die Schulter klopfen konnte.

Nur Gundis stand in zwei oder drei Schritt Entfernung und lächelte still. Ihre Augen trafen sich, und Tasso fühlte sich ihr viel näher als den Männern, die dicht bei ihm standen.

Tasso wehrte sich gegen die vielen Glückwünsche. »Lasst doch! Es war ja auch viel Glück dabei!« Aber er fand immerhin, er hätte es verdient, den Platz selbst aussuchen zu dürfen, von dem aus er den Speerwurf verfolgen wollte. Er ging wieder den Hang hinauf. Gundis verstand das Zeichen und folgte ihm. Ragest verstand nicht und folgte auch. Nun ja, das ließ sich nicht ändern, war vielleicht auch nicht so schlimm.

Von der erhöhten Stelle aus konnten sie den Wettkampf gut sehen.

Der Edle Hilbracht warf gut, konnte aber auch nicht den ersten Platz einnehmen. Als Sieger erwies sich der Wotansbruder, der, wie Gundis wusste, mit einem Freund zusammen bei Ammerich zu Gast war.

Nun wurde das Kampffeld für den Steinwurf vorbereitet. Tasso hatte eine Idee.

»Willst du da nicht mitmachen, Ragest?«

»Mitmachen?«

»Ja. Es muss ein dicker Stein möglichst weit geworfen werden. Keiner ist so stark wie du! Geh und hole dir den Sieg!«

»Meinst du?«

»Bestimmt!«

»Aber … ich weiß nicht, was ich da machen muss.«

»Das ist doch einfach! Das sagen sie dir schon!«

»Komm du mit, Tasso!«

Der hatte schon Luft geholt, um den Freund allein loszuschicken, da sah ihn Gundis an. »Wir gehen mit, nicht wahr, Tasso!«

Tasso schluckte, nickte und stand auf.

Unten auf dem Hof kam seine Mutter auf ihn zugerannt und umarmte ihn. Es war ihm etwas peinlich.

»Ich gratuliere dir, mein Junge! Jemand hat mir erzählt, du hättest im Bogenschießen gewonnen. Da bin ich gleich hergekommen. Warum hast du mir gestern nicht gesagt, dass du mitmachen wolltest?«

»Ich dachte doch, ich würde unter den Letzten sein, in der Gruppe der Männer.«

»Warum denn? Wo du doch den ganzen Winter über geübt hast.«

Sie gingen gemeinsam zu dem Platz, wo sich die dicksten und breitschultrigsten Männer des Dorfes versammelten. Es war ein recht ansehnlicher Felsbrocken, der da zum Werfen bereitgelegt war. Tasso hätte ihn wahrscheinlich kaum heben können.

Der Wettbewerb war einfach, und da jeder nur einen Wurf hatte, auch schnell beendet. Ragest siegte. Knapp zwar, aber es war offensichtlich: Ragest hatte den Stein am weitesten gestoßen.

Ragest lief zwischen den Schiedsrichtern hin und her, sprach auf alle ein, kam zu Tasso und umarmte ihn, sprang wie ein Kind umher und klatschte in die Hände. Die Leute, die ihn nicht kannten, wunderten sich zunächst über das seltsame Gebaren und grinsten, ließen sich aber dann von seiner kindlichen Freude anstecken und jubelten ihm zu, einige aus Spaß übertrieben laut. Aber diese Übertreibung bemerkte Ragest nicht. Er genoss den Jubel und hätte am liebsten alle umarmt, wenn Tasso ihn nicht zurückgehalten hätte.

Wolken waren inzwischen aufgezogen, drohende, schwarze Gebilde wie Berge, die sich über den Himmel schoben. Bald würde Donar seinen Hammer schwingen. Die Verantwortlichen der Spiele schauten besorgt hinaus. Sie wollten doch noch gern zu Ende bringen, was vorgesehen war.

Der Wettbewerb im Springen bestand wie der Speerwurf aus zwei Teilen. Man entschied sich, um den Kampf abzukürzen, dafür, dass nur die ersten zehn aus dem Weitsprung den Hochsprung machen sollten. Hilbracht war darunter und andere zumeist sehr junge Leute.

Während der Wettbewerb lief, kam ein Knecht Ammerichs zu Tasso und Ragest, die nebeneinanderstanden.

»Der Edle Ammerich lässt euch sagen, dass alle Sieger der Wettkämpfe nachher zu einem Mahl in seinem Haus geladen sind. So wurde es immer gehalten, und so soll es auch fortgeführt werden. Damit werden die Sieger geehrt.«

»Danke«, antwortete Tasso.

Der Knecht ging, und Ragest fragte: »Wie denn – wir sind bei einem Edlen eingeladen?«

»Ja. Nach den Wettkämpfen.«

»Ich auch?«

»Natürlich! Du bist doch auch ein Sieger!«

Tasso fürchtete schon, Ragest würde nun wieder in lauten Jubel ausbrechen, aber der machte ein eher ängstliches Gesicht.

»Ich weiß nicht, Tasso … was soll ich denn mit dem reden?«

Gerhild antwortete statt ihres Sohnes: »Gar nichts. Wenn er dich etwas fragt, antwortest du. Im Übrigen schlägst du dir den Bauch voll und überlässt das Reden den anderen.«

»O ja«, sagte Ragest, und es klang schon etwas freudiger.

Lautes Jubelgeschrei unterbrach ihre Unterhaltung. Der Sieger im Springen stand fest. Es war Hilbracht.

Der junge Mann schien eher erleichtert als fröhlich. Dies war der drittletzte Wettbewerb, und wenn er die versprochenen drei Siege erringen wollte, musste er nun auch noch die nächsten beiden Rennen für sich entscheiden.

»Jetzt wird gelaufen, Tasso!« Gerwin kam zu ihnen.

»Ja, ich weiß.«

»Komm, mach dich fertig!«

Aber Tasso hatte auf einmal keine Lust. Er wollte lieber bei Gundis sitzen bleiben. Gemeinsam schauten sie dem Lauf zu.

Hilbracht war Zweiter.

Als die Läufer noch nach Atem rangen, hörte Tasso schon Hilbracht rufen: »Los, schnell das Reiten! Ehe es anfängt zu regnen!«

Seine Stimme klang mühsam beherrscht. Das lag offensichtlich nicht an der Atemnot durch den Lauf, sondern an seinem Ärger.

Aber der Spielleiter wusste natürlich, was er dem Edlen schuldig war. Er trieb seine Helfer an, und bald war alles vorbereitet. Die Pferde wurden gebracht. Verständlicherweise – dies war ein armes Dorf, in dem es kaum Pferde gab – beteiligten sich weniger Kämpfer am Ritt als an den anderen Wettbewerben.

Fünf Männer waren es – Hilbracht, zwei Wotansbrüder, die zwar keine eigenen Pferde besaßen, denen aber Ammerich welche geliehen hatte, und zwei weitere Männer aus dem Dorf.

Die ersten Tropfen fielen, und die Veranstalter zögerten.

»Los! Beeilt euch!«, rief Hilbracht. Wenn dieser Ritt auch noch abgesagt werden sollte, hatte er keine Möglichkeit mehr, sein Gesamtergebnis zu verbessern.

»Ihr reitet auf den Hügel dort hinten, den man den Schäferberg nennt, umrundet das kleine Wäldchen und kommt zurück. Wenn ich den Arm senke, geht es los!«

Auf das Zeichen hin preschten die fünf Reiter davon.

Die meisten Zuschauer konnten sich nicht gleich entschließen, ob sie das Rennen verfolgen oder vor dem nun heftig einsetzenden Regen in die Häuser fliehen sollten.

Hortwin sagte zu Gerhild: »Komm mit in unser Haus. Tasso muss ja noch zur Siegesfeier. Du auch, Ragest! Gerwin, Gundis, kommt!«

»Ich warte beim Schmied auf dich!«, rief Gerhild ihrem Sohn noch zu und eilte mit den anderen davon.

Tasso wollte auch nicht zu nass werden. Ob er sich jetzt schon in Ammerichs Haus melden konnte? Da rief ihn der Edle selbst von der Tür aus: »Kommt her, ihr beiden! Ihr werdet ja ganz nass!«

Tasso lief in das Haus, und Ragest folgte. Im Eingang, neben Ammerich stehend, sah er sich um. Es war kaum noch jemand draußen, nur Spielleiter und zwei Helfer sowie zwei nackte Kinder, die sich lachend nass regnen ließen und durch die Pfützen patschten, bis eine Frau angerannt kam und sie schimpfend in ihr Haus holte.

Von hier aus war die Rennstrecke nicht einzusehen. Aber Ammerich, Tasso und Ragest warteten geduldig. Endlich verriet die Erregung der drei Männer draußen im Regen, die fortwährend in die eine Richtung gestarrt hatten, dass die Reiter sich wohl wieder näherten, zumindest der erste. Dann preschte ein Reiter zwischen Häusern hervor und galoppierte über die Ziellinie. Es war Hilbracht.

»Na, wenigstens zwei Siege!«, knurrte Ammerich. »Da wird er ja hoffentlich zufrieden sein. Aber jetzt hat ihn der Regen um die Zuschauer gebracht. Das wird ihn wieder ärgern. Kommt ans Feuer, ihr zwei, damit ihr trocken werdet!«

Auf dem Weg zum Feuer konnte Tasso zum ersten Mal einen Blick auf den Tisch werfen. Er war reichlich gedeckt mit Fleisch und Schinken, Brot und Käse, Salat und Obst. So viele gute Sachen hatte Tasso schon lange nicht mehr auf einem Tisch gesehen.

Tasso und Ragest saßen am Herd und drehten dem Feuer abwechselnd den Rücken und die Brust zu. Dann zog Tasso seinen Kittel wieder an. Eine Magd brachte ihnen Bier.

Eine Weile später setzte sich Ammerich zu ihnen.

»Ich freue mich, dich mal wiederzusehen, Tasso!«, sagte er. »Ich hörte, du beschäftigst dich mit Handel.«

»Ja, der Händler Theudebert nimmt mich mit. Ich lerne bei ihm.«

»Aber das Bogenschießen hast du nicht von ihm gelernt?«

»Nein, das habe ich … na ja, ich übe oft.«

»Sehr gut! Wirklich! Ich habe gestaunt. Und dein Freund da ist ein Helfer von Theudebert?«

»Ja. Ragest heißt er.«

Ammerich wandte sich an Ragest. »Wir haben uns noch nicht gesehen.«

»Nein.«

»Du kommst von weiter her, nicht wahr?«

»Ja.«

»Du hast ja Kraft wie ein Ochse!«

»Ja.«

Ammerich wandte sich wieder an Tasso. »Er ist wohl nicht sehr gesprächig?«

»Nein«, antwortete Tasso. Dann fiel ihm ein, dass es angebracht sein könnte, hier mehr als auch nur ein Wort zu sagen, und er fügte schnell hinzu: »Er redet nicht so gern.«

»Ja, das merkt man. Nun ja, die Welt ist viel zu voll von Leuten, die viel reden und wenig arbeiten. Wenn es bei ihm umgekehrt ist, kann das ja nicht schaden.«

Tasso meinte noch etwas zu Ragests Verteidigung sagen zu müssen. »Sonst redet er schon mehr. Aber hier bei dir ist er wohl ein bisschen … wie soll ich sagen …?«

»Schüchtern?«

»Ja, schüchtern.«

Ragest nickte: »Ja, schüchtern.« Und Ammerich lächelte.

Die zwei Wotansbrüder kamen herein, völlig durchnässt.

»Dein Sohn hat gewonnen, Ammerich!«, rief der Ältere von beiden.

»Ich weiß. Aber außer mir hat es kaum jemand gesehen.«

»Er ist aber auch geritten, wie … wie … als wäre Tiberius hinter ihm her.«

»Falsch, Freund!«, verbesserte ihn Ammerich. »Als wäre er hinter Tiberius her.«

»Oder so«, gab der andere zu.

»Kommt, trocknet euch am Feuer!«

Die Männer kamen heran. »Die Pferde werden von deinen Knechten versorgt.«

»Wart ihr wenigstens Nummer zwei und drei am Ziel?«, fragte Ammerich. Sie nickten.

»Wo Hilbracht nur bleibt?«, fragte Ammerich.

»Seine Frau habe ich eben gesehen. Soll ich sie holen?«

»Holen nicht. Aber sag ihr, er könnte sich auch hier trocknen und umziehen. Wir warten.«

Der jüngere der beiden Krieger ging nach draußen. Als er den ledernen Vorhang hob, konnten die anderen sehen, dass der Gewitterregen schon wieder etwas nachgelassen hatte.

Kurze Zeit später kam Batiza herein, Hilbrachts Frau. Der Wotansbruder folgte ihr. Sie nahm den ledernen Regenschutz ab, den sie sich über Kopf und Schulter gehängt hatte, sodass ihre roten Haare durcheinandergeraten waren und nun wirr herunterhingen.

»Batiza!«, rief Ammerich. »Kommst du mit? Und kommt Hilbracht auch bald? Wir warten auf ihn und auf den Läufer ...«

»Er kommt nicht!«, sagte sie mit schneidender Stimme.

»Warum nicht? Er hat immerhin zwei Siege errungen!« Leise fügte er hinzu: »Allerdings keine drei, wie er vorhatte. Mindestens.«

»Soll er sich etwa ehren lassen an einem Tisch, wo ein Kind und ein Schwachsinniger genauso geehrt werden?«

Ammerich schwieg und sah seine Schwiegertochter durch den großen Raum hindurch eine Weile still an. Sie stand hoch aufgerichtet neben dem Eingang und schwieg genauso. Es war, als wollte sie mit ihrem schweigenden Warten ausdrücken: Hast du etwa dagegen etwas einzuwenden?

Ammerich fragte, so leise, dass sie es kaum verstehen konnte: »Ist das seine Meinung oder deine?«

Auf die Frage schien sie nicht gefasst zu sein. Es dauerte einige Augenblicke, bis sie antwortete: »Wir denken beide so.«

»Schade«, sagte Ammerich nur, aber so leise, dass sie es nun bestimmt nicht mehr hörte.

Batiza hängte sich wieder den Regenschutz über den Kopf und ging hinaus.

13. n. Chr.

Es war zwar noch Winter, aber der Frühling konnte nicht mehr weit sein. Schnee lag auch auf den Schattenseiten der Berge nicht mehr, und die Luft war ungewöhnlich warm.

Tasso arbeitete vor dem Haus mit dem Beil an einem Balken.

»So, Mutter, jetzt kannst du mir noch mal helfen!«

Gerhild kam heraus, und gemeinsam trugen sie den Balken hinein. Tasso steckte das feuergeschwärzte Ende in das Loch, das er in den Boden gegraben hatte. Das andere Ende reichte nun genau bis unters Dach. Drei solcher Stämme standen da schon, in einer Reihe quer durch den Raum.

»Dass du das alles so kannst, Junge! Hast du das beim Bau von Hilbrachts Haus gelernt?«

»Zum Teil. Aber das ist doch nicht weiter schwer!«

»Halte bitte den Stamm mal so lange gerade, bis ich das Loch zugefüllt habe!«

Gerhild tat, wozu sie aufgefordert worden war, und prüfte immer mal per Augenmaß, ob der Pfosten gerade stand.

»Früher hatte es Sinn, dass wir keine Trennung hatten zwischen dem Stall und unserem Raum. Im Winter haben die Tiere alles warm gehalten. Aber jetzt haben wir nur noch die Hühner, die wärmen nicht. Eine Trennwand spart uns viel Feuerholz, glaube mir!«

»Ja, das habe ich ja längst verstanden. Ich sehe es auch ein. Trotzdem …«

»Trotzdem?«

»Ist schon gut, Tasso. Mach nur weiter!«

»Du kannst loslassen. Danke!«

Gerhild setzte sich wieder an ihren Webrahmen. Tasso schnitt die Zweige, die er im Wald geholt und hereingebracht hatte. Sie sollten das Geflecht ergeben, das er später mit Lehm füllen wollte.

Auf einmal rief eine Männerstimme von draußen: »Gerhild, bist du da?«

Mutter und Sohn sahen sich an. Aber Tasso bemerkte mit Erstaunen, wie seine Mutter bleich wurde, von einem Augenblick auf den anderen. Warum? Was sollte Erschreckendes daran sein, dass ein Mann sie besuchte?

»Was ist, Mutter?«

»Die Stimme …!«

Von draußen hörten sie: »Na, wenn keiner antwortet …« Dann wurde der Vorhang zur Seite gehoben, und ein Mann trat ein. Er war groß und musste sich tief durch den Eingang bücken. Als er drin war und sich aufgerichtet hatte, brauchte er wohl einen kurzen Augenblick, bis er sich an das Dämmerlicht gewöhnt hatte. Er trug einen kurzen, hellen Bart, hatte einen einfachen Wollkittel an, ein Schwert am Gürtel und trug einen Beutel, den er jetzt von der Schulter nahm.

Tasso sah, dass seine Mutter starr vor Schreck dasaß und Wolle und Werkzeug fallen gelassen hatte. Ihre Wangen waren blutleer, ihre Augen starr aufgerissen und ihre Lippen formten unaufhörlich Worte, die aber lautlos blieben.

Jetzt konnte der Mann offenbar genug sehen. Er blieb am Eingang stehen, breitete aber grinsend die Arme aus und sagte: »Na, Gerhild, freust du dich nicht?«

Das tat Gerhild offenbar wirklich nicht, und das schien ihn zu enttäuschen. »Ich finde aber, das sollte eine freudige Überraschung für dich sein!«

Er ging auf sie zu, fasste sie an den Händen und zog sie hoch. Das schien ihm keine Mühe zu machen, denn er war kräftig.

Da erst löste sich Gerhild aus ihrer Erstarrung. Sie stieß einen schrillen Schrei aus, wie Tasso noch nie einen gehört hatte. Das schien den Mann zu erschrecken. Er ließ Gerhild wieder zurücksinken auf ihre Bank, aber vorsichtig.

Gerhild schrie – immer die Augen auf den Mann gerichtet –, bis keine Luft mehr in ihren Lungen war. Dann holte sie tief Atem und sackte in sich zusammen.

»Ja, ich weiß, es war ein bisschen plötzlich, dass ich hier wieder aufgetaucht bin. Es tut mir leid, ich habe nicht daran gedacht, dass es dich so erschrecken könnte.« Er setzte sich neben sie und legte den Arm um sie.

Jetzt erst hatte auch Tasso sich von seinem Schreck erholt. Er sprang auf. »Wer bist du?«, schrie er und griff nach dem Beil, mit dem er gearbeitet hatte.

»Ah … bist du etwa …? Natürlich, du musst Tasso sein! Komm her, Junge, lass dich begrüßen!« Der Mann stand auf und breitete wieder die Arme aus wie eben am Eingang.

Tasso stand wie angewurzelt.

»Junge, bist du groß geworden! Fast schon ein Mann. Ich bin dein Vater! Hab doch keine Angst vor mir! Und leg das dämliche Ding weg, das Beil da!«

»Das stimmt nicht! Du bist tot!«, schrie Tasso, ohne sich des Unsinns der Worte bewusst zu werden.

Wieder machte der Mann eine Geste, die entschuldigend sein sollte, und sagte: »Ja, es war vielleicht nicht ganz richtig, dass ich euch den Hermunduren geschickt habe. Aber das … na, das erkläre ich euch ein anderes Mal, wenn ihr euch von eurem Schrecken erholt habt.«

Mit Gerhild ging etwas Seltsames vor. Sie straffte plötzlich ihre Haltung wieder, wandte sich dem Webrahmen zu und schob das lange Holz, in dem die Wolle für den Schussfaden lag, durch die Kettfäden, wie sie es vorher getan hatte. Es sah aus, als wäre inzwischen nichts geschehen. Nur ihre Lippen waren fest aufeinandergepresst, und das ganze Gesicht war bleich. Und ihre Hände zitterten. Zuerst nur ein wenig, dann aber immer stärker, schließlich konnte sie nicht mehr die Zwischenräume zwischen den Kettfäden treffen.

Der Mann legte ihr die Hand auf den Unterarm. Sie zuckte zurück. Trotzdem war diese Bewegung gut, denn jetzt brach es endlich aus ihr heraus.

»Hau ab! Was … was fällt dir ein? Warum sagst du, du wärst tot? Für mich bist du tot, hörst du? Tot! Tot! Tot!«

»Nein, Gerhild!« Er wollte sie wieder anfassen, besann sich dann aber anders. »Ich bin nicht tot. Ich lebe, wie du siehst! Guck mich doch an! Dein Mann Mutrich, den du geliebt hast, den willst du wegschicken?«

»Ja!«, schrie sie ihn jetzt an. Diesmal war es nicht ein Schrei der Hilflosigkeit oder der Verzweiflung, sondern der Wut.

»Ja, ich schicke dich weg! Du hast dich doch selber davongemacht! Wie kannst du dann etwas dagegen haben, dass ich dich auch nicht mehr will?«

Tasso konnte sich nun wohl nicht mehr gegen den Gedanken wehren, dass dies sein Vater war. Noch drehte sich alles in seinem Kopf, aber allmählich begann er seine Gedanken zu ordnen. Also – das war sein

Vater, der vor vielen Jahren zu den Römern gegangen war, als Legionär, der dann vorgegeben hatte, aus welchen Gründen auch immer, tot zu sein.

Sein Vater – nun stand er da. Äußerlich sah er genauso aus, wie er ihn sich immer vorgestellt hatte, groß und gerade und breitschultrig. Aber irgendetwas an ihm war anders als in Tassos Träumen.

»Was … warum … wo warst du denn die ganze Zeit? Warum hat der Mann gesagt, du seist tot?«

»Na, endlich redet einer vernünftig mit mir!«, sagte Mutrich. »Das sind doch Fragen, die man in Ruhe beantworten kann! Also setz dich her, mein Junge, ich erzähle … Nein, nein, hab keine Angst! Du brauchst mich auch nicht zu umarmen, solange du nicht willst. Setz dich nur ein bisschen näher! Und leg endlich das Beil weg!«

Tasso ließ das Werkzeug fallen und kam vorsichtig heran. Dann setzte er sich auf die andere Seite des Tisches. Gerhild hatte ihre Arbeitsversuche aufgegeben. Auch sie hatte sich zum Tisch umgewandt, die Ellenbogen aufgestützt und das Gesicht in den Händen vergraben. Tasso hörte, dass sie leise vor sich hin schluchzte.

»Also, mein Sohn, ganz von vorn und in Ruhe. Es hört sich übrigens gut an, ›mein Sohn‹ sagen zu können. Es scheint, als wäre etwas aus dir geworden, ganz ohne mich. Ich bin ein bisschen stolz.«

Als er den Unwillen in Tassos Augen bemerkte, fuhr er schnell fort: »Aber lassen wir das. Also – meine Geschichte. Ich hatte nichts zu arbeiten, verstehst du? Konnte kaum den Lebensunterhalt für uns drei verdienen. Ich war auch nicht zum Bauernknecht geeignet, eher zum Krieger. Nun ja, und als ich dann davon hörte, dass die Römer gern germanische Legionäre aufnehmen, bin ich hingegangen und habe mich anwerben lassen.«

»Da war die Frage, wie du uns drei versorgen solltest, ja wunderbar gelöst«, sagte Tasso spitz.

Mutrich lachte – es klang ein wenig unsicher. »Na ja, euch konnte ich nichts schicken von meinem Sold. Wie hätte es denn herkommen sollen? Aber immerhin habe ich dem Hermunduren Münzen für euch mitgegeben. Das musst du doch zugeben!«

Tasso antwortete nicht. Er hatte auf einmal keine Lust, sich mit diesem Mann, der sein Vater war, zu streiten.

»Ich war in Iberien und in Libyen stationiert. Zeitweilig, besonders zuletzt, auch in Gallien. Aber es war ein hartes und ziemlich freudloses Leben. Besonders die Hitze auf der anderen Seite des Meeres war mörderisch. Aber wer sich einmal verpflichtet hat, kommt nicht wieder los. Und da – na, das verstehst du nicht, das erkläre ich dir ein anderes Mal.«

Tasso wusste nichts darauf zu sagen, aber jetzt mischte Gerhild sich wieder ein. Sie blickte auf. Sie bemühte sich gar nicht, die Tränen aus ihrem Gesicht zu wischen.

»Ja – wie? War das alles an Erklärung? Die hättest du dir sparen können. Das wussten wir alles schon.«

»Ich erkläre dir dann alles noch genauer, Gerhild. Es ging da um ... der Junge muss das doch nicht alles wissen!«

»So, dann soll ich es ihm wohl nachher erklären, wie? Und bei ihm um Verständnis werben, dass du dir eine andere Frau genommen hast, weil deine ja so weit weg war!«

»Woher weißt du ...«

»Hältst du mich für blöd?«

Er wirkte halb beschämt, halb verärgert. »Nein, natürlich nicht.«

»Und dein Sohn ist auch kein kleines Kind mehr. Außerdem kann dein Handeln denn in einem besseren Licht erscheinen, wenn du deine Frauengeschichten verschweigst?«

Mutrich ließ seinen Blick zwischen seiner Frau und seinem Sohn hin und her wandern und fasste dann den Entschluß, alles zu berichten.

»Also gut. Da war eine schöne Witwe. In Gallien. Ihr Mann hatte einen großen Weinberg besessen. Das kennt ihr nicht. Man erntet die Früchte, aus denen ein Getränk gepresst wird, das bei den Menschen dort sehr beliebt ist. Es wird lange gelagert ...«

»Das ist jetzt unwichtig!«, zischte Gerhild.

»Na schön. Also – es entspann sich ein Verhältnis zwischen der reichen jungen Witwe und dem stattlichen germanischen Legionär aus der nahen Garnison. Sie sagte, wenn wir heiraten, hat sie Mittel und Wege, mich rechtmäßig aus dem Legionärsdienst herauszulösen. Mittel und Wege heißt da meist Geld und Beziehungen. Na, sagt selbst: Nach jahrelanger Quälerei bei der Legion mit der Aussicht, wieder in die heiße Wüste geschickt zu werden oder Ehemann einer schönen und reichen und angesehenen Frau – war das eine schwere Wahl?«

Er machte eine Pause.

»Das ist keine echte Frage, oder?«, meinte Gerhild.

Mutrich ging nicht darauf ein.

»Ich schickte euch also, als das alles so weit geregelt war, den Kameraden aus meiner Legion, der seine fünfundzwanzig Jahre abgedient hatte. Ich hätte es ja auch lassen können. Aber ich habe euch auf diese Weise nicht nur Geld zukommen lassen, sondern außerdem gedacht: Du sollst frei sein, Gerhild. Ich meine, falls du noch mal heiraten wolltest, wollte ich dir nicht im Weg stehen!«

»Wie rücksichtsvoll!« Der Spott in ihrer Stimme war unüberhörbar. Er tat aber doch, als hätte er ihn nicht bemerkt.

»Ja, finde ich auch. Hat denn keiner um dich geworben? Du bist doch immer noch schön!«

»Halt den Mund!«

Tasso sagte: »Doch. Onkel Hadrich.«

Das schien Mutrich zu erschrecken. »Ach – Hadrich?«

Eine Weile schwiegen alle drei, dann fragte Mutrich: »Und?«

Gerhild sagte nichts und blickte bewusst zur Seite. Schließlich antwortete Tasso: »Mutter wollte nichts von ihm wissen. Bis er dann ... bis er umgekommen ist.«

»Umgekommen?«

»Ja, er ist tot.«

»Wieso? War er krank? War er bei der Schlacht Armins?«

»Bei der Schlacht war er auch, aber die hat er überlebt. Er ist ... es war wohl ein Unfall oder so was.«

»Was ist denn geschehen?«

»Das weiß keiner. Sie haben ihn nicht gefunden.« Tasso wunderte sich über sich selbst, wie leicht ihm die Lügen von den Lippen gingen.

Mutrich stand auf und ging im Raum hin und her. »Hadrich ist tot ...«, murmelte er.

Gerhild sagte leise: »Ja, und im Gegensatz zu dir ist er es wirklich.«

Bei seinen Gängen durch den Raum kam Mutrich zu der Stelle, an der Tasso gearbeitet hatte.

»Wolltet ihr den Stall abtrennen?«

»Ja«, antwortete Tasso.

»Warum?«

Tasso stand auf und ging hin. »Weil wir keine Tiere mehr haben.«

»Habt ihr die verkauft?«

»Ja.«

»Warum? Versteht mich recht, ich mache euch keinen Vorwurf! Ich will's nur wissen.«

»Mutter hat Verschiedenes gearbeitet. Da konnte sie sich nicht um die Tiere kümmern. Anfangs habe ich das gemacht, aber ich bin ja auch meistens nicht da.«

Gerhild mischte sich von ihrer Bank aus ein. »Was blieb mir denn übrig, als durch Arbeit unseren Lebensunterhalt zu verdienen? Wäre es dir recht gewesen, wenn ich mich ganz als Magd verkauft hätte? Angebote dafür gab es. Und die Tiere allein brachten nicht genug ein zum Leben!«

Ihre Worte und ihr Ton waren immer noch zornig, aber etwas weniger als vorhin. Mutrich nickte und murmelte: »Ach so.«

Dann besah er sich die Stämme, die als Pfosten der neuen Wand vorbereitet waren, und fuhr mit dem Finger durch eine der Kerben, die seitlich von oben nach unten hineingehauen waren und in denen später das Astgeflecht Halt finden sollte. »Hast du das gemacht?«

Tasso nickte.

»Gut! Du scheinst geschickt für solche Arbeiten zu sein. Arbeitest du bei einem Baumeister?«

»Nein, bei einem Händler. Wir sind im ganzen Chattenland und darüber hinaus unterwegs.«

»So? Dann hast du schon ziemlich viel gesehen, wie?«

»Ja, aber nicht so viel wie du.«

Mutrich sah seinen Sohn an. »Du bist jetzt … lass mich überlegen … genau fünfzehn, nicht wahr?«

Tasso nickte.

Sein Vater ging zu dem Beutel, den er mitgebracht hatte, und kramte darin. Dann legte er drei goldene Münzen auf den Tisch. »Wenigstens etwas habe ich, das bei euch den Ärger über meine Rückkehr lindern könnte. Ob es ausreicht, dass ich was zum Essen dafür kriegen könnte?«

Gerhild stand langsam auf. Während sie zu ihren Vorräten ging und Mehl und Öl vermengte, um Brot zu backen, sagte sie: »Du verwechselst da etwas. Ich ärgere mich nicht, dass du wiedergekommen bist, sondern dass du weggegangen und fortgeblieben bist und mich außerdem belogen hast, du kämst nie mehr wieder.«

»Warum bist du denn überhaupt wiedergekommen?«, wollte Tasso wissen.

»Ja«, ergänzte Gerhild, »wollte dich die reiche schöne Weinbergbesitzerin nicht mehr?«

»Sie starb.«

Keiner antwortete. Gerhild hängte die eiserne Pfanne über das Feuer. Mutrich sah ihr zu, und nach einer Weile fuhr er fort: »Ihre Verwandtschaft fürchtete wohl, ich wollte der Sippe den Weinberg wegnehmen, und fing an zu sticheln, Gerüchte über mich in Umlauf zu setzen und mich bei der Armee anzuschwärzen. Jedenfalls wurde mir der Boden zu heiß.«

Gerhild klatschte den Teig in die Pfanne, als sei der ihr persönlicher Feind. »Dann darf ich also daraus schließen, dass es nicht etwa die Sehnsucht nach deiner Familie war, die dich nach Hause getrieben hat. Sondern du bist wieder nur vor misslichen Verhältnissen davongelaufen.«

So viel Menschenkenntnis besaß Mutrich durchaus, dass er wusste, er würde den Streit nur anheizen, egal was er jetzt sagte. Also schwieg er.

Als der Brotfladen sich bräunte, nahm ihn Gerhild mit einem breiten Holzlöffel heraus und schob ihn auf den nackten Tisch. Mutrich setzte sich davor. Während Gerhild neuen Teig einfüllte, um auch für sich und ihren Sohn zu backen, holte Tasso einen Wasserkrug.

»Bier haben wir nicht«, sagte er.

Der Backvorgang dauerte etwas. Gerhild stellte inzwischen einen Topf mit Gänseschmalz auf den Tisch. Mutrich brach ein Stück vom Brot ab und strich es durch das Fett.

»Und wie stellst du dir die Zukunft vor?«, fragte Gerhild.

Mutrich zuckte die Achseln. »Ich weiß es noch nicht. Muss mich umsehen. Vielleicht kann ich in Armins Heer kämpfen.«

»Ja, am besten wieder gleich weit weg!« Es war nicht zu hören, ob sie darüber froh war oder ob sie es ihm vorwerfen wollte. Vielleicht wusste sie das selbst nicht.

Tasso sagte: »Es wird zurzeit nicht gekämpft. Und wenn kein Kampf ist, gibt es auch kein richtiges Heer. Das ist nicht so wie bei den Römern, wo die Legionäre immer zusammen sind.«

»Ich weiß. Aber vielleicht freut sich Armin über einen geübten Krieger, den er in seine eigene Truppe einbauen kann. Ein kleines Heer wird er doch wohl haben, auch wenn die anderen Fürsten mit ihren Leuten zu Hause sind.«

»Ich war vor einem Jahr da. Es zogen kleine Trupps von Männern umher und raubten überall, was sie zum Essen brauchten. Armin konnte sie nicht verpflegen. Aber sie wollten in der Nähe bleiben. Willst du etwa so ein Räuber und Beutejäger werden?«

»Du warst da?«

»Ja, ich habe auch mit Armin gesprochen.«

»Du? Mit Fürst Armin?«

»Ja. Die Räuber hatten uns den Karren mit allem Handelsgut weggenommen. Darüber haben wir uns bei Fürst Armin beschwert. Er hat uns auch den Verlust ersetzt, aus der Beute der Varusschlacht.«

Mutrich nickte anerkennend.

Gerhild sagte: »Wie wäre es denn mit anständiger Arbeit? Auf den Feldern zum Beispiel, oder bei einem Baumeister, oder beim Schmied?«

»Ich habe nichts anderes gelernt als Kämpfen.«

»Man lernt nie aus. Und so alt bist du ja noch nicht.«

Mutrich kratzte sich am dicht mit blonden Locken bewachsenen Kopf. »Wenn du mit einem Händler unterwegs bist, Tasso – gibt's da nicht auch eine Arbeit für mich? Zum Beispiel könnte ich eure Reisen zum Schutz begleiten. In so unruhigen Zeiten kann das doch nützlich sein.«

Tasso wusste nicht, was er antworten sollte, und sah seine Mutter an. Die sagte aber nichts und deutete noch nicht einmal durch ihren Gesichtsausdruck an, was sie davon hielt.

»Na, was denkst du? Frag ihn doch mal!«

Tasso meinte: »Wir haben meistens schon Schutz. Ich habe auch meinen Bogen dabei.«

»Du? Du hast einen Bogen? Zeig ihn mal!«

»Ich habe sogar im letzten Sommer beim Sonnenwendfest in Berffe das Bogenschießen gewonnen.«

»Tatsächlich?«

»Nicht bei den Kindern! Bei den Männern!«

»Alle Achtung! Ich kann ja richtig stolz auf dich sein!«

»Kannst du!«

»Zeig's mir mal! Nachdem da hinten keine Kühe und Ziegen mehr stehen, kannst du ja mal der Länge nach durch das ganze Haus schießen. Triffst du den Pfosten in der Mitte?«

»Das habe ich oft genug geübt. Sag mir, in welcher Höhe ich ihn treffen soll!«

»Wo rechts der Aststummel abgeht.«

Tasso nahm Bogen und Pfeil, zielte und schoss. Er traf genau.

»Sehr gut, Junge! Wirklich!«

»Willst du auch mal?«

»Ich bin mit dem Bogen nicht so vertraut.«

»Dann kannst du wohl nur mit dem Schwert kämpfen? Nicht auf Entfernung?«

»Na ja, einen Wurfspeer hatte ich auch immer. Es gibt da ja auch noch andere Möglichkeiten.«

»Welche?«

»Zum Beispiel diese.« Mutrich nahm das Beil, mit dem sein Sohn gearbeitet hatte, trat ans äußerste Ende des Raums zurück, ging in die Knie, damit ihn die geringe Raumhöhe nicht behinderte, und schleuderte es. Es drehte sich einmal in der Luft, flog zwischen den neuen Balken hindurch und fuhr dicht neben dem Pfeil in das Holz.

»Oh …«, staunte Tasso. »Wie machst du das, Vater? Das musst du mir zeigen!«

Gerhild bemerkte sehr wohl, mit welcher Selbstverständlichkeit Tasso das Wort »Vater« gebrauchte. In ihrem Innern, ohne dass ihr das klar war, spielte sich ein Kampf ab. Sollte sie glücklich sein, dass ihr Junge endlich einen Vater hatte, oder zornig, dass Mutrich ihr, nachdem er ihr all die Jahre gestohlen hatte, nun auch noch das Herz ihres Sohnes stahl? Sie konnte keine Antwort finden.

* * *

»Tasso ist da!«, rief Helga ins Haus hinein. »Und er hat noch jemanden mitgebracht.« Sie hob den Vorhang und ließ Vater und Sohn herein.

Theudebert saß neben dem Feuer und hatte den Enkel auf dem Schoß. Tjeff saß auf der anderen Seite und schnitzte an einem dicken Stück Holz. Ragest hatte die Mühle auf den Knien und war dabei, das Mehl für das Abendessen zu mahlen.

Alle, einschließlich dem Kleinen, sahen den Ankömmlingen entgegen und begrüßten sie mit ehrlich gemeinten freundlichen Worten. Dann ruhten die Blicke auf Mutrich.

»Das ist mein Vater Mutrich«, stellte Tasso vor.

»Dein …? Ich denke, er wäre tot!«, staunte Theudebert.

»Dachte ich auch, aber …«

»Aber es war ein Irrtum!«, nahm Mutrich das Wort. »Ich bin wohlbehalten und gesund zurückgekehrt. Du bist Theudebert, nicht wahr?«

»Ja, das ist Tjeff, mein Schwiegersohn, und dort sitzt Ragest, ein langjähriger Freund und Mitarbeiter. Setz dich, Mutrich. Helga bringt euch etwas zu trinken.«

Man setzte sich und trank. Dann stellte Theudebert die Frage: »Hast du deinen Sohn herbegleitet, damit ihm nichts passiert, Mutrich?«

Der Gefragte grinste etwas verlegen. »Eigentlich wollte ich … Habt ihr nicht etwas für mich zu tun?«

Keiner antwortete. Theudebert schien zu überlegen, die anderen taten, als hätten sie die Frage nicht gehört.

Nach einer Weile brummte Theudebert vor sich hin: »Hm. Hm.« Aber das war ja auch noch keine Antwort.

Mutrich erklärte: »Versteht ihr, ich meine nicht arbeiten auf dem Acker oder in Werkstätten. Das kann ich auch mal machen, in besonderen Fällen, aber das sollte eine Ausnahme bleiben. Ich habe nichts dergleichen gelernt.«

»Was hast du denn gelernt?«

»Kämpfen. Ich vermute, ihr braucht Leute, die eure Handelsreisen beschützen.«

Theudebert wiegte den Kopf. »Wir sind wohl auch bewaffnet, in der letzten Zeit auch mehr als früher. Aber wir hatten nie jemanden, der nur zu unserem Schutz mitgeritten ist.«

»Wie gesagt – arbeiten kann ich natürlich auch: aufladen, abladen, die Zugtiere ausschirren und versorgen, ein Nachtlager herrichten und Feuer machen – solche Dinge eben.«

Helga schenkte Bier nach.

Tasso sagte: »Du hast gesagt, Theudebert, dass du alt geworden bist und nicht mehr mitfahren willst. Da könnte doch mein Vater deinen Platz einnehmen.«

Theudebert nickte ein wenig, sprach aber erst nach einer längeren Pause weiter. »Ich will es dir erklären, Mutrich. Es sind zwei Fragen, die wir beantworten müssen. Die erste: Brauchen wir einen weiteren Mann, der ja auch ernährt werden muss und Lohn haben soll. Im eigenen Land, beim Stamm der Chatten, ist kaum mit Überfällen zu rechnen. Mich kennen sie überall, meine Freunde inzwischen auch, und sie wissen, dass es ihnen selbst schadet, wenn ich nicht mehr Handel treibe. Da gilt es höchstens mal einen gemeinen Dieb in die Flucht zu jagen. In den anderen Gebieten, etwa bei den Slawen oder unter dem losen Gesindel in der

Nähe Armins, da helfen zwei oder drei Bewaffnete auch nicht. Da sind die Angreifer meistens in der Überzahl.«

»Wenn das deine Erfahrung ist, kann ich nichts dagegen sagen«, antwortete Mutrich. »Außer, dass die Sicherung gegen gemeine Diebe oder auch gegen wilde Tiere doch einfacher ist mit einem geübten Krieger.«

»Die zweite Frage«, fuhr Theudebert ungerührt fort, »ist, ob zwischen uns Vertrauen besteht. Vertrauen ist wichtig, wenn man in so einer kleinen Gruppe reist und gemeinsam Gefahren besteht. Wir wissen von dir nur, dass du Tassos Vater bist und als Legionär gedient hast, mehr nicht.«

»Was willst du noch wissen? Frage!«

Theudebert winkte ab. »Die nächste Reise soll erst in einigen Tagen losgehen. Das Wetter ist noch ungeeignet, und wir warten auf eine Lieferung Salz, die auf dem Fluss kommt. Wir werden uns in der Zeit ein wenig kennenlernen und dann entscheiden. Bis dahin bist du unser Gast.«

Damit waren alle einigermaßen zufrieden. Tasso und wohl auch sein Vater hatten sich die Sache einfacher vorgestellt. Aber es war ja nun noch alles offen.

Helga bat: »Erzähle uns etwas über Germanicus. Er hat jetzt das Kommando über die Rheinarmee, seit Tiberius Kaiser geworden ist. Was ist er für ein Mensch?«

»Das weiß ich auch nicht so genau«, antwortete Mutrich. »Das Römische Reich ist groß, und auch wenn die Gerüchte im Heer schnell laufen, weiß man vieles nicht, was weit entfernt geschieht. Es heißt nur, er sei ein guter Feldherr, mutig und entschlossen, aber nicht draufgängerisch, eher umsichtig.«

»Das zeichnet einen guten Feldherrn aus«, nickte Theudebert.

Tasso fragte: »Wie denn – ein Germane ist römischer Feldherr? Armin war zwar auch Heerführer, aber doch nicht über so viele Legionen …«

Sein Vater, Helga und Theudebert lachten. »Nein, er ist kein Germane«, erklärte Mutrich. »Er hat sich diesen Namen zugelegt, weil er sich als Germanenbezwinger versteht. So was machen sie in Rom manchmal. Er will sein ganzes Leben der Aufgabe widmen, alle germanischen Stämme zu guten römischen Bürgern zu machen.«

»Das hört sich nicht gut an«, stellte Helga fest.

Theudebert meinte: »Wahrscheinlich hat ihn schon sein Vater so erzogen. Das war Drusus, der mit seinem Heer bis zur Elbe marschiert war.«

»Und der dann vom Pferd fiel!«, ergänzte Tasso.

»Richtig.«

»Jedenfalls«, fügte Mutrich noch hinzu, »wird Germanicus nicht den Fehler von Varus machen, schlecht vorbereitet über den Rhein zu kommen.«

Theudebert setzte seinen Becher ab, wischte sich den Schaum vom Mund und sagte: »Auch das hört sich nicht gut an. Zumal wir zurzeit auf einen gut geführten Angriff schlecht vorbereitet sind.«

»Wieso? Was meinst du?«, fragte Mutrich.

»Die Herren streiten sich wieder. Armin mit Segestes. Es kam vor wenigen Tagen einer hier vorbei, der erzählte, Armin habe Thusnelda, die Tochter von Segestes, entführt, um sie zu heiraten. Ich weiß nicht, ob das stimmt. Manchmal ist es auch Unsinn, was erzählt wird. Aber denkbar ist es schon. Was Armin sich in den Kopf gesetzt hat …«

Helga meinte: »Wenn entführt, dann sicher nicht gegen ihren Willen, höchstens gegen den ihres Vaters.«

Mutrich stöhnte. »Dass ausgerechnet die beiden Cheruskerfürsten sich so in den Haaren liegen! In dieser Gefahr sollten sie zusammenstehen!«

»Die Spannung geht sogar durch Armins eigene Familie«, wusste Theudebert zu berichten. »Sein jüngerer Bruder Flavus steht treu auf römischer Seite. Nur sein alter Vater Sigimer unterstützt wohl Armins Weg. Aber er kann nicht mehr viel tun, um ihm zu helfen.«

Tasso fragte: »Vater, wenn Germanicus uns angreift, kämpfst du dann mit in Armins Heer?«

»Darauf kannst du dich verlassen, Junge!«

»Ich meine nur, weil du doch früher …«

»Es kämpfen ja sogar die römischen Germanen gegen die germanischen Germanen. Ich will damit sagen: Was früher war, zählt nicht. In diesen unruhigen Zeiten schon gar nicht. Ich lebe jetzt hier, also bin ich auf Armins Seite.«

Ragest, der immer Mühe hatte, solche Gespräche zu verfolgen, sprach auf einmal Mutrich an: »Du, kannst du würfeln?«

Mutrich ließ sich kein Erstaunen über diese etwas beschränkt wirkende Frage anmerken.

»Wenn du es mir zeigst und mir die Regeln erklärst …«

Der Abend verging mit Trinken, Würfelspiel und leichtem Plaudern.

Am nächsten Morgen aber gingen Vater und Sohn gemeinsam zur

Weide. Das Pferd war schon eingeritten worden, zum Teil von dem Bauern, der es versorgte, zum Teil von Tasso selbst im vorigen Jahr. Aber längere Ritte hatte Tasso noch nicht auf ihm unternommen. Das sollte nun bevorstehen, wenn sie ihre Reise in den Süden des Chattenlandes machen würden.

»Ein schönes Tier!«, stellte Mutrich fest und tätschelte Leonides. »Sollen wir gemeinsam ein Stück reiten?«

»O ja!«

Mutrich nahm eins der slawischen Pferde, die noch nicht verkauft waren, und begleitete seinen Sohn auf einem kleinen Ritt entlang der Weser.

»Woher hat dein Pferd diesen Namen, Tasso? Leonides – das ist Griechisch.«

Tasso hatte oft darüber nachgedacht, ob er seinem Vater von seinem Freund erzählen sollte, hatte sich dann aber dagegen entschieden. Das mit Leonides hing ja auch mit Hadrich zusammen, und diesem Thema wollte er nicht nahekommen. Außerdem war er sich nicht sicher, ob sein Vater das Geheimnis so hüten würde, wie er selbst es für richtig hielt.

Aber dass sein Vater nach dem Ursprung des Namens fragen könnte, daran hatte er gar nicht gedacht. Manchmal war er wirklich noch sehr kindlich einfältig, schalt er sich selbst.

»Leonides war nämlich ein griechischer Feldherr.«

Mit der Erklärung ging Mutrich über seine eigene Frage hinweg. Sie ritten auf dem Weg, der sich nun etwas vom Flusslauf entfernte.

»Du, Vater?«

»Ja?«

»Ich muss dich mal was fragen …«

»Das tust du doch schon die ganze Zeit! Nur zu!«

»Sind wir dumm?«

»Wer? Du und ich?«

»Nein, die Germanen meine ich. Wenn ich höre, die anderen Völker können große Schiffe bauen und große Häuser aus Steinen, die aufeinanderkleben. Sie können mit schwarzem Saft Zeichen auf eine helle Fläche machen, und ein anderer kann später den Sinn daraus verstehen. Sie können so vieles, das wir nicht können. Sind wir zu dumm dazu? Sag mal ganz ehrlich!«

Mutrich lachte. »Nein, Tasso, wir sind nicht zu dumm dazu. Höchstens dein Freund Ragest. Sieh mal, die Römer haben vieles von den Griechen gelernt. Die Griechen haben vieles von den Kretern und den Ägyptern und den Völkern Asiens gelernt. Jedes Volk hat von anderen Wissen übernommen, aber natürlich selbst auch Wissen hinzugefügt. Sieh dir die Gallier an. Sie haben früher gelebt wie wir. Aber seit vor einem guten halben Jahrhundert die Römer eingezogen sind, hat sich so vieles verändert. Sie haben jetzt auch Bäder und weite Wasserleitungen, viele können schreiben. Sie machen Glas, sie bauen feste Straßen, sie bauen Brücken, dass man bei den Flüssen nicht durchs Wasser muss ...«

»Aber dann ...«

»Ja? Sprich weiter, Tasso!«

»Dann müssten wir uns ja freuen, wenn die Römer unser Land besetzen! Dann lernen wir das alles auch!«

Mutrich nickte. »Es gibt ja auch Leute, die so denken. Segestes zum Beispiel oder Armins Bruder Flavus. Aber ich meine – und vermutlich denkt Armin auch so –, dass es möglich sein muss, von den Römern zu lernen, ohne dass sie uns beherrschen.«

»Ja, das stimmt. Das müsste doch gehen!«

»So gesehen hast du einen guten Beruf, mein Sohn. Wenn du größer bist, solltest du auch in Gebiete reisen, wo die Römer schon sind. Bring von da Waren und Wissen in unser Land.«

»Ja, das will ich tun.«

»Komm, wir kehren wieder um!«

Zwei Tage später kamen Tassos alte Bekannte Harmbrecht und Wisbert. Sie brachten das Salz, auf das Theudebert gewartet hatte. Tasso hatte die zwei Tage genutzt, um sich viel mit seinem Vater zu unterhalten und um sein Pferd besser kennenzulernen. Stundenlang ritten sie umher. Einmal begleitete Ragest sie, aber sonst ritten sie zu zweit.

Am Abend vor der Abreise, als sie beim Essen saßen, begann Theudebert mit dem Thema, das Mutrich die ganze Zeit beschäftigt hatte, ohne dass er gewagt hätte, danach zu fragen. Er wollte nicht als Drängler erscheinen.

»Meinetwegen kannst du mitreiten, Mutrich.«

»Ich werde dich nicht enttäuschen.«

»Unter einer Bedingung.«

»Welche?«

»Lass mich zunächst erklären. Ich wollte eigentlich noch einmal mitfahren, um Tasso in viele Geheimnisse des Handels einzuweihen. Aber ich bringe nicht mehr die Kraft dafür auf. Dann dachte ich: Tasso hat schon viel gelernt, und wenn Tjeff ihn unterstützt, geht es auch ohne mich. Mit Ragest natürlich. Aber nun habe ich es mir noch anders überlegt. Es wäre schön, wenn Tjeff hierbleiben könnte. Er sollte nicht so lange von seiner jungen Familie fort sein. Außerdem gibt es eine Menge Dinge, die hier in Ordnung gebracht werden müssen. So könntest du Tjeffs Platz einnehmen. Einer lenkt die Pferde, die anderen beiden reiten. Ihr könnt euch ja abwechseln. Übrigens solltet ihr bei Isbert, dem Wagner in Berffe, vorbeifahren und fragen, ob bis zu eurer Rückkehr der Wagen fertig ist, den ich bei ihm bestellt habe.«

»Einen neuen Wagen?«, fragte Tasso.

»Ja, einen vierrädrigen. Da könnt ihr in Zukunft fast doppelt so viel laden. Ihr nehmt zwei Pferde zusätzlich mit. Wenn Isbert sagt, dass er den Wagen fertigkriegt, lasst die Pferde da und spannt sie vor, wenn ihr zurückkommt. Wenn er aber nicht fertig wird, nehmt die Pferde mit und versucht sie günstig zu verkaufen.«

»Verstanden«, sagte Mutrich.

»Du und Tasso und Ragest – ihr könntet eine erfolgreiche Handelsreise machen, wenn ihr Folgendes beachtet: In allen Fragen des Handels – Wert der Waren, was ist gegen was zu tauschen, wo geht ihr auf einen Markt, welche Leute besucht ihr direkt – in all diesen Fragen bestimmt Tasso! Ich weiß, dass es für einen Vater schwer ist, sich den Worten des Sohnes zu fügen, besonders, wenn er so jung ist. Aber ich habe ihn in vieles eingewiesen, und er hat Geschick dazu. Nur wenn du mir versprichst, wenn du mir schwörst bei Odin oder welche Götter dir sonst heilig sind, dass du das anerkennst – nur dann lasse ich dich mitreiten. In Fragen, die nicht den Handel betreffen – also etwa, wo ein Nachtlager aufgeschlagen wird, wie ihr euch in Gefahr verhaltet und dergleichen – da sollst du die Führung übernehmen.«

»Ich bin damit einverstanden. Und den Schwur, den du von mir willst, leiste ich dir hiermit bei Odin und bei Jupiter und bei allen sonstigen Göttern.«

* * *

Als sie in den Hof der Schmiede einfuhren und -ritten, blickte sich Tasso gleich nach der Bank um, auf der Sello immer saß. Die Nachmittagssonne schien dorthin, also war zu erwarten, dass der Alte wieder seine gichtigen Glieder bescheinen ließ. Aber niemand saß dort.

In der Schmiede arbeiteten Vater, Sohn und Knecht. Mutter und Tochter waren nicht zu sehen.

»Ich grüße euch, ihr drei!«, rief Hortwin und kam ihnen entgegen, weil er sowieso gerade warten musste, dass ein Werkstück wieder heiß wurde. »Na, Mutrich, bist du jetzt auch Händler?«

»Nein, nur Begleiter. Der eigentliche Händler ist Tasso.«

Sie begrüßten sich.

Tasso sagte: »Ich hoffe, du hast nichts dagegen, Hortwin, dass wir Wagen und Pferde über Nacht hier stehen lassen?«

»Nein, natürlich nicht! Ihr seid doch alte Freunde.«

»Die Tiere versorgen wir selbst. Ragest bleibt auch über Nacht als Wache hier, wenn mein Vater und ich zu Hause schlafen.«

»Ist gut. Ich habe einige gute Schwerter und Speerspitzen. Die kannst du im Süden sicher gut loswerden.«

»Damit haben wir auch gerechnet.«

Auch Gerwin war herangekommen, und sie begrüßten sich. Der Knecht, der immer etwas menschenscheu war, arbeitete lieber weiter.

»Ich bin auch mit Isbert im Gespräch«, sagte Hortwin. »Er will für euch einen Wagen machen, so einen neuartigen mit vier Rädern. Ich muss ihm dafür wieder die Eisenteile liefern. Ich staune! Ihr wollt wohl hoch hinaus?«

»Ja, so lange das Geschäft gut geht, muss man die Gelegenheit nutzen.«

Mutrich lachte. »Hör dir meinen Sohn an! Klingt er nicht schon wie ein richtiger Händler?«

Hortwin rief ins Haus: »Gundis! Wir haben Gäste, bring etwas zu trinken!«

Ragest schirrte die Pferde aus, band sie an der dafür vorgesehenen Stange an und schüttete Futter in einen Trog, in einen anderen das Wasser, das sie mitgebracht hatten, als sie dicht am Bach vorbeigekommen waren.

»Ich weiß nicht, ob ihr es wisst«, sagte Hortwin, »mein Vater ist gestorben.«

Tasso durchzuckte es schmerzhaft. Sello, der freundliche Alte, der ihn so gerngehabt und den er gemocht hatte! Der am meisten wusste von den Göttern und all den alten Geschichten! Ob er jetzt in Walhall war, wie er immer geglaubt hatte? Ob nun manches von den uralten Überlieferungen in Vergessenheit geriet? »Vor zehn – nein, vor elf Tagen schon. Aber ihr wart ja nicht da.«

»Es tut mir leid!«, stammelte Tasso.

»Kommt, setzt euch!«, forderte Hortwin sie auf und zeigte auf die Bank, auf der Sello zuletzt so oft gesessen hatte.

Mutrich sagte: »Danke. Lass mich noch ein Weilchen stehen. Wir reiten schon den ganzen Tag.«

Da kam Gundis. Sie hielt in der rechten Hand einen Krug, in der linken den untersten von mehreren aufeinandergestapelten Bechern, von denen sie den obersten mit dem Kinn sicherte. Als sie Tasso bemerkte, blieb sie überrascht stehen, sodass der Turm der Becher fast runtergefallen wäre.

Freudig überrascht, wie Tasso glaubte festgestellt zu haben. Von den anderen hatte es niemand bemerkt.

Alle, auch Gundis und Gerwin, setzten sich dazu, als eingeschenkt war. Es wurde eine Weile ungezwungen geplaudert. Tasso und Gundis beteiligten sich nicht daran. Sie hatten es so einrichten können, dass sie nebeneinandersaßen. Tasso ließ sich von Gundis, die den Krug vor sich auf der Erde stehen hatte, nachschenken und berührte dabei wie zufällig ihre Hand.

Er kannte das Gefühl schon, das ihn dabei durchfuhr. Trotzdem war es wieder überraschend stark und schön.

Sie sahen sich in die Augen.

»Vorsicht!«, rief Gerwin. »Du schüttest ja die Hälfte neben Tassos Becher!«

Gundis erschrak und riss sich zusammen.

»So«, sagte Hortwin, »das war Pause genug. Auf, Sohn, wir haben noch eine Menge zu tun!«

Mutrich stand auch auf. »Und wir zwei gehen am besten gleich zu Isbert, dem Wagner. Einverstanden, mein Häuptling?« Er klopfte Tasso lachend auf die Schulter.

»Ja. Wie? Zu Isbert, ja, natürlich.«

Auf dem Weg sagte Mutrich: »Was ich noch sagen wollte, Tasso … äh … geh du heute Abend alleine nach Hause zu deiner Mutter!«

»Alleine? Warum? Kommst du später nach?«

»Nein, ich bleibe hier. Ich … äh … bleibe bei Ragest, um Wagen und Pferde zu bewachen.«

»Du willst nicht nach Hause … aber warum?«

»Ich sage doch, ich fühle mich verantwortlich für unsere Sachen …«

»Aber im Hof passiert doch nichts! Erst recht nicht, wenn Ragest da ist!«

»Frag nicht weiter! Es ist besser so.«

Tasso schwieg. Sein Vater wollte nicht nach Hause! Es war etwas zwischen ihm und Mutter! Gut, am Anfang, da war sie sehr verärgert gewesen. Das war verständlich. Aber Tasso hatte gedacht, das hätte sich in den folgenden Tagen gegeben.

Isbert hatte schon angefangen mit dem Wagen, war sich aber sicher, dass er nicht fertig werden würde, bis sie von ihrer Handelsreise nach Süden zurückkämen.

»Kommt, ich zeige euch den Kasten mit dem Teil, das sich dreht für die vorderen Räder. Dann könnt ihr sehen, wie die Bewegung abläuft. Und ihr könnt euch ein Bild davon machen, wie groß der Wagen wird.«

Isberts Sohn arbeitete in einer Ecke des Hofes mit einem weiteren Mann an einem wirklich großen Kasten. Er hob grüßend die Hand, in der er das Stemmeisen hielt, und wandte sich dann wieder den Zapflöchern zu.

»Ihr seht, ich nehme verschiedenes Holz, je nach der Aufgabe, die das Teil später hat. Hier werde ich Hortwin bitten, mit Eisenteilen zu verstärken. Und dann muss Hortwin natürlich die eisernen Reifen um die Räder machen.«

»Wie denn …?« Mutrich zeigte auf einige Scheibenräder, die an der Wand standen. »Macht ihr etwa solche Räder? Keine mit Speichen?«

»Du meinst diese dünnen Stäbe, die den äußeren Ring mit der Mitte verbinden? Nein, das machen wir nicht. Ich weiß, dass die Römer so ihre Räder machen. Aber ich habe keine Erfahrung damit. Der Meister, bei dem ich gelernt habe, hat mir auch davon erzählt. Sie haben Speichenräder für die Fürsten gemacht und für die Götter. Sie wurden bei den heiligen Umzügen benutzt. Aber für die Bauern und Händler war das zu teuer. Da reichten die Scheibenräder. Darum habe ich es nicht gelernt.«

»Aber die Räder sind deutlich leichter und sogar fester. Man glaubt es nicht, weil so viel Luft dazwischen ist, aber sie sind wirklich fester.«

»Ich glaube es dir, Mutrich. Die Stäbe können viel Druck aushalten, wenn die Maserung des Holzes so verläuft wie der Stab, genau zur Mitte hin. Aber ich weiß nicht genau, wie die Räder zusammengesetzt sind. Ich würde es herausfinden, wenn ich verschiedene Versuche machen könnte. Aber so was dauert lange, und wer bezahlt es mir?«

Tasso fragte: »Kannst du dir nicht so ein Rad genau ansehen und dann nachmachen?«

»Ich habe ja keins.«

Mutrich überlegte. »Wenn ich dir von unserer Reise ein Speichenrad mitbringe – kannst du es dann nachbauen?«

»Sicher.«

»Dann warte mit den Rädern! Mach erst alles andere! Ich bringe dir ein Rad.«

»Aber woher willst du …? Die Chatten im Süden haben auch alle nur Scheibenräder!«

»Von den Römern. Lass das meine Sorge sein!«

»Gut, wenn ihr es so wollt …«

Sie verabschiedeten sich.

Eigentlich wollte Tasso gleich von hier aus nach Hause gehen, aber er entschloss sich, seinen Vater zurück zur Schmiede zu begleiten. Er hoffte, Gundis noch einmal zu sehen und vielleicht alleine sprechen zu können.

So kam es auch. Als Vater und Sohn Ragest nicht auf dem Hof sahen, gingen sie ins Haus. Dort saß er und spielte mit einem jungen Hund. Gundis und ihre Mutter versuchten, sich mit ihm zu unterhalten, aber das war ein schwieriges Unterfangen, weil Ragest selten mehr als »ja« oder »nein« sagte.

Mutrich und Tasso setzten sich dazu. Nach einer Weile ging Gundis hinaus, um auf der Weide hinter dem Haus die einzige Kuh, die sie besaßen, zu melken. Tasso folgte ihr.

Während Gundis auf dem Melkschemel saß und ihre Arbeit verrichtete, stand Tasso daneben und wusste nicht, wie er ein Gespräch beginnen sollte.

»Du bist …« Er wollte sagen, dass sie in den vergangenen Monaten noch schöner geworden war. Das stimmte auch. Aber im letzten Augenblick traute er sich doch nicht.

Sie sah ihn an und wartete darauf, dass er den Satz vollendete.

»Du bist sehr geschickt.«

»Beim Melken? Na, hör mal – das ist doch nichts Besonderes!«

Sie schwiegen wieder.

Dann fiel Tasso noch etwas ein, was er sagen könnte. »Es tut mir leid, dass dein Großvater gestorben ist.«

»Ja«, nickte Gundis, »er war lieb. Manchmal ein bisschen eigensinnig. Er nahm es sehr genau mit den Göttern und so. Aber ich habe ihn sehr gerngehabt.«

»Ich weiß. Er war ja mal mit mir bei der Donareiche und …«

Tasso stockte.

»Und?«, fragte Gundis. »Was ist?«

»Er … er … das fällt mir erst jetzt ein! Dass ich da gar nicht dran gedacht habe!«

»Woran denn? Mensch, Tasso, aus dir etwas herauszuholen, ist schwieriger, als den letzten Rest Milch aus dem Euter zu melken.«

»Mein Gebet ist erhört worden! Ich habe bei der Donareiche ein Huhn geopfert und Donar gebeten, dass mein Vater zurückkommen soll. Dann bekamen wir die Nachricht, er sei tot. Das habe ich Sello damals gesagt, und er hat gemeint, ich sollte trotzdem überzeugt sein, dass mein Gebet erhört würde. *So ein Unsinn!*, habe ich damals gedacht. *So ein Unsinn!*«

»Aber er hatte recht.«

»Ja. Ich hatte es völlig vergessen. Auch als mein Vater zurückkam, ist mir nicht eingefallen, dass ich das von Donar erbeten hatte.«

»Willst du ihm jetzt ein Opfer bringen? Zum Dank?«

»Äh – ich weiß nicht. Meinst du, ich sollte?«

»Das musst du selbst wissen.«

Als sie ins Haus traten, wollte er seinem Vater gleich von der Sache erzählen. Aber als er ihn sah, hielt ihn irgendetwas ab. Die Spannung zwischen Vater und Mutter hatte auch seinem Verhältnis zu Mutrich etwas von seiner Unbefangenheit genommen. Vielleicht … vielleicht war es ja gar nicht so ein großes Glück, dass er wieder da war? Wer konnte wissen, was für Konflikte es noch geben würde?

Gundis' Mutter unterbrach seine Gedanken. »Wenn du noch nach Hause willst, Tasso, dann solltest du jetzt gehen. Es wird sonst zu spät!«

»Ja«, sagte Tasso und stand auf. Von seinem Vater wollte er sich nicht besonders verabschieden. Nicht, wenn er selbst zu Mutter ging und Vater absichtlich hierblieb! Von Gundis hätte er sich gern persönlich verabschiedet, aber er traute sich nicht, hier, wo alle zuhörten und zusahen. So sagte er nur laut »Gute Nacht« und ging hinaus.

* * *

Eine Gruppe von zwanzig oder fünfundzwanzig Männern und Jungen stand um die drei Händler herum.

»Es sind meisterhafte Waffen!«, rief Mutrich und hielt einen von Lowarts Bogen hoch. »Glaubt ihr's nicht? Seht her, ich werde es euch zeigen!«

Er suchte eine Richtung, in die er schießen konnte, ohne einen Menschen zu gefährden, und ließ den Pfeil in einem hohen Bogen auf eine Wiese hinausfliegen. Anerkennendes Nicken der Männer belohnte den Schuss.

Mutrich beugte sich zu einem sieben oder acht Jahre alten Jungen, der mit großen Augen zu ihm aufschaute. »Möchtest du auch mal schießen?«

Der Junge nickte.

»Dann lauf und such den Pfeil! Wenn du ihn wiederbringst, hast du drei Schüsse frei.«

Der Junge rannte davon.

»Mein Sohn wird euch jetzt zeigen, wie genau man mit diesen Bogen treffen kann, wenn man nur ein wenig geübt hat. Gebt ihm ein Ziel vor. Nur nicht zu weit entfernt, denn ihr seht, seine Oberarme müssen noch etwas dicker werden.« Er fasste Tasso an den Arm. Dem war das etwas peinlich, und er ärgerte sich. Die Leute lachten. Einer rief: »Mach deinen Sohn nicht schwächer, als er ist! Ich kenne einige ausgewachsene Männer, deren Oberarme gut in seine reingingen, wenn sie hohl wären.«

Wieder lachten die Männer und schauten sich untereinander an, wer damit wohl gemeint war.

»Du hast vollkommen recht, Freund. Ich bin auch sehr stolz auf meinen Sohn! Also – ein Ziel!«

Einer rief: »Meine Schwiegermutter jätet da hinten im Garten. Versuche mal, ob du sie triffst!«

Schallendes Gelächter.

Mutrich rief, als es wieder ruhiger war: »Ihr dürft es meinem Sohn nicht zu schwer machen! Bewegliche Ziele sind nicht so einfach.«

»Na gut«, antwortete der Witzbold von eben, »dann muss ich das wohl selber machen. Aber nimm unseren Apfelbaum dort! Den rechten von den beiden!«

Tasso legte an und schoss. Der Pfeil steckte im Stamm. Anerkennende Pfiffe und Worte waren zu hören.

Mutrich rief: »Also, Männer, kauft einen dieser herrlichen Bogen! Wenn ihr dann nicht trefft, egal ob ihr auf Bäume zielt oder Hasen oder Römer oder Schwiegermütter – dann liegt es nicht an der Waffe, sondern an euch. Seht euch auch gut die wunderbaren Schwerter an, die unser Freund Ragest hier ausgebreitet hat. Bedient euch – gegen Bezahlung natürlich. Ihr werdet sie gut gebrauchen können. Germanicus kommt bestimmt!«

Die Männer besahen sich die Waffen genau, wogen sie in der Hand, prüften die Schärfe der Schwerter mit dem Daumen. Mutrich redete weiter auf sie ein.

Dann kam der Junge wieder. Er hatte tatsächlich den Pfeil gefunden. Seine drei Schüsse waren ziemlich klägliche Versuche, die ihm spöttisches Gelächter seiner Altersgenossen einbrachten. Mutrich aber lobte ihn wie einen Meisterschützen.

Tasso und Ragest hatten währenddessen die Männer sorgfältig im Auge. Bei so viel Durcheinander konnte schon mal etwas verschwinden, wussten sie aus Erfahrung.

Als die Gruppe sich allmählich aufgelöst hatte, waren drei Bogen, zwei Schwerter und ein Dolch verkauft. Ein gutes Ergebnis!

Sie räumten wieder alles zusammen und packten es in den Karren. Tasso fragte: »Wo ist denn der leere Salzkrug?«

»Was meinst du?«, fragte Ragest zurück.

»Als wir vorgestern Salz verkauft haben, habe ich von einem den leeren Krug vom vorigen Jahr zurückbekommen. Die Leute wissen, sie kriegen dann das Salz etwas billiger.«

»Ich weiß. Theudebert hat es immer so gemacht.«

»Den leeren Krug habe ich hier hingestellt. Im Stroh, wo auch die vollen stehen. Da ist er nicht mehr.«

Mutrich kam heran. »Das ist schon in Ordnung, Tasso.«

»Wieso? Was ist mit dem Krug?«

»Ich habe uns etwas zusätzlich verdient. Hier, ich teile es gerecht mit euch.« Er holte ein paar kleine Münzen aus der Tasche und hielt sie ihnen hin. Aber weder Tasso noch Ragest nahmen sie.

»Guckt nicht so begriffsstutzig! Ihr könnt das Geld ruhig nehmen!«

Als immer noch niemand reagierte und die Blicke immer fragender und zorniger wurden, erklärte er schließlich: »Ich habe in den Krug Steine eingefüllt. Und in einen anderen auch. Das Salz, das in dem anderen war, habe ich obendrauf getan. So habe ich zwei Salzkrüge verkaufen können und bin nur einen losgeworden. War das nicht ein guter Einfall?«

»Vater! Wie kannst du so etwas machen! Das ist Betrug!«

»Es hat doch niemand bemerkt!«

»Noch nicht! Aber wenn sie es merken, werden sie nie wieder etwas von uns kaufen. Und alle Nachbarn, denen sie es erzählen, auch nicht. Verstehst du denn nicht, was du uns damit für einen Schaden zufügst?«

»Unsinn!« Mutrich wandte sich ab.

»Gib mir das Geld!«, forderte Tasso und trat vor ihn hin.

»Du bist verrückt, Junge! Ich hätte dir gar nicht erzählen sollen, was ich gemacht habe. Vergiss das! Wir fahren weiter.«

Ragest stand plötzlich da, dicht vor Mutrich. Er war mehr als einen Kopf kleiner, aber er richtete sich so hoch auf, wie es ihm möglich war.

»Ich weiß genau, was Theudebert gesagt hat!«, grollte er. »Tasso ist der Häuptling.«

Mutrichs Augen blitzten. »Willst du mir etwa drohen, du Ochse?« Ragest antwortete nicht. Worte waren nicht seine Waffe. Aber er blieb ruhig und breitschultrig stehen und drängte Mutrich damit fast gegen das Pferd.

»Tasso, sag deinem beschränkten Freund, er soll nicht einen Streit mit mir anfangen! Da zieht er doch den Kürzeren.«

»Den Streit hast du angefangen!«, antwortete Tasso. Er zitterte dabei, aber er versuchte, es sich nicht anmerken zu lassen. »Du hast die Regeln gebrochen!«

»Die Regeln! Beim Jupiter, was für Regeln?«

»Fragst du das im Ernst? Hast du noch nie davon gehört, dass man nicht betrügen soll? Und wenn dir solche Regeln unbekannt sind, dann kennst du aber sicher die, die Theudebert aufgestellt hat: Ich mache die Geschäfte, nicht du!«

»Ach, und wer verkauft die Waffen am besten? Ihr hättet noch kaum ein Schwert oder einen Bogen verkauft!«

Das stimmte. Tasso konnte dagegen nichts sagen. Aber das war auch nicht nötig, denn sein Vater ließ schon am Tonfall seiner Sätze erkennen, dass er nachgeben wollte. Mit Ragest hätte er sich gestritten, auch mit

Gewalt, aber nicht mit Tasso. Er holte das Geld wieder hervor und warf es auf den Boden. »Werde glücklich damit!«

Tasso nahm das Geld, ließ sich die Männer beschreiben, die betrogen worden waren, band einen vollen Salzkrug an seinem Sattel fest und schwang sich auf.

»Bleibt auf dieser Straße! Ich hole euch wieder ein!« Damit preschte er davon.

Ein merkwürdiges Hochgefühl durchströmte ihn. Er war Sieger geblieben gegenüber seinem Vater!

Andererseits war da aber auch Trauer. Trauer, dass sein Vater so war. Wie war er denn? Leichtsinnig? Böse? Durchtrieben? Unzuverlässig? Tasso konnte sich nicht für einen Begriff entscheiden, wollte es auch nicht. Äußerlich war sein Vater ein großer, starker Mann. So hatte er ihn sich als Kind immer vorgestellt. Auch die Güte ihm gegenüber, von der er geträumt hatte, fehlte nicht. Und doch war da etwas Enttäuschendes. Was war das genau?

Manchmal hatte Tasso den Eindruck, er selbst wäre der Mann und sein Vater das Kind. Aber das war natürlich Unsinn. Oder?

* * *

Tasso staunte. So einen breiten Fluss hatte er noch nie gesehen.

Sie konnten von hier oben ein weites Tal überblicken. Unten wälzte sich der Strom gemächlich dahin. Auf der anderen Seite erhoben sich auch Hügel.

Direkt unter ihnen aber war etwas zu sehen, das Tasso noch mehr fesselte: Häuser aus Steinen! Wie ein felsiges Gebirge sah das da aus, nur dass alle Wände genau senkrecht und alle Winkel wie in einem sorgfältig vermessenen Viereck waren.

»Das ist das Bad der Römer«, erklärte Mutrich. »Hier unten sind die heißen Quellen. Die wollten sich die Römer mit ihrer Lust am Baden nicht entgehen lassen. Deshalb sind sie überhaupt an dieser Stelle auf unserer Seite des Rheins.«

»Ich muss mir die Häuser genau ansehen!«

»Bleib lieber hier, Tasso! Ich gehe alleine hin und verkaufe die Bernsteine. Ich spreche ihre Sprache und falle nicht auf.«

»Du hast gesagt, hier wimmelt es von Germanen. Wir können hier handeln!«

»Na ja, wimmeln war vielleicht etwas übertrieben. Aber es stimmt schon, dass ich mich nicht als Römer ausgeben muss. Viele treiben hier Handel. Aber wenn sie rauskriegen, dass wir aus dem Norden kommen, nah an Armins Cheruskern ...? Und außerdem könnte der reiche Schatz an Bernstein den einen oder anderen verlocken, ein paar windige Gesellen zusammenzurufen und sie sich ohne Bezahlung zu holen. Nein, nein, das ist nichts für dich. Bleib du hier und bewache die Pferde! Ich komme wahrscheinlich noch vor Einbruch der Nacht wieder.«

Tasso war enttäuscht, aber er wollte es nicht wieder auf einen Streit mit seinem Vater ankommen lassen. Außerdem war Ragest nicht hier. Den hatten sie mit dem Wagen jenseits der Taunusberge zurückgelassen. Ohne den Karren, nur zu Pferde, war der Abstecher hierher schnell zurückgelegt. Die Begründung, dass man den Bernstein hier teurer verkaufen konnte, zumal Mutrich in lateinischer Sprache mit den Römern verhandeln konnte, hatte auch Ragest eingeleuchtet.

Tasso nahm das Pferd seines Vaters am Zügel und ritt zu einem kleinen Waldstück, das sie als Treffpunkt ausgemacht hatten. Auch die Waffen – bis auf ein Messer – hatte Mutrich ihm gegeben. Er wollte nicht hoch zu Ross und schwer bewaffnet wie ein Krieger unter den Römern erscheinen.

Jetzt galt es zu warten.

Mit Schießübungen und ein wenig Schlaf verbrachte er den Tag.

Es begann zu dämmern. So war er nicht erstaunt, als er seinen Vater den Berg heraufkommen sah.

Sein Vater winkte ihm. Tasso prüfte noch einmal die Seile, mit denen die Pferde angebunden waren, und ging ihm entgegen.

»Ich hab deinen Wink nicht verstanden. Wolltest du, dass ich ohne die Pferde komme?«

»Ja. Ich brauche deine Hilfe.«

»Wozu?«

»Du wirst sehen.«

Sie gingen nicht direkt auf die steinernen Häuser zu, sondern etwas höher am Hang entlang. Der Weg, nur ein Fußpfad, war uneben und steinig, sodass sie jetzt darauf achten mussten, wohin sie ihre Füße setzten.

Endlich standen sie oberhalb von einem bäuerlichen Gehöft. Die breitere Straße führte von unten dorthin. Sie gingen daran vorbei, so weit, dass, falls es dort einen Hund geben sollte, der nicht anschlug. Weiter hinten auf einer Wiese, neben einem Schuppen, stand ein vierrädriger Wagen. Es war jetzt so dunkel, dass Tasso den Wagen erst sah, als sie zehn Schritte davorstanden.

»Was willst du hier?«, fragte Tasso, unwillkürlich flüsternd.

»Ein Rad. Ich hab's doch versprochen.«

»Wie denn? Du willst ... ein Speichenrad ... einfach stehlen?«

»Natürlich! Ich habe schon gesehen, in dem Schuppen ist das Holz, das wir brauchen. Hier.«

Mutrich öffnete den Schuppen und zeigte auf einen kurzen Balken.

»Fass mal an!«

Tasso war noch nicht mit der wie selbstverständlich hingeworfenen Antwort auf seine Frage fertig. »Aber du kannst doch nicht ...«

»Nun beeil dich doch! Wir haben nicht die ganze Nacht Zeit!«

Tasso bückte sich und packte an. Er war überrumpelt und konnte keine Gegenwehr leisten. Gleichzeitig schämte er sich dafür.

Sie legten den Balken hinter dem Rad unter die Achse und holten den nächsten.

»So was darfst du nicht!«, versuchte Tasso sich aufzulehnen.

»Hier, dieses Holz noch!« Er drückte seinem Sohn einen Klotz auf die Arme, nahm selbst einen anderen und ging wieder zum Wagen. Tasso folgte und brachte seine Last mit. Sein Vater legte sein Holz auf den Balken und stellte das andere aufrecht. Es reichte bis dicht unter die Achse. Mutrich löste die Deichsel aus ihrer Halterung. Die benutzten sie nun als Hebel. Tasso drückte damit den Wagen hoch, und Mutrich schob das letzte Holz unter. Als Tasso den Hebel wieder fortnahm, hing das Rad frei, eine Armdicke über dem Boden.

Mutrich schlug mit einem Stein auf den Keil, der das Rad auf der Achse hielt. Nach drei Stößen fiel der Keil heraus. Sie ließen die Deichsel fallen, und Mutrich zog das Rad ab. Es ging jetzt ganz leicht.

Er grinste seinen Sohn triumphierend an, lud das eisenbereifte Speichenrad auf seine Schulter, winkte mit dem Kopf, dass Tasso ihm folgen solle, und ging los.

In Tassos Kopf überschlugen sich vielerlei Gedanken und Empfindungen.

Hätte sein Vater das Rad von einem Wagen einer römischen Wurfmaschine im gegnerischen Lager heimlich gestohlen, hätte man ihn sicher als Held gefeiert. Aber das hier – fand Tasso –, das war keine Heldentat.

14 N. CHR.

»Wir treffen uns morgen Vormittag bei Isbert, dem Wagner«, sagte Theudebert. »Ich nehme die beiden Zugpferde gleich mit.«

»Wie denn?« Tasso war verblüfft. »Willst du etwa nicht mit zu uns kommen?«

»Nein, lieber nicht.«

»Warum denn nicht? Du bist doch sonst gern bei uns eingekehrt!«

»Die Frage war unnötig, Tasso«, knurrte der Alte. »Die Antwort kannst du dir doch denken! Seit ich im vergangenen Herbst, als ihr von eurer Handelsreise zurückkamt, deinem Vater sagen musste, dass ich ihn nicht in meiner Mannschaft haben will – seitdem werde ich in eurem Haus nicht mehr besonders willkommen sein.«

Sie ritten jetzt die letzte Anhöhe hinauf. Noch drüben ein Stück hinunter, dann kam die Weggabelung, wo es links nach Berffe ging und rechts zu der kleinen Siedlung, wo Tasso wohnte. Jeder der beiden hielt an einem Strick eines der anderen beiden Pferde.

»Den ganzen Winter über war mein Vater kaum da. Vielleicht an zwölf oder fünfzehn Tagen nur. Er wird auch jetzt nicht da sein.«

»Ach – wo war er denn? Hat er gearbeitet?«

Tasso blickte unter sich. »Nein, wahrscheinlich nicht. Er wollte wohl, dass ich es glaube. Aber dann müsste er doch Lohn bringen. Stattdessen hat er nur von unseren Vorräten gegessen und auch noch was mitgenommen.«

»Sagtest du nicht, er hat Gold mitgebracht von seiner Zeit als Legionär?«

»Ja, aber ich weiß nicht, wo das ist. Ich glaube, er hat es nicht mehr.«

Einige Zeit ritten sie schweigend nebeneinanderher. Dann sagte Theudebert: »Es tut mir leid, Tasso, dass es mit deinem Vater so schwierig ist. Aber nimm es mir bitte nicht übel, dass ich ihm nicht weiter Arbeit geben will. Ich habe damals gesagt, wir versuchen es einmal. Der Versuch ist misslungen. Ich kann nicht alles gefährden, was ich in Jahrzehnten aufgebaut habe, nur um ihm zu helfen.«

»Ist schon gut, Theudebert, ich verstehe das. Ich habe auch gemerkt:

Es geht nicht, dass ich entscheide, und mein Vater tut es. Das kann er nicht, und ich glaube, ich kann es auch nicht.«

Theudebert nickte im Takt des Pferdetritts. »Er ist haltlos, seit er nicht mehr Legionär ist. Er kann nichts mit sich anfangen. Du solltest ihm zureden, zu Armin zu gehen. Der kann Krieger wie ihn gebrauchen.«

»Wenn wieder Männer von hier zu Armins Heer gehen, wird er sich natürlich anschließen. Aber was soll er jetzt da? Es wird erzählt, Armin wäre nur noch mit dem Streit mit seinem Schwiegervater beschäftigt.«

Jetzt kamen sie auf den höchsten Punkt des Hügels.

»Ich mache dir folgenden Vorschlag«, meinte Tasso. »Ich reite schnell zu unserem Haus und sehe nach, ob meine Mutter alleine ist. Du reitest langsam bis zur Weggabelung und wartest da. Es dauert nicht lange. Ich komme schnell und sage Bescheid. Wenn mein Vater zu Hause ist, reitest du nach Berffe. Wenn nicht, bist du unser Gast. Einverstanden?«

Theudebert nickte lächelnd, und Tasso galoppierte los. Er fühlte sich inzwischen auf seinem Pferd Leonides so sicher, als hätte er seit seiner Geburt nur im Sattel gesessen. Es war schön, so schnell zu reiten, durch die Wälder zu fliegen, in denen er als Kind gespielt hatte. Und so nach Hause zu kommen, hätte ihn noch mehr beglückt, wenn nicht die Sache mit seinem Vater ihn bedrückt hätte.

Vor ihrem Haus sprang er ab und rief: »Mutter!« Im Nu war er durch den Vorhang gehuscht.

»Tasso!«

Gerhild saß an ihrem Webstuhl. Ein Leuchten ging über ihr Gesicht, als sie ihren Sohn sah, aber es war nur kurz. Sofort kehrte der traurige Ausdruck zurück.

Tasso sah sich um.

»Vater ist wieder nicht da!«, sagte sie, stand auf und begrüßte Tasso.

»Bist du darum traurig?«

Die Frage verwirrte sie. »Äh – wie kommst du darauf?«

»Ich sehe es dir an.«

»Nein, es … es ist was anderes. Wir reden später darüber. Komm, setz dich! Ach nein, bring erst dein Pferd herein.«

»Mutter, ich wollte Theudebert einladen, bei uns zu übernachten. Er wollte nicht, wegen Vater. Aber ich sagte ihm, Vater ist sicher gar nicht da. Er wartet vorn an der Weggabelung, dass ich ihm Bescheid gebe. Darf ich ihn einladen?«

»Natürlich, gern! Ich freue mich, wenn er unser Gast ist. Vater kommt sicher heute Abend nicht mehr.«

»Bis gleich!«

Schon war Tasso draußen, schwang sich auf Leonides und galoppierte davon. Als Gerhild herauskam, sah sie nur noch eine Staubwolke.

Es dauerte auch nicht lange, da kamen sie, vier Pferde und zwei Männer. *Ja,* dachte Gerhild, *es ist sicher nicht falsch, Tasso jetzt auch unter die Männer zu rechnen.* Wie er da groß und stolz im Sattel saß, machte er trotz seiner erst sechzehn Jahre einen stattlichen Eindruck. *Wie schade* – gingen ihre Gedanken weiter –, *dass ich ihm den Schmerz nicht ersparen kann. Wie sage ich es ihm nur?*

Theudebert und Tasso stiegen ab. Während der alte Händler Gerhild begrüßte, versorgte sein junger Freund die vier Pferde.

»Komm herein, Theudebert. Du bist uns immer willkommen. Ich weiß, dass deine Entscheidung wegen Mutrich richtig war.«

»Danke, Gerhild.«

»Wo habt ihr denn euren Karren?«

»Hat Tasso dir das nicht erzählt?«

Tasso rief vom Bach her, wo er die zwei Zugpferde trinken ließ: »Ich hatte noch keine Gelegenheit dazu!«

Sie gingen zusammen hinein, Theudebert setzte sich auf die Bank, und Gerhild stellte ihm Wasser hin.

»Wir wollen den neuen Wagen abholen, den Isbert für mich gemacht hat.« Er trank seinen Becher leer. »Dafür haben wir die beiden anderen Pferde dabei. Mit dem Wagen fahren wir zu einer vereinbarten Stelle an der Fulda. Dort treffen wir Tjeff und Ragest, Harmbrecht und Wisbert. Sie kommen mit zwei Booten. Daraus laden wir alles in den Wagen um, und Tjeff, Ragest und Tasso fahren damit weiter. Ich fahre mit Harmbrecht und Wisbert im Boot zurück, das andere ziehen wir hinter uns her.«

Gerhild nickte.

»Einen bestellten vierrädrigen Wagen prüfen, abholen und bezahlen – das traute sich Tasso nicht zu. Ist wohl auch besser so, dass ich mitgekommen bin. Ich fühle mich wieder recht gut. Dass ich nicht mehr zwanzig bin, damit muss ich mich abfinden.«

Wieder nickte Gerhild nur.

»Du bist so schweigsam, Gerhild«, stellte Theudebert fest. Tasso kam gerade herein und hörte es.

»Ja, und irgendwie … traurig«, sagte er. »Freu dich doch, Mutter, dass dein Sohn mal wieder vorbeikommt!«

Als sie auch darauf nicht antwortete, merkte er, dass sich das, was sie bedrückte, offenbar nicht so leicht beiseitewischen ließ. Er ging zu ihr hin, legte den Arm um ihre Schulter und fragte leise: »Wegen Vater?«

Sie schüttelte den Kopf. »Nein. Ja, auch, aber … nein, es ist was anderes.«

Sie setzte sich auf die Bank am Tisch, Theudebert gegenüber, und Tasso setzte sich neben sie.

»Gundis …« Sie sprach nicht weiter, aber sie sah Tasso mutig an. Dem wich das Blut aus dem Gesicht. »Was ist mit ihr?«

»Du … du hast sie gern, nicht?«

Unter anderen Umständen wäre er rot geworden, aber jetzt blieb er bleich. Er nickte nur knapp.

»Sie soll übermorgen den Göttern im Moor geopfert werden.«

Tasso konnte nichts sagen, noch nicht einmal aufspringen. Wie gelähmt saß er da, nur der Mund bewegte sich schnappend wie das Maul eines Fisches im Trockenen.

»Es … es war so …« Gerhild wusste nicht, ob sie nun ihren Arm tröstend um ihren Sohn legen sollte. Sie überlegte kurz, dann ließ sie es. *Schnell die Tatsachen!*, sagte sie sich. Ein starker Schmerz ist besser als viele kleinere nacheinander.

»Es wurde ihr Unzucht nachgesagt. Sie hätte Männer verführt.«

»Unsinn!«, fauchte Theudebert dazwischen. »Wer behauptet so etwas?«

»Batiza. Die junge Frau von Hilbracht. Man munkelt, Hilbracht hätte sich an Gundis vergangen. Und Batiza will das ein für alle Mal beenden.«

»Aber … aber …« In Tasso schien Leben zurückzukehren. Seine Stimme klang heiser. »Das ist doch ungerecht! Wenn er …«

»Natürlich ist es ungerecht, Tasso. Zutiefst ungerecht. Niemand hat auch Gundis erlaubt, sich zu verteidigen. Ihr Vater hat in der Versammlung der Krieger geredet, geschimpft, geflucht, so lange, bis sie ihn fortgeschickt haben. Es sind eben zwei unglückliche Dinge zusammengekommen …«

»Der Thing in Metze!«, rief Tasso. »Wir müssen versuchen …«

»Das hat Hortwin auch versucht. Und als sie ihn fortgebracht haben, hat Gerwin für seine Schwester geredet. Aber der Thing entscheidet nur über freie Krieger. Er berät nicht, ob ein Mädchen schuldig ist oder nicht.«

»Zwei Dinge – hast du gesagt!«, drängte Theudebert.

»Ja, zwei Dinge sind zusammengekommen. Erstens sind die Ankläger Edle. Wer will sich dagegenstellen? Ihr hättet sehen sollen, wie Hilbracht ihren Tod gefordert hat! Ich war nicht da, aber man hat es mir erzählt. Als wenn er selbst die Unschuld in Person wäre. Wahrscheinlich hat Batiza ihm gesagt, was er sagen soll. Oder sie hat ihm gedroht, er soll sich für ihren Tod einsetzen. Vielleicht kam es ihm ganz gelegen, sie auf diese Weise zu versöhnen und gleichzeitig Gundis zum Schweigen zu bringen, damit sie nie etwas dazu sagen kann.«

»Und das Zweite?«, drängte Theudebert.

»Ein Priester aus Metze war da. Er zieht anscheinend überall umher. Auf dem Platz vor Ammerichs Haus hat er zu vielen geredet. Wir Chatten hätten die Götter vernachlässigt, behauptete er. Früher wurden auch Menschen geopfert. Aber das gäbe es jetzt schon lange nicht mehr.«

»Kriegsgefangene, ja, ich weiß das noch«, warf Theudebert ein. »Ich habe in meiner Kindheit so etwas mal erlebt. Oder Verbrecher … Ach so!«

»Ja, die junge Hure würde sich gut dafür eignen, meinten einige. Es war nur eine Minderheit, die das sagte. Aber wenn so ein Gedanke einmal im Umlauf ist, gärt er immer weiter. Der Priester schrie, wenn wir die Götter nicht besänftigten, könne es nicht mehr lange dauern, bis Germanicus käme mit seinen Legionen.«

Theudebert grummelte: »Dafür muss man kein Priester sein, um das vorauszusagen. Das weiß auch so jeder, der die Augen offen hat.«

»Eben. Und darum fiel seine Rede auf fruchtbaren Boden. Die Leute haben alle Angst. Und wenn da nun schon mal jemand ist, der sich als Götteropfer eignet, und wenn auch die Edlen das wollen – wer kann dann dagegen sein!«

Für einige Zeit herrschte Totenstille im Raum.

Jetzt wollte Gerhild doch den Arm um ihren Sohn legen. Aber es kam nicht dazu, Tasso sprang auf.

»Das werde ich nicht zulassen! Niemals!«

»Aber Tasso, was willst du tun? Was man tun kann, hat ihr Vater schon getan, und es hatte keinen Erfolg. Du kannst doch nicht …«

»Wo ist Gundis jetzt?«

»In so einem Verschlag auf Ammerichs Hof. Sie lassen keinen zu ihr.«

»Übermorgen, sagst du?«

»Ja, am Mittag.«

»Das sind noch eineinhalb Tage. Und zwei Nächte.«

Gerhild stand auch auf. »Aber Tasso, was willst …«

Tasso hörte ihr gar nicht zu. »Theudebert, du bist mir nicht böse, wenn ich dich allein lasse?«

Aber er wartete auch seine Antwort nicht ab. Er wandte sich zum Ausgang, griff noch nach seinem Bogen und dem Köcher und verschwand.

Die beiden drin hörten, wie Leonides' Hufe auf den Weg donnerten. Aber kurz darauf näherten sich die Huftritte wieder. Tassos Kopf erschien im Eingang: »Theudebert, kann ich dein Reitpferd mitnehmen? Du hast ja noch …«

»Natürlich, Tasso. Aber …« Weg war er.

* * *

In Metze war niemand mehr auf den Wegen zu sehen, und die Werkstätten waren leer. Verständlich, es war tiefe Nacht, als Tasso ankam.

Ragnar hieß er, sagte sich Tasso immer wieder. Vater hatte von ihm erzählt. Er hat nicht viel erzählt, aber einmal hatte er den Namen erwähnt. Ragnar war auch Legionär gewesen und war vielleicht in einer ähnlichen Leere wie Mutrich. Sie haben sich von alten Zeiten erzählt, getrunken und gewürfelt. Was sollten sie auch sonst machen?

Zwei Männer standen vor einem offenen Hauseingang, aus dem das schwache Licht des Feuers drang, und unterhielten sich.

Tasso ritt hin.

»Könnt ihr mir sagen, wo ich einen gewissen Ragnar finde? Er war mal römischer Legionär.«

»Was willst du von dem Nichtsnutz, Junge?«, antwortete der ältere der beiden Männer. »Halte dich von solchen Kerlen fern und lerne lieber fleißig zu arbeiten!«

Der Jüngere fragte den anderen: »Kennst du einen Ragnar? Ich nicht!«

»Den musst du auch kennen! Sein Bruder betreibt die Fähre an der Fulda. Oder jetzt schon dessen Sohn. Ragnar ist vor zwei oder drei Jahren zurückgekommen. Als er zu den Römern ging, war er einer der Ersten. Er hat sich als Mattiaker ausgegeben. Die standen sich schon immer besser mit Rom.«

Tasso dauerte das Gespräch zu lange. »Kannst du mir sagen, wo ich ihn finde?«

»Nein, ich weiß nicht, wo er wohnt. Vielleicht bei seinem Bruder im Haus an der Fähre. Aber wenn er da nicht ist, können sie dir sicher sagen, wo du ihn findest. Er hat keine Familie.«

»Danke. Und wie komme ich zu der Fähre?«

»Ja, Junge, wenn du das nicht weißt … Beschreiben kann ich es dir nicht, du würdest es doch nicht behalten. Aber es geht in die Richtung. Da triffst du auf die Fulda. Und an ihrem Ufer musst du suchen.«

»Ich danke dir!« Schon preschte Tasso davon.

Mitternacht musste schon vorüber sein, da traf er auf den Fluss. Sollte er sich nun nach rechts oder nach links wenden? Kurz entschlossen riss er Leonides nach rechts herum. Bald traf er auf einen Weg, der direkt zum Fluss führte. Das konnte nur sinnvoll sein, wenn man dort den Fluss überqueren konnte.

Direkt neben der Straße, etwa dreißig Schritte vom Fluss entfernt, stand ein Haus. Das musste es sein. Im schwachen Licht der Sterne konnte Tasso unten den Steg und ein großes Boot erkennen. Aus dem Haus drangen noch Stimmen.

»Darf ich eintreten?«, rief Tasso laut. Das Reden drin verstummte kurz und setzte dann wieder ein.

Ein Mann hob den Vorhang zur Seite und sah den jungen Mann verwundert an, der da mitten in der Nacht vor ihm stand, rechts und links je ein Pferd am Zügel haltend.

»Ich hoffe, ich habe niemanden geweckt. Aber ich hörte Stimmen …«

»Wir sind wach.«

»Wohnt hier Ragnar?«

Der Mann wandte den Kopf zurück und rief: »Ragnar!«

Ein anderer kam zum Eingang, ein kräftiger, untersetzter Mann, sicher schon fünfzig Jahre alt.

»Willst du mit uns würfeln, junger Freund?«, lallte er, offenbar angetrunken. »Wir würfeln um deine Pferde. Ich setze Gold dagegen.«

»Ich habe nur eine Frage: Ist mein Vater hier? Mutrich.«

»Ja, der verliert gerade. Komm rein und hilf ihm! Binde deine Pferde da an!«

Tasso schlang die Seile um einen Stamm und folgte Ragnar in den Raum. Die Luft war schlecht vom Rauch und dem Atem der Menschen, sechs Männer und zwei Frauen. Die Frauen schienen aber nur zur Unterhaltung dabei zu sein. Nur die Männer saßen direkt am Tisch und würfelten. Sie blickten auf, als Tasso hereinkam.

Mutrich stand nicht auf. Er blickte nur mit glasigen Augen seinem Sohn entgegen. Auch er schien reichlich Bier getrunken zu haben.

»Tasso! Was machst du hier? Komm, spiel mit!«

»Vater, kann ich dich mal alleine sprechen?«

»Warum alleine? Das hier sind alles meine Freunde. Vor denen habe ich kein Geheimnis.«

»Bitte! Ich brauche deine Hilfe.«

Die Frau an Mutrichs Seite stieß ihn an. »Er braucht deine Hilfe, hörst du? Geh und hilf ihm! Einen stattlichen Sohn hast du! Der würde mir auch gefallen.«

Mutrich stand auf, wankte ein wenig, fand aber schnell das Gleichgewicht wieder und sagte: »Spielt mal ohne mich. Bin gleich wieder da.«

Er kam auf Tasso zu und legte ihm den Arm um die Schulter. Das hatte er noch nie getan, wahrscheinlich machte das sein leichter Rausch.

»Komm!«

Sie gingen zusammen nach draußen. Die kühle Nachtluft schien Mutrich etwas nüchterner zu machen. »Was ist los, mein Junge?«

»Hast du davon gehört, dass sie übermorgen in Berffe … jemanden den Göttern opfern wollen? Im Moor?«

»Nein.«

»Mutter hat es mir erzählt. Ich war ja auch nicht da. Das Mächen soll eine Hure sein. Aber das ist Unsinn, Hilbracht hat sie misshandelt und will das verheimlichen. Batiza, seine Frau, drängt auf ein Todesurteil. Ich habe Batiza einmal erlebt. Sie ist hochfahrend, ehrgeizig und ichsüchtig.«

»Hat das Mädchen nicht gesagt, dass Hilbracht es vergewaltigt hat?«

»Sie wird nicht angehört. Außerdem war da ein Priester, der behauptet, die Götter verlangen nach einem Menschenopfer.«

»Ich kann es mir vorstellen. Beides passt gut zusammen.« Die Nebel in Mutrichs Kopf schienen sich schnell gelichtet zu haben. »Und was hast du mit alldem zu tun?«

»Das Mädchen – Gundis – die Tochter von Hortwin, dem Schmied …« Tasso schwieg.

»Du magst sie?«, fragte Mutrich. Tasso nickte.

Eine Weile sahen Vater und Sohn sich an, ohne etwas zu sagen und obwohl sie sich gegenseitig bei dem schwachen Sternenlicht kaum erkennen konnten.

»Bitte, Vater, hilf mir!«

Mutrich drückte Tassos Arm. »Ich helfe dir, mein Junge. Ich weiß zwar noch nicht wie, aber ich tue es. Weil du mein Sohn bist. Und noch mehr, weil du Vertrauen zu mir hast. Und weil das eine Aufgabe ist, für die ich geschaffen bin. Weißt du, pflügen oder ernten, Kühe melken oder Bretter hobeln – dafür bin ich nicht geeignet. Aber so was …«

»Ich habe es gehofft. Danke. Ich habe dir ein Pferd mitgebracht. Wir können gleich …«

»Warte, Tasso! Nichts überstürzen! Wann soll das stattfinden?«

»Übermorgen gegen Mittag.«

»Dann schlage ich vor, wir übernachten hier. In der Nacht können wir doch nichts ausrichten. Und es ist besser, wenn wir übermorgen nicht übermüdet sind. Außerdem muss ich den Nebel in meinem Kopf loswerden. Und morgen früh reiten wir los und machen uns einen guten Plan.«

»Aber vielleicht können wir schon mal …«

»Nichts da! Vertrau mir! Es ist besser, wir überstürzen nichts, sondern gehen morgen ausgeruht ans Werk!«

Mutrich wandte sich um, hob den Vorhang und rief ins Haus: »Ihr müsst ohne mich zu Ende spielen, Freunde! Ich bin verhindert. Aber ich komme wieder!« Er nahm einen Kienspan aus einem Behälter neben der Tür und entzündete ihn am Feuer. Damit kam er heraus und winkte Tasso. »Komm! Da unten in dem Schuppen habe ich schon oft geschlafen. Da ist auch für dich Platz.«

Tasso band die Pferde los und führte sie hinter seinem Vater her. Er hatte den Eindruck, dass der sich auf einmal viel energischer, fast tänzerisch bewegte. Konnte es sein, dass er sich auf die Unternehmung freute?

Tassos Vermutung bestätigte sich, als er den freudigen Unterton in Mutrichs Stimme hörte, als der jetzt sagte: »Da kannst du die Pferde anbinden. Ragnar gibt uns morgen etwas Hafer, aber heute Abend will ich ihn nicht mehr stören. Und hier« – er hob ein paar armdicke Stangen zur Seite – »ist unsere Schlafstätte.« Er leuchtete in den Schuppen.

Das schien hier eine kleine Werkstatt zu sein. Bootsplanken lagen herum, Werkzeuge, und vor allem Späne, die bei der Bearbeitung von Holz angefallen waren. Darauf ließ sich gut liegen.

»Willst du die Tiere noch trinken lassen? Da unten ist der Fluss. Ich bereite inzwischen unser Nachtlager vor.«

Später, als sie nebeneinander auf einer Schicht aus Spänen lagen, sagte Mutrich: »Wir werden sie befreien. Mach dir keine Sorgen.«

Die Worte sollten Tasso beruhigen, aber sie bewirkten eher das Gegenteil. Wie konnte Mutrich das so sicher sagen? Nahm er die Sache überhaupt ernst?

»Du musst dir nur darüber im Klaren sein, Tasso, was anschließend mit dem Mädchen geschehen soll. Sie muss hier weg.«

»Das habe ich mir schon überlegt. Sollten wir sie wirklich befreien können …«

»Sprich nicht so. Wir werden sie befreien!«

»… dann bringe ich sie zu dem Lager der Händler an der Weser. Ich bin mir sicher, sie werden sie gern aufnehmen. Und verstecken. Es sind meine Freunde.«

Erst als er das gesagt hatte, fiel ihm ein, wie das auf seinen Vater wirken konnte. Aber er ließ die Worte so stehen.

Mutrich sagte nur: »Schlaf gut!« Nach wenigen Augenblicken verrieten seine tiefen, gleichmäßigen Atemzüge, dass er eingeschlafen war.

Bei Tasso dauerte das sehr viel länger.

* * *

Tasso erinnerte sich: Hier beim Moor war er damals gewesen, als er die Figur geschnitzt und den Göttern geopfert hatte. Niemandem hatte er damals davon erzählt, auch seiner Mutter nicht. Er wollte die Götter bewegen, seinen Vater zurückzubringen.

Damals, und noch Jahre danach, hatte er geglaubt, sie hätten nicht auf ihn gehört. Aber hatte ihm da nicht einfach die nötige Geduld gefehlt? Denn jetzt war sein Vater ja da. Direkt vor ihm ritt er, ganz ohne Zweifel.

Aber wenn so viel Zeit zwischen seinem Opfer und der Erfüllung seines Wunsches lag – konnte dann überhaupt beides miteinander zu tun haben? War es nicht nur Einbildung, dass das eine die Antwort auf das andere war?

So wie es sicher nur Einbildung war, dass die Götter günstig gestimmt werden konnten, wenn Gundis gefesselt und mit verbundenen Augen da hineingeworfen wurde. Im Gegenteil! Wenn die Götter nur etwas Sinn für Gerechtigkeit hatten, mussten sie eigentlich zornig werden, wenn die Menschen ein unschuldiges Mädchen töteten! Erst recht, wenn sie es taten, um ihre eigenen Schandtaten zu vertuschen!

Aber waren die Götter so, wie er meinte, dass sie sein mussten? Vielleicht waren sie ganz anders! Warum wusste das niemand genau?

»So könnte es gehen«, murmelte Mutrich und schreckte seinen Sohn damit aus seinen Gedanken.

»Hast du einen Plan, Vater?«

Mutrich stieg ab und sah sich noch einmal gründlich um. Dann murmelte er etwas Unverständliches und ging, das Pferd am Zügel führend, ein Stück zur Seite. Dabei prüfte er sorgfältig den Boden, ob hier nicht schon Moor war. Kurz vor dem Waldrand stieg er auf und kam zurückgeritten. Er sah dabei hinter sich, wie tief die Abdrücke der Hufe waren.

»Ja, so könnte es gehen«, wiederholte er, ritt ein kurzes Stück zur anderen Seite des Weges und kam zurück.

»Was hast du vor?«, fragte Tasso.

»Wir brauchen einen dritten Mann«, sagte Mutrich, als wäre das eine Antwort auf die Frage. »Es könnte auch eine Frau sein, aber deine Mutter will ich lieber nicht dabeihaben. Sehr gefährlich ist es nicht. Kennst du jemanden, der zuverlässig ist?«

»Gerwin, der Bruder von Gundis. Er wird sicher helfen, wenn es darum geht, seine Schwester zu retten.«

»Gut. Rede mit ihm! Wenn alles klappt und er sich geschickt anstellt, erfährt niemand etwas von der Rolle, die er dabei gespielt hat. Aber jetzt will ich dir meinen Plan erläutern.«

Sie ritten langsam zurück.

»Jeder denkt bei Befreiung an eine nächtliche Aktion auf Ammerichs Hof. Auch Hilbracht wird so denken. Deshalb werden dort Wachen sein. Die könnten wir natürlich töten, aber das alles ginge nicht geräuschlos ab, und es wäre mit zu vielen Gefahren verbunden. Darum machen wir es hier. Kurz vor dem Ziel, unmittelbar vor der Opferhandlung, wird niemand mit einem Angriff rechnen. Darum hat er hier am meisten Aussicht auf Erfolg.«

»Gundis wird umso mehr Angst auszustehen haben.«

»Das ist nicht zu ändern«, sagte Mutrich, und der leichte Ton, in dem er es sagte, machte Tasso klar: An Gundis dachte sein Vater gar nicht. Es ging ihm nur um die Strategie. Ein wenig vielleicht auch um seinen Sohn, aber hauptsächlich um das Abenteuer und seine Selbstbestätigung. Gut, das musste Tasso hinnehmen. Hauptsache, der Plan hatte Erfolg.

»Wir beide werden uns zu Pferd dort im Wald verbergen. Im geeigneten Augenblick preschen wir hervor und sind im Nu hier. Ich mache dir mit dem Schwert den Weg frei, und du nimmst das Mädchen auf dein Pferd. Sie wird gefesselt sein und dir nicht helfen können. Kannst du sie allein hochheben und vor dir auf den Sattel setzen?«

»Ja.«

»Gut. Du rufst mir ein Wort zu, das wir noch ausmachen. Sobald ich es höre, galoppiere ich den Weg entlang, und du folgst mir. Wenn uns jemand den Weg versperren will, schlage ich ihn nieder. Er wird keine Gelegenheit haben, seinen Fehler zu bereuen. In kurzer Zeit sind wir verschwunden. Unser Vorteil ist, dass alle zu Fuß sein werden. Zu einer solchen Opferhandlung wird nicht geritten. Niemand kann uns also folgen.«

Mutrich sah seinen Sohn schelmisch lächelnd an. »Na, was sagst du? Ist der Plan nicht gut?«

»Ich weiß nicht … Es werden sehr viele Menschen sein. Manche trauen sich vielleicht nicht, neben den Weg zu treten, wegen des Moors. Da verstopft alles, und wir kommen nicht durch. Da nützt es dann auch nichts, wenn du mit dem Schwert …«

»Gut, mein Sohn, gut! Du überlegst sorgfältig. Man muss alle möglichen Fehlerquellen vorher genau bedenken. Ich bin noch nicht fertig. Im richtigen Augenblick – gerade wenn die Zeremonie beginnt – wird da über dem Wald eine gewaltige Rauchsäule aufsteigen. Das macht der Bruder von dem Mädchen. Er zündet ein Feuer an, das wir vorbereitet haben. Genau in der Richtung liegt auch das Dorf. Die Leute werden denken, ihre Häuser brennen. Sie werden schnell zurücklaufen, um zu löschen. Nur der Priester und Hilbracht und seine Männer werden dableiben mit dem Mädchen. Vielleicht noch ein paar Leute.«

»Hm. Der Gedanke ist gut. Aber das scheint mir alles ziemlich unsicher. Wenn nun die Leute nicht so handeln, wie du denkst, oder wenn Gerwin den richtigen Zeitpunkt verpasst, oder wenn es regnet und das Feuer …«

»Wenn – wenn – wenn! Junge, hör auf! Natürlich gibt es Unsicherheiten. Aber wenn du ganz sicher sein willst, dann lass es lieber gleich! Ohne Wagnis hat noch niemand einen Krieg gewonnen. Darin liegt ja auch gerade der Reiz eines Abenteuers!«

Ach so, dachte Tasso, *für ihn ist es ein Abenteuer, und dessen Reiz ist der Grund, weshalb er mir hilft. Aber ich kann nicht wählerisch sein. Wenn ich ihn nicht zum Helfer habe, finde ich keinen. Und vielleicht ist ja gerade sein Draufgängertum die beste Voraussetzung für ein Gelingen.*

»Geh du zu dem Bruder des Mädchens …«

»Das Mädchen heißt Gundis und der Bruder Gerwin!«

»Meinetwegen. Sieh aber zu, dass euch niemand beobachtet. Sag ihm, er soll schon in der Nacht, wenn er nicht gesehen wird, zu dem kleinen Birkenwäldchen kommen. Du weißt, in dem Tal, das sich nach Süden öffnet. Ich werde inzwischen schon anfangen, Holz zusammenzutragen. Er kann dann morgen dort warten und vom Hügel aus den Zug beobachten und abschätzen, wie lange er bis hierher braucht. So ganz genau wird es auf den Zeitpunkt nicht ankommen, weil die Zeremonie vermutlich einige Zeit dauert. Aber das kann ich noch mit ihm besprechen. Ich warte in dem Birkenwald auf ihn. Du kannst die Nacht schlafen, damit du ausgeruht bist. Besorge aber vorher noch alles, was du für die Flucht brauchst.«

»Gut. Und morgen Vormittag komme ich dort in den Wald in unser Versteck.«

»Ja. Nimm auch mein Pferd mit. Ich werde in den Wäldern sicher nicht so leicht entdeckt, wenn ich zu Fuß bin.«

Ein Stück ritten sie noch nebeneinanderher, auf dem Weg, der teilweise aus fester Erde, teilweise aus nebeneinanderliegenden Hölzern bestand. Sie ritten schweigend, jeder mit seinen Gedanken beschäftigt.

»Ach, noch etwas, Tasso!«

»Ja?«

»Kannst du uns eine Kleidung besorgen, die niemand kennt? An der man uns nicht erkennt? Und ein Tuch für jeden, das wir uns um den Kopf binden und in das wir nur zwei Löcher für die Augen schneiden können!«

»Ja. Du hast recht – niemand darf sehen, dass wir es sind, sonst können wir uns hier nie wieder blicken lassen.«

»Darum ist es ganz gut, dass uns in den letzten Tagen niemand hier gesehen hat. Dich glauben sie auf Handelsreise und mich in Metze.«

»Ich werde darauf achten, dass mich auch möglichst niemand sieht, wenn ich zur Schmiede gehe.«

»Gut. So, hier trennen wir uns.«

Mutrich stieg ab, nahm etwas Brot und Käse aus dem Beutel am Sattel, hob nur kurz grüßend die Hand und verschwand im Wald. Tasso nahm das zweite Pferd am Zügel und ritt weiter.

Als er das Dorf sehen konnte, machte er einen Bogen, überquerte die Straße, die zu seiner Siedlung führte, und kam auf die andere Seite. Irgendwo hockten Bauern auf den Feldern. Tasso hielt Abstand zu ihnen, sodass sie ihn vielleicht sehen, aber nicht erkennen konnten.

Dann war er auf der anderen Seite oberhalb des Dorfes und damit auf der Seite, wo die Schmiede lag. Nun musste er warten, bis es dunkel wurde.

Er setzte sich und ging in Gedanken noch einmal alles durch, was sie morgen vorhatten.

Als die Dämmerung sich über das Land gesenkt hatte, machte er sich auf den Weg. Zunächst ging er schnell, aber als er näher ans Dorf kam, blieb er immer wieder hinter Büschen stehen und beobachtete.

Das zahlte sich aus. Etwa fünfhundert Schritte von der Schmiede entfernt bemerkte er auf der Hälfte des Weges nach dort zwei Männer. Sie sahen ihn nicht, denn sie beobachteten das ganze Anwesen der Schmiede. Vielleicht waren es Knechte von Hilbracht, die die Familie seines Opfers im Auge behalten sollten.

Wenn hier eine Wache lag, um die Rückseite zu beobachten, war zu vermuten, dass auch die Vorderseite nicht unbeobachtet war. Wie sollte Tasso hineinkommen? Nun, notfalls würde er gesehen werden, das war nicht das Schlimmste. Aber wie sollten Gerwin und er wieder herauskommen?

Tasso wartete, bis es noch dunkler wurde. Als nur noch die Sterne ein spärliches Licht gaben und eine sehr schmale Sichel des Mondes, schlich er sich näher, kroch schließlich auf dem Bauch in einer Ackerfurche und kam schließlich im Hof an. Er vermutete, dass er unentdeckt geblieben war.

Im Haus Hortwins herrschte düsteres Schweigen.

Als Tasso eintrat und – eigentlich ohne Grund, nur aus seinem Gefühl heraus – nur flüsternd grüßte, sahen Hortwin und Gerwin überrascht, aber nicht freudig zu ihm hin. Gerwins Mutter behielt die Hände vor dem Gesicht. Der Knecht war nicht da.

Tasso wusste nicht, wie er beginnen sollte. Darum setzte er sich zunächst nur schweigend an den Tisch, als Hortwin ebenfalls wortlos auf die Bank wies.

»Du weißt alles?«, fragte der Schmied nach einer Weile.

»Ja.«

Gerwin presste zwischen den Zähnen hervor: »Sag du meinem Vater, er soll mich gehen lassen. Ich will versuchen, sie herauszuholen. Dies ist die letzte Nacht, wo das noch möglich ist.«

Hortwin antwortete – nicht streng, aber müde: »Es ist die letzte Nacht, ja, aber es ist nicht möglich. Sie bewachen sie doch. Ich will nicht an einem Tag meine beiden Kinder verlieren.«

»Sie bewachen nicht nur das Gefängnis, sondern auch euer Haus«, sagte Tasso. »Von beiden Seiten wahrscheinlich. Jedenfalls von hinten. Ich habe mich nur mit Mühe vorbeischleichen können.«

»Ich käme schon raus. Erst recht, wenn du mir sagst, wo sie sind«, meinte Gerwin trotzig.

»Das wirst du auch müssen. Du sollst mir nämlich helfen, sie zu befreien.«

Alle drei blickten auf.

»Nicht in der Nacht! Wir haben einen besseren Plan.«

»Wir?«, fragte Hortwin.

»Ja, ich habe …«

»Warte!«, unterbrach Hortwin ihn gleich. »Wenn du meinst, dass es besser ist, wenn wir nicht wissen, wer beteiligt ist, dann behalte es für dich! Versteh mich recht, ich möchte es gerne wissen. Aber ich muss es nicht wissen.«

Tasso überlegte kurz. Dann nickte er. »Du bist sehr umsichtig, Hortwin. Gut, ich verschweige euch den Plan. Nur so viel sage ich, dass wir erst ganz zuletzt eingreifen wollen. Nicht in dieser Nacht.«

Hortwin nickte, seine Frau hob den Kopf etwas weiter, und ein schwacher Hoffnungsschimmer huschte über ihr Gesicht. Gerwin fragte: »Und ich soll helfen? Wie?«

»Es ist nicht sehr gefährlich. Ich meine, du sollst nicht kämpfen. Komm mit mir, alles Weitere erfährst du dann!«

Gerwin sah zu seinem Vater. Der nickte: »In dem Fall bin ich einverstanden.«

»Ich brauche noch einige Dinge: etwas zu essen für Gundis und mich für zwei Tage. Sollte die Flucht schwieriger sein und länger dauern, werden wir uns schon zu helfen wissen. Aber mehr können wir schlecht mitnehmen, es würde uns behindern.«

Die Frau des Hauses stand wortlos auf und begann, allerlei zusammenzusuchen und in einen Tragesack zu stecken: Brot, Käse, Fleisch, einige Äpfel, Nüsse.

»Mein Helfer und ich sollen nicht erkannt werden. Es wäre gut, wenn wir etwas überziehen könnten, das niemand an uns kennt. Es sollte aber auch nicht auf euch hinweisen. Ihr seid ja als Erste verdächtigt, unter der Maske zu stecken. Und dann zwei Tücher, die wir uns vor das Gesicht binden, mit nur zwei Löchern für die Augen.«

Gerwin steckte sein Messer ein und rüstete sich für den Ausbruch, seine Eltern suchten überall im Haus nach den erbetenen Sachen.

Tasso und Gerwin warteten bis nach Mitternacht. Dann machten sie sich auf den Weg, begleitet von den guten Wünschen der Eltern. Gerwin schlich über den Hof zur Schmiede, und Tasso folgte ihm.

Die hatte einen Ausgang zur anderen Seite, wo sie wahrscheinlich von den Wachen auf der Dorfseite hätten gesehen werden können, wenn nicht dichtes Buschwerk davorgestanden hätte. Sie schlichen an der Hauswand entlang, kamen auf das Gelände des Nachbarn und wandten sich erst von da aus wieder dem Wald zu.

Hinter Himbeerbüschen beobachteten sie. Einer der beiden Wächter ging auf und ab, der andere war nicht zu sehen. Wenn der nun da saß, wo sie entlangschleichen wollten? Gerwin hatte einen flachen Graben ausgesucht, durch den bei starken Regenfällen Wasser vom Waldrand herunterfloss.

Gerwin nahm einen faustgroßen Stein und warf ihn nach links hinüber, so weit er konnte. Er polterte drüben an die Lehmwand einer Scheune.

Sie konnten sehen, wie der Mann stehen blieb, mit einem kurzen Zischen den anderen aufmerksam machte, und wie der aus der Dunkelheit auftauchte. Sie verständigten sich durch Zeichen mit den Händen und näherten sich von verschiedenen Seiten dem Ort, von dem das Geräusch gekommen war.

Gerwin und Tasso huschten in dem Graben zum Wald hinauf. Sie fanden die Pferde und ritten vorsichtig los.

* * *

Die Spannung stieg gerade deshalb, weil sie nun schon seit Stunden warteten und nichts geschah. Vater und Sohn hatten schon zweimal die Tücher um die Köpfe gewickelt und nach einiger Zeit wieder abgenommen, weil sie darunter zu sehr schwitzten.

Tasso prüfte zum zwanzigsten Mal, ob Bogen und Köcher sicher am Sattel fest waren. Er konnte den Bogen weder über die Schulter nehmen noch in der Hand halten, weil beides ihn behindert hätte.

Der Vorratsbeutel hing an Mutrichs Pferd. Mutrich versuchte zwar, keine Unruhe zu zeigen, aber dass er nicht völlig gelassen war, erkannte Tasso doch an manchen Bewegungen und an seinem langen Schweigen.

»Hör!« Tasso hob den Finger.

Sein Vater lauschte und schüttelte dann den Kopf. »Ich höre nichts.«

»Doch! Trommeln.«

Nach einer Weile gab Mutrich durch Nicken zu erkennen, dass er es jetzt auch gehört hatte.

Sie banden sich zum dritten Mal gegenseitig die Tücher um.

Als sie fertig waren, erschienen die ersten Personen drüben an der Waldecke. Sie schritten feierlich. Erkennen konnten die beiden Beobachter noch niemanden. Es waren mehrere Männer, in lange helle Gewänder gehüllt. Dahinter schritt ein Trommler, der einen dumpfen Takt angab auf einem großen Instrument, das vermutlich ziemlich schwer sein musste. Dahinter kamen weitere Musikanten mit Hörnern und Saiteninstrumenten, die aber nicht spielten.

Es folgten Männer, die Gundis zwischen sich führten. Es gab Tasso einen Stich durchs Herz, als er das sah.

Gundis musste nicht gezerrt oder geschoben werden, sie sah wohl ein, dass sie nichts verbesserte, wenn sie sich sträubte.

Unter den Männern, die in einem Block folgten, offenbar Würdenträger und Männer des Gerichts, wurde auch jemand auf einer Art offener Sänfte getragen. Tasso vermutete, dass es Ammerich war mit seinen kranken Füßen. Er hatte Ammerich immer für einen rechtschaffenen Mann gehalten. Ob es zum Streit zwischen ihm und seinem Sohn und seiner Schwiegertochter gekommen war wegen des Urteils? Vielleicht auch mit den anderen Männern des Gerichts? Oder ob er geschwiegen hatte? Oder ob er es auch für richtig hielt, aus was für Gründen auch immer, dass Gundis geopfert wurde? Oder ob er überhaupt wegen seines Alters seinen Sitz im Gericht aufgegeben hatte?

Nach den Würdenträgern kam das Volk. Männer, Frauen und Kinder in ungeordneten Gruppen. Es waren viele. Als die Letzten sichtbar wurden, schätzte Tasso die Zahl auf zweihundertfünfzig oder dreihundert Personen, die Kinder mitgerechnet.

Mutrich stieg auf, und Tasso tat es ihm gleich. Sie klopften den Pferden, die offenbar die Anspannung ihrer Reiter spürten und zu tänzeln begannen, beruhigend den Hals.

Immer wieder blickten sie zum Wald hinüber, ob dort noch kein Rauch aufstieg. Kurz nachdem die letzten Neugierigen, die anscheinend zu spät gekommen waren, rennend den Anschluss an den feierlichen Zug gefunden hatten, waren die ersten Wölkchen zu sehen.

Ein bisschen zu früh vielleicht, aber das war nicht schlimm. Hauptsache, es klappte überhaupt. Und eine Weile würde es sicher noch dauern, bis jemand es bemerkte.

Der Priester an der Spitze des Zuges war etwa tausend Schritte von den zwei Beobachtern entfernt, da erklangen Rufe. Unruhe entstand unter den Neugierigen. Sie hatten die nun mächtig und schwarz-grau aufsteigenden Qualmwolken entdeckt. Man sah, wie sie hinzeigten und heftig miteinander sprachen. Das Volk und die Männer in der Gruppe davor blieben stehen, die Priester, die Musiker und die Bewaffneten mit der Gefangenen gingen unbeirrt weiter.

Nun machten die Ersten kehrt. Rufe schallten herüber, die aber nicht zu verstehen waren. Einige, die weiter vorn gingen, wollten zurück, aber die Nachfolgenden ließen sie nicht vorbei. Die meisten fürchteten wohl das Moor und wollten nicht vom festen Weg heruntertreten. Auch wenn keine unmittelbare Gefahr bestand zu versinken – eine große Scheu bestand vor diesem Bereich der Götter.

»Es klappt!«, sagte Mutrich leise, aber mit unverkennbarem Triumph in der Stimme.

Tasso wollte das mit einem zustimmenden »Hm« bestätigen, aber es kam nur ein heiseres Krächzen heraus. Er räusperte sich.

Er hob den Ast vor seiner Brust an und bückte sich.

»Warte noch!«, hielt ihn sein Vater zurück.

Ein wüstes Durcheinander war auf dem Weg entstanden. Einige fielen auch von dem Knüppeldamm, der an den feuchteren Stellen den Weg ergänzte oder ersetzte. Sie mussten von anderen wieder hochgezogen werden.

Dann schienen die, die weitergehen wollten, ihren Widerstand aufzugeben. Jetzt strömten alle wieder zurück. Auch einige aus der geschlossenen Gruppe davor machten kehrt, darunter die beiden, die die Sänfte trugen. Andere aber schlossen dichter zu den etwa sechs oder acht Männern auf, die Gundis führten. Unter ihnen sah Tasso eine Frau. Das musste Batiza sein!

Ein kurzer Blick zur Seite – die Qualmschwaden sahen wirklich bedrohlich aus. Wer an einen Brand der Häuser glaubte, musste wirklich annehmen, dass das ganze Dorf in Flammen stand. Mutrich hatte mit der Vorbereitung gute Arbeit geleistet.

Jetzt verschwanden die letzten Läufer hinter der Ecke des Waldes. Nur noch der feierliche Zug kam Schritt für Schritt näher. Der Abstand der Trommelschläge änderte sich kein bisschen, wie um zu betonen, dass Religion sich von den Problemen des Alltags nicht aus dem Takt bringen lässt.

»Jetzt?«, fragte Tasso angespannt.

»Gleich. Und bleib immer hinter mir, vergiss das nicht!«

Die Spitze des Zuges näherte sich der Stelle, wo der Weg durch ein festeres Stück Land führte und wo der Angriff erfolgen musste. Die Stelle weiter vorn, wo die eigentliche Opferung geschehen sollte, war ganz von Moor umgeben und darum nicht geeignet.

»Auf!«, sagte Mutrich leise und hieb seinem Pferd die Fersen in die Seite. Es schnellte aus dem Gebüsch. Das ging mit so einem gewaltigen Satz, dass Tasso auf Leonides, als er auch ins Freie kam, gleich drei Pferdelängen hinter seinem Vater war.

In gestrecktem Galopp ritten sie auf die Gruppe zu, die Gundis bei sich hatte.

Tasso musste auf den unsicheren Weg achten und sah darum nicht, wann sie von den Leuten bemerkt wurden und wie sie reagierten. Als sie nahe genug herangekommen waren, suchte er Gundis und behielt sie fest im Blick. Sein Vater ritt links an Gundis vorbei, und sein Pferd stieß einen der Männer beiseite, der zu nahe stand – nicht, weil er Widerstand leisten wollte, sondern weil er nicht schnell genug reagiert hatte. Tasso ritt nach rechts und hielt Leonides an. Ein Mann stand dort, reglos und erschrocken. Tasso trat ihm mit dem rechten Fuß vor die Brust, sodass er zurücktaumelte.

»Gundis! Komm!«

Es war ihm nicht gelungen, sein Pferd dicht neben ihr zum Stehen zu bringen. Aber Gundis waren glücklicherweise nicht die Augen verbunden. Sie erfasste die Lage schneller als die Männer, die sie bewachen sollten, und kam die drei Schritte zu Tasso herüber, den sie sofort an der Stimme erkannt hatte.

Es war ein unglücklicher Umstand, dass ihre Hände auf dem Rücken gefesselt waren. Das erschwerte das Aufsteigen und den Ritt bei der Flucht. Tasso tat darum kurz entschlossen etwas, das nicht mit seinem Vater besprochen war: Er zog sein Messer und durchtrennte mit einem kräftigen Schnitt, der auch Gundis Haut noch etwas verletzte, ihre Fesseln.

In diesem Augenblick sah er einen Mann heranspringen und Gundis an ihrem Kleid packen. Tasso stach blitzschnell zu und traf den Mann am Oberarm. Er ließ los. Tasso nahm sein Messer in den Mund, weil die Zeit nicht reichte, es in die Lederscheide am Gürtel zu stecken, und hob Gundis hoch. Sie konnte mithelfen, und im Nu saß sie vor ihm.

Tasso trieb Leonides an. Er war schon einige Pferdelängen weg, als die Wachen ihren Schreck überwunden und ihre Waffen gezogen hatten.

Dieses Stück Weg hatte Mutrich für ihn frei gemacht. Jetzt aber stellten sich vier oder fünf Männer in den Weg, an ihrer Spitze Hilbracht. Sie waren so weit weg gewesen von der Gefangenen, dass sie Zeit genug gehabt hatten, sich zu ordnen und die Schwerter zu ziehen. Sicher nach Hilbrachts Anweisung.

Wie sollte sein Vater mit den Männern fertig werden? Das konnte nur schiefgehen! Fünf Schwerter gegen eins! Sie brauchten nur sein Pferd zu erstechen, dann hatte Mutrich den Vorteil des Reiters eingebüßt und konnte auch nicht mehr fliehen!

Das hatte Mutrich jetzt auch erkannt. Er sprang mit gezogenem Schwert aus dem Sattel, drängte das Pferd etwas zurück und stürmte auf Hilbracht los. Dabei rief er Tasso zu: »Halt mir den Rücken frei!«

Es war höchste Zeit, dass Tasso sich um die Hintermänner kümmerte. Ein kurzer Blick zeigte ihm, dass aber nur einer ihm nachgerannt war. Er stand schräg hinter ihm und holte mit dem Schwert zu einem kraftvollen

Hieb aus. Tasso trat auch nach ihm mit dem rechten Fuß. Der Tritt, nur in Eile ausgeführt, hätte nicht viel Schaden angerichtet, wenn der Mann nicht schon hart am Rand des Weges gestanden und durch das Ausholen aus dem Lauf heraus schon einen unsicheren Stand gehabt hätte. So rutschte er ab, etwa eine Armlänge tiefer, allerdings nicht ins Moor, sondern auf ziemlich festen Grund.

»Halte das Messer und die Zügel«, rief Tasso Gundis zu, nahm die Waffe aus dem Mund und gab sie ihr. Dann nahm er den Bogen und legte einen Pfeil auf.

Er konnte noch nicht sofort schießen, weil Gundis, die bis eben nur mit beiden Beinen auf einer Seite des Pferdes gesessen hatte, das rechte Bein herüberschwang, um einen sicheren Sitz zu haben. Damit das möglich war, hatte sie blitzschnell mit Tassos Messer einen Schlitz in ihr langes Kleid geschnitten. Um das Bein herüberzuschwenken, musste sie sich zurücklehnen und nahm Tasso den Platz, um zu handeln. Als er schussbereit war, kam der Mann, den er eben zurückgestoßen hatte, wieder heran. Er hatte wohl nicht direkt von unten angreifen wollen, sondern war weiter hinten auf den Damm gesprungen. Tassos Pfeil traf ihn in die Brust, und er fiel durch den Schwung seines Laufes vornüber. Die anderen Bewaffneten, die unmittelbar hinter ihm waren, zögerten kurz, als sie sahen, dass der Reiter schon den nächsten Pfeil auf die Sehne legte.

»Reite vor!«, rief Mutrich.

Tasso wandte sich wieder um. Sein Vater hatte inzwischen Hilbracht vom Weg gedrängt, auf der anderen Seite als Tasso seinen Gegner. Hilbracht schien Mühe zu haben, aus dem zähen Schlamm herauszukommen. Er legte sein Schwert auf den Knüppeldamm, um sich besser hochstemmen zu können, weil Mutrich inzwischen mit zwei anderen Schwertkämpfern beschäftigt war. Mehr als zwei hatten nicht nebeneinander auf dem Weg Platz, wenn sie fechten wollten. Darum standen die anderen beiden untätig dahinter.

Tasso sah keine Möglichkeit, der Anweisung seines Vaters zu folgen. Es sei denn, er verließ den Weg und ritt um die Gruppe herum. Rechts schien der Boden fest zu sein. Er trieb Leonides vor.

Ehe er aber nach rechts hinunterritt, nur zwei oder drei Schritte hinter Mutrich, beugte sich Gundis plötzlich weit nach links hinunter, wo eben Hilbracht hochkam und nach seinem Schwert greifen wollte. Sie zog ihm Tassos Messer quer durchs Gesicht.

Hilbracht schrie auf. Blut quoll aus einem langen Schnitt auf seiner Wange.

Jetzt waren die beiden auf Leonides neben dem Weg. Beim nicht zu schnellen Vorwärtsreiten schoss Tasso. Einer der Männer, mit denen sein Vater focht, bekam einen Pfeil in den Oberarm und sank auf die Knie. Um mit der rechten Hand zum linken Arm zu greifen, ließ er das Schwert fallen.

Mit einem Gegner wurde Mutrich schnell fertig. Nur zwei Schläge waren nötig, und der Mann sank zusammen.

Das war die schon fast nicht mehr erwartete Gelegenheit, sich schnell auf das Pferd zu schwingen. Das tat er und folgte Tasso.

Der gab noch einen Schuss auf die zwei noch unverletzten Schwertkämpfer ab, verfehlte sie aber in der Unruhe des Rittes.

Nur Augenblicke später waren die beiden Pferde mit den drei Reitern wieder auf dem Weg, der nun frei vor ihnen lag, und preschten davon.

Wütendes Geschrei verfolgte sie. Aber das steigerte noch das Hochgefühl, das sich Tassos bemächtigte. Er hatte Mut bewiesen, er hatte sich durchgekämpft, er hatte seine Gundis befreit und hielt sie mit einem Arm umklammert – er kam sich vor wie Donar selbst, wenn er Blitze schleudernd über den Himmel fuhr.

Weit vorn kamen ihnen Leute entgegen. Es waren wohl die, die inzwischen festgestellt hatten, dass das Dorf unversehrt war und dass man sie an der Nase herumgeführt hatte. Nun wollten sie sich das Ereignis der Opferung nicht entgehen lassen.

Mutrich lenkte sein Pferd seitlich über Wiesen und zwischen Äckern hindurch auf den Wald zu. Tasso folgte.

Im Wald ging es mühsam. Darum ritten sie am Waldrand entlang. Sie mussten den Vorteil nutzen, dass sie zu Pferd und die anderen zu Fuß waren, und eine möglichst große Strecke zwischen sich und die Verfolger bringen.

Bald erreichten sie den Weg, der zu ihrer Siedlung führte. Hier konnten sie wieder galoppieren. Heute war nicht damit zu rechnen, dass ihnen jemand begegnete. Alles, was laufen konnte, war zu dem großen Spektakel gegangen.

An der Weggabelung nahmen sie die Handelsstraße.

Einige Tausend Schritte ritt Mutrich noch mit, dann hielt er an und stieg ab.

»So, den Rest könnt ihr alleine. Ich gehe durch den Wald zu Fuß nach Metze. Niemand wird mich sehen.«

Er nahm die Verkleidung ab, das Tuch vor dem Gesicht hatte er sich schon beim Ritt heruntergerissen. Tasso stieg ab und tat es ihm gleich.

»Danke, Vater! Du ahnst nicht, wie dankbar ich dir bin!«

»Ist schon gut, mein Junge! Hat doch Spaß gemacht, oder nicht?«

Spaß fand Tasso nicht das richtige Wort. Aber er nickte.

»Du hast dich aber auch gut geschlagen, mein Sohn! Ich habe das meiste zwar nicht beobachten können, weil ich zu beschäftigt war, aber das Ergebnis habe ich gesehen.«

Tasso ging zu Gundis. »Komm, ich helfe dir herunter, Gundis. Du kannst das andere Pferd nehmen.«

Aber sie ließ sich nicht helfen, sie sprang allein ab. Einen Augenblick stand sie vor Tasso, sah ihn an und murmelte: »Danke, dass du … dass ihr … ich …« Sie wandte sich um, legte den Kopf an den Sattel und begann zu schluchzen.

Tasso sagte: »Was ist denn, Gundis? Es ist doch alles vorbei!«

Er legte ihr die Hand auf den Arm. Aber sie zog den Arm weg und wandte sich zur Seite. Das Weinen wurde stärker.

»Gundis – tut dir was weh? Kann ich …« Tasso stand hilflos daneben und ließ die Arme herunterhängen.

Einige Augenblicke standen alle drei so da, die Männer still, das Mädchen zuckend am ganzen Körper.

Tasso blickte Hilfe suchend zu seinem Vater hin. Der zog die Schultern hoch und breitete als Zeichen der Ahnungslosigkeit die Hände aus. Dann wandte er sich einfach um und ging.

Ehe er im Wald verschwand, hob er noch einmal grüßend die Hand. Tasso grüßte wortlos zurück. Dann war sein Vater nicht mehr zu sehen.

Tasso hätte Gundis gern den Arm um die Hüfte oder die Schultern gelegt, aber nach der Zurückweisung eben traute er sich nicht. So blieb er einfach stehen und tat nichts.

Das Pferd, auf dem Mutrich geritten war, trottete zum Rand der Straße und begann dort zu grasen. Leonides blieb stehen, als wüsste er, dass er die Aufgabe hatte, eine Leidende zu stützen. Tasso war dankbar, dass das andere Pferd ihm einen Anlass gab, irgendetwas zu tun. Er ging ihm nach, klopfte es auf den Hals, sprach ein paar Worte und führte es langsam am Zügel wieder zurück.

Jetzt löste sich Gundis aus ihrer Haltung. Sie weinte nur noch leise, fuhr sich mit dem Ärmel über die Augen, stellte wortlos den linken Fuß in den Steigbügel und schwang sich hinauf. Das lange Kleid konnte sie ja nicht mehr sehr behindern. Sie trieb das Pferd nicht an, aber es setzte sich von allein in Bewegung, und sie ließ es geschehen.

Tasso schwang sich auf Leonides und war schnell neben ihr.

Da ritten sie nun nebeneinander. Gundis abwechselnd schluchzend und sich die Tränen abwischend, und dann wieder grüblerisch vor sich auf den Weg blickend. Tasso blickte immer mal wieder zu ihr hinüber, fast heimlich, und dann wieder geradeaus.

Dann machte er noch einen Versuch, ein Gespräch in Gang zu bringen. »Gundis …!«, sagte er. Aber er wusste nicht, wie er fortfahren sollte, und da auch sie nicht antwortete, noch nicht einmal zu ihm hersah, schwieg er wieder.

* * *

Es war noch dunkel, aber ein schwacher Schein über der Weser drüben deutete an, dass der Tag bald anbrechen musste. Tasso rief laut, aber Fafnir hatte schon angeschlagen.

Es dauerte einige Zeit, da hörten sie Helgas verschlafene Stimme: »Tasso, du? Was ist geschehen?«

Was geschehen war, konnte er unmöglich durch das geschlossene Tor erzählen. Er wartete also. Gundis war auch abgestiegen und hielt ihr Pferd am Zügel.

Dann schwang das Tor auf, inzwischen noch stärker auf dem Boden kratzend als damals, als er zum ersten Mal hier war. Die Scharniere aus Leder hatten sich noch weiter gelockert.

»Du bist nicht allein? Ist meinem Vater etwas zugestoßen? Kommt herein. Du weißt ja, wen du mitbringst, der ist uns auch Gast. Still, Fafnir! Ja, ich weiß, du freust dich, dass Tasso wieder da ist. Nun ist's aber gut. Willkommen, Mädchen! Ich bin Helga.«

Sie streckte Gundis die Hand hin. Die nahm sie ohne Herzlichkeit, ohne sogar ihr Gegenüber anzusehen.

»Das ist Gundis«, erklärte Tasso und versuchte, die Augenblicke der Verlegenheit mit vielen Worten zu überbrücken. »Hast du ein Schlaflager für sie? Wir sind die ganze Nacht scharf geritten. Ich ... äh ... ich reibe die Pferde ein wenig ab und gebe ihnen zu trinken. Ich komme gleich nach.«

»Ja, ist gut.« Helga hatte die Situation noch nicht ganz durchschaut, aber sie handelte, als wüsste sie Bescheid. Sie griff Gundis unter den Arm. Tasso sah es und wunderte sich, dass sie es geschehen ließ. Er blickte den beiden nach, wie sie im Haus verschwanden.

Als er die Pferde versorgt hatte, blieb er absichtlich noch etwas draußen. Er klopfte dem Hund auf den Hals. »Na, Fafnir, bist auch alt geworden, wie? Ich finde es schade, wenn es dich mal nicht mehr gibt.«

Er stieg die Leiter auf den Wehrgang hinauf. Dort ging er zum Tor hin und blickte nach Osten, wo gerade die ersten Sonnenstrahlen über den Horizont blitzten.

Seine Gedanken waren aber nicht beim Sonnenaufgang. Er sah nicht den Mann, der da unten sein Boot losmachte und auf die Weser hinausruderte. Er empfand nur eine bleierne Müdigkeit, von der er nicht wusste, ob sie ihre Ursache in dem nächtlichen Ritt und dem Schlafmangel der letzten Tage hatte oder in der lähmenden Hilflosigkeit, in der er sich befand. Vielleicht beides?

Als die Sonne ganz aufgegangen war, eine fast runde leuchtende Scheibe, nur das obere Stück durch einen Wolkenstreifen verdeckt, wandte er sich um. Er zwang sich, seine Gedanken beiseitezuschieben und hinunterzugehen.

Helga hockte allein vor der Feuerstelle und fachte die Flammen an. Als sie hoch genug brannten, legte sie Holz nach und setzte sich neben Tasso.

»Sie schläft.« Helga deutete mit dem Kopf zur hinteren Ecke des

Hauses, die mit Tüchern zwischen den Stützbalken vom übrigen Raum abgetrennt war. Das war schon so gewesen, seit Tjeff und Helga geheiratet hatten, damit sie dort auch allein sein konnten. Aber neu war, dass noch in einem zusätzlichen Winkel durch Decken ein kleines Gemach gebildet war.

»Geht es meinem Vater gut?«, fragte Helga, einfach um ihm einen Anstoß zum Erzählen zu geben.

»Ja, sicher, nehme ich doch an …« Und dann berichtete er. Stockend erst und behutsam. Er hatte das Gefühl, er dürfte nicht alles ausschütten, was in ihm war. Auch fiel es ihm schwer, für manches die richtigen Worte zu finden. Über manche eigenen Gefühle war er sich auch selbst nicht im Klaren. Aber je weiter er kam in seinem Bericht, desto leichter fiel es ihm, desto schneller ging es auch. Und als er den Schluss erzählte, wie er gemeint hatte, nach der Rettung von Gundis müsste sie doch voller Freude sein, von Dankbarkeit wollte er nicht reden, aber voller Freude, und ihm in die Arme fallen, und da sei sie nun so schweigsam und weinte nur, und die ganze Nacht hätte sie kein Wort gesprochen, und ob er denn etwas falsch gemacht …

Und auf einmal fing er selbst an zu weinen. Er legte den Kopf auf den Tisch, die Finger am Hinterkopf in den Haaren und schluchzte.

Helga legte ihm die Hand auf die Schulter. Er ließ es sich sich gefallen. Merkwürdig, er schämte sich noch nicht einmal seiner Tränen.

Dann hob Tasso den Kopf, ließ die Tränen unabgewischt und sah Helga an. »Es tut mir leid. Ich … ich … es ist schon wieder vorbei.«

»Es muss dir nicht leidtun, Tasso, wenn dein Leid in Tränen herausfließt. Das ist gut so. Wie bei Gundis auch.«

»Wieso? Was meinst du … sie ist doch jetzt frei!«

»Aber Tasso!«, mahnte Helga liebevoll. »Verstehst du nicht, dass durch das alles in ihr etwas zerbrochen ist?«

Er sah sie nur an.

»Lass ihr Zeit, Junge! Es wird schon wieder, aber lass ihr Zeit! Es wäre gut, wenn du auch in den nächsten Tagen nicht versuchen würdest, das Gespräch auf diese Erlebnisse zu bringen. Wenn sie darüber reden will, kann sie von selbst damit anfangen.«

»Meinst du?« Es hörte sich wie eine Frage des Zweifels an, aber so war es nicht gedacht. Im Gegenteil, er war froh, dass Helga die Sache in die Hand genommen hatte. Sie würde schon alles richtig machen. Und wenn es nur darum ging, Geduld aufzubringen – darum wollte er sich wohl gern bemühen.

»Weinst du?« Osbert stand plötzlich da, Helgas kleiner Sohn, barfuß in einem wollenen Hemd. Tasso hatte ihn gar nicht kommen hören.

»Jetzt nicht mehr«, antwortete Tasso und wischte sich übers Gesicht.

»Guten Tag, Osbert. Kennst du mich noch?«

Der Junge nickte.

»Weißt du auch noch, wie ich heiße?«

Der Kleine lächelte etwas verlegen und drängte sich dann an seine Mutter. Helga sagte: »Das ist doch Tasso, unser Freund. Er hat immer so schön mit dir gespielt.«

»Du kannst jetzt auch mit mir spielen.« Es klang wie ein gnädiges Angebot.

»Jetzt geht es nicht, mein Kleiner! Tasso ist sehr müde. Er soll jetzt etwas essen und dann schlafen. Später kann er dann mit dir spielen.«

Osbert fragte: »Machst du das?«

»Ganz bestimmt!«, nickte Tasso.

* * *

Als Fafnir anschlug, stand Tasso auf, der Helga und Gundis gegenübergesessen und ihnen zugesehen hatte, wie sie Rüben schnitten.

»Ich gehe schon.«

»Vielleicht ist es Vater mit Harmbrecht und Wisbert.«

So war es. Tasso öffnete das Tor, und Theudebert war erleichtert, als er ihn sah. Nach der Begrüßung, noch während sie ihr Gepäck abluden, das sie aus dem Boot mitgebracht hatten, erzählte Tasso das Wichtigste. Dann gingen sie zum Haus.

»Guten Tag, Gundis. Ich bin Theudebert, Helgas Vater.«

»Ich weiß. Ich kenne dich noch. Du warst oft bei uns in der Schmiede.«

»Das sind unsere Freunde Harmbrecht und sein Sohn Wisbert. Sei willkommen bei uns!«

»Danke«, antwortete Gundis leise. Sie setzte sich wieder und nahm das Messer zur Hand.

»Guten Tag, Großvater!« Osbert kam angerannt. Theudebert hob ihn hoch. »Guten Tag, Osbert. Ich glaube, du bist schon wieder größer geworden, obwohl ich doch gar nicht lange weg war.«

»Stimmt gar nicht, du warst lange weg!«

Alle setzten sich auf die Bänke um den groben Tisch. Gundis wollte neben der Feuerstelle sitzen bleiben, aber das ließ Helga nicht zu. »Komm her, Gundis! Es eilt nicht so mit den Rüben. Jetzt erzählen wir uns erst ein bisschen und trinken etwas.«

»Soll ich Bier ausschenken?«

»Kannst du gerne machen.«

Gundis war es gewöhnt, viele Männer beim Essen und Trinken zu bedienen.

»Es ist ein ziemlicher Aufruhr in Berffe«, berichtete der Alte. »Als ich bei Isbert, dem Wagner, war, hörte ich, was geschehen war. Soweit es die Leuten eben wussten. Ich dachte mir, dass Tasso dabei gewesen war, und als ich hörte, dass es zwei Männer waren, vermutete ich, dass dein Vater dabei war. Sie haben natürlich ihn und seinen Vater zuerst im Verdacht gehabt. Aber die Knechte, die Hilbracht rund um die Schmiede aufgestellt hatte, schworen bei Odin und allen Asen, dass niemand am Abend, in der Nacht und am Vormittag bis zu den Ereignissen das Anwesen verlassen hat.«

»Hoffentlich nimmt Odin ihnen diesen falschen Schwur nicht übel!«, lächelte Tasso.

»Wie ist Gerwin wieder reingekommen?«, fragte Gundis. Tasso freute sich, dass sie jetzt, nach drei Tagen, sich wieder am Gespräch über die Ereignisse beteiligte, tat aber bewusst so, als wäre das nichts Besonderes. »Wahrscheinlich auf demselben Weg, den wir nach draußen genommen haben: durch den Graben, der vom Wald herunterkommt, und dann durch den Garten und die hintere Tür der Schmiede.«

»Sie haben deinen Vater und deinen Bruder trotzdem verhört, Gundis. Aber sie mussten sie wieder laufen lassen. Auch, weil Hilbracht sich sicher war, er habe nicht mit Hortwin gefochten. Der Mann sei größer gewesen und ein geübter Kämpfer. Allgemein herrscht die Ansicht, es müssten zwei tüchtige Krieger gewesen sein, so wie alles geplant und durchgeführt war. Hörst du, Tasso? Zwei Krieger!«

»Nun ja«, wehrte Tasso ab, »ich habe nur getan, was mein Vater sagte. Hauptsächlich, jedenfalls. Und ich habe nicht gefochten, nur mit dem Bogen geschossen.«

»Aber das sehr treffsicher.«

Helga fragte: »Gab es Tote?«

»Zwei«, nickte Theudebert. »Einer, der von Tassos Pfeil in der Brust getroffen wurde, und ein anderer, der einen tiefen Schwerthieb hier an Hals und Schulter bekommen hat.«

Wisbert sagte: »Du bist ein Krieger, Tasso! Wenn du einen Schwur abgelegt hättest, könntest du dir jetzt die Haare schneiden!«

»Leider war es kein Römer«, fügte Harmbrecht hinzu. »Aber das ändert nichts. Es war immerhin ein Feind.«

Tasso fühlte sich gar nicht als Held. Im Gegenteil, statt dass seine Brust sich stolz weitete, fühlte er sich auf einmal bedrückt, eingeengt.

»Und …« Gundis war das, die zu einer Frage ansetzte, sprach sie dann aber doch nicht aus. Theudebert ahnte, was sie wissen wollte.

»Hilbracht hat einen tiefen Schnitt über das Gesicht. Ich habe ihn nicht gesehen, aber die Leute sagen, er wäre hässlich entstellt. Er hat sich nur zweimal bei einer Beratung der freien Chatten im Dorf sehen lassen. Sonst sitzt er zu Hause, pflegt seine Wunde und kocht vor Wut. Aber eine seiner Mägde hat Isberts Frau erzählt, die Wut Hilbrachts wäre noch gar nichts gegen die von Batiza. Es herrschte eine Stimmung, als führe der Blitzeschleuderer Donar persönlich in Hilbrachts neuem Haus auf und ab.«

Tasso schickte einen verstohlenen Blick zu Gundis hinüber, um zu sehen, wie sie die Nachricht aufnahm. Ihrem Gesicht war nichts anzumerken. Tasso hatte den Eindruck, sie hätte absichtlich ihre Gesichtszüge eingefroren, um ihre Gedanken dahinter verborgen zu halten.

»Bei all den Aufregungen«, berichtete Theudebert weiter, »verzögerte sich der Kauf des Wagens etwas. Wir trafen uns also einen halben Tag später als ausgemacht. Tjeff und Ragest sind dann nach dem Umladen von den Booten auf den Wagen nach Süden gefahren. Er ist ein Meisterstück, dieser Wagen! Wirklich, sehr gut!« Er blickte Tasso lächelnd an und fügte hinzu: »Mit Speichenrädern.«

»Wenn es dir recht ist, werde ich ihnen morgen nachreiten. Ich frage mich durch und finde sie bestimmt.«

»Es gibt noch etwas zu erzählen«, begann Theudebert später, als Osbert ins Bett gebracht worden war. »Ich habe an verschiedenen Stellen davon gehört. Aber Wisbert hat wahrscheinlich zuverlässigere Nachricht. Erzähle du, Wisbert!«

»Die Römer haben angegriffen.«

»Was?« »Wo?« »Hat Armin sie zurückgeschlagen?« Alle redeten durcheinander.

Wisbert schüttelte den Kopf. »Armin war gar nicht beteiligt.«

»Wohl immer noch der Streit mit Segest, seinem Schwiegervater?«, fragte Tasso.

»Ja. Allerdings ging auch alles sehr schnell, sodass nur die Stämme eingreifen konnten, die in der Nähe waren.«

»Berichte der Reihe nach!«, mahnte sein Vater Harmbrecht.

»Sicher habt ihr schon von dem kleinen Stamm der Marser gehört. Sie siedeln in den Wäldern rechts des Rheins. Vor einigen Tagen hatten sie ein Fest zu Ehren ihrer Göttin. Es wurde im Mittelpunkt ihres Stammesgebietes gefeiert. Ich weiß nicht, wie es da aussieht, aber ich vermute, dass es verstreute Höfe sind, insgesamt sicher größer als Berffe, aber bei Weitem nicht so große wie Metze. Als die religiösen Feiern und die Tänze und die Trinkgelage vorbei waren und alle in tiefem Schlaf lagen, brachen die Römer aus den Wäldern hervor und metzelten alles nieder – Männer und Frauen, Kinder und Alte, Krieger und Kranke, einfach alles. Es war ein furchtbares Blutbad.«

»Das ist ja entsetzlich!«, rief Helga.

»Wie war das möglich?«, fragte Tasso. »Hatten sie keine Wachen aufgestellt?«

»Ich weiß es nicht. Vermutlich nicht. Du weißt, wie das bei solchen Festen ist – jeder will dabei sein. Sie haben auch sicher nicht für möglich gehalten, dass die Römer so respektlos sind, sie bei einem religiösen Fest anzugreifen. Außerdem wohnen sie ja nicht direkt am Rhein. Die Römer mussten eine beachtliche Strecke durch die Wälder zurücklegen. Da haben die Marser wohl gedacht, dass sie das nicht unbeobachtet könnten mit ihrem großen Heer und dem schwerfälligen Tross. Aber schon Tiberius hatte breite Schneisen in die Wälder schlagen lassen, um im Feindesland beweglicher zu sein. Außerdem wählte Germanicus nicht den direkten Weg, wo ihn vielleicht Späher gesehen hätten, sondern einen Umweg. Und er trieb seine Leute zu höchster Eile an.«

»Dann muss er von dem Fest gewusst haben!«, sagte Tasso.

Theudebert meinte bitter: »Meinst du, es gäbe ein wichtiges Ereignis rechts des Rheins, von dem er nicht weiß? Er hat überall seine Leute. In allen Stämmen gibt es Römerfreunde. Und wenn nicht Freunde, dann doch wenigstens Leute, die sich mit Verrat gern gutes Gold verdienen.«

»Und dann?«, fragte Helga. »Haben sie sich schnell wieder zurückgezogen?«

»Fast nicht schnell genug«, berichtete Wisbert weiter. »In Windeseile verbreitete sich die Nachricht von dem Überfall, und es bildete sich ein Heer aus den istväonischen Stämmen, die dort leben. Armin war, wie gesagt, nicht dabei, aber wohl einige Cherusker. Sie setzten den zurückweichenden Legionen zu. Ich denke, sie haben von Armin gelernt. Vielleicht auch von anderen, jedenfalls ähnelte der Angriff in manchem der Varusschlacht vor fünf Jahren. Da, wo der Weg zwischen bewaldeten Höhenzügen hindurchführte und ziemlich eng wurde, griffen sie an. Es war ein harter Kampf. Besonders die Nachhut wäre fast aufgerieben worden. Aber dann gelang es der Vorhut, aus dem engen Tal auszubrechen und draußen eine Verschanzung zu errichten …«

»Im Kampf? Dabei haben sie Bäume für Palisaden gefällt?«, fragte Helga. »Oder haben unsere sie so lange in Ruhe gelassen?«

»Du musst wissen, Helga, auf so etwas sind die Römer immer vorbereitet. Jeder Legionär muss außer den Waffen und der Verpflegung auch noch einen Schanzpfahl mitschleppen.«

»Wie – die haben immer einen Balken bei sich?«

»Unsere Krieger könnte kein Feldherr dazu bringen. Aber du siehst – es hat Erfolg. An militärischer Erfahrung und an Disziplin übertrifft niemand die Römer.«

Tasso drängte: »Weiter! Was geschah dann? Haben sie das Lager umringt?«

»Da werden die Berichte ungenau. Ich vermute, dass niemand die Geduld für eine längere Belagerung aufbrachte. Vielleicht wurde es auch schwierig, weil der zusammengewürfelte Haufen keine richtige Führung hatte. Jedenfalls haben sich die Römer unter Germanicus dann wieder bis zum Rhein durchgeschlagen.«

Tasso schlug mit der Faust auf den Tisch. »Donars Blitz soll sie treffen!«

»Wenn nur Armin da gewesen wäre!« Gundis äußerte sich zum ersten Mal zu der Sache.

»Vielleicht hat er daraus gelernt. Vielleicht passen sie jetzt besser auf und lassen sich wenigstens nicht mehr überraschen«, meine Harmbrecht.

Wisbert sagte: »Germanicus wird es nun auch nicht mehr mit Überraschung versuchen. Er wird lieber mit der ganzen geballten Macht seiner Legionen kommen.«

»Da bin ich mir nicht sicher!« Theudebert schüttelte den Kopf. »Ich habe ein sehr ungutes Gefühl, wenn ich an Germanicus denke! Vielleicht kommt er mit geballter Macht und zugleich überraschend.«

Am Tisch trat sorgenvolles Schweigen ein.

* * *

Der hoch beladene neue Wagen fuhr in den Hof der Schmiede ein.

Als Hortwin und Gerwin erkannten, wer da kam, überließen sie ihre Arbeit dem Knecht und begrüßten Tasso, Tjeff und Ragest. Dann winkten sie Tasso ins Haus, während die anderen sich um die Tiere kümmerten.

Vier Pferde waren es. Tasso hatte, als er den beiden nachgeritten war, ein weiteres Reitpferd mitgenommen, damit immer zwei Männer reiten konnten und nur einer auf dem Wagen saß.

Im Haus sah sich Tasso um.

»Es kann uns niemand belauschen, Tasso. Wir können offen reden«, sagte Hortwin. »Wir haben angenommen, alles ist bei euch gut gegangen und Gundis ist in eurem Lager an der Weser.«

»Ja. Ich soll euch grüßen.«

»Danke, Tasso! Und danke für deine Hilfe! Es war sehr mutig und sehr geschickt. Ohne dich wäre Gundis …« Er sprach nicht weiter, reichte nur Tasso die Hand und drückte kräftig.

Gerwin tat es ihm gleich, und seine Mutter nahm Tasso sogar in die Arme. Sie sagten nichts dabei. Vielleicht fürchteten sie, ihre Stimmen würden brechen, wenn sie etwas sagten. Welche Worte wären auch jetzt noch nötig gewesen?

Hortwin zeigte zur Bank. Alle setzten sich.

Tasso nahm seinen Lederbeutel hervor. »Ihr hattet Tjeff elf neue Schwerter mitgegeben, sieben davon haben wir verkauft. Die anderen vier können wir ja behalten und bei anderer Gelegenheit verkaufen. Sie waren nicht bezahlt, sagt Tjeff, also gebe ich euch das Geld für sieben Schwerter. Davon abziehen können wir Geld für Roheisen, das wir mitgebracht …«

»Lass das erst einmal!«, unterbrach ihn Hortwin. »Sag uns, wie es Gundis geht!«

Tasso versuchte, sich nichts anmerken zu lassen. »Gut. Sie ist unverletzt aus der ganzen Sache herausgekommen …«

Seine Stimme hing in der Luft. Vielleicht war es das, vielleicht auch der Instinkt einer Mutter, der Hortwins Frau fragen ließ: »Aber?«

»Was meinst du?«

»Ihr Gemüt ist krank, nicht wahr? Er hat sie erniedrigt! Und die Todesangst hat ein Übriges getan!«

»Ja, doch ...«, gestand Tasso, »ein wenig schon. Sie ... sie ist nicht so wie früher. Nicht so ... so fröhlich und unbefangen.«

»Mein armes Kind!«

Gerwin schlug die rechte Faust in die linke Hand. »Dafür habt ihr den Mistkerl aber auch ganz schön zugerichtet!«

Tasso lächelte etwas. »Das war Gundis!«

»Was – dieser Schnitt?« Er zog den Finger schräg über seine Wange. »Das war Gundis?«

Tasso nickte. »Mit meinem Messer, während ich mit dem Bogen schoss.«

»Gut! Sehr gut!«

Tasso fragte: »Können die beiden wieder über Nacht hierbleiben? Ich möchte gern zu meiner Mutter reiten.«

»Natürlich. Sie sind uns wie immer willkommen«, sagte Hortwin. »Ich kann ja auch mit Tjeff abrechnen. Dann hast du mehr Zeit.«

»Ja, ein guter Vorschlag.«

Gundis' Mutter sagte: »Kann ich dir etwas für Gundis mitgeben? Nichts Großes oder Schweres.«

»Natürlich! Gerne!«

»Wissen Tjeff und Ragest Bescheid?«, fragte Hortwin. »Können wir offen mit ihnen reden?«

»Ja. Sie wissen nicht alle Einzelheiten, aber das Wichtigste. Es sind meine Freunde, ich brachte es nicht übers Herz, ihnen das zu verschweigen. Zu Hause hätten sie es sowieso erfahren müssen, wenn sie Gundis begegnen.«

Hortwin nickte.

Dann gingen sie alle nach draußen und halfen, das Roheisen abzuladen. Tjeff sagte: »Wir fahren morgen bei Sonnenaufgang los. Bleib ruhig etwas länger bei deiner Mutter! Du holst uns ja dann auf Leonides schnell wieder ein. Wir nehmen den üblichen Weg.«

Kurz darauf schwang sich Tasso auf sein Pferd. Den kleinen Beutel für Gundis wollte er nicht auf dem Wagen lassen, deshalb hängte er ihn neben den Köcher an seinen Sattel.

Es war noch halber Nachmittag, als Tasso vor dem Haus vom Pferd sprang, in dem er seine Kindheit verbracht hatte.

»Mutter!«

Er stürmte hinein. Seine Mutter saß am Webrahmen, wie fast immer in letzter Zeit, wenn sie nicht im Garten oder am Feuer beschäftigt war. Sein Vater war nicht da.

»Tasso!« Sie stand auf und umarmte ihn. »Wie freue ich mich, dass du mal wieder kommst!«

Er sah mit Erstaunen Tränen in ihren Augen, als er sich wieder aus der Umarmung löste. »Aber Mutter! Hast du mich so vermisst? Oder hattest du Angst um mich wegen ... na, du weißt schon. Es ist aber alles gut gegangen. Gundis ist in unserem Lager.«

»Dass es gut gegangen ist, habe ich schon gehört. Von deinem Vater. Aber vermisst habe ich dich auch. Weißt du, es ist oft sehr einsam hier.«

»Einsam? Aber ...« Er war im Begriff zu sagen, dass sein Vater doch da war, aber er biss sich auf die Lippen. Sein Vater war eben nicht da.

»Ich weiß, was du meinst«, sagte Gerhild leise, setzte sich auf ihren Arbeitsschemel, aber ohne sich dem Gewebe zuzuwenden, und spielte abwesend mit dem Wollfaden. »Er ist meistens bei seinen Freunden, wahrscheinlich auch bei anderen Frauen, ich weiß es nicht. Er verspielt sein letztes Geld und auch noch viel von meinem.«

»Aber ... aber ...« Tasso wurde von der Nachricht wie von einem Schlag getroffen. Er musste sich auf die Bank setzen. Sicher, er hätte es wissen müssen. Er hatte ja selbst die Gesellschaft gesehen, mit der er sich die Zeit und die innere Leere vertrieb. Er hatte seinen Vater inzwischen kennengelernt. Es gab genug Hinweise darauf, dass er eine solche Entwicklung nahm. Aber er hatte es nicht wissen wollen.

»Hast du ihn nicht zur Rede gestellt, Mutter?«

Es fiel ihm gleich selbst ein, dass das ein törichter Satz war.

»Konntest du ihm nicht wenigstens das verweigern, was du erarbeitet hast?«

»Ach, Junge ....« Sie wandte sich von ihm weg, ihrer Arbeit zu, ohne sie aber wieder aufzunehmen. Da sah er den großen blauen Fleck unter ihrem linken Auge. Er hatte schon den Finger ausgestreckt und darauf gedeutet und Luft geholt, um danach zu fragen. Aber dann hielt er die Frage zurück. Er ahnte die Antwort. Besser war's, sie wurde nicht ausgesprochen.

»Ich bin ja froh, wenn er Geld hat, um zu spielen«, murmelte Gerhild. »Dann ist er weg, und ich habe meine Ruhe.«

»Aber das … das geht doch nicht so weiter, Mutter!«

»Nein, Tasso, das geht wohl nicht mehr lange so weiter. Kann es gar nicht. Entweder geht ihm das Geld aus, und er verschwindet ganz, vielleicht zu Armins Heer, oder er ändert sich, was ich zwar hoffe, aber kaum glauben kann, oder ich breche zusammen. Aber irgendwas wird sich ändern.«

»Ich spreche mit ihm, Mutter! Ich werde ihn zur Rede stellen!«

»Nein, tu das nicht, Junge!«

»Doch! Warum sollte ich es nicht tun?«

»Weil es nichts nützt. Er wird auf dich noch weniger hören als auf mich. Aber er wird es dir übel nehmen, und ich möchte nicht, dass zwischen euch genauso ein Krieg herrscht wie zwischen ihm und mir. Er ist dein Vater.«

Tasso stand auf. Er hatte nichts vor, aber er konnte einfach nicht sitzen bleiben. Unruhig ging er auf und ab, blieb dann wieder vor der Bank stehen, auf der er eben gesessen hatte, und trat dagegen, dass sie gegen den Tisch kippte.

»Er ist mein Vater, ja. Aber er ist kein Vater, wie ich ihn will. Er … er … Als ich klein war, dachte ich immer: Wenn ich doch nur einen Vater hätte, hier im Haus, der groß und stark ist. Jetzt hab ich einen, der tatsächlich groß und stark ist. Aber hier ist er nicht. Und so habe ich ihn mir auch nie erträumt.«

Gerhild sah ihn an. »Um dich tat es mir immer am meisten leid, dass er nicht da war. Aber du bist jetzt fast erwachsen und brauchst ihn wohl nicht mehr. Jetzt wäre es besser, er wäre in Gallien geblieben, oder wo er sonst war.«

Tasso sagte: »Aber du, Mutter … es geht um dich!« Er rückte die Bank wieder zurecht und setzte sich darauf.

»Willst du mir einen Gefallen tun, Tasso?«

»Natürlich.«

»Lass uns jetzt von etwas anderem reden. Du bist da! Und die Freude will ich mir nicht durch diese Sache verderben lassen. Es soll ein schöner Abend werden. Einverstanden?«

Tasso nickte. Um ihr den Gefallen zu tun, wollte er nicht über seinen Vater reden. Aber ob er nicht daran denken würde, daran zweifelte er.

»Erzähl mir von eurer Reise. Und von Gundis!«

Da zog ein neuer Schatten auf. Tasso ahnte: Ein gemütlicher Abend würde es wohl nicht werden.

»Geht es ihr gut? Hat sie sich schon ein wenig eingelebt? Fängt sie an, das schreckliche Erlebnis zu vergessen?«

Tasso sah erstaunt auf. Seine Mutter brachte offenbar trotz ihrer eigenen Sorgen mehr Einfühlungsvermögen für Gundis auf als er selbst.

»Ja – ja, sie fängt an. Aber es wird wohl noch dauern.«

»Ich hatte schon geplant, ihre Familie in Berffe zu besuchen. Aber erstens hatte ich nicht viel Zeit übrig. Und zweitens dachte ich, es ist wohl auch nicht klug. Die Leute könnten Schlüsse ziehen, dass da besondere Beziehungen bestanden, und das könnte dich gefährden.«

Tasso nickte. Er hatte nicht richtig zugehört, aber wenn seine Mutter etwas sagte, war das ja meistens etwas, wozu man nicken konnte.

»Ach, ich habe ganz vergessen, dir etwas zum Essen und Trinken anzubieten! Pass auf!« Sie tat geheimnisvoll, wie früher, wenn sie ihm vor dem Sonnenwendfest ein Geschenk angekündigt hatte. »Ich habe extra Nüsse und Honig für dich aufgehoben. Ich wusste doch, dass du irgendwann wiederkommst.«

Sie ging zu dem großen Stapel Feuerholz neben dem Herd und begann, die Stücke beiseitezuräumen. Es dauerte eine ganze Weile. Endlich kam ein Tuch in Sicht. Darin eingeschlagen war, was sie suchte: ein kleiner Topf mit Honig und ein Beutel mit Haselnüssen. Sie erhob sich nicht von den Knien, stellte es nur hinter sich und räumte die Holzstücke wieder zurück.

Tasso war erschüttert. Seine Mutter musste das, was sie ihm schenken wollte und was sie sich vom Munde abgespart hatte, vor seinem Vater unter dem Feuerholz verstecken!

Er schluckte, und es gelang ihm nur mit Mühe, die Tränen zurückzuhalten. In einem Winkel seines Kopfes dachte es: *Was ist mit mir? Werde ich doch noch kein Mann? Schon zum zweiten Mal in diesem Jahr weine ich!* Und in einem anderen Winkel gärte der Gedanke: *Das geht so nicht weiter. Aber was soll ich tun?*

* * *

»Tasso, mein Sohn! Bist du da? Ich habe dein Pferd gesehen!« Die Stimme riss Tasso aus dem Schlaf.

Sie hatten sich gestern lange unterhalten, seine Mutter und er. Es war eigentlich doch noch ein schöner Abend gewesen. So war es spät geworden. Darum schlief er lange, und es war nun schon hell.

Mutrich stand vor ihm. Tasso erhob sich langsam. Seine Gedanken waren noch nicht richtig wach, und der Teil, der wach war, war zur Hälfte noch mit den Gesprächen von gestern Abend beschäftigt.

»Haben wir nicht einen wunderbaren Streich gespielt, mein Sohn? Darauf können wir stolz sein! Schade, dass wir es nicht überall erzählen können! Zu schade!«

Tasso stand jetzt vor seinem Vater, der ihm beide Hände auf die Schultern legte. »Wir sollten öfter mal was zusammen unternehmen!«

Er roch nach Bier, stellte Tasso fest und bemühte sich, die Luft anzuhalten, bis er wieder etwas weiter weg war. Nein, es war nicht nur der Geruch von Bier, es war der Geruch eines Mannes, der viel davon getrunken hatte, die ganze Nacht hindurch – das war ein Unterschied.

»Morgen, Vater – lässt du mich mal vorbei?« Er tauchte unter Mutrichs Arm durch und ging nach draußen, um seine Blase zu leeren und sich im Bach das Gesicht zu waschen.

Als er zurückkam, saß Mutrich am Tisch. Seinen Gürtel mit dem Schwert hatte er abgeschnallt. Gerade stellte ihm Gerhild Brot und einen Becher mit Milch hin.

»Hast du kein Bier?«

»Nein.«

Mürrisch trank er und mümmelte an einem Stück Brot. Gerhild versorgte auch Tasso und sich selbst mit Frühstück. Eine Weile aßen und tranken sie, ohne dass jemand etwas sagte.

Er erkundigt sich nicht einmal nach Gundis, dachte Tasso. *Na gut, wenn er es nicht wissen will, erzähle ich auch nichts.*

Zweimal legte Mutrich sein Brot weg und sah seine Frau an, sodass Tasso dachte, er wolle etwas sagen. Aber jedes Mal nahm er das Brot wieder in die Hand und aß weiter.

Dann kam es unverhofft. Mutrich murmelte es nur unter sich, mit vollem Mund: »Ihr müsst aus dem Haus.«

»Was?« Tasso glaubte wirklich, er hätte es nicht richtig verstanden.

»Ihr müsst ausziehen. Das Haus gehört uns nicht mehr.« Mutrich trank und betrachtete dabei schielend den Grund des Bechers, als ließen sich dort alle Geheimnisse des Lebens ablesen.

»Was soll das heißen?«, fragte Gerhild, gar nicht scharf. Es war noch nicht in ihr Bewusstsein vorgedrungen, was das heißen konnte.

»Bist du schwer von Begriff?« Mutrich war der Erste, der einen scharfen Ton anschlug. Er wollte wohl gleich angreifen, um sich zu verteidigen. »Es soll das heißen, was ich gesagt habe! Das Haus gehört uns nicht mehr. Ich habe es verloren.«

»Verloren?«

»Ja, verloren! Beim Würfeln! Es gehört jetzt Ragnar. Das ist ein alter Freund, der früher auch Legionär …«

»Beim Odin, ich will nicht wissen, wer Ragnar ist, ich will wissen, was mit unserem Haus los ist!« Gerhild war aufgesprungen.

Auch Mutrich stand auf. Langsam allerdings. Nur Tasso blieb sitzen, aber nur, weil er gelähmt war von dieser Nachricht.

»Was mit unserem Haus los ist, sage ich jetzt zum dritten Mal. Dann solltest du es aber begriffen haben! Ich habe es, weil ich sonst nichts mehr hatte, beim Würfelspiel eingesetzt und verloren!«

»Aber … Vater …«, stotterte Tasso.

»Ich hätte ja auch gewinnen können! Dann wären wir jetzt reich. Dann wärt ihr mir alle überglücklich um den Hals gefallen, statt mich dämlich oder vorwurfsvoll anzustarren. Aber nun ist es eben anders ausgegangen. Mal hat man Glück, mal hat man Pech.«

»Aber wo soll Mutter wohnen?« Tasso sprach für sie, die wie erstarrt dastand, seit ihr dämmerte, dass dies weder ein Scherz noch ein Missverständnis war.

»Sie wird schon irgendwo unterkommen. Wo sie arbeitet … Jedenfalls kommt Ragnar nachher. Gegen Mittag. Dann will er alles in Besitz nehmen. Eure persönlichen Sachen gehören natürlich nicht dazu. Nur das Haus und der Garten.«

»Nein!«, schrie Gerhild plötzlich. Es brach aus ihr heraus, wie wenn der Eisenschmelzer den Ofen ansticht und die glühende Flüssigkeit hervorquillt. »Nein, nein, nein! Das nicht! Mich kriegst du hier nicht weg! Das Opfer bringe ich nicht auch noch deiner Spielleidenschaft und deinem Leichtsinn und deiner Selbstsucht! Nicht das!«

Mutrich kam um den Tisch herum. »Was willst du denn dagegen tun? Ragnar bringt seine Leute mit! Willst du dich vor die alle hinstellen und ›Nein, nein, nein!‹ schreien? Das nützt dir nichts!«

»Vater, du kannst doch nicht …!« Tasso stand auf.

»Sei du still! Dich geht es nichts an! Du wohnst ja sowieso nicht mehr hier. Aber deine Mutter muss hier raus. Und zwar schnell. Ich will nicht, dass es hier Streit gibt, wenn Ragnar kommt, versteht ihr? Wenn man etwas verspielt hat, muss man es auch klaglos hergeben. Das ist eine Frage der Ehre.«

»Ehre?«, schrie Gerhild. »Was weißt du denn von Ehre?«

Er schlug so heftig zu, dass sie zu Boden fiel und fast beim Abstützen ins Feuer gegriffen hätte.

Tasso sprang herzu und riss seinen Vater herum. »Tu das nie wieder, hörst du?«, schrie er ihn an. Dann half er seiner Mutter auf.

Sie sagte kein Wort und brachte auch keinen Schmerzenslaut hervor, obwohl ihre Wange zu glühen schien. Sie blitzte ihren Mann nur mit mühsam beherrschtem Zorn an.

»Ha, ha! Drohst du mir?« Mutrichs Lachen klang etwas gekünstelt. »Wie willst du mich denn daran hindern?«

Tasso hatte darüber natürlich nicht nachgedacht, aber als sein Blick auf Mutrichs Schwert fiel, griff er es und sagte trotzig: »Ich werde dich daran hindern!«

»Ha, ha, ha!« Jetzt klang Mutrichs Lachen echt. »Mit meinem Schwert willst du mich daran hindern? Mach dich nicht lächerlich, Junge! Du wirst doch nicht deinen Vater erschlagen wollen! Wollen, sage ich, hörst du? Denn fertigbringen würdest du es sowieso nicht! Also leg das Ding weg und fang an, deine Sachen zusammenzuräumen. Oder hilf deiner Mutter mit ihren Sachen. Dein Pferd steht ja noch draußen, damit könnt ihr das meiste wegbringen.«

»Nein!« Gerhild sagte es viel leiser als eben. Aber es lag eine solche Schärfe darin, dass ihr Mann die Warnung nicht überhören konnte. »Nein!«

Für Augenblicke standen alle drei wie versteinert.

Hinter Mutrichs Stirn arbeitete es. Würde sein Sohn wirklich das Schwert gegen ihn erheben, wenn er noch einmal seine Frau schlug? Aber er war nicht jemand, der sich von Frau und Kind sagen ließ, was er tun sollte!

Er wandte sich ab und begann, von den Brettern an der Wand Tücher und Töpfe mit einer Hand herunterzufegen. Aus einem Topf rollten getrocknete Schlehen über den Boden. Ein Krug mit Leinöl zerbrach und verspritzte seinen Inhalt.

Gerhild stellte sich vor das Brett, das als Nächstes drankommen musste. »Hör auf damit!«

Mutrich war jetzt in seiner Wut nicht mehr Herr seiner selbst. Er packte Gerhild am Kleid und wollte sie heftig zur Seite schleudern. Da sah er aus den Augenwinkeln, wie Tasso auf ihn zukam. Er hatte das Schwert in der Hand, aber nicht zum Schlag erhoben oder zum Stich bereit. Was er wollte, war ihm wohl selbst nicht klar. Auf jeden Fall eingreifen. Das musste er einfach.

Mutrich hatte solche Situationen viele Male geübt und in Kämpfen erlebt. Es war die wie von selbst ablaufende Handlung eines Kriegers. Er griff nach der Hand mit dem Schwert und riss gleichzeitig, mit einer Körperdrehung und indem er seinen Fuß vorstellte, Tasso von den Beinen.

Der lag am Boden und hatte, um sich abzustützen, die Waffe fallen gelassen. Mutrich hob sie auf und wirbelte sie durch die Luft. »Untersteh dich, mit einem Schwert auf deinen Vater loszugehen, Bürschchen! Das merke …«

Er hielt mitten im Satz inne, blickte erschrocken, nein, eher erstaunt seine Frau an und sah dann an sich herunter auf das Messer, das sie ihm in den Bauch gerammt hatte.

»Du tötest nicht meinen Sohn!«, hauchte sie. Mehr als ein Flüstern war auch nicht nötig. Es war auf einmal totenstill. Zwei, drei Atemzüge lang stand Mutrich still, dann fiel das Schwert aus seiner Hand. Und darauf fiel er selbst.

Vater und Sohn lagen nebeneinander.

Tasso rollte sich zur Seite und erhob sich auf die Knie.

Dann drang ein furchtbarer, markerschütternder Schrei aus Mutrichs Kehle. Er krümmte sich und presste die Hände auf den Bauch.

Und wie, um ihn zu übertreffen, schrie nun auch Gerhild. Sie stand unbeweglich da, breitbeinig, wie sie eben für den Stich festen Stand gesucht hatte. Aber aus ihrem Körper und vor allem ihrem Gesicht war alles Leben gewichen. Der Zorn von eben, die Kampfbereitschaft, die aus ihren Augen geblitzt hatte, war gewichen. Es war, als wäre sie von einem Augenblick auf den anderen irrsinnig geworden. Sie stand nur da und schrie. Und wenn ihr Atem ausgegangen war, holte sie von Neuem Luft und schrie weiter.

Der Erste, der zu sich kam, war Tasso. Er stand vollends auf und wusste nicht, um wen von seinen Eltern er sich zuerst kümmern sollte.

Auf einmal war es ihm ganz klar: Wenn hier keiner vernünftig war, musste wenigstens er es sein! Seinem Vater konnte er nicht helfen. Er wusste jedenfalls nicht wie. Aber seiner Mutter vielleicht. Er ging zu ihr, legte den Arm um sie und führte sie zur Bank. Er musste am Anfang einigen Zwang anwenden, weil ihre ganze Muskulatur wie verkrampft schien. Aber dann ging es. »Komm, Mutter, setz dich! Beruhige dich! Du hast es nicht gewollt. Es ist von allein gegangen. Der ganze Zorn, den du in dir aufgestaut hattest, hat sich entladen. Er ist daran schuld, nicht du!«

Er wusste nicht, ob seine Worte bei ihr ankamen. Er wusste noch nicht einmal, ob sie sie richtig hören konnte, weil Mutrich so laut schrie und Gerhild immer noch stöhnte. Aber anscheinend taten die ruhigen Worte ihre Wirkung.

Tasso wunderte sich selbst, woher die Ruhe kam, mit der er sprach, war er doch innerlich gespannt wie sein Bogen vor einem Weitschuss. »Oder nein, du hast es getan, um mir zu helfen! Das war es! Er wollte mit dem Schwert auf mich einschlagen. Vielleicht wollte er es auch nicht, aber du hast es geglaubt. Und da hast du zugestochen, um mich zu retten. So muss es gewesen sein!«

Gerhild saß jetzt auf der Bank, griff sich ins eigene Haar und wühlte darin und starrte ihren Mann an.

Der hörte jetzt auf zu schreien. Er lag nur still da und stöhnte. Tasso stand da und wusste nicht, was er jetzt tun sollte. Das Messer steckte immer noch im Körper seines Vaters. Drum herum war alles voller Blut. Sollte er es herausziehen? Er traute sich nicht.

»Tasso!«, flüsterte Mutrich jetzt röchelnd. »Tasso, komm her!«

Tasso ging näher hin, hielt aber immer noch zwei Schritte Abstand.

»Komm, Junge! Nimm das Schwert. Stich es da hinein! Genau hier!« Er zeigte auf sein Herz. »Genau hier! Aber fest, hörst du!«

»Nein! Nein!«, flüsterte Tasso erst leise, dann rief er es lauter. »Nein, das kann ich nicht!«

Er lief hinaus und wäre am liebsten in den Wald gerannt oder hätte sich auf sein Pferd geschwungen und wäre weit fortgeritten. Aber als er im Licht der Morgensonne stand und die frische Luft atmete, kam er zur Besinnung. *Ich will nicht auch die Besinnung verlieren,* wusste er auf einmal. *Nein, ich muss bei klarem Verstand bleiben. Und vor allem will ich nicht fliehen vor den Schwierigkeiten.*

Er ging wieder hinein.

Sein Vater hatte sich zur Wand hingeschoben und lehnte nun mit dem Kopf und dem Nacken am Lehm. Gerhild saß immer noch genauso da.

»Vater …«, versuchte Tasso etwas zu sagen, auch wenn er nicht wusste, was.

Sein Vater winkte mit der Hand ab. Es war nur eine kleine Bewegung, weil er zu mehr keine Kraft hatte, aber Tasso nahm sie erleichtert wahr, weil sie signalisierte, dass er nichts zu sagen brauchte.

»Lass es gut sein!«, röchelte Mutrich. »Du musst nicht, wenn du … nicht kannst. Es … es ist vielleicht … auch besser so.«

Sein Gesicht verzog sich, weil offenbar eine neue Welle des Schmerzes durch seinen Körper raste.

»Es ist eine … eine Ausnahme, die … die ich dir gestatte. Aber … sonst musst du … immer Mut beweisen, hörst du? Immer Mut. Und nie … nie weglaufen. Nie weglaufen, so wie ich.«

Tasso nahm das Schwert bei der Klinge und hielt ihm den Griff hin.

»Was ist? Ich … ich habe nicht mehr die … Kraft, um mich selbst …«

»Nein! Nein, das meine ich nicht. Es ist wegen Walhall!«

»Walhall?«

»Sie sagen doch alle, dass nur der nach Walhall kommt, der mit dem Schwert in der Hand stirbt.«

»Unsinn, Junge! Lass den Unsinn! Daran glaube ich nicht.«

»Aber … aber …« – Tasso wusste nicht, wie er es sagen sollte. »Aber nur, falls doch … schaden kann es ja nicht.«

Mutrich schüttelte nur den Kopf.

»Gerhild!«, sagte er leise. Sie reagierte aber nicht. »Gerhild, ich … ich nehme es dir nicht übel. Was … würde es jetzt noch nützen, wenn ich … Es … Gerhild, hörst du mich?«

Seine Augen bekamen einen glasigen Glanz. »Es hat irgendwie nicht so richtig geklappt … mit uns beiden.«

Er schwieg. Gerhild ließ nicht erkennen, ob sie seine Worte aufgenommen hatte.

Tasso dachte schon, sein Vater wäre gestorben, als er sich nicht mehr rührte und kein Atem zu erkennen war. Aber dann schlug er die Augen noch einmal auf.

»Tasso!« Er war kaum zu verstehen.

»Ja, Vater? Ich bin hier.«

»Flieht! Wenn Ragnar kommt, werdet ihr … werdet ihr … als Mörder.

Du … bist ein freier … Chatte. Vielleicht … vielleicht kommst du … frei. Aber … deine Mutter ist … sie würde sterben.«

»Nein …«

»Flieht! Bring sie … in Sicherheit. Versprich es mir!«

»Ja.«

»Schwöre es!«

»Ja, ich … wobei soll ich schwören?«

»Ist egal. Haupt…sache, du … du schwörst.«

»Ja, ich schwöre.«

Etwas wie ein schiefes Lächeln war auf Mutrichs Gesicht zu erkennen. »Mach … wieder gut, was … was ich …«

Dann sackte er zusammen, und Tasso wusste, dass er tot war.

Tot schien auch alles um ihn her zu sein. Kein Geräusch, außer einem gelegentlichen Knacken des Feuers, störte die Stille. Seine Mutter rührte sich nicht, sagte nichts, starrte nur vor sich hin. Und in ihm selbst war alles tot. Er fühlte nichts mehr. Vielleicht hatten die erregenden Minuten – Streit, Angst, Hoffen, Zorn, Bangen – seine Gefühle aufgebraucht. Jetzt war er leer.

Am liebsten hätte er sich auch nur hingesetzt wie seine Mutter und gegrübelt oder gar nichts gedacht. Aber da kam die Erinnerung hoch an seinen Schwur und wurde immer stärker. Nein, er durfte sich jetzt nicht gehen lassen. Handeln musste er. Aber wie?

»Mutter!«

Tasso legte ihr die Hand auf den Arm, aber sie rührte sich nicht.

»Mutter, hör doch … wir müssen …«

Er schüttelte sie – sie rührte sich nicht.

Was mache ich nur mit ihr?

Er sah, dass sie auf den Armen eine Gänsehaut bekam. Fror sie? Er holte die Decke, unter der sie nachts schlief, und hängte sie ihr über die Schultern.

Was mache ich denn jetzt?

Eine plötzliche Angst kroch in ihm hoch und ließ ihn zittern, aber seinen Kopf glühend heiß werden.

Schnell nach draußen. An der frischen Morgenluft, ohne den Anblick des toten Vaters mit all dem Blut und dem Messer im Leib, und ohne die Nähe der so merkwürdig veränderten Mutter, würde er ruhiger werden und klarer denken können.

Einige tiefe Atemzüge, einige Schritte vor dem Haus, einige tätschelnde Schläge auf den Hals seines Pferdes – das alles tat ihm gut.

Wir müssen fort. Ich hab's geschworen, aber nicht nur deshalb. Ich muss uns in Sicherheit bringen. Und zwar schnell! Bald wird Ragnar mit seinen Leuten kommen. Aber wie? Mutter bewegt sich ja nicht mal, geschweige denn, dass sie gehen oder auch reiten könnte! Ich brauche Hilfe.

Da wusste er, was er tun musste. Er ging hinein. »Mutter! Hör mich an, es ist sehr wichtig! Hörst du mich? Ich reite schnell hinter Tjeff und Ragest her. Die werden noch nicht weit sein. Wir kommen zurück. Du musst einfach warten, hörst du? Einfach warten!«

Tasso hatte nicht den Eindruck, dass sie das aufgenommen hätte, aber immerhin bewegte sich etwas in ihrem Gesicht. Sie flüsterte. Tasso verstand es nicht und hielt darum das Ohr an ihren Mund.

»Ich habe ihn getötet!«, verstand er jetzt. Sie hauchte und röchelte mehr, als dass sie sprach. »Ich habe meinen Mann ermordet.«

»Mutter, bleib hier sitzen, hörst du? Tu gar nichts! Ich komme wieder! Ich hole Hilfe!«

Er konnte jetzt nicht länger warten. Jeder Augenblick, der verstrich, gefährdete sie mehr.

Tasso strich seiner Mutter über die Wange. Vielleicht merkte sie das, und es tat ihr gut. Dann ging er hinaus, band Leonides los und schwang sich auf. In gestrecktem Galopp ritt er davon.

Er meinte, noch nie so schnell geritten zu sein. Aber Leonides schien Spaß daran zu haben.

Als er an die Weggabelung kam, zögerte Tasso kurz. Doch, sie mussten längst vorbei sein, wenn sie bei Sonnenaufgang aufgebrochen waren.

Wieder trieb er sein Pferd an. Die Steigung hinauf ging es etwas langsamer, aber oben beschleunigte sich der Ritt wieder. Je länger es dauerte, desto stärker wurden seine Zweifel. *Sind sie vielleicht doch noch nicht vorbei, und ich jage in die falsche Richtung?*

Plötzlich sah er sie – weit vor sich am Ende einer einigermaßen geraden Strecke des Weges.

Eine letzte Anstrengung für Leonides, dann hatte er sie eingeholt. Vor den erstaunten Augen seiner Freunde, die sich über seine Hast wunderten, sprang er vom Pferd.

»Ihr … ihr müsst mir helfen! Es ist etwas Schreckliches geschehen.« Außer Atem und stockend berichtete er.

Als er geendet hatte, herrschte Stille. Bei Ragest, weil er mit der Beurteilung der Lage überfordert war, bei Tjeff, weil er nachdachte.

»Wir machen es so«, sagte Tjeff, bedächtig, als hätte er alle Zeit der Welt. Aber das lag daran, dass er noch überlegte, während er sprach. »Mit dem Wagen sind wir zu langsam. Wir fahren ihn ein wenig zur Seite, und Ragest bewacht ihn. Wir spannen die Pferde aus und nehmen sie mit. Vier Pferde – da können wir viel tragen. Wenn wir wieder hier sind, laden wir alles auf den Wagen und spannen wieder an. Dann kann deine Mutter auch auf dem Wagen sitzen. Aber bis hier muss sie reiten. Wenn es nötig ist, muss einer von uns sie auf sein Pferd nehmen und festhalten.«

»Ja! Gut, so machen wir's!«

Schnell wurden die Zugpferde ausgeschirrt, und Tasso setzte sich auf eins, um Leonides etwas zu entlasten.

»Nicht Galopp! Wir traben!« Tjeff strahlte große Ruhe und Sicherheit aus. Das nahm Tasso etwas von der inneren Spannung.

Es dauerte quälend lange, bis sie beim Haus waren, das Tasso und seiner Mutter nun nicht mehr gehörte.

Gerhild saß nicht mehr so da, wie Tasso sie verlassen hatte. Sie kniete neben der Leiche ihres Mannes. Aber ihr Blick war noch genauso leer, er schien durch den toten Körper hindurchzugehen tief ins Innere der Erde.

»Komm, Mutter!«

Gerhild reagierte nicht.

»Gut, dann erst alles andere und sie zuletzt!«

Das Wertvollste war wohl der Webrahmen. Sie befestigten ihn mit einigen Seilen, und als die nicht ausreichten, mit Tüchern auf einem der Zugpferde. Das andere bekam alles aufgeladen, was sie sonst noch mitnehmen konnten und wollten: Töpfe, Krüge mit Vorräten, Felle und Tücher, Mutrichs Schwert.

Tasso blickte zwischendurch immer wieder den Weg hinunter. Es waren noch keine fremden Menschen zu sehen. Auch Bewohner der Siedlung sahen sie nicht, die waren wohl auf den Feldern.

Dann kam das schwierigste Stück Arbeit. Aber es ging besser als befürchtet. Gerhild stand zwar nicht selbst auf und stieg aufs Pferd, aber als die beiden sie hochzogen und in den Sattel hoben, sträubte sie sich auch nicht. Tasso setzte sich hinter sie.

Er blickte nicht zurück, als sie losritten. Dies war der geliebte Orte seiner Kindheit gewesen. So wollte er ihn in Erinnerung behalten. Wenn er jetzt nicht noch einmal hinsah auf das Haus mit dem toten Vater, den Ort des schrecklichen Mordes, dann konnte es ihm vielleicht gelingen, die weiter zurückliegenden schönen Bilder im Gedächtnis zu behalten.

»Hoffentlich reiten wir ihnen nicht in die Arme!«, sagte Tjeff und zeigte voraus. »Aber durch den Wald können wir so nicht reiten. Wir müssen auf dem Weg bleiben.«

Tasso antwortete nicht. Er war mit seinen Gedanken woanders. Die Führung überließ er Tjeff.

Immerhin erkannte er die Bedeutung der Tatsache, dass sie bis an die Weggabelung kamen, ohne jemandem begegnet zu sein. Ein Stein fiel ihm vom Herzen. Dann folgten sie der Handelsstraße.

Mittag war bereits vorüber, als sie zu der Stelle kamen, wo Ragest bei dem Wagen wartete. Behutsam hoben sie Gerhild vom Pferd auf den Wagen und versuchten, sie weich und sicher zu setzen.

Sie war immer noch nicht mit ihren Gedanken in der Gegenwart. Aber sie sah nicht mehr starr vor sich hin. Dafür irrten ihre Blicke unruhig hin und her, ihr Mund bewegte sich, aber es kamen nur unverständliche Laute heraus, sie zitterte am ganzen Leib.

Schnell wurde das Gepäck umgeladen, die Pferde wurden angespannt, und dann machten sie sich auf den Weg.

Wenn Ragnar kam und den Toten fand, würde er Lärm schlagen. Es war klar, dass sie dann nach dem Mörder suchen würden. Vor Jahren war etwas Ähnliches geschehen, hatte seine Mutter ihm erzählt. Damals hatten sie den Mörder fast bei den Taunusbergen gefasst. Und auch bei der Sache mit Hadrich war deutlich geworden, dass die Chatten eine Mordtat nicht einfach auf sich beruhen ließen.

Wie lange würden sie brauchen, um eine Suchmannschaft zusammenzustellen? Vielleicht waren sie jetzt schon dabei. Klar, dass sie nach Gerhild suchten, denn die hätte ja im Haus sein müssen. Wenn sie nicht da war, hatte sie mit dem Mord zu tun, so würden sie vermuten. Vermutlich würden sie aber auch nach ihm suchen, denn er war in Berffe gesehen worden. Sie würden annehmen, dass er zu Hause war, als die Tat geschah.

»Tjeff!« Tasso ritt an die Seite des Freundes, Ragest lenkte den Wagen. Tjeff sah ihn nur fragend an.

»Sie werden uns suchen. Sie werden Leute nach allen Seiten aussenden. Auch auf diesen Weg. Hier vielleicht sogar zuerst, weil es der Weg ist, der von uns aus fortführt, ohne durch einen Ort zu kommen.«

Tjeff nickte wieder. »Wir können aber nicht schneller.«

»Nein.« Eine Weile überlegten beide, was zu tun sei.

»Wir können uns auch mit dem schweren Wagen nicht in den Wäldern verbergen.«

Tasso sagte: »Fahrt weiter! Ich bleibe etwas zurück. Dann sehe ich sie, und wir werden wenigstens nicht von ihnen überrascht.«

* * *

Im Schatten der Bäume begann es bereits dämmrig zu werden. Ob sie bis zur Nacht unentdeckt bleiben konnten?

Tasso achtete darauf, dass der Wagen bei geraden Wegstrecken immer wieder zu sehen war. Dazwischen verschwand er natürlich, denn die Straße war kurvenreich und führte zumeist durch Wälder.

Immer wieder blickte er zurück, ob sich nicht Verfolger zeigten. Erst jetzt, als er langsam ritt, als die Erfordernisse des Augenblicks nicht mehr seine Aufmerksamkeit beanspruchten, begann er, über dieses schreckliche Ereignis nachzudenken. Wie es dazu kam. Was das für Folgen hatte für ihn und seine Mutter.

Besser wäre es, wenn tatsächlich er ihn begangen hätte, diesen Mord!

Indem er den Gedanken zum ersten Mal klar für sich selber aussprach, war auch sofort der andere da: Er konnte doch einfach sagen, er hätte es getan! Natürlich! War es nicht auch das, was sein Vater ihm sterbend hatte sagen wollen? Er war ein freier Chatte. Man konnte ihn nur in einem Gericht aus freien Chatten verurteilen. Das musste ihn anhören. Vielleicht würde man ihn sogar vor den großen Thing nach Metze bringen. Dann konnte er sich verteidigen. Er konnte das Ganze als eine Notwehrhandlung schildern, was es ja eigentlich auch war, fast als eine Art Unfall in einem lächerlichen Familienstreit.

Das würde ihm das Leben retten.

Seine Mutter aber hatte diese Möglichkeiten nicht. Mit ihr würde man sich die Mühe nicht machen. Eine Frau, die ihren Mann erstach, war für sich schon etwas, was jeden Chatten, der selbst eine Frau hatte, mit Abscheu erfüllen musste. Und dies erst recht, wenn sie eine Unfreie war, die erst durch die Heirat mit einem Freien zu einigem Ansehen kam.

Und diesen Mann hatte sie ermordet. Heimtückisch natürlich, denn dass sie diesen Krieger in einem ehrlichen Kampf getötet haben könnte, war undenkbar!

Seine Mutter war schon so gut wie tot, wenn sie als Täterin galt! Und wenn sie den Häschern in die Hände fiel.

Vielleicht würden sie dann sogar seine Mutter als Götteropfer ins Moor werfen, als Ersatz für Gundis, die ihnen im letzten Moment entrissen worden war!

Musste er, Tasso, das nicht verhindern? Wenn er schon für das Mädchen, das er liebte, so viel gewagt hatte – musste er nicht das Gleiche, sogar mehr auf sich nehmen, um seine eigene Mutter zu retten?

Es war ihm auf einmal so klar wie die Tatsache, dass sein Pferd vier Beine hatte. Es gab keinen Zweifel. Nur so konnte er handeln!

Aber seine Mutter durfte nicht dabei sein, wenn sie ihn gefangen nahmen! Sie würde es richtigstellen, um ihn zu retten. Außerdem würden sie sie mitnehmen. Vielleicht würden sie sogar beide verurteilt. Man könnte sie beschuldigen, den Mord gemeinsam begangen zu haben. Das war ja auch nicht ganz falsch.

Sein Entschluss war gefasst, er ging nur noch einmal alles in Gedanken durch, ob nicht irgendwo ein Fehler versteckt war, da sah er sie: fünf Reiter.

Zufällig bemerkte er sie auf einem offenen Stück der Straße jenseits des Tales, durch das er gerade geritten war.

Sie galoppierten. Also hatten sie es eilig. Das konnten nur die Häscher sein.

Gut, dass Tasso nun genau wusste, was er tun wollte. Er trieb Leonides an und hatte den Wagen in kurzer Zeit eingeholt.

»Tjeff, sie kommen!«

Der Freund schaute sich nach einem Seitenweg um, in den er flüchten könnte, aber es gab keinen.

»Fahrt ihr weiter! Ich stelle mich. Ich sage, ich wäre es gewesen.«

»Aber das kannst du doch nicht machen, Tasso! Sie werden …«

»Nicht so laut! Meine Mutter darf es nicht hören. Ich habe mir alles reiflich überlegt. Ich kann wahrscheinlich mein Leben retten, sie nicht. Ich muss ihnen entgegengehen. Sie dürfen euch nicht sehen, sonst kommen sie vielleicht noch auf den Gedanken, meine Mutter könnte bei euch sein. Und vielleicht sogar, ihr hättet auch Gundis mitgenommen.«

Tjeff begriff schnell, dass Tasso recht hatte. Er nickte zögernd.

»Nehmt Leonides mit und meinen Bogen und das Messer, das du mir geschenkt hast. Sie würden mir das alles doch nur abnehmen. Vielleicht komme ich wieder, dann nehme ich es an mich. Wenn nicht, schenke ich es dir.«

Er sprang ab und übergab Zügel und Waffen an Tjeff.

»Ich will nicht deine Sachen haben, wenn du tot bist, Tasso!«, sagte er sehr leise, leiser als nötig gewesen wäre, um es Gerhild nicht hören zu lassen.

»Dann schenke es Osbert, deinem Sohn, wenn er groß genug ist.«

Das rief Tasso schon über die Schulter.

Während Tjeff nach vorn ritt, um die Zugpferde anzutreiben – Ragest hatte gesehen, dass Tasso mit Tjeff sprach, aber nicht begriffen, worum es ging –, lief Tasso den Weg zurück.

Ein Blick über die Schulter – der Wagen war hinter einer Biegung verschwunden. Ein Stück lief Tasso noch weiter. Dann setzte er sich an den Wegrand und wartete.

Er kannte sie alle bis auf einen. Ragnar war dabei, ein freier und angesehener Chatte, der einen großen Hof hatte und auch Pferde züchtete, ein Knecht von Ammerich, den er gelegentlich dort gesehen hatte, und dann ein gedrungener, aber breitschultriger Mann, in dem er einen der Schwertkämpfer aus dem Moor wiederzuerkennen meinte. Der Fünfte schien ein Knecht des Pferdezüchters zu sein.

Sie umringten ihn. Tasso blieb sitzen.

Einige Augenblicke sagte niemand etwas. Sie sahen sich nur an.

Dann sagte der Pferdezüchter: »Du bist Tasso, Mutrichs Sohn?«

»Ja.«

»Wir suchen dich.«

»Nun habt ihr mich gefunden.«

»Was machst du hier?«

»Ich warte auf euch.« Tasso konnte zwar nicht ganz die Angst verdrängen vor dem, was kommen musste. Trotzdem fühlte er sich merkwürdig leicht, seit er seinen Entschluss gefasst hatte und seit er seine Mutter in Sicherheit wusste – nach menschlichem Ermessen.

Die Männer stiegen ab. Die Ruhe des jungen Mannes irritierte sie. Der Wortführer fragte: »Du wartest auf uns, so, so. Du hast also mit unserem Kommen gerechnet?«

»Wenn ihr nicht gekommen wärt, wäre ich euch entgegengegangen. Bis nach Berffe. Ich hätte mich gestellt und zugegeben, dass … dass ich am Tod meines Vaters schuld bin.«

»Das gibst du also zu?«

»Ja.«

»Fessele seine Hände! Vorn!«, befahl der Mann seinem Knecht. Tasso hielt ihm die Hände hin, und der fesselte sie, nicht gerade sanft.

»Was machst du hier auf der Straße? Und wo ist deine Mutter?«

Tasso machte sich Vorwürfe, dass er sich nicht früher darüber Gedanken gemacht hatte, was sie wohl fragen würden und was er darauf antworten sollte.

Glücklicherweise brachte ihn die Doppelfrage auf den Einfall, dass in der einen Frage die Antwort für die andere liegen könnte.

»Es war so …«, begann er und überlegte noch beim Reden. »Ihr habt ja gesehen, dass mein Vater … was genau geschehen ist, werde ich noch erzählen. Erst will ich deine Fragen beantworten. Meine Mutter hat einen solchen Schreck bekommen, sie war … erschüttert, entsetzt, versteht ihr? Ihr Mann lag da mitten in dem Blut und … nun ja, sie hat wohl aus dem Schreck heraus gehandelt. Sie lief raus, während ich meinem Vater zu helfen versuchte, schwang sich auf das Pferd, mein Pferd, und ritt davon. Erst als ich den Hufschlag hörte, bin ich aufgesprungen und habe nachgesehen. Ich sah sie die Straße hinunterreiten. Ich machte mir große Sorgen um sie. Aber ich musste zunächst nach meinem Vater sehen. Als ich wieder in das Haus kam, stellte ich fest, dass er tot war. Da dachte ich, ihm kann ich jetzt nicht mehr helfen, aber meiner Mutter wohl. Ich muss sie zur Ruhe bringen, wo sie jetzt so aufgewühlt ist, sie trösten. Darum rannte ich ihr nach. Natürlich wusste ich, dass ich zu Fuß nicht einen Reiter einholen kann, aber ich hoffte darauf, dass meine Mutter irgendwann anhalten würde, wenn ihr erster Schreck überwunden war. Vielleicht sogar umkehren.«

Ragnar mischte sich ein. »An der Geschichte ist etwas faul! Wo sind denn deine Waffen! Als du bei mir am Fährhaus warst, hattest du einen Bogen umgehängt und ein Messer im Gürtel!«

»Die Waffen hingen am Sattel.«

»Und wo sind alle Küchengeräte? Töpfe, Pfannen, Krüge, Werkzeuge? Die Vorräte an Öl und Mehl … Es war alles leer, als wir Mutrich fanden!«

Tasso schimpfte sich selbst. Es war ein Fehler gewesen, alles mitzunehmen. Von dem Webrahmen wusste Ragnar wohl nichts, aber das würde auch bald herauskommen.

Was sollte Tasso antworten? Er musste Zeit gewinnen, Zeit zum Nachdenken!

»Was willst du? Du hast doch meinem Vater beim Würfeln nur das Haus und den Garten abgenommen, nicht das, was im Haus war!«

Ragnar war für einige Augenblicke verwirrt, aber der Pferdezüchter durchschaute die Sache schneller. »Ragnar fragt nicht danach, weil er die Sachen haben will. Er fragt danach, weil ihr Verschwinden nicht zu deiner Geschichte passt.«

Die Männer waren wieder aufgestiegen, und der Knecht hatte das Ende des Fesselstricks an seinem Sattel befestigt. Sie setzten sich in Bewegung. Die fünf ritten, und Tasso musste laufen.

»Also?«, fragte der Wortführer.

»Ist das jetzt schon eine Gerichtsverhandlung? Seid ihr nicht zufrieden, dass ich zugebe, am Tod meines Vaters beteiligt zu sein?«

»Ich werde selbst in der Versammlung der Freien sitzen, Junge! Es wäre gut für dich, wenn du mich gleich jetzt überzeugen und für dich einnehmen könntest.«

»Ich ... nicht so schnell! Ich komme ja nicht mit! Ich weiß nicht, wo die Sachen sind. Vielleicht hat meine Mutter sie schon ehe ich kam in Sicherheit gebracht, damit mein Vater sie nicht auch verspielt.«

Ragnar fiel ein: »Aber das Haus hat er erst in der letzten Nacht an mich verloren. Wenn Mutrich am Morgen ankam und ihr das berichtete, hatte sie gar nicht genug Zeit, die Sachen wegzubringen!«

»Vielleicht hat sie geahnt, was kommt. Mein Vater spielte ja schon lange und hat viel von ihrem Besitz einfach weggenommen. Wenn das Haus tragbar gewesen wäre, hätte sie es vielleicht auch in Sicherheit gebracht.«

»Das Haus gehörte ihr nicht. Es gehörte Mutrich. Und jetzt gehört es mir.«

»Lasst das – das sind Nebensachen!«, unterbrach der Pferdezüchter. »Berichte uns, wie du deinen Vater getötet hast!«

»Ich saß auf der Bank und hatte das Messer in der Hand, weil ich ein paar Späne spalten wollte. Mutter braucht sie immer zum Feuermachen und auch zum Leuchten, wenn sie bei Dunkelheit nach draußen geht. Ich hatte gesehen, dass der Vorrat, der immer zwischen Eingang und Feuerstelle lag, zur Neige ging. Da berichtete mein Vater, dass er das Haus beim Würfeln an Ragnar verloren hatte. Er saß links von mir, meine Mutter rechts. Es entspann sich ein heftiger Streit, beide sprangen auf, ich blieb sitzen. Meine Mutter schrie, sie weigere sich, das Haus zu verlassen, da schlug er sie. Sie fiel über den Tisch, rechts von mir. Beide waren wütend. Meine Mutter wälzte sich hinter den Tisch, sie hatte wohl Angst, mein Vater würde noch mal zuschlagen. Sie nahm den großen Holzklotz, der auf dem Tisch lag und von dem ich die Späne abgezogen hatte, hob ihn hoch und warf nach ihrem Mann. Der verhöhnte sie, weil sie natürlich keine wirkliche Gefahr für ihn war. Sie warf den Klotz und traf seine Beine. Da mein Vater aber gerade dabei war, einen Schritt nach vorn zu machen, auf sie zu, stolperte er über das Ding und fiel. Ich hatte mich zu ihm umgedreht und hatte das Messer so, mit der Klinge nach oben, in der Hand. Er fiel einfach hinein. Das Messer stand mit dem Griff auf der Tischplatte, sodass es nicht weggedrückt werden konnte.«

»Ach, ein Unfall nur? Kein Mord?« Die Stimme des Mannes klang höhnisch.

»Es war ein Unfall! Ich würde doch nie meinen eigenen Vater erstechen! Mit Absicht!«

»Wie schön für dich! Da sollen wir dir wohl unser Mitgefühl aussprechen und dich laufen lassen? Nein, Junge, die Geschichte ist zu glatt! Wir werden noch einiges untersuchen. Zum Beispiel die Späne. Und das Blut auf dem Tisch. Und die Hauseinrichtung. Es ist noch viel zu tun! Wir wollen doch Gerechtigkeit!«

Tasso ging das Hochgefühl verloren, das er noch vor Kurzem hatte. Er rannte neben dem Pferd her und biss sich auf die Lippen.

* * *

Es war wohl beides, was Tasso weckte: die Kühle des Morgens und die Geräusche um ihn her auf Ammerichs Hof.

Er stand auf, fühlte sich schwach und müde und kalt. Die Sonne ging gerade auf und würde sicher diesem letzten Kummer der Kühle ein Ende machen. Nicht aber allem anderen Kummer.

Der Verschlag war Teil eines Pferdestalles gewesen. Man sah es an dem, was noch auf dem Boden lag. Er bestand aus kräftigen, etwa armdicken Stämmen, die in den Boden eingegraben waren. Darüber ein einfaches Dach aus Brettern.

Vielleicht war der Bau für die Zähmung einzelner, widerspenstiger Tiere errichtet worden, denn er stand frei neben den übrigen Stallungen. Offenbar war der Raum zuletzt als Lager für Holzkohle benutzt worden. Die hatte man, um für den Gefangenen Platz zu schaffen, zum hinteren Teil zusammengeschoben.

Tasso spähte durch die Zwischenräume zwischen den Stämmen. Draußen liefen Hühner und einige Ferkel umher. Eine Magd streute den Hühnern Futter hin und blickte zwischendurch immer mal wieder scheu zu ihm herüber.

Weiter hinten wurden zwei einachsige Wagen mit Pferden bespannt. Die Ernte war in vollem Gange.

Er hörte Schritte von mehreren Personen, konnte aber noch nicht erkennen, wer kam. Es dauerte merkwürdig lange, bis jemand in sein eingeschränktes Blickfeld trat. Da sah er auch, warum es so lange gedauert hatte: Ammerich mit seinen kranken Füßen wurde gestützt von Hilbracht und einer jungen Magd.

Die Männer sahen Tasso eine Weile durch die Zwischenräume der Stämme hindurch an und sagten nichts. Offenbar wollte Hilbracht seinem Vater das erste Wort überlassen. Die Magd sagte natürlich erst recht nichts, und Tasso schwieg auch.

Endlich knurrte Ammerich: »Die Versammlung der freien Chatten hat beschlossen, dass der Thing in Metze über deinen Fall entscheiden soll.«

Tasso wusste nicht, ob das letztlich eine gute oder eine schlechte Nachricht war. Einerseits war zumindest sein Leben sicher bis dahin. Der Thing würde nicht vor dem nächsten Frühjahr zusammentreten. Andererseits konnte er auch so lange nicht freikommen. Er würde ein halbes Jahr hier drin hocken! Einerseits war er dem Einfluss Hilbrachts entzogen – in Metze war seine Stimme nur eine unter vielen. Andererseits konnte es durchaus sein, dass der große Thing unter dem Einfluss der Priester und der Hüter alter Überlieferungen besonders streng urteilte.

Ammerich fuhr fort: »Dein Vater und dein Onkel sind umgekommen. Solltest du wirklich unschuldig sein, wäre es besonders schlimm, wenn der Dritte aus der Familie getötet würde. Die meisten freien Chatten wollten diese Verantwortung nicht auf sich nehmen.«

Hilbracht ergänzte: »Man kann auch sagen, sie drückten sich vor der Verantwortung. Du sollst wissen, dass der Beschluss gegen meine Stimme gefällt wurde.«

Tasso nickte nur. Das hatte er schon vermutet, dass Hilbracht ihn lieber gleich hingerichtet hätte.

Ammerich fuhr fort: »Es ist möglich, dass sie dich freilassen, es ist möglich, dass sie dich zum Tod verurteilen. Es ist auch möglich, dass sie eine Odinsprobe anordnen, um die Wahrheit herauszukriegen.«

Tasso erschrak. Er hatte von solchen Proben gehört. Man wurde eine bestimmte Zeit, die ein Priester für einen Spruch brauchte, unter Wasser getaucht. Oder man musste über heiße Steine gehen. Oder einen Sud von giftigen Pilzen trinken. Wer es überlebte, galt als unschuldig.

Hilbracht grinste. Offenbar hatte er den Schreck in Tassos Gesicht gesehen.

»Gehen wir!«, befahl Ammerich. Die Begleiter halfen ihm. Nach drei Schritten blieb er stehen und wandte sich noch einmal um. »Schade!«, sagte er zu Tasso. »Ich hatte gehofft, du würdest ein guter Krieger und ein freier Chatte, auf den wir alle stolz sein können. Aber es sieht wohl nicht so aus.«

»Aber … wenn … wenn sie mich freisprechen …«, stotterte Tasso.

Ammerich nickte. »Ja, wenn …« Es klang aber nicht so, als sei er davon überzeugt. »Vater und Onkel sterben auf unerklärliche Weise, und jedes Mal bist du irgendwie beteiligt … Es steht nicht besonders gut für dich, Junge.« Er wandte sich um, und langsam entfernte sich die Gruppe.

Wenn schon Ammerich das sagte …! Tasso hockte sich auf den Boden, den Rücken an die Stämme gelehnt. Vielleicht hatte er sich immer nur etwas vorgemacht, als er dachte, es würde schon gut gehen. Vielleicht stand sein baldiger Tod schon so gut wie fest, er hatte es nur nicht wahrhaben wollen. Weil er ein Mensch war, der viel vom Wesen seines Vaters geerbt hatte: Leichtsinn, Draufgängertum, Sorglosigkeit bis an die Grenze zur Dummheit. War es so? War er unfähig gewesen, die wirkliche Gefahr nüchtern zu sehen, und hatte sich darum zu dieser Tat bekannt, die er gar nicht begangen hatte? Und nun traf ihn die brutale Wahrheit mit Wucht!

Aber nein! So war es nicht! Er war an dem Punkt nicht wie sein Vater! Ganz anders war er! Er war weder so leichtsinnig noch so mutig. Er hatte es für seine Mutter getan! Daran musste er jetzt festhalten. Er war diesen Schritt in vollem Willen und nach sorgfältigen Überlegungen gegangen. Dahinter wollte er nun auch nicht wieder zurück. Wenn er sterben musste, dann wusste er, warum es geschah. Das würde ihm Kraft geben!

Ja, er würde Schmerzen ertragen und in den Tod gehen in dem Wissen, dass er richtig handelte. Es hatte einen Sinn!

Und dann?

Was würde mit ihm im Jenseits geschehen? Würde er dort auch als Mörder gelten und ewig leiden? Oder würden die Götter, die doch die Wahrheit wissen mussten, sein Opfer belohnen? Wie würde das aussehen?

Welche Götter überhaupt? Warteten die Walküren auf ihn, wie die Chatten glaubten, oder waren es doch die Götter der Römer? Es waren zweifellos mehr Menschen, die zu Roms Göttern beteten. Sollte man nicht meinen, dass die Mehrheit eher recht hatte? Oder kannten die Griechen oder die Slawen oder noch ganz andere Stämme die Wahrheit und alle irrten, von denen er, Tasso, wusste? Hatten vielleicht alle ein bisschen recht, und die Wirklichkeit setzte sich aus lauter kleinen Bruchstücken dieser vielen Religionen zusammen? Oder galt, wie manche meinten, jeder Gott nur für das Land, in dem man ihn verehrte? Und anderswo hatte er nichts zu sagen? Aber dann müsste es ein chattisches und cheruskisches Jenseits geben, ein römisches, ein libysches, ein iberisches, ein slawisches. Eins der Ägypter, eins der Parder, und wie die Völker alle hießen, von denen man gelegentlich hörte.

Tasso stand auf und rüttelte an den Pfosten. Nicht, dass er sie damit einreißen wollte, es geschah ohne Absicht, seine innere Unruhe drängte ihn dazu.

Vielleicht würde er es bald wissen, was nach dem Tod kommt. Aber besser wäre es, das vorher zu wissen. Er könnte diesem schrecklichen Ereignis ganz anders entgegengehen.

Hätte ihm sein Vater nur nicht von dem Glauben der Römer erzählt! Hätte er nur nicht von den Göttern der Slawen gehört! Hätte er sich nur nicht für das alles interessiert und darüber nachgedacht! Dann hätte er es leichter. Er könnte dem Ende dieses Lebens gelassen entgegengehen in dem Wissen, dass ein ewiges Fest in Walhall auf ihn wartet. Er wäre unbefangen wie die meisten, die in die Schlacht ziehen und sich über den Tod gar nicht sorgen. Warum musste er nur auf all diese Fragen stoßen? Warum musste er so grübeln und sich damit selbst den Boden unter den Füßen wegziehen? Warum konnte er nicht zufrieden sein mit den

Lehren der Alten, wie die meisten Chatten? Warum konnte ihm das alles nicht egal sein wie seinem Vater?

Er konnte aber auch so fragen: Warum war es so mühsam, Antworten zu finden? Warum hatten die Götter es den Menschen so schwer gemacht? Warum hatte Odin nur seinen Stamm und die verwandten Stämme gelehrt, ihn zu verehren, Zeus die Griechen, Jupiter die Römer? Hatte er es sie überhaupt gelehrt? Aber wenn nicht – wie waren sie dann dazu gekommen? Warum konnten die Götter, wenn es sie denn alle gab, sich nicht einigen, wie sie den Menschen erscheinen sollten?

Das heißt – genau genommen erschienen sie ja gar nicht! Konnten sie nicht mal klar und deutlich erkennbar erscheinen? Warum zeigten sie sich nicht?

Tasso wurde aufgeschreckt. Ein Knecht Ammerichs öffnete die Riegel und winkte ihn heraus. Er packte sein rechtes Handgelenk wie mit einem Schraubstock. Das schien ihm nicht schwerzufallen. Er war zwar kein athletischer Mensch, sondern ungewöhnlich dick. Aber unter dem Fett waren offenbar auch reichlich Muskeln.

Neben ihm stand ein anderer Knecht, den Tasso schon öfter gesehen hatte, ein mittelgroßer Mann, der neben dem anderen ausgesprochen dünn wirkte. Er hatte ein missmutig wirkendes Gesicht. Die engen Augen und die vorgeschobene Unterlippe ließen den Eindruck entstehen, als trotzte er dauernd einem unsichtbaren Feind.

Der dünne Knecht füllte einen Korb mit Holzkohle und trug ihn dem Dicken und seinem Gefangenen hinterher.

In der kleinen Hofschmiede brannte schon ein Feuer. Holzkohle wurde nachgefüllt. Was hatten die vor?

Auf einmal stand Gerwin da.

»Tut mir leid, Tasso!«

»Gerwin? Was machst du hier?«

»Wir sind beauftragt, eine Fessel für dich zu schmieden.«

Der Dicke mischte sich ein: »Denk nicht, du könntest gemütlich dasitzen, während wir arbeiten. Du kriegst eine Kette, dass du nicht wegläufst.«

Gerwin probierte die Schelle, die er zu Hause schon gefertigt hatte, an Tassos Fuß. Sie war zu eng, als Gerwin die zwei Hälften zusammendrückte.

»Passt!«, stellte der Dicke fest.

»Nein!«, widersprach Gerwin. »Zu eng. Wenn er sich wund reibt, wird er krank und kann nicht arbeiten.«

»Na, meinetwegen.«

Der Dünne betätigte den Blasebalg, und Gerwin schob eine der Hälften in die noch nicht richtig glühenden Kohlen. Während sie warteten, dass das Werkstück heiß wurde, tauchte Hilbracht wieder auf. Er ging in eine Ecke der Werkstatt und nahm eine Kette von der Wand. Die Kettenglieder waren etwas kleiner als Tassos Daumen. »Nehmt die!« Er warf sie herüber, sodass es klirrte.

»Macht das andere Ende dann am Wagen fest. Wenn ihr auf dem Feld arbeitet, machst du es dir an den Gürtel!«, befahl er dem Dicken.

Nachdem Gerwin die Schellen angepasst und geschlossen hatte, kontrollierte Hilbracht die Fessel. Dann nickte er. »Wenn er nicht tüchtig arbeitet, zieht nur kräftig dran!« Er wandte sich ab.

Gerwin rief ihm nach: »Hilbracht!«

Der blieb stehen und wandte sich zurück. »Ja, ja, du kriegst deinen Lohn!«

»Ich wollte etwas anderes sagen. Soll der Gefangene nur für dich arbeiten?«

Wut stieg in Hilbrachts Augen. »Ich versorge ihn ja auch und lasse ihn bewachen!«

»Wir könnten auch noch eine Arbeitskraft gebrauchen. Bei uns würde er auch satt und sicher bewacht.«

»Er bleibt hier!« Hilbracht ging mit energischen Schritten fort. Gerwin sah Tasso an: »Vielleicht wirst du ja doch noch einmal Gast in unserem Hause sein.«

»Vielleicht«, antwortete Tasso leise.

»Und ganz andere Fesseln binden dich an unsere Familie.«

Der Dicke fragte: »Was meinst du? Was für andere Fesseln?«

»Ach – nur so«, sagte der junge Schmied, nahm sein Werkzeug auf und ging.

15 n. Chr.

Der Klang des Horns hätte Tasso nicht geweckt, wenn er geschlafen hätte. Dafür war es zu leise.

Aber er schlief nicht gut mit der Fessel an seinem Bein. Einige freundliche Menschen hatten ihm Lappen besorgt, die er sich zwischen Eisen und Haut stopfte, um die Reibung zu verringern. Aber es schmerzte trotzdem. Außerdem war die Behinderung einfach lästig. So schlief er zwar nach ermüdender Arbeit immer schnell ein, wachte aber unnötig früh auf.

Da war es wieder, das Horn!

Offenbar hatte keiner der Knechte es gehört, die mit ihm im Raum schliefen. Als es kälter geworden war, hatte man ihn im Haus der Knechte untergebracht. Sie schnarchten und schnauften und verschlechterten die Luft mit jeder Atmung mehr, da es wegen der Kälte, die nachts immer noch draußen herrschte, nur eine kleine Öffnung am Eingang gab und den Rauchabzug.

Tasso wollte niemanden wecken. Es ging ihn ja nichts an! Er war Gefangener und für gar nichts verantwortlich!

Dann aber hörte er, dass draußen auf dem Hof etwas geschah. Menschen unterhielten sich flüsternd, dann allmählich lauter. Schritte hasteten hin und her.

Da wurde die Tür aufgerissen. »Raus!«, brüllte jemand. »Aufwachen! Alle Mann raus!«

Stöhnen und Fluchen ringsum. Einige sprangen schnell von ihren Lagern auf, einige wälzten und stemmten sich mühsam hoch, wieder andere drehten sich nur auf die andere Seite.

Es musste noch sehr früh am Morgen sein. Es war noch stockdunkel.

In diesen Tagen hatte der Schmächtige mit dem missmutigen Gesicht die Wache für Tasso. Er machte aber seine Kette nicht los, sondern ging erst mal nach draußen, um sich zu erkundigen, was geschah.

Mitten in dem allgemeinen Ächzen, Gähnen und Schimpfen hörte Tasso ganz klar draußen Hilbrachts Stimme. Verstehen konnte er allerdings nichts.

Jetzt waren die Letzten aufgestanden und so weit wach, dass sie begriffen: Es musste einen Grund haben, dass man sie so erbarmungslos aus dem Schlaf gerissen hatte. Alles strömte nach draußen, und Tasso blieb allein zurück.

»He! Macht mich los!«

Niemand beachtete ihn.

Tasso konnte sich nur auf seine Ohren verlassen. Draußen kam ein Reiter angaloppiert. Er brachte sein Pferd nicht weit vom Eingang zu diesem Gebäude zum Stehen und rief mit lauter und aufgeregter Stimme. Tasso verstand nicht viel, aber er meinte, die Worte »Germanicus« und »Legionen« herausgehört zu haben. Ein allgemeines Gebrüll setzte ein. Stimmen, Befehlsrufe, hastige Schritte klangen so wild durcheinander, dass sich Tasso kein Bild machen konnte.

Einige der Knechte kamen herein, holten etwas von ihren Sachen und rannten wieder hinaus.

»Was ist los? Macht meine Kette ab!«

Aber alle waren schnell wieder draußen. Sein Aufpasser kam nicht.

Endlich erschien ein alter Knecht, der nicht mehr viel arbeiten konnte und dem man es auf den Feldern oder bei der Arbeit im Haus oder beim Umgang mit dem Vieh nachsah, wenn er sich öfter ausruhte.

»Drogo, sag mir, was los ist! Bitte!«

»Ach, Tasso, du bist ja noch da.«

»Natürlich! Ich kann doch nicht weg. Was ist los? Ich habe etwas von Germanicus gehört.«

»Ja. Er kommt.«

»Wie – er kommt? Gibt es eine neue Schlacht mit Armin?«

»Nein, Armin ist weit! Zu uns kommen die Legionen!«

»Was heißt das? Hat Armin sie denn unbehelligt vorbeiziehen lassen?«

Der Alte suchte etwas und stand verwirrt herum. Tassos Fragen hinderten ihn immer wieder, sich auf das zu besinnen, was er eigentlich noch hier drin wollte.

»Was? Ach, Armin! Nein, Germanicus kommt von Süden!«

»Von Süden! Durch das Tal der Lahn?«

»Ja. Es ging furchtbar schnell, hat der Bote gesagt. Die Chatten im Süden sind vollständig überrumpelt worden und konnten keine Gegenwehr leisten. Die Amöneburg ist schon zerstört.«

»Das … das kann doch nicht … Mach mich los, Drogo, bitte!«

»Ich kann dich doch nicht einfach losmachen! Das kann mich meinen Kopf kosten!«

»Dann frag doch bitte Ammerich oder Hilbracht, ob du mich losmachen sollst!«

»Ich weiß nicht, ich ... Hilbracht sammelt seine Männer. Der rüstet zum Kampf. Fürst Arpo ruft alle chattischen Krieger nach Metze. Meinst du, da kann ich ihm mit so was kommen?«

Jetzt hatte der Alte offenbar gefunden, was er gesucht hatte.

So schnell ihn seine zittrigen Beine trugen, eilte er hinaus.

»Drogo!«, rief Tasso ihm nach. Aber der Alte hörte ihn nicht mehr.

Allmählich wurde es ruhiger draußen. Anscheinend waren die Menschen alle auseinandergelaufen, um zu holen, was sie für einen Kriegszug brauchten. Aber immer noch waren Stimmen draußen zu hören, Hufgetrappel und das Knirschen von Wagenrädern auf den Steinen und der Erde.

Eine Magd schaute zum Eingang herein. Da es dunkel war und sie in dem schwachen Schein der noch nicht angefachten Glut nichts erkennen konnte, rief sie: »Ist da noch jemand?«

»Ja, ich, Tasso! Der Gefangene! Komm, mach mich los!«

Die Frau wandte sich nach draußen. Tasso hörte, wie sie zu jemandem sagte: »Der Gefangene ist da drin. Anscheinend noch angekettet.«

Jetzt trat sie ein wenig zur Seite, und Ammerich kam herein. In der einen Hand hatte er einen Stock, mit der anderen stützte er sich auf die Magd. Langsam kam er näher. Seine Augen brauchten offenbar besonders lange, bis sie etwas erkennen konnten.

»Hier bin ich, Ammerich, hier! Ich bin gefesselt. Die Männer, die mich bewachen sollen, sind weg.«

»Tasso, du?«

»Ja. Mach mich los, bitte! Ich kann helfen.«

»Hm. Ja, das kannst du vielleicht. Ermentrud, mach ihn los!«

»Die Kette ist hier durch einen eisernen Ring gezogen und dann da oben an dem Balken befestigt, sodass ich selber nicht drankomme.«

Die Magd sah nach oben. »Da komme ich auch nicht hin.«

»Zieh dir die Bank heran!«, sagte Ammerich, mit einem gewollt geduldigen Unterton, als stöhnte er darunter, dass sie nicht von selbst draufkam.

»Ach so.«

Während sie damit beschäftigt war, sich einen Standplatz zu suchen und die Befestigung der Kette zu verstehen, nahm Ammerich ein Stück Holz und stocherte damit in der Glut.

Es dauerte eine Weile, bis die Frau, dauernd leise vor sich hin sprechend, die Kette gelöst hatte. Sie fiel scheppernd herunter, und Tasso zog sie durch den Ring.

»Ich weiß nicht, ob die anderen der gleichen Meinung sind wie ich. Ich kann sie jetzt nicht fragen. Ich meine, du solltest dich an dem Kampf beteiligen. Warum sollten wir einen jungen Mann, der das Schwert führen kann, hier anketten?«

»Danke, Ammerich!«

»Bedanke dich, wenn du lebend zurückgekommen bist. Vielleicht wirst du noch bereuen, nicht hiergeblieben zu sein. Aber wenn du dich bewährst, kann es sein, dass der Thing dir das anrechnet. Das ist dann auch so etwas wie eine Odinsprobe.«

»Wenigstens für diese Möglichkeit danke ich dir.«

»Wahrscheinlich finde ich jetzt hier niemanden, der sowohl Zeit als auch das Geschick hat, dir die Fessel vom Fuß zu nehmen. Am besten wird es sein, du gehst mit der Kette zu Hortwin, dem Schmied. Der hat vielleicht auch noch eine Waffe für dich.«

»Und dann?«

»Alle sollen sich so schnell wie möglich hier einfinden, mit Waffen und Proviant. Wenn's geht, noch vor Sonnenaufgang. Alle Wagen, die es in Berffe gibt, sind dann auch hier. So kommen die Männer schnell nach Metze. Fürst Arpo hat es sehr dringend gemacht.«

»Ich werde da sein.«

»Germanicus soll eine Spur der Verwüstung durch den Süden des Chattenlandes gezogen haben. Diesmal geht es uns an den Hals! Nun geh – beeile dich!«

Tasso raffte die lange Kette auf und rannte los.

In Hortwins Haus war genauso viel Betriebsamkeit wie in allen Häusern, bei denen Tasso vorbeigekommen war.

»Tasso – du? Bist du geflohen?« Hortwin starrte Tasso an, der die lange Kette im Arm trug.

»Nein, Ammerich hat mich gehen lassen. Ich soll beim Kampf gegen Germanicus mithelfen. Kannst du mir das hier abmachen?«

»Komm schnell!«

Während Hortwin seine Fußfessel durchtrennte, fragte Tasso: »Hast du ein Schwert für mich?«

»Ja, ich habe mehrere, die ich über euch verkaufen wollte. Natürlich kannst du eins haben. Aber …«

»Aber?«

»Willst du wirklich … es würde nicht auffallen, wenn du dich einfach in die Wälder …«

»Nein, Hortwin, das mache ich nicht!«

»Komm, wir machen etwas Öl auf die Stelle, wo die Fessel gesessen hat.« Sie gingen eilig ins Haus, wo Gerwin gerade mit Hilfe seiner Mutter zusammenstellte, was er und sein Vater mitnehmen wollten.

Hortwin brummte, während er Tassos Bein behandelte: »Ich meine ja, er sollte einfach verschwinden. Das würde niemand merken. Und nach der Schlacht würden alle denken, er sei umgekommen.«

»Und? Was sagst du dazu, Tasso?«

Der schüttelte nur den Kopf.

»Ist es wegen deines Gewissens? Ich meine, dein Vater hat doch …«

Gerwin wusste nicht, wie er den Satz vollenden sollte, ohne Tasso zu nahe zu treten, also ließ er es.

»Es war ganz anders mit meinem Vater. Vielleicht erzähle ich euch das mal, wenn wir viel Zeit haben.«

»Es ist gut.«

»Mein Entschluss mitzukämpfen hat nichts damit zu tun. Wir müssen doch alle helfen, wenn es gilt, unsere Heimat zu verteidigen! Findest du nicht?«

»Natürlich! Das tun wir ja auch. Aber bei dir ist das doch was anderes!«

»Warum?«

»Weil die, die du verteidigst, dich anschließend töten wollen.«

»Das ist noch nicht raus.«

Hortwin brachte ein neues Schwert, schmucklos, aber gut. »Kannst du überhaupt damit umgehen? Ich will dich nicht beleidigen. Ich weiß, dass du ein guter Bogenschütze bist. Aber mit einem Schwert habe ich dich nie gesehen.«

»Zugegeben – Bogenschießen kann ich besser. Aber im vorigen Winter hat mein Vater oft mit mir Fechten geübt. Das heißt – wenn er zu Hause war.«

Tasso ließ die Waffe durch die Luft sausen. Sie lag gut in seiner Hand.

»Kommt!«

Die drei Männer verabschiedeten sich. Hortwin drückte seine Frau fest an sich, Gerwin machte es kurz. Dann eilten sie zu Ammerichs Hof.

Fackeln erhellten den Platz notdürftig. Die Männer standen dicht an dicht. Einige blickten finster vor sich hin, einige stießen wilde Flüche und Verwünschungen gegen Germanicus und die Römer aus, einige unterhielten sich lebhaft. Die Bewaffnung war sehr unterschiedlich. Reichere Chatten trugen Bogen, Schwert, Schild und Lanze. Ärmere Knechte, die zum Teil das Gefolge der Reichen bildeten, hatten nur eine Lanze ohne Eisenspitze, nur vorn im Feuer gehärtet, und ein Messer im Gürtel, das aussah, als hätten sie es den Mägden in der Küche abgeschwatzt.

Wagen standen da, zweirädrige und zwei vierrädrige, fertig und zur Abfahrt bereit. Die Pferde wirkten, als könnten sie es kaum erwarten, den Römern entgegenzuziehen. Aber das war wohl mehr die allgemeine Unruhe auf dem Platz, die sich ihnen mitteilte.

Während Tasso mit Gerwin und dessen Vater wartete, kamen zweimal Reiter auf verschwitzten Pferden an, sprangen vor Ammerichs Haus ab und eilten hinein.

Als gerade der erste Schimmer vom Tageslicht im Osten über den Wäldern zu sehen war, trat Ammerich vor das Haus und stieg mit Hilbrachts und eines anderen Mannes Hilfe auf einen der vierrädrigen Wagen.

Es war offensichtlich, dass er sprechen wollte, und sofort wurde es still auf dem Platz.

»Männer!«, begann Ammerich. »Dies ist eine schwere Stunde für unser Land und für unseren Stamm. Vier römische Legionen unter Germanicus haben über den Rhein gesetzt. Dazu Hilfstruppen von der anderen Seite des Rheins. Sie sind ungewöhnlich schnell in chattisches Land hinein vorgerückt. Die lange Trockenheit ist ihnen zu Hilfe gekommen, sodass sie ...«

»Wir werden sie davonjagen!«, schrie einer.

Ein anderer rief: »Nicht davonjagen! Töten werden wir sie!«

»Ja!« Es erhob sich ein allgemeines Gebrüll. »Nieder mit Germanicus!« »Tod den Römern!«

Ammerich hob den Arm. Es dauerte aber einige Zeit, bis wieder Ruhe eingekehrt war.

»Wir werden sie weder davonjagen noch töten!«

Das Gebrüll erhob sich erneut. Ammerich stand schweigend da und wartete. Allmählich merkten die Leute wohl, dass ihr Gebrüll nicht viel Sinn hatte, und schwiegen wieder.

»Ich bin sicher«, sagte Ammerich, gar nicht besonders laut, »dass die, die jetzt am lautesten gebrüllt haben, noch nie eine römische Legion im Kampf gesehen haben. Also haltet den Mund! Und die unter euch, die bei Armins Schlacht gegen Varus dabei waren, wissen sehr wohl, dass die Verhältnisse damals ganz anders waren. Varus hatte weniger Leute, er war zwischen Berg und Sumpf eingeklemmt, das Wetter war schlecht, die Nässe behinderte Reiter und Wurfmaschinen und Trosswagen, und sie waren erschöpft. Diesmal sind uns die Römer an Zahl überlegen, es ist trocken, sie haben uns überrascht, sodass wir kein Heer aufstellen konnten, und das Land ist weit, sodass sie aufmarschieren können, wie sie es gelernt haben. Wir können sie weder töten noch in die Flucht schlagen.«

Es war totenstill auf dem Platz. Nur gelegentliches Füßescharren oder Zähneknirschen war zu hören.

»Fürst Arpo hat folgenden Plan: Wir weichen in die Wälder aus. Dahin können sie uns nicht folgen. Sie werden unsere Häuser verbrennen und unsere Äcker verwüsten. Aber sie können uns nicht das Wertvollste nehmen, was wir haben: das Leben und das unserer Frauen und Kinder. Macht es wie der Gerstenhalm, der knicken würde, wenn er dem Sturm standhalten wollte. Weil er aber nachgibt und sich duckt, kann er sich wieder aufrichten, wenn der Sturm vorüber ist. Alle Männer, die verheiratet sind, die für Frauen und Kinder und Alte Verantwortung tragen, nehmen ihre Familien, ihr Vieh und alles, was sie tragen können, und verbergen sich in den Wäldern. Nur die jungen Leute, die sich nicht um Angehörige kümmern müssen, sollen Fürst Arpo zu Hilfe kommen.«

Jemand rief: »Was sollen die denn schon ausrichten, wenn wir alle zusammen nicht gewinnen können?«

»Eine berechtigte Frage. Sie sollen nicht die Römer vertreiben, aber Fürst Arpo will mit dieser Jungmannschaft den Vormarsch der Legionen stören und verlangsamen, damit alle anderen Zeit zur Flucht haben.«

Es wurde teilweise zustimmend gemurmelt, andere aber knurrten verärgert. Sie wollten lieber kämpfen. Die Ersten verließen aber schon den Hof.

»Geht jetzt!«, rief Ammerich. »Alle jungen Männer treffen sich hier. Mein Sohn Hilbracht wird sie nach Metze führen.«

Als Tasso das hörte, wäre er am liebsten auch gegangen. Aber nein, er wollte nicht feige sein! Außerdem hätte er damit rechnen können, dass Hilbracht eine wichtige Rolle spielt.

»Geht!«, sagte Hortwin zu Gerwin und Tasso. »Es ist ein kluger Entschluss von Fürst Arpo. Tut euer Bestes! Ich werde alles tun, um unsere wertvollsten Dinge in den Wald zu bringen. Falls ihr früher zurückkommt und uns sucht – Gerwin, du kennst den Weg zum Köhler, weil wir dort schon Holzkohle geholt haben. Dort in der Nähe wirst du uns finden.«

Hortwin ging, und die beiden jungen Männer, erst siebzehn und achtzehn Jahre alt, begaben sich zu Ammerichs Wagen.

Es mochten etwa siebzig oder achtzig junge Leute sein, die sich dort sammelten. Hilbracht schickte sie auf die bereitstehenden Wagen. Dort saßen sie nun dicht gedrängt. Sobald der erste zweirädrige Karren mit etwa zwanzig jungen Männern besetzt war, trieb der Knecht Ammerichs, der das Gefährt kutschieren sollte, die Pferde an.

Gerwin und Tasso kamen in den zweiten Wagen. Tasso konnte nicht sagen, ob Hilbracht ihn bemerkt hatte. Jedenfalls hatte er sich nicht geäußert. Vielleicht war er auch viel zu aufgeregt und zu beschäftigt, um Notiz zu nehmen von dem ehemaligen Gefangenen, den er immer als eine Art Feind betrachtet hatte.

Der Knecht rief den Pferden etwas zu, und die freuten sich, endlich loslaufen zu können. Es begann eine rasende und holprige Fahrt, bei der Tasso einige Male dachte, ein Rad müsse brechen oder der Wagen umkippen.

* * *

Ein Krieger stand bei den letzten Häusern von Metze und hielt die Wagen an. Die Männer sprangen ab, und die Kutscher wendeten ihre Gefährte und trabten zurück.

Der Krieger sprach kurz mit Hilbracht und zeigte auf ein Waldstück gerade vor ihnen. Hilbracht winkte den jungen Männern und lief in den Wald hinein. Sie folgten ihm.

Hier war Tasso noch nie. Er sah nur am Stand der Sonne, dass sie nach Süden gingen. Der Wald war dicht und voll von niedrigem Gehölz und Strauchwerk, sodass sie Mühe hatten durchzukommen. Manchmal mussten sie sich mit dem Schwert einen Weg bahnen.

Nach einiger Zeit kamen sie auf eine Lichtung mit Wiese und einem kleinen Stück Acker. Die Fläche senkte sich nach Süden hin leicht ab. Unten stand ein Haus, dahinter war Wald. Tasso vermutete, dass noch weiter unten, hinter dem Wald, die Eder fließen musste. Man konnte sie aber von hier aus nicht sehen. Erst die Hügel jenseits des Flusses hoben sich über die Bäume.

Eine Gruppe von sechs Reitern kam ihnen entgegen. Hilbracht blieb stehen und wartete, bis sie herangekommen waren.

Der Mann an der Spitze sprang ab.

»Du bringst noch einige junge Leute! Das ist gut, Hilbracht!«

»Du hast uns gerufen, Fürst Arpo, also sind wir gekommen!«

Das also war Arpo, einer der beiden mächtigen Fürsten der Chatten! Tasso sah ihn sich genau an. Er war im mittleren Alter, vielleicht schon etwas darüber, nicht besonders groß, wirkte auch trotz seiner guten Waffen als Krieger nicht unbedingt beeindruckend. Er hatte ein scharf geschnittenes Gesicht mit spitzer Nase und gefurchter Stirn, die wirkte, als dächte er ständig über schwierige Fragen nach. Er bewegte sich nicht sehr schnell, was bei der allgemeinen Unruhe besonders auffiel, sondern eher bedächtig, und er sprach auch so.

»Ich hatte gehofft, dass ihr rechtzeitig kommt, und den mittleren Abschnitt für euch frei gehalten. Nicht ganz, einige sind da unten. Wie viele seid ihr?«

»Siebenundsiebzig.«

»Geht da runter zu dem Haus. Meine Leute bringen euch hin und erklären euch, was wir vorhaben.«

Arpo sah Hilbracht ins Gesicht. »Was hast du da – eine Schwertwunde?«

Hilbracht winkte ab. »Kann mal vorkommen.«

Fürst Arpo wandte sich laut an die ganze Gruppe: »Hört her, Männer! Wir greifen nicht ihr Lager an. Das wäre Selbstmord. Das Lager ist ein Stück vom Fluss entfernt. Wir greifen nur die Pioniere an, die die Brücke bauen, und die Kohorte, die sie beschützt. Unsere jungen Krieger schwimmen über die Eder, töten so viele Feinde wie möglich in einem Überraschungsangriff, und ehe die Hauptwacht aus dem Lager herankommt, schwimmen sie wieder zurück. Die Gruppen, die von rechts und links kommen sollen, sind schon eingewiesen. Ihr schwimmt direkt über den Fluss auf die Brückenbauer zu, wenn ihr seht, dass es losgeht. Nicht vorher! Verstanden?«

»Ja, Fürst Arpo!«, riefen einige, andere nickten nur.

Hilbracht rief: »Achtung! Legt euer Gepäck bei dem Bauernhaus ab! Und dann langsam durch den Wald bis zum Flussufer vorrücken!«

Jetzt konnten sie es sehen – sie waren etwa zweihundert Schritt oberhalb der Stelle, wo die Brücke entstehen sollte. Unzählige Männer arbeiteten da drüben. Bewaffnete Legionäre ritten am Ufer auf und ab. Weiter rechts, wo auch drüben Wald stand, lagerten etwa hundert Männer. Ihre Pferde hatten sie an Zweigen angebunden. Wachen streiften umher.

Plötzlich schoss aus dem Wald diesseits der Eder ein Regen von Pfeilen im Bogen über den Fluss und ging auf die Lagernden nieder. Das Wutgeschrei der Überraschten und das Schreien der Getroffenen mischte sich mit Warnrufen und den Befehlen der Hauptleute. Und wenige Augenblicke später – wieder ging ein Geschosshagel auf die Legionäre nieder – mischte sich auch das Kampfgebrüll der jungen Chatten dazwischen, die weiter oben durch die Eder geschwommen waren und sich an die Feinde herangeschlichen hatten. Inzwischen waren die Legionäre aufgesessen und zum Kampf bereit. Aber die jungen Krieger in durchnässten Kleidern waren ihnen an Zahl überlegen. Ein heftiger Kampf entspann sich. Die Reiter, die sich zwischen Waldrand und Baustelle aufgehalten hatten, kamen den Kameraden zu Hilfe.

Die Luft war erfüllt vom Kampfgeschrei. Aber Tasso und die anderen hörten alle Hilbrachts Ruf: »Los!«

Die jungen Männer stürzten über den Uferstreifen ins Wasser und schwammen. Der Fluss war nicht breit, es genügten fünfzehn oder zwanzig Schwimmzüge. Drüben stiegen sie ans Ufer und zogen ihre Schwerter.

Alle Pioniere waren auch bewaffnet. Sie merkten spät, dass auch sie angegriffen wurden, weil sie auf die Kämpfe flussaufwärts und flussabwärts gestarrt hatten.

Tasso und Gerwin stürzten sich mit einigen anderen auf eine Gruppe der Brückenbauer, die sich zusammen vor einen großen Wagen gestellt hatten, um sich besser verteidigen zu können. Ein wildes Gefecht begann.

Neben Tasso und Gerwin kämpften etwa so viele Angreifer wie Verteidiger. Das konnte nicht gut gehen, weil die Angreifer alle jung, nicht so kräftig und unerfahren waren.

Besonders zwei Riesen standen vor einem der großen Räder nebeneinander und teilten gewaltige Hiebe aus. Einer von ihnen hatte sogar sein kurzes Schwert stecken lassen und schlug mit einer langen hölzernen Stange um sich. Keiner der jungen Chatten kam an sie heran.

Tasso hatte einen Einfall. Er löste sich von dem dünnen, aber zähen Mann, mit dem er ein paar Hiebe gewechselt hatte, der aber offenbar kein flinker Fechter war.

»Nimm du den, Gerwin!«, rief er, als er sah, dass Gerwins Gegner in die Knie sank.

Tasso lief zur Seite, schwang sich bei der Deichsel auf den Wagen und war mit wenigen Sprüngen hinter und über den beiden Riesen. Er konnte sie allerdings von hier aus mit dem Schwert nicht erreichen. Darum stieg er auf die Seitenwand des Wagens und sprang. Im Sprung stach er zu. Der Mann mit der Stange war getroffen.

Während Tasso sein Schwert aus der Seite des Römers zog und gleichzeitig nach seinem Sprung wieder einen festen Stand suchen musste, wandte sich der andere ihm zu. Aber drei Chatten, ihnen voran Hilbracht, stürzten sich auf ihn. Nach einem schrecklichen Gemetzel war der Kampf an dieser Stelle vorbei. Sie sahen sich nach weiteren Gegnern um.

Ein Teil von Tassos Gruppe eilte acht oder zehn Chatten zu Hilfe, die von einigen Brückenarbeitern zu Fuß und zwei Reitern bedrängt wurden.

»Tasso!«

Nur undeutlich hatte er seinen Namen in dem allgemeinen Gebrüll gehört. Da sah er Gerwin mit zwei weiteren Chatten, unter ihnen der Sohn des Wagners Isbert, im Kampf mit drei Männern. Tasso war für einen Augenblick erschrocken, denn einer der drei Feinde war schwarz wie Kohle. Es gab sie also wirklich, diese Leute mit schwarzer Haut.

Der Schwarze, ein kräftiger Mann, hob einen Balken auf von denen, die dort für den Brückenbau lagen, und rammte ihn Gerwin vor die Brust. Der fiel einfach um.

Tasso rannte hin, während der Schwarze einige Schritte zurücktrat, um diesen erfolgreichen Angriff gegen die anderen zu wiederholen. Bevor es aber dazu kam, war Tasso bei ihm und schlug zu. Er traf den Mann am Arm. In irgendeiner Ecke seines Kopfes wunderte sich Tasso kurz darüber, dass das Blut, das herauslief, genauso rot war wie seins.

Der Schwarze wälzte sich zur Seite, raffte sich auf und rannte davon. Die anderen beiden Männer wollten sich auch zurückziehen, aber die jungen Chatten ließen sie nicht. Erst als einer dem Sohn Isberts eine Wunde am Bein zufügen konnte, war das für die beiden Römer die Gelegenheit zu fliehen.

Tasso beugte sich über Gerwin. Er war nicht tot, das sah er gleich an seinen Augen, aber er bewegte sich nicht.

»Was ist mit dir, Gerwin?«

»Ich … ich …« Er flüsterte nur. Tasso hielt das Ohr an seinen Mund.

»Luft … keine Luft.«

Der andere junge Chatte stand jetzt auch da. »Das kommt durch den Stoß auf die Brust. Am besten, wir lassen ihn einfach still liegen, nach einer Weile geht es sicher wieder.«

Tasso sah sich um. An einigen Stellen wurde noch gekämpft. Aber anscheinend gewannen die Chatten die Oberhand. Einige der Pioniere waren auf der Flucht.

Eben wurde da drüben der letzte der Reiter von seinem Pferd gerissen. Das Tier sprang davon, die Chatten beachteten es nicht, weil sie genug Gegner hatten.

Das Pferd kam angelaufen und blieb in der Nähe unruhig schnaubend stehen.

»Komm!«, sagte Tasso zu dem anderen Chatten. »Auf dem Pferd können die beiden über den Fluss!« Er holte das Tier, klopfte ihm dabei beruhigend auf den Hals und redete mit ihm in der Hoffnung, es werde sich auch beruhigen lassen, wenn es nicht in lateinischer Sprache angeredet wurde.

Der andere Chatte hatte inzwischen Isberts Sohn die Wunde grob verbunden, um das Blut zurückzuhalten. Sie halfen ihm auf das Pferd. Dann hoben sie Gerwin hinter den Sattel.

Gerwin konnte nun wieder etwas atmen, aber es ging schwer. Er hielt sich an seinem Vordermann fest.

»Reitet nicht hier durch!«, sagte Tasso. »Nehmt lieber die Furt weiter unten. Dort gehen die Kämpfe auch zu Ende.«

Die beiden ritten auf dem fremden Pferd los.

Tasso sah zum Lager der Römer hinüber. Da kamen sie an, die Legionäre, in geschlossenen Reihen. Weit waren sie nicht mehr.

Die Chatten standen zwischen den getöteten Römern. Auch einige von ihren Kameraden hatten das Leben verloren. Einige Verletzte zogen sich über den Fluss zurück.

Tassos Blick fiel auf einen der Wagen mit einer Wurfmaschine. Daneben lagen Balken. Plötzlich tauchte ein Bild aus seiner Erinnerung auf.

Er stürmte hin und schob die Balken zu einem Stapel neben dem Wagen zusammen. Ein anderer Chatte, fast genauso jung wie er, half ihm, ohne zu wissen, was der Zweck der Arbeit war. Tasso legte einen Balken so auf den Stapel, dass ein Hebel entstand, dessen kurzer Arm unter den Wagen fasste.

»Drück hier!« Tasso zeigte auf den langen Hebelarm. Der andere versuchte es, aber er war zu leicht.

»He, du! Komm her und hilf!« Als der Mann, den er angerufen hatte, sich umwandte, bemerkte er, dass es Hilbracht war. Wenn er das vorher gewusst hätte, hätte er sicher nicht in diesem Ton mit ihm geredet. Aber das war nun nicht zurückzunehmen.

Hilbracht schien keinen Anstoß zu nehmen. Vielleicht weil bei einem Kampf eben alles ganz anders war als sonst. Er half dem jungen Mann, und gemeinsam drückten sie den Balken nach unten und den Wagen nach oben.

Es war, als hätten ihm die Römer extra alles hingelegt, was Tasso brauchte. Neben dem Balken lag ein hölzerner Hammer, mit dem wohl Zapfen in Löcher geschlagen werden, fast so groß wie ein Pferdekopf. Tasso musste nur zweimal zuschlagen, und der Keil, der das Rad auf der Achse hielt, flog hinaus. Tasso zog an dem Rad, drehte es dabei, zog weiter. Plötzlich rutschte es von der Achse, Tasso flog nach hinten, das Rad auf ihn.

Er tat sich aber nicht weh, jedenfalls merkte er nichts in seinem Eifer, und sprang schnell wieder auf. Er stellte das Rad senkrecht und gab ihm einen Stoß, sodass es den Uferhang hinunter in den Fluss rollte und dort platschend versank.

Hilbracht brummte: »Guter Gedanke!« – was er unter anderen Umständen wohl nicht gesagt hätte –, und ließ den jetzt nur noch dreirädrigen Wagen runter.

»Den da auch noch?«, fragte Tasso und zeigte auf eine der anderen Kriegsmaschinen.

Hilbracht sah sich um. Sie waren die Letzten, die anderen Chatten schwammen bereits im Fluss oder stiegen drüben schon wieder heraus. Die Legionäre waren nun bedrohlich nahe.

»Zu spät! Weg hier!« Alle drei rannten zum Fluss und schwammen so schnell sie konnten.

Tasso kam als Letzter an. Bei den letzten Schwimmstößen hatte er sich ziemlich kraftlos gefühlt. Er hatte immerhin monatelang nicht geübt, nur einseitig anstrengende oder leichte Arbeiten gemacht, und dieser Einsatz hatte Kraft gekostet.

Andere halfen ihm, zogen ihn aus dem Schilf am Ufer und stützten ihn auf dem kurzen Weg zum Wald. Dort ruhte er sich aus, den Rücken an einen Baum gelehnt.

Jemand rief: »Die Bogenschützen hierher!« Um Tasso herum war Bewegung, deren Sinn er nicht ganz verstand. Nach einiger Zeit kam einer der jungen Leute aus Berffe und sagte zu Tasso und einem weiteren, der neben ihm saß: »Ihr sollt in das Bauernhaus da oben kommen. Da sammeln wir uns.«

In dem Haus wäre nicht für alle Platz gewesen, aber davor saßen die meisten, einige lagen ausgestreckt auf der Erde, einige lehnten an der Hauswand. Unter ihnen Hilbracht. Gerwin war nicht zu sehen. Tasso setzte sich. Nichts geschah. Ab und zu blickte er zu Hilbracht hinüber. Der schien aber auch nur zu warten.

Tasso stand auf und suchte seinen Tragesack, aß etwas Brot und trank Wasser.

Da kamen einige Reiter, an ihrer Spitze Fürst Arpo.

»Das habt ihr gut gemacht, Hilbracht! Sehr gut! Geht jetzt nach Hause! Einen Kampf wie diesen wird es jetzt nicht mehr geben. Sie werden zu sehr auf der Hut sein.«

»Nach Hause?«

»Ich meine nicht in eure Häuser, sondern zu euren Familien in die Wälder.«

»Gehen alle?«

»Nein«, antwortete der Fürst. »Einige bleiben noch. Bogenschützen vor allem. Wir müssen ihnen den Eindruck geben, als wäre der Waldrand hier noch voller Chatten. Das zwingt sie zur Vorsicht und damit zur Langsamkeit.«

»Aber wenigstens einige von uns könnten …«

»Schwertkämpfer nützen nichts!«, unterbrach ihn der Fürst. »Ihr habt keine Bogen. Höchstens sechs oder acht könnten mitkommen. Von meinen Bogenschützen sind einige tot, einige verwundet. Ihr könnt ihre Waffen nehmen.«

»Ja.« Hilbracht richtete sich hoch auf und rief: »Wer schießt gut mit dem Bogen und will mitkommen?«

Es meldeten sich etwa fünfzehn, aber Hilbracht zeigte auf acht. Unter ihnen Tasso. Ob er sich an sein gutes Abschneiden beim Bogenwettbewerb erinnerte? Oder ob er dachte, der Gefangene könne ruhig in Gefahr geraten? Oder ob er damit seine Anerkennung ausdrücken wollte für die Zusammenarbeit beim Kampf eben? Oder ob es Zufall war und er gar nicht beachtete, auf wen er zeigte?

Tasso hatte sich sofort gemeldet, ohne lange nachzudenken. Er hatte sowieso keine Familie in den Wäldern in der Nähe. Und wenn es nur ums Bogenschießen ging, wollte er erst recht seine Fähigkeit in den Dienst der Verteidigung stellen.

»Alle anderen können gehen!«, rief Hilbracht.

»Du auch!«, befahl Arpo.

»Ich? Aber …«

»Du hast deine Pflicht hier erfüllt. Jetzt ist es deine Pflicht, die Leute wieder gut zurückzubringen, die Verwundeten mitzunehmen und auch einigen Familien zu sagen, dass ihre Söhne tot sind. So, und die Bogenschützen kommen mit mir!«

Tasso und die anderen folgten den Reitern.

Durch den Wald ging es nur zu Fuß. Arpo und seine Begleiter ließen ihre Pferde bei einem Knecht zurück und arbeiteten sich mit durch das Dickicht.

Dabei ergab es sich, dass Tasso für ein kurzes Wegstück neben ihm ging.

»Gut gemacht, Junge!«, sagte der Fürst. »Du hast Mut. Du warst das auch mit dem Rad, nicht? Ich habe es beobachtet.«

»Ja.«

»Ein guter Einfall von Hilbracht. Das kannst du ihm sagen, wenn du ihn wiedersiehst.«

»Äh – ja …«

Sie waren jetzt am Waldrand. Die Bogenschützen, die hier hinter den Bäumen standen, waren zum großen Teil Wotansbrüder, wie Tasso an den eisernen Fingerringen sah. Jemand drückte ihm einen Bogen und einen Köcher mit Pfeilen in die Hand. Er suchte sich einen Platz, von dem aus er schießen konnte, fand aber keinen mit Deckung, weil schon zu viele Chatten hier versteckt waren. Da stieg er auf eine kräftige Buche und setzte sich auf einen dicken Ast, mit dem Rücken an den Stamm gelehnt.

Am anderen Ufer hatten die Legionäre sich in einer dichten Reihe zu Boden gekniet und die großen Schilde vor sich gehalten. Man sah kaum etwas von den Männern, fast nur Schilde. So waren sie mit Pfeilen kaum zu treffen. Aber sie konnten auch nicht vordringen. Wollten sie durch den Fluss, waren sie verwundbar.

Einige Zeit schien jede Seite zu warten, dass die andere etwas unternahm. Man konnte nur drüben, weit entfernt vom Ufer, Reiter hin und her galoppieren sehen.

Es war jetzt später Nachmittag. Ob die Römer die Dunkelheit abwarten wollten, um unbeobachtet herüberzukommen? Das war wohl nicht wahrscheinlich. Im Dunkeln mussten die Chatten mit ihrer Ortskenntnis und ihrer Kampfesweise eher im Vorteil sein.

Jetzt entstand wieder Bewegung auf der anderen Seite, aber nicht direkt am Ufer, wo die Legionäre hinter ihren Schilden verschanzt waren, sondern weiter hinten. Weitere Wurfmaschinen wurden herangefahren. Die, die schon dagestanden hatten, wurden mit den neuen in einer Reihe ausgerichtet – außer einer, wie Tasso schmunzelnd feststellte.

»Jetzt wird's ungemütlich«, sagte einer der Wotansbrüder, der direkt unter Tasso hinter dem Baum stand.

Tasso fragte: »Du meinst, wir können sie mit unseren Pfeilen nicht erreichen, weil sie zu weit weg sind, aber sie schießen bis zu uns?«

»Ja. Wir werden uns wohl zurückziehen müssen.«

»Aber wir haben Deckung hinter Bäumen und Büschen! Und so genau können die doch sicher mit den Dingern gar nicht zielen!«

Der Mann knurrte: »Ach, Junge! Du hast sicher noch nie diese Wurfmaschinen bei der Arbeit gesehen, wie?«

»Nein.«

»Warte! Das Vergnügen wirst du gleich haben.«

Es war, als wenn diese Worte das Signal gewesen wären. Zunächst dachte Tasso, dass sich ein Schwarm Raben in die Luft erheben würde. Aber es waren die Geschosse, die fast gleichzeitig von den Katapulten schnellten. Beeindruckt beobachtete Tasso ihren Flug. Erst während die Pfeile, Bolzen und Steine in der Luft waren, kam ihm immer erschreckender zum Bewusstsein, dass die ja auch ihm galten.

Der Einschlag der Geschosse war noch ungenau und weit verstreut, nichtsdestoweniger gefährlich. Ein Felsbrocken sauste krachend in Tassos Nähe durch das Geäst der Bäume, riss Zweige und Blätter ab und polterte auf den Waldboden, ziemlich knapp neben dem Wotansbruder, mit dem Tasso eben gesprochen hatte. In einiger Entfernung stieß jemand einen kurzen Schrei aus. Tasso merkte, dass er in seiner Einschätzung der Gefahr doch weit danebengelegen hatte.

»Schießen!«, rief jemand.

Die Chatten ließen einen Pfeilregen auf die Legionäre am anderen Flussufer niedergehen, richteten damit aber keinen Schaden an. Sofort suchten sie wieder Deckung, weil die schweren Waffen wieder geladen wurden und gleich schießen mussten.

Der nächste Einschlag war noch genauer auf den Waldrand gerichtet, kaum ein Geschoss fiel auf den unbewaldeten Uferstreifen oder flog zu hoch über sie hinweg. Wieder wurden Bäume und Büsche mehr geschädigt als Menschen. Aber das war eine Frage des Zufalls. Wenn sich solch ein Beschuss oft genug wiederholte, mussten irgendwann auch die Männer getroffen werden. Und je länger es dauerte, desto weniger Deckung fanden sie.

»Rückzug!« Der Befehl wurde von Mund zu Mund weitergegeben.

»So schnell?«, wunderte sich der Wotansbruder.

Tasso sprang vom Baum. Gemeinsam gingen sie den Berghang hinauf.

Jemand, den Tasso nicht kannte, auch einer mit Fingerring, rief: »Ihr sollt euch zurückziehen! Nur meine Leute bleiben hier. Wenn die Legionäre durch den Fluss kommen, machen wir noch mal einen Vorstoß.«

Für Tasso war also der Kampf vorbei.

»Wem soll ich den Bogen geben? Er gehört mir nicht«, fragte er seinen Begleiter. Der zuckte die Achseln. »Weiß nicht. Der wird tot sein, dem er gehört hat. Behalte ihn!«

Gut! Mit einem Bogen und ein paar Pfeilen fühlte er sich sicherer. Die Waffe schien nicht ganz so gut zu sein wie seine eigene, aber auch nicht schlecht.

Tasso machte sich auf den Weg nach Norden. Andere mit ihm, aber er kannte sie nicht. Beim Bauernhaus holte er seinen Tragesack, ging über die Lichtung und durch den Wald dahinter. Als er durch einige abgelegene Gehöfte kam, die wohl zum Rand von Metze gehörten, sah er zwei junge Männer aus Berffe vor sich. Er lief schneller, um sie einzuholen. Einer von beiden schien am Bein verletzt zu sein, er humpelte, und der andere stützte ihn.

»Kann ich helfen?«, fragte Tasso, als er sie eingeholt hatte.

»Du bist doch der, der seinen Vater umgebracht hat, stimmt's?«

»Ich habe ihn nicht umgebracht! Es war ein Unfall!«

»Wenn Hilbracht dich mitgenommen hat, ist das seine Sache. Aber ich will mit solchen Leuten nichts zu tun haben.«

Es gab Tasso einen Stich. Durfte er mitkämpfen, sein Leben wagen für den Stamm, aber sonst wollte man ihn nicht in der Nähe haben?

»Wie du willst«, sagte er, ging rasch weiter und ließ die beiden hinter sich.

* * *

Tasso stand auf dem Wall einer Burg, nördlich von Metze. Niemand war in seiner Nähe. Es war sicher ein guter Entschluss, wahrscheinlich eine Anordnung von Fürst Arpo, dass die Menschen sich nicht auf den Burgen verschanzen sollten, sondern lieber in die Wälder fliehen. Die Burgen waren gegen das Heer von Germanicus nicht zu verteidigen. Tasso sah von hier aus, wie aus einer der Anlagen weiter südlich Rauch aufstieg. Da wurde alles niedergebrannt.

Tasso stand auch nicht hier, um sich auf der Burg zu verteidigen. Ehe sie in die Nähe kamen, wollte er natürlich fliehen. Aber er wollte unbedingt sehen, was sie mit der Stadt machten. Und von hier aus konnte er das am besten beobachten.

Metze war menschenleer. Außer ein paar vergessenen Hühnern und hier und da einer Katze bewegte sich nichts. Solche Tiere konnte Tasso aber nur in den Gehöften direkt unter der Burg erkennen. Die Mitte des Ortes mit den wichtigsten Gebäuden, den Werkstätten, den Häusern der Edlen und der Einflussreichen war zu weit entfernt, als dass er Hühner und Katzen hätte erkennen können. Alle Herdfeuer waren erloschen, denn es stieg nirgends Rauch aus den Dächern.

Da sah er sie kommen.

Zuerst Reiter. Sie preschten durch die Straßen und schienen sich erst überzeugen zu wollen, ob wirklich niemand da war, um ihnen einen Hinterhalt zu legen.

Dann hatte einer eine brennende Fackel in der Hand, an der auch die anderen Fackeln entzündeten. Sie schwärmten aus und hielten überall ihre Fackeln an die Strohdächer, ohne von ihren Pferden abzusteigen. Bald schlugen helle Flammen hoch aus den Häusern.

Mehr Reiter kamen, die in andere Bereiche der weit verstreuten Siedlung ausschwärmten. Sie gingen anders vor. Es reichte ihnen wohl nicht, die Dächer niederzubrennen, weil dann die Wände stehen blieben, da die Balken von Lehm umhüllt waren. Und wenn erst mal alles brannte, konnte man schlecht noch die Wände einreißen. Dieser Trupp warf Stricke über die Balkenenden oder legte sie sogar um ganze Hütten. Mehrere Pferde zogen daran, bis alles zusammenbrach. Dann erst wurden die Trümmer angezündet.

Immer mehr Rauch zog durch die weite Talsenke und verbarg vor Tassos Blick, was sonst noch Furchtbares geschah. Er konnte nur sehen, dass immer mehr Legionäre heranströmten. Sie kamen zunächst in einer Schlange, solange sie auf der Straße waren, nur rechts und links von Schutztruppen flankiert, besonders bei den Wagen. In der Ebene aber floss die Menschenmasse auseinander.

Da es zu dunkeln begann, suchten sie sich gleich eine geeignete Stelle für ein Nachtlager. Während ein Teil des Heeres mit dem Zerstörungswerk beschäftigt war, fingen andere an mit Graben und Schanzen. Alles war gut gelenkt – jeder schien zu wissen, was er zu tun hatte.

Jetzt streiften Reitergruppen auch in die Seitentäler und zu den einzelnen, verstreut liegenden Höfen. Überall, wo sie waren, ließen sie brennende Trümmer zurück.

Tasso wandte sich ab.

Er hatte genug gesehen. Es wurde auch Zeit, dass er sich davonmachte. Vermutlich würden sie die weitere Umgebung vor Einbruch der Nacht nicht mehr durchsuchen, aber man konnte ja nie wissen.

So machen sie es überall, dachte Tasso voll Trauer und Wut. *So haben sie es im Süden unseres Landes gemacht, jetzt mit unserem Mittelpunkt, und so werden sie es auch mit Berffe machen. Kein Haus wird stehen bleiben. Auch unseres nicht. Ach so, wir haben ja keins mehr. Nun, Ragnar wird an seinem Gewinn auch nicht mehr viel Freude haben. Niemand wird etwas retten können, außer dem, was er mit in den Wald genommen hat.*

Warum diese blinde Zerstörungswut? Was hatten sie den Römern getan, dass sie ihnen das antaten? Dass sie nicht nur nahmen, was Wert hatte – Habsucht konnte Tasso ja noch verstehen –, sondern dass sie sinnlos zerstörten, was sie nicht mitnehmen konnten! Was hatten die Chatten ihnen getan? Sie hatten sich nicht freiwillig unterworfen, das war ihr Verbrechen!

Tasso wusste nicht, warum – aber er fing an zu weinen. Als er tief genug im Wald war, wo ihn kein Römer aufstöbern würde, setzte er sich auf die dicke Wurzel einer Kastanie und schluchzte vor sich hin.

Erst redete er sich ein, es seien Tränen der Wut. Und ein wenig auch der Trauer, des Mitleids mit all den Menschen, die alles Hab und Gut verloren hatten. Ein Krieger, der er ja nun war, ein Mann, durfte höchstens aus Wut Tränen vergießen, wenn überhaupt. Gut, einen kleinen Anteil Trauer wollte er sich auch zugestehen, weil er ja noch jung war.

Je länger aber das Schluchzen dauerte – und es dauerte lange, bis die Dunkelheit hereinbrach –, desto deutlicher schlich sich bei ihm der Gedanke ein, dass er nicht nur deshalb weinte. Vielleicht auch wegen Gundis? Wegen seiner Mutter? Er wusste es nicht, wollte es auch gar nicht wissen und bemühte sich, nicht darüber nachzudenken.

Er streckte sich aus neben der Wurzel. Das Moos war trocken und weich. Todmüde war er nach einem langen und anstrengenden Tag, dem sowieso schon eine kurze Nacht vorangegangen war. Trotzdem dauerte es lange, bis er einschlief. In seinem Traum jagte ein schreckliches Bild das andere.

Irgendwann gegen Morgen wachte er erschreckt auf. Was war geschehen? Er richtete sich auf. Ach so, er lag im Wald, verschiedene Körperstellen taten ihm weh wegen der unbequemen Lage, und er hatte schlecht geträumt. Was war das, was er geträumt hatte? Szene für Szene tauchte aus seiner Erinnerung auf.

Mit ihm und mit Menschen, die er liebte, war Schreckliches geschehen. Aber auch er hatte Schreckliches über Menschen gebracht.

Tasso begann zu ahnen, warum er gestern Abend geweint hatte. Aber jetzt weinte er nicht mehr.

* * *

Das Bellen klang anders, höher als sonst. Und als Tasso Worte sprach, die beruhigen sollten, bewirkten die eher das Gegenteil. Das Bellen wurde lauter und wütender.

Da war Helgas Stimme. »Tasso! Du bist da! Ich freue mich! Und es gibt noch mehr Leute, die sich freuen werden! Warte, ich muss unseren neuen Hund kürzer anbinden. Er kennt dich noch nicht, und zu Fremden ist er ausgesprochen unfreundlich. Das gibt sich aber nach zwei oder drei Tagen.«

Während dieser Worte war am Klang ihrer Stimme zu hören, dass sie sich mit dem Hund abmühte.

»Lebt Fafnir nicht mehr?«

»Nein, vor einigen Wochen ist er gestorben.« Jetzt öffnete Helga das Tor. Beide umarmten sich. Seltsam, seine Mutter wollte er nicht mehr umarmen, tat es nur, um sie nicht zurückzustoßen, und Gundis zu umarmen, traute er sich nicht. Aber bei Helga war er da völlig unbefangen.

Natürlich folgte dann auch die Umarmung mit seiner Mutter. Sie drückte ihn fest an sich, als sollte das der Ersatz sein für viele, viele Worte, die sie eigentlich sagen wollte, aber nicht fand oder nicht über die Lippen brachte. Alle anderen, auch Gundis, begrüßte er mit Handschlag. Den kleinen Osbert nahm er hoch und schmuste mit ihm. Wie leicht das ging bei so einem kleinen Kind!

Theudebert war sichtlich gealtert. Aber natürlich sagte Tasso das nicht. Die Augen des Alten sprühten aber wie eh und je. Ragest schlug Tasso auf die Schulter, dass man meinen konnte, er wollte ihn wie einen Zaunpfahl in den Boden rammen, und er lachte dabei, dass die Mundwinkel die Ohrläppchen grüßten.

Tjeff begrüßte ihn herzlich und offensichtlich mit Freude, aber stiller. Überhaupt wirkte er zugleich hellwach und gelassen, ein Mann in den besten Jahren, so etwas wie das Haupt dieser kleinen Gemeinschaft, seit Theudebert mehr und mehr Verantwortung abgab.

Und dann saß da noch Wisbert.

»Wisbert, sei gegrüßt! Wo ist dein Vater?«

»Mein Vater lebt nicht mehr, Tasso.«

»Er … das tut mir sehr leid, Wisbert!«

»Er ist im Boot, während des Ruderns, einfach zusammengesunken und war tot. Vielleicht hat er sich zu sehr angestrengt. Wir waren auf der oberen Fulda, hörten vom Überfall der Römer und wollten schnell hierherkommen, ehe sie die Fulda erreichen. Ich hätte mehr darauf drängen sollen, dass er sich schont!«

Theudebert sagte: »Hör auf, dir Vorwürfe zu machen, Wisbert! Du hast nichts falsch gemacht! Seine Zeit war gekommen. Es ist nichts Besonderes, wenn die Zeit eines Menschen gekommen ist.«

»Wir wollen nicht weiter darüber sprechen!«, sagte Wisbert. »Wir wollen nicht trauern, denn jetzt gibt es Grund zur Freude. Tasso ist da! Frei und lebendig! Erzähle, Tasso!«

Und Tasso erzählte, seine Zuhörer freuten sich, Theudebert trank ihm zu, Ragest, der neben ihm saß, schlug ihm auf die Schulter, und Gundis lächelte ihn scheu an. An anderen Stellen kam sein Bericht stockend, alle schwiegen, seine Mutter, auf der anderen Seite neben ihm, legte die Hand auf seinen Arm, und einige Male schlug Wisbert mit der Faust auf den Tisch.

Als es dunkel wurde, zündete Gundis Kienspäne an, und Helga begann Essen vorzubereiten.

»Ich wollte wissen, was mit unserem Haus geschah«, endete Tasso seinen Bericht, »oder dem, das uns einmal gehört hatte. Als ich hinkam, waren die Römer noch nicht da gewesen. Ich habe einen Trieb mit Wurzel von dem Brombeerstrauch vor dem Haus mitgebracht. Vielleicht finden wir hier eine Stelle, wo ich ihn einpflanzen kann. Das wird uns im nächsten Frühjahr erinnern …«

Seine Mutter drückte seine Hand.

»Und du bist dageblieben, bis sie kamen?«, fragte Helga.

»Ja. Von einem Baum oben am Waldrand habe ich sie beobachtet. Das Haus ist nur noch ein verkohlter Trümmerhaufen.«

»Aber es besteht keine Gefahr, dass sie bis hierher kommen?«, fragte Tjeff.

»Nein. Sie sind abgezogen, auf dem gleichen Weg, auf dem sie gekommen sind. Ich habe es zum Teil selbst gesehen. Ich war dann noch in Berffe und habe miterlebt, wie die Leute aus dem Wald kamen und erschüttert und wütend und verzweifelt vor den Trümmern ihrer Häuser standen. Auch deine Familie habe ich noch gesprochen, Gundis. Deine Eltern waren sehr verzweifelt. Ich wollte noch dableiben und ein wenig beim Aufräumen helfen, ein paar Tage wenigstens. Aber das ließen sie nicht zu. Ich sollte hierher zurückkehren und dich herzlich grüßen. Gerwin hat keinen Schaden zurückbehalten von dem Stoß beim Kampf.

Überhaupt haben deine Eltern gesagt, bei all dem Unglück, das sie in der letzten Zeit getroffen hat, wären noch alle am Leben, und das machte sie froh bei aller Trauer. Dein Vater hatte den Amboss, den Blasebalg, das Roheisen und die Werkzeuge im Garten vergraben. Weil aber die Zeit so knapp war, konnte er kein tiefes Loch machen. Darum hat er den Mist von eurem Nachbarn darübergehäuft.«

Alle schmunzelten, Ragest lachte laut, nur Gundis blickte unter sich, nickte zwar etwas, sagte aber nichts.

Helga brachte eine große Schüssel mit Brei, in dem Stücke von gebratenem Fisch verteilt waren. Alle langten kräftig zu.

Das Gespräch drehte sich weiter um die Kämpfe mit den Römern. Als die Schüssel fast leer war, sagte Theudebert: »Ich habe mir etwas überlegt.« Er legte dabei den hölzernen Löffel auf den Tisch. Es wirkte, als wollte er damit unterstreichen, wie wichtig das war, was er jetzt erklären wollte, und dass es sich von dem oberflächlichen Reden während des Essens unterschied.

»Was?«, fragte Helga.

»Wir sollten so bald nicht wieder mit Wagen über die Orte fahren. Die Leute sind jetzt alle mit dem Aufbau ihrer Häuser beschäftigt und haben weder Lust noch Geld, etwas zu kaufen. Allenfalls könnte Wisbert mit dem Boot fahren. Jemand kann ihn begleiten. Ragest oder Tasso. Salz brauchen die Leute in Metze wahrscheinlich wieder.«

Tjeff ergänzte: »Wir haben noch eine Kiste mit sorgfältig geschmiedeten Nägeln, unterschiedlich groß. Dafür findet ihr sicher Abnehmer. Die Menschen werden es eilig haben mit dem Neubau der Häuser und darum statt der zeitraubenden Verzapfungen bei Zimmermannsarbeiten lieber mit Nägeln arbeiten.«

»Gut. Und es ist auch nützlich, wenn wir auf diese Weise mehr erfahren. Also haltet die Ohren offen!«

»Und was machen wir hier inzwischen?«, fragte Tjeff.

»Wir bauen. Dieses Haus wird zu eng für uns alle. Platz genug haben wir. Wir sollten ein neues Haus zwischen dieses und den Lagerschuppen stellen.«

Der Plan fand allgemeine Zustimmung, Holz konnten sie in unmittelbarer Umgebung schlagen. Lehm konnten sie mit dem Boot holen, sie kannten eine Stelle, wo sie ihn graben konnten, eine halbe Tagesfahrt weserabwärts. Sie beschlossen nach längerem Hin und Her, dass Tjeff und Helga mit ihrem Kind und dem, das bald kommen würde, in ihrem gewohnten Haus bleiben sollten, dazu natürlich Theudebert. Auch die Mahlzeiten und das abendliche Zusammensitzen sollte weiterhin hier sein. In dem neuen Haus sollten in der Männerecke Ragest, Wisbert und Tasso wohnen, auf der anderen Seite Gerhild und Gundis. In der Mitte konnte Gerhild ihren Webrahmen aufstellen. Am nächsten Tag – jetzt war es schon zu dunkel – wollten sie sich gemeinsam alles ansehen und die Maße für das neue Haus abstecken.

»Gut!«, sagte Theudebert. »Ich bin ein alter Mann und gehe jetzt schlafen. Ihr solltet das auch bald tun, damit ihr morgen frisch seid.« Er stand auf und ging zu seinem Lager.

Auch die übrige Runde löste sich bald auf.

Als Tasso von der Grube zurückkam, nicht ohne dem neuen Hund ein paar freundliche Worte zu sagen, stand auf einmal seine Mutter vor ihm.

»Tasso, ich … Wir hatten noch keine Gelegenheit, allein miteinander zu reden.«

»Ja, Mutter.«

Sie standen einige Augenblicke schweigend voreinander. Dann fügte Tasso hinzu: »Das ist hier anders als bei uns zu Hause.«

Tjeff kam auf dem Weg zur Grube bei ihnen vorbei. »Gute Nacht!«

»Gute Nacht, Tjeff!«, sagten beide.

Tasso schlug vor: »Ich steige abends gern noch mal auf den Wehrgang hinauf. Kommst du mit?«

»Ja.«

Die Leiter war steil, aber Gerhild war ja noch keine alte Frau. Kurz darauf standen sie nebeneinander auf den Knüppeln, lehnten sich an die Palisaden und schauten auf die Weser hinunter, die im Licht der Sterne und des halben Mondes schwach glänzte.

»Was denkst du über mich, Tasso?«, brach es leise, aber heftig aus Gerhild hervor. »Was denkt ein Sohn über eine Mutter, die seinen Vater ermordet hat? Sag es mir, Tasso, ganz ehrlich! Und was denkt ein Sohn über seine Mutter, die es hinnimmt, dass er diese Tat auf sich nimmt, um sie zu retten? Was … was …« Sie begann zu weinen und legte den Kopf in eine Kerbe zwischen zwei grob behauenen Palisadenspitzen.

Tasso legte den Arm um sie. »Mutter, du hast es ja hinnehmen müssen, weil du es gar nicht mitbekommen hast! Und im Übrigen … es sind mehrere Dinge, die du ansprichst. Also – am Anfang war der … also, dass du mit dem Messer zugestochen hast. Nein, das war nicht der Anfang. Es ist nicht mehr so schlimm, wenn wir bedenken, was alles vorher geschehen ist. Er hat dich verlassen, betrogen, erniedrigt, geschlagen und schließlich noch um dein Heim gebracht. Das ist die Vorgeschichte.«

Sie hörte auf zu weinen, wischte sich mit dem Ärmel über die Augen und sagte: »Das alles habe ich mir auch hundert Mal gesagt. Aber ich fand nie, dass es dadurch weniger schlimm wurde.«

»Und im Grunde wolltest du ihn ja nicht absichtlich töten. Nur mich retten! So war es doch, oder?«

»Ja, so war es. Ich dachte, er erschlägt dich. Hinterher habe ich mir oft gesagt: Das hätte er nie wirklich getan! Er liebte dich doch! Er …«

»Er liebte mich? Bist du dir sicher?«

»Ganz bestimmt! Auf seine Weise eben. Es war wohl auch viel Vaterstolz dabei. Aber auf jeden Fall hätte er dich nicht getötet. Nur – das wurde mir erst später klar. In dem Augenblick … ich hatte keine Zeit für diese Überlegungen. Ich habe aus dem Schreck heraus gehandelt, aus Angst.«

»Ich weiß, Mutter.«

»Aber das klingt jetzt alles schon wieder viel zu sehr nach Entschuldigung. Dabei weiß ich doch: Es ist nicht zu entschuldigen. Dass er mich beleidigt und geschlagen hat, entschuldigt nicht, dass ich ihn erstochen habe!«

Tasso wusste nicht, was er antworten sollte, also schwieg er.

Es gingen ihm zwar viele Gedanken durch den Kopf. Zum Beispiel, vor welchem Gericht seine Mutter denn wohl schuldig sein oder sich entschuldigen könnte. Vor dem Thing, der doch auch nur aus irrenden und manchmal boshaften Männern bestand und vor denen eine Frau, zumal eine Unfreie, nie Gerechtigkeit finden würde? Vor ihm, ihrem Sohn, der sie doch gar nicht verurteilte? Vor ihrem eigenen Gewissen? Vor den Göttern? Vor welchen denn, und nach welchen Maßstäben konnte jemand vor ihnen gerecht sein?

Ach, das war alles so schwierig! Tasso konnte keine Klarheit in seine Gedanken bringen. Schon gar nicht sie in Worte fassen. Also schwieg er.

»Warum hast du das getan, Tasso?«, ergriff Gerhild wieder das Wort. »Warum bist du hingegangen und hast gesagt, du wärst es gewesen?«

»Weil ich nicht unbedingt mit der Todesstrafe rechnen musste, du aber wohl …«

»Ich weiß, ich weiß. Tjeff hat es gesagt, hier haben sie alle es mir so erklären wollen, aber … ich kann es nicht annehmen, verstehst du? Eine Mutter, die ihren Mann ermordet, kann doch nicht ›ja‹ dazu sagen, dass ihr Sohn für die Mordtat bestraft wird! Das geht doch nicht! Egal, welche Gründe dafür sprechen! Ich war drauf und dran, einfach nach Berffe zu laufen und mich zu stellen. Aber sie haben mir heftig davon abgeraten. Das würde dich nicht retten, haben sie gesagt, und man würde eher uns beide hinrichten. Na und? Mir wäre es kein Opfer gewesen, für die Tat auch bestraft zu werden, die ich begangen habe. Theudebert und Helga meinten aber …«

Als sie nicht weitersprach, fragte Tasso: »Was meinten sie?«

»Ich dürfe nicht sterben, weil … weil du mich noch brauchen könntest, wenn du wieder frei würdest. Und vielleicht auch Gundis.«

Der Gedanke war Tasso noch nicht gekommen. Aber das stimmte! Es war ihm eine Hilfe, immer noch, obwohl er zum Mann zu werden im Begriff war – es war ihm wichtig, dass seine Mutter da war. Einfach, dass sie lebte. Weil er sie liebte. Und Gundis? Konnte es nicht wirklich sein, dass die beiden sich in ihrem Elend gegenseitig stützten? Dass seine Mutter eher Gundis erreichen und sie aus ihrem Loch herausziehen konnte als er?

»Ja, Mutter!«, sagte Tasso fest. »Ja, es ist sehr wichtig für mich, dass du da bist.«

»Ich danke dir, dass du die Sache auf dich genommen hast. Versteh mich recht – ich heiße es nicht gut. Aber ich danke dir trotzdem. So, und jetzt gehen wir schlafen.«

* * *

»So früh schon auf?«, fragte Theudebert.

»Du bist ja auch schon wach!«, antwortete Tasso.

Der Alte lächelte und kraulte den jungen Hund. »Ich bin alt und brauche nicht mehr so viel Schlaf. Komm nicht so schnell näher, solange sich Wolf noch nicht an dich gewöhnt hat. Wolf heißt er, unser neuer Hund.«

»Ich habe schon versucht, mich mit ihm anzufreunden.«

»Schade, dass Fafnir nicht mehr lebt, findest du nicht?«

»Sehr schade, ja.«

»Es hat sich viel verändert in letzter Zeit.«

»Ich habe dich überhaupt nicht gefragt, Theudebert, ob ich Gundis und meine Mutter herschicken durfte. Ich habe sie einfach geschickt.«

Theudebert lachte. »Mach dir keine Sorgen, Tasso! Ich freue mich sehr, dass sie da sind. Die drei passen gut zusammen, Gerhild, Helga und Gundis. Wenn sie etwas gemeinsam in Angriff nehmen, wird es schnell fertig. Gundis passt auf den Kleinen auf, wenn Helga etwas anderes zu arbeiten hat. Gerhild trägt durch ihr Weben viel zum Nutzen der Allgemeinheit bei. Was will man mehr?«

Tasso nickte. »Ich wusste mir auch einfach nicht anders zu helfen.«

»Ich freue mich, dass du unser Lager hier als dein Heim ansiehst und uns als Menschen, zu denen du Vertrauen haben kannst.«

Tasso kam näher und kraulte den Hund, den Theudebert am Halsband hielt. »Wir werden auch noch Freunde, nicht, Wolf?« Der Hund verhielt sich still, als müsste er sich das erst noch überlegen.

»Wohin willst du?«, fragte Theudebert.

»Zu Leonides. Ich kann's kaum erwarten, wieder auf ihm zu reiten.«

»Viel Spaß dabei!«

Tasso ging hinaus, zog das Tor hinter sich zu, und Theudebert legte den Riegel vor.

Bei seiner Ankunft gestern hatte er Leonides nicht in der Nähe gesehen. So musste er erst den Bauern fragen, wo er war. Der Mann beschrieb ihm den Weg zu der Weide, oben auf den Hügeln über dem Fluss.

Leonides kam sofort, als Tasso ihn vom Zaun aus rief. Er ließ sich streicheln und rieb sogar seinen Kopf an Tassos Schulter. Der war überglücklich. Er kletterte auf den Zaun und sprang von dort aus auf den ungesattelten Rücken seines Pferdes.

Dann ging es über die Weide, erst im Trab, dann im Galopp.

Er entdeckte eine Stelle, an der die obere Zaunlatte fehlte. Da konnte er auch ohne Sattel mit Leonides gefahrlos drübersetzen. Er lenkte den Ritt zum Hügel. Es gab Tasso ein Hochgefühl, das er lange nicht mehr gehabt hatte. Auch nicht in der Schlacht, wie es sein Vater versprochen hatte, und danach erst recht nicht.

Als der Hügel mit dem Palisadenrund in Sicht kam, wollte Tasso auf der Fernstraße weiterreiten. Da sah er Gundis, die mit einem Krug zum Bach ging. Er lenkte Leonides dorthin.

Gundis hörte den Hufschlag näher kommen und richtete sich auf.

Sie stellte den Krug ab und wartete, bis Tasso herankam und vom Pferd sprang.

»Guten Morgen, Gundis!«

»Guten Morgen, Tasso. Das ist dein Pferd, nicht?«

»Ja. Du müsstest es noch kennen. Du hast schon darauf gesessen.«

Sie nickte. »Ich weiß, mit dir zusammen. Da war mir nicht danach zumute, mir das Aussehen von Pferden einzuprägen.«

Tasso wusste nicht, ob er es wagen sollte, das Gespräch an diesem Punkt zu vertiefen. Nein, lieber wollte er Unverfängliches reden und warten, dass sie selbst auf die Erlebnisse zu sprechen kam.

»Es heißt Leonides.«

»Wie?«

»Leonides!«

»Komischer Name. Habe ich noch nie gehört.«

»Das war ein ... ein griechischer Held.«

»Was für ein Held?«

»Von den Griechen. Das ist ein Stamm, oder besser gesagt ein Volk, das früher die Gebiete besessen hat, die heute die Römer besitzen. Nicht alle, aber wohl die meisten, wenn ich es richtig verstanden habe. Mein Vater hat mir das erzählt.«

»Aha. Und dieser Leodes ...«

»Leonides.«

»Leonides, das war wohl so was wie heute Germanicus?«

»Ich glaube, so mächtig war er nicht. Er hat auch nicht andere überfallen, sondern nur sein Land verteidigt.«

»So wie du.«

Tasso sah sie fragend an. »Machst du dich über mich lustig?«

»Nein, Tasso, nein! Ganz bestimmt nicht! Wie kommst du darauf?«

»Na, der Vergleich ... ich meine, ich bin ja kein Feldherr, noch nicht mal ein richtiger Krieger. Es war mein erster Kampf.«

»Ja, sicher. Aber du hast ... übrigens, habe ich mich eigentlich schon bei dir bedankt, dass du Gerwin da rausgeholt hast, als er verletzt war?«

»Ach, Gundis! Ich hab ihn nur auf ein Pferd gehoben! Das war alles!«

»Du bist immer sehr bescheiden. Wenn es andersherum gewesen wäre und Gerwin mir die Geschichte erzählt hätte, dann hätte er berichtet, wie er dich auf dem Rücken durch eine ganze Legion von Feinden getragen hätte, durch ein Feuer gesprungen und durch einen breiten

Fluss geschwommen wäre, dauernd rechts und links Feinde erschlagend.«

Sie lachten beide.

Tasso sagte leise: »Ich sehe dich zum ersten Mal seit langer Zeit wieder lachen.«

Da wurde sie wieder ernst. »Es … es tut mir leid, dass ich … wenn ich dich irgendwie … es ist nicht deinetwegen.«

»Ich weiß.«

Sie blickte nur unter sich auf den Krug im Bach.

»Ich weiß, dass du Schlimmes durchgemacht hast.«

Jetzt habe ich doch damit angefangen, dachte Tasso. *Ich wollte es nicht, aber es ergab sich so.*

»Du auch«, sagte sie.

»Wie?«

»Du hast auch Schlimmes durchgemacht. Es tut mir leid, das mit deinem Vater.«

Tasso nickte. Keiner wusste, wie er das Gespräch weiterführen sollte.

»Soll ich dir den Krug hinauftragen?«

»Nein, danke, das mache ich jeden Morgen, und ich hab's noch immer geschafft.«

Wieder schwiegen sie. Keiner wollte aber das Zusammensein abbrechen, nur weil ihnen die Worte fehlten.

Gundis sagte: »Ich meine nicht nur das mit deinem Vater. Auch sonst war es sicher schlimm. Das Gefängnis, der Kampf, die Gefahr, das Blut …«

»Ja, das stimmt.« Tasso schmunzelte. »Gerwin hätte vielleicht gesagt: nicht der Rede wert.«

Gundis lächelte auch leicht, aber Tasso wurde wieder ernst.

»Aber das stimmt nicht. Es war schrecklich.«

»Jetzt bist du ein Krieger.«

Tasso schüttelte den Kopf. »Ich glaube, das bin ich noch nicht.«

»Warum nicht? Du hast doch …« Gundis brach ab, als sie den Ausdruck in seinem Gesicht bemerkte.

»Ich habe gut gekämpft, ja. Ich war auch nicht feige. Aber hinterher habe ich … geweint.«

Sie antwortete nicht. Offenbar erschütterte sie das bei Weitem nicht so, wie er erwartet hatte.

»Ich weiß nicht, warum ich dir das sage. Andere junge Männer würden sich eher die Zunge abbeißen, ehe sie einem Mädchen erzählen, dass sie geweint haben. Auch meinen Freunden und meiner Mutter sage ich es nicht. Ich weiß nicht, warum ich es dir erzählt habe.«

»Aber ich weiß es, Tasso. Weil du spürst, dass ich dich verstehe.«

»Ja?«

»Du weißt, dass einer, der nach so einem schrecklichen Gemetzel weint, mir lieber ist als einer, der damit angibt.«

Wieder schwiegen sie. Fast peinlich lange. Nein, angenehm lange.

»Lass mich doch den Krug tragen! Nicht weil du es nicht könntest, sondern weil ich dir einen Gefallen tun möchte.«

»Wenn es so ist ...«

Tasso nahm den Krug, ließ ihn bis zum Rand volllaufen, und nebeneinander gingen sie den Pfad zum Tor. Leonides folgte ihnen zunächst unaufgefordert, blieb dann aber am Fuß des Hügels stehen.

»Möchtest du mal mit mir zusammen reiten, Gundis? Ich meine natürlich, wenn du mal Zeit hast.«

Sie brauchte lange für eine Antwort. Sie waren schon am Tor, da sagte sie: »Vielleicht später mal, Tasso.«

Sie griff nach dem Krug, und er überließ ihn ihr. Ein flüchtiges Lächeln – fast meinte er: ein trauriges Lächeln, wenn es so etwas gab – glaubte er auf ihrem Gesicht gesehen zu haben, ehe sie sich abwandte.

Er lief den Hang hinunter und sprang auf sein Pferd. Je schneller der Galopp ging, am Ufer des Flusses entlang, desto mehr kam er zu der Überzeugung: Es war eigentlich ein gutes Gespräch gewesen. Warum aber war das Ende wieder so unbefriedigend?

* * *

Das Gasthaus am Ufer der Fulda stand noch. Bis hier waren die römischen Legionäre nicht gekommen.

Ein großes flaches Boot lag am Steg. Wisbert und Tasso banden ihr Boot daneben an und gingen ins Haus.

Am Tisch saßen drei Männer und eine Frau. Richtiger müsste man sagen: eine Frau und drei Männer – dachte Tasso, als er die Begrüßung hörte. Die Frau führte das Wort.

Sie mochte zwischen dreißig und vierzig Jahren alt sein. Im Gesicht eigentlich wohlgestaltet, aber ungepflegt. Das lange, blonde Haar mit auffallend vielen grauen Strähnen hing ihr lang und ungekämmt vom Kopf, teils auf den Rücken, teils auf die Brust.

Sie hatte breite Schultern, und aus ihrem Kittel kamen nackte Oberarme heraus, für die auch ein Krieger sich nicht hätte schämen müssen. Weder schien es sie beim Sehen zu stören, dass Haarsträhnen ihr vor den Augen hingen, noch fühlte sie sich beim Sprechen behindert dadurch, dass ebendiese Strähnen auch dicht vor ihrem Mund vorbeiliefen. Ihre Stimme klang tief und ein wenig schnarrend, als sie rief: »Wisbert! Dich habe ich aber lange nicht gesehen! Komm, setz dich zu uns!«

»Ich grüße dich, Hildegund!«

»Wo ist dein Vater? Hast du an seiner Stelle deinen Sohn mitgebracht?«

Wisbert und Tasso setzten sich.

»Mein Vater lebt nicht mehr. Und dies ist nicht mein Sohn, sondern ein junger Freund.«

Die kräftige Frau sah Tasso einige Augenblicke prüfend an. Plötzlich schoss ihr Arm vor, und ehe Tasso ausweichen konnte, hatte sie ihn an seinem spärlichen Bart gefasst. »Auf dem Weg, ein Mann zu werden, wie?«

»Machst du das immer so, wenn du mit Fremden am Tisch sitzt?«, fragte Tasso und zog mit einem Ruck des Kopfes sein Bärtchen aus ihrer Hand.

Hildegund lachte dröhnend. Die anderen am Tisch beteiligten sich nicht daran. Schließlich sagte sie: »Ich glaube, in seinem Bemühen, ein Mann zu werden, ist er schon weiter, als ich dachte.«

Die dicke Wirtin, genauso mürrisch wie früher, knallte Tasso und Wisbert wortlos einen Krug Bier auf den Tisch, so heftig, dass einiges vom Inhalt über den Rand schwappte.

»Du solltest wissen, dass ich keinen Sohn habe, Hildegund. Ich bin gar nicht verheiratet.«

»Das geht auch ohne.«

Die Neuankömmlinge tranken. Einer der Männer holte gerade mit seinem Holzlöffel einen dicken Brocken Hammelfleisch aus der Schüssel in der Mitte. Hildegund schlug ihm mit ihrem Löffel auf den Handrücken, sodass das Fleisch wieder in die Schüssel fiel.

»Du sollst dir nicht immer das Fleisch rausfischen! Das Stück war für mich gedacht. Iss Gemüse! Was dir das an Kraft gibt, reicht für die trägen Bewegungen, die du Rudern nennst!«

Der Knecht – denn um einen Knecht musste es sich wohl handeln, dass er sich so zurechtweisen ließ – knurrte etwas Unverständliches, und schöpfte Dünnes aus der Schüssel. Hildegund erwischte das große Fleischstück und schob es in den Mund.

Beim Kauen fragte sie: »Warum hast du nicht geheiratet, Wisbert? So ein schöner Mann wie du!«

Wisbert grinste. »Weiß nicht. Hab die Richtige noch nicht gefunden.«

»Nimm doch mich!«, schlug Hildegund vor.

Wisbert schüttelte den Kopf und trank gleich, um dazu nicht mehr sagen zu müssen.

»Warum nicht?« So schnell war die Frau nicht zufrieden.

Wisbert setzte den Krug ab und blicke sie eine Weile an, als prüfte er, ob das nicht doch ein ganz verlockender Gedanke wäre. Dann antwortete er: »Ich habe keine Lust, mich dauernd gegen deine Befehle wehren zu müssen, Hildegund. Und auch nicht, wenn ich den ganzen Tag gerudert habe, abends auf dem Lager noch einen Ringkampf machen zu müssen.«

Einer der drei Begleiter von Hildegund, ein langer Mann mit dunkelblonden Locken und Triefaugen, lachte laut. »Ja, da hast du recht!«, prustete er.

»Halt deinen Mund!«, fuhr Hildegund ihn an, konnte damit aber sein Gelächter nicht zum Schweigen bringen. »Nur weil ich dir manchmal in kalten Winternächten erlaube, dich unter meiner Decke zu wärmen, hast du noch lange nicht das Recht, vorlaute Reden zu führen!«

Wisbert fragte den Mann: »Wer bist du?«

Ehe der antworten konnte, redete Hildegund schon für ihn: »Er heißt Rainulf. Hat Haus und Hof beim Würfeln verspielt. Ein Nichtsnutz! Ich habe seine Schulden bezahlt, und dafür darf er jetzt bei mir arbeiten.«

Tasso gab es einen Stich durchs Herz. War sein Vater auch ein Nichtsnutz?

»Die anderen hab ich gekauft. Ich hätte es lassen sollen, sie taugen nicht viel, wollen aber immer Fleisch essen. Und dein junger Begleiter? Ist der auch ein Sklave oder frei?«

»Ich sagte doch, er ist mein Freund. Woher kommt ihr, Hildegund?«

»Von Metze.«

»Wie sieht es da aus? Sind schon Häuser wieder aufgebaut?«

»Aufgebaut? Was denkst du! Die Römer sind doch gerade erst weg, seit zehn oder zwölf Tagen.«

»Was?«

Auch Tasso meldete sich zu Wort: »Seit zehn Tagen? So lange waren sie da? Was haben sie denn so lange hier gemacht? Ich hab sie doch schon vor über einem Monat aus Berffe abziehen sehen!«

»Wisst ihr das nicht? Sie sind wieder umgekehrt und zu den Cheruskern gezogen!«

»Erzähle!«, forderte Wisbert sie auf. »Wir wissen nichts davon.«

»Sie waren schon auf dem Rückmarsch, da kamen Boten des Cheruskerfürsten Segestes hinter ihnen her. An ihrer Spitze Segimund, der Sohn des Fürsten.«

Der Lange mit den Locken wollte auch etwas zu dem Bericht beitragen: »Der war früher auf der linken Rheinseite im Bereich der Römer gewesen, aber als Armin sich erhob, kam er auch, um zu helfen. Er war nämlich gegen die Römer. Im Gegensatz zu seinem Vater, dem Fürsten …«

»Das gehört gar nicht hierher, du Hohlkopf, außerdem weiß Wisbert das alles längst. Ich erzähle!«

»Aber du erzählst nicht richtig! Du musst erst erzählen, dass Segestes dem Armin seine Frau wieder weggenommen hat, seine Tochter Thusnelda. Er hat sie auf seine Burg gebracht …«

»Halt den Mund!«, donnerte Hildegund. »Ich weiß selbst, was ich erzählen muss! Du hast ja keine Ahnung! Das alles berichten doch jetzt die Boten dem Germanicus. Und wenn ich erzähle, was sie berichten, kriegen die zwei es auch mit. Ob du das wohl begreifst?«

Der arme Kerl schwieg eingeschüchtert.

Wisbert sagte: »Es ist uns egal, wer was erzählt und in welcher Reihenfolge! Hauptsache, wir erfahren es bald!«

»Also«, begann die Frau, »die Boten wurden zu Germanicus geführt. Der kannte den Fürstensohn Segimund, weil er auf der anderen Rheinseite eine wichtige Aufgabe als Priester gehabt hatte. Er berichtete, dass Segestes, sein Vater, Thusnelda geraubt hatte. Die säße nun gefangen auf Segestes' Burg. Thusnelda erwartete ein Kind. Das wäre ja noch nicht weiter schlimm gewesen. Aber Armin belagerte die Burg. Er traute sich wohl nicht anzugreifen, weil das seine geliebte Thusnelda gefährden könnte. Aber er riegelte alles ab, und niemand von Segestes' Leuten konnte rein oder raus. Hunger drohte. Da kam ihm die Nachricht gerade recht ...«

»Wem? Armin?«

»Segestes natürlich. Da kam ihm die Nachricht gerade recht, dass das römische Heer unter Germanicus gar nicht weit war. Nicht von Westen her durch das Land der Cherusker herangerückt, sondern von Süden durch das Land der Chatten, wo sie ...«

»Das wissen sie doch längst!«, wagte der Lange zu unterbrechen. Weil er dabei aber mit seinen Triefaugen treu wie ein Hund guckte, hielt sich Hildegunds Zorn in Grenzen.

»Ich habe dir schon einmal gesagt, dass ich erzähle! Also halte den Mund! Es kommt sowieso nichts Vernünftiges raus! Wo war ich gerade, als mich dieser Nichtsnutz unterbrach? Ach ja. Segestes ließ also Germanicus bitten zu kommen, wo er doch nun schon in der Nähe war, und Armin zu vertreiben. Da ließ sich Germanicus nicht lange bitten, hatte er doch schon lange einen Zorn auf Armin gehabt. Sie machten also erneut kehrt und zogen nach Nordwesten. Als Armin hörte, dass Germanicus mit seinen vier Legionen und reichlich Hilfstruppen kam, tat er das Beste, was er in dieser Lage tun konnte ...«

»Er zog sich zurück!«, vermutete Tasso. Dann erschrak er, als ihm einfiel, dass er die Erzählerin vielleicht auch nicht unterbrechen durfte. Die fand das aber bei ihm nicht schlimm.

»Richtig!«, fuhr sie fort. »Es blieb ihm nichts anderes übrig. Germanicus nahm alle beide mit sich ...«

Die missmutige Wirtin stellte in diesem Augenblick die Suppe für die beiden Neuankömmlinge auf den Tisch und warf zwei Holzlöffel daneben. Hildegund blickte sie genauso missmutig an, weil sie gerade wieder an einer wichtigen Stelle gestört worden war, sagte aber nichts. Wisbert und Tasso tauchten ihre Löffel in die Schüssel und ließen sich die Suppe schmecken. Sie war wirklich ausgezeichnet.

Wisbert sah Hildegund neugierig an, um sie so aufzufordern, mit ihrer Erzählung fortzufahren. Das tat die dann auch.

»Germanicus nahm alle beide mit – Segestes und Thusnelda. Ich nehme an, Segestes ist freiwillig mitgegangen. Schließlich war er ein Römerfreund, auch wenn er sich bei der Varusschlacht beteiligt hatte. Aber die Römer sind nicht nachtragend, wenn ihnen das Vorteile bringt.«

»Er hätte wohl auch bei den Cheruskern nicht mehr glücklich werden können«, meinte Wisbert.

»Eben. Ganz anders als Thusnelda. Die wäre sicher lieber dageblieben. Ich vermute, dass sie für Germanicus wichtig ist, wenn er nach Rom kommt. Mit der Frau Armins als Beute kann er tüchtig angeben.«

»Und das Kind?«, fragte Tasso.

Der lange Lockenköpfige knurrte wie ein Raubtier, fletschte die Zähne und biss in die Luft.

»Hä?«, machte Hildegund. »Bist du jetzt völlig übergeschnappt?«

Wisbert lachte. »Ich hab ihn verstanden. Er wollte sagen, dass man den Kleinen, wenn es ein Sohn wird, in Rom den Löwen vorwerfen wird. Stimmt's?«

Der Mann nickte.

»Warum sagst du das nicht mit vernünftigen Worten, du Holzkopf?«

»Du hast mir ja das Reden verboten!«

»Unsinn! Nur wenn ich rede, hast du den Mund zu halten!«

Tasso fand das Geplänkel albern, es ärgerte ihn, besonders, wo es um solche schrecklichen Dinge ging.

»Wie denn? Das Kind werden sie von wilden Tieren zerreißen lassen?«

»Nicht das Kind!«, antwortete der Lange, froh, dass er nun auch mal etwas sagen durfte. »Sie werden ihn erst heranwachsen lassen und zum Gladiatoren ausbilden. Das machen sie immer so bei Gefangenen, die ihnen besonders wertvoll sind. Aber der Zweck ist nur der, dass die Römer noch mehr Spaß dran haben, wenn sie ihn den Löwen zum Fraß vorwerfen.«

»Woher wisst ihr das alles?«, fragte Wisbert.

»Das ist überall bekannt, wie die Römer mit ihren Gefangenen …«

»Nein, ich meine die Vorgänge mit Segestes und Armin und Germanicus.«

Hildegund hatte schon zu lange geschwiegen. Sie machte eine Bewegung mit der Hand, die dem Unglücklichen, der sein Haus verspielt hatte, klarmachen sollte, dass er jetzt nicht mehr dran war, und sagte: »Du weißt doch, wie so was geht, Wisbert. Leute aus Armins Heer erzählen was, Gefolgsleute von Segestes erzählen was, jeder, der es hört, erzählt es weiter, allmählich setzten sich die Bruchstücke zu einer Geschichte zusammen. Und die Züge der Römer – her, zurück, wieder her und wieder zurück – haben wir ja selbst gesehen. Und alle Chatten, die mutig genug waren, sich bis an die Ränder ihrer Wälder vorzuschleichen.«

»Aber jetzt sind sie endgültig weg?«, fragte Tasso.

»Endgültig? Nein, das sicher nicht. Sie werden wiederkommen. Aber wahrscheinlich nicht mehr in diesem Jahr.«

»Wie tröstlich!«, knurrte Wisbert.

»Und Armin?«, fragte Tasso. »Was macht der jetzt?«

»Woher soll ich das wissen, mein junger Freund? Ich kann nur vermuten, dass er vor Wut kocht und auf Rache sinnt.«

»Sicher!«, nickte Wisbert. Er zog ein Stück zäher Sehne mit zwei Fingern von dem Fleischstück, das er zwischen den Zähnen hielt. Als er nach einiger Mühe endlich Erfolg hatte, warf er das ungenießbare Teil über die Schulter auf den Boden.

Der Lange sagte: »Thusnelda tut mir leid.«

»Ach was«, meinte seine Besitzerin, »sie ist selber schuld! Warum hat sie sich auch an diesen Armin gehängt, statt auf ihren Vater zu hören!«

»Das sagst du?«, wunderte sich ihr Knecht.

Wisbert meinte: »Du hast recht, sie ist zu bedauern. Hin und her gerissen zwischen Mann und Vater. Und ihrem Bruder ging es ja ähnlich: hin und her gerissen zwischen seinem Wunsch, den Cheruskern zu helfen, und der Pflicht, den Vater nicht in Armins Hände fallen zu lassen. Ja, so ist das manchmal im Leben.«

Damit tauchte er den Löffel wieder ein.

* * *

Tjeff nutzte die freie Zeit und das warme Wetter, um Verzierungen in die Türpfosten des neuen Hauses zu schnitzen. Tasso sah zu, und als er begriffen hatte, wie es ging, half er. Eine Kerbe zog sich wie eine Schlingpflanze um die Stämme herum.

Ragest tollte mit Osbert, Tjeffs Sohn, über den Hof. Sie machten dabei viel Lärm, und es war schwer zu sagen, wer den größeren Spaß hatte, der Mann oder das Kind.

Zwischen ihrem Geschrei und Gelächter war immer wieder das Schreien von Tjeffs zweitem Sohn zu hören, über dessen Leben der Mond nun schon einmal voll geworden war. Endlich stillte ihn Helga, und da hörte sein Schreien auf.

Nur einer schien schlecht gelaunt zu sein: Theudebert. Er ging im Haus hin und her, dann kam er nach draußen und wanderte im Hof hin und her. Schon mehrmals hatten andere aus der kleinen Gruppe ihn gefragt, was denn los sei. Da hatte er nur wütend geknurrt, bis niemand mehr fragte.

Jetzt ging er in die Werkstatt und kam mit einer kleinen Schmiedezange wieder heraus. Soweit Tasso, der ihn beobachtete, das wusste, war es die kleinste Zange, die sie besaßen.

»Tjeff, Ragest! Helft mir mal!«

Er stapfte in sein Haus. Die Gerufenen folgten ihm, und alle anderen auch, weil sie neugierig waren.

Drinnen saß Theudebert rittlings auf einer Bank und hielt Tjeff die Zange hin. »Du musst mir einen Zahn herausziehen. Diesen hier. Er quält mich schon seit Tagen. Der Schmerz wird immer schlimmer.«

»Daran kann man sterben!«, behauptete Ragest wenig einfühlsam.

Tjeff fragte: »Wackelt er wenigstens schon ein bisschen?«

»Als ich es das letzte Mal probiert habe, hat er wohl etwas gewackelt. Das war gestern früh. Seitdem habe ich mich nicht mehr getraut, es zu versuchen.«

»Soll ich nicht besser ziehen?«, fragte Ragest. »Ich bin stärker!«

Der Alte grummelte: »Du musst meinen Kopf festhalten, wenn Tjeff zieht. Setz dich hier hinter mir auf die Bank!«

Ragest tat, wie ihm geheißen, und schlang seinen muskulösen Arm um Theudeberts Stirn. Der zeigte noch einmal auf den kranken Zahn im Oberkiefer, und Tjeff kniete sich vor ihm auf den Lehmboden. Alle anderen standen drum herum und machten mitleidende Gesichter. Als Tjeffs Zange den kranken Zahn nur sanft berührte, stöhnte Theudebert laut auf.

Da sagte Helga energisch: »Osbert, geh du jetzt mal raus, spielen!«

»Ich gehe mit ihm«, sagte Gundis. Gerhild und nach einigem Zögern auch Tasso und Wisbert schlossen sich an.

Die beiden setzten nun die Schnitzarbeit fort. Dabei drang immer wieder lautes Stöhnen und Fluchen an ihr Ohr.

Offenbar war den Frauen auch das noch zu viel. Tasso beobachtete, wie sie das Tor öffneten und zwei Holzklötze und ein Brett als Sitzgelegenheit nach draußen trugen.

Tasso folgte ihnen.

Seine Mutter und Gundis hatten ihre Bank so gestellt, dass sie in der Sonne stand. Die brannte jetzt gegen Abend nicht mehr so stark. Tasso setzte sich neben Gundis.

Hier konnte man die Geräusche der Zahnbehandlung nicht hören. Sie saßen nur da, ließen sich von der Sonne bescheinen und genossen die Stille.

Nach einiger Zeit kam Helga heraus und setzte sich dazu. »Es ist vorbei«, berichtete sie. »Man konnte das Gelbe herausquellen sehen. Fast wäre mein Vater in Ohnmacht gefallen. Aber er ist stark, trotz seines Alters.«

»Jetzt liegt er?«, fragte Gerhild.

»Ja.«

Sie schwiegen weiter. Nach einiger Zeit zog Helga ihre Flöte hervor und begann zu spielen.

Tasso hatte auf seinen Reisen inzwischen schon verschiedentlich Musikanten gehört. Manche spielten sehr schnelle Weisen, bei denen man fröhlich wurde oder zu denen man sich am liebsten bewegen möchte. So etwas konnte Helga nicht. Was sie spielte, klang getragen. Die Töne waren lang, schwollen allmählich an und ab, die Abstände zwischen den Tönen waren so, das einen das Gefühl von Schwermut erfasste. Es war aber trotzdem ein schönes Gefühl. Traurig und doch angenehm.

Tasso schaute in die Weite, ohne die Landschaft so richtig wahrzunehmen – die Wiesen und Felder, den Fluss, die Wälder. Immer stärker wuchs in ihm das Bewusstsein, dass er dicht neben Gundis saß.

Das Gefühl hatte er früher immer gehabt, wenn er ihr nahe war. Aber die Ereignisse der letzten Zeit hatten etwas zerstört. Gern hätte er dieses Glück, das er früher empfunden hatte, wieder herbeigeführt. Aber das Mädchen hatte es durch sein abweisendes Verhalten nicht zugelassen, und er selbst hatte schließlich auch auf Abstand geachtet, auch weil Tjeff es ihm geraten hatte.

Dass er jetzt neben Gundis saß, war eher Zufall. Aber auf einmal war diese Nähe nicht mehr etwas Alltägliches für ihn. Er sah die Sonne und die Landschaft wohl, und sah sie doch nicht. Er hörte Helgas Flötenspiel, und hörte es doch nicht. Er spürte nur die Nähe dieses Mädchens, obwohl er es gar nicht berührte. Er spürte die Nähe mit allen Fasern seines Herzens. Es war, wie wenn sie beide ihre Seelen ausgetauscht hätten, ihre in ihm, seine in ihr. Als wenn ein Strom einer verborgenen Kraft zwischen ihnen flösse. Als wenn sie mehr und mehr zusammenwüchsen.

Tasso holte tief Luft. Ganz langsam aber und leise. Die außer ihnen anwesenden Frauen sollten es nicht hören, und es sollte auch dieses wunderschöne Gefühl des Zusammenseins nicht stören.

Er war sich ganz sicher, dass Gundis das Gleiche empfand wie er. Es konnte gar nicht anders sein. Dieses herrliche Nahesein, das innere Einssein, konnte gar nicht zustande kommen ohne ihre Zustimmung, ohne dass die geheimnisvolle Brücke zwischen ihnen auch auf ihrer Seite einen Pfeiler hatte. Schon gar nicht konnte es zustande kommen gegen ihren Willen.

Alles ist gut, dachte Tasso. *Zwischen uns ist alles wieder gut. Das Schreckliche ist vorbei. Wir stehen an einem neuen Anfang, meine Gundis und ich. Ich bin glücklich.*

Er wollte den Arm um sie legen. Aber dann fiel ihm ein, dass es schöner wäre, dass er dieses Glück ungestörter genießen könnte, wenn seine Mutter und Helga nichts merkten. Darum legte er nur leicht die Hand auf ihr Bein.

Gundis zuckte zusammen, als sie seine Hand spürte. Und das wiederum ließ auch Tasso zusammenzucken. Was war das? Warum erschrak sie? Warum ließ sie sich nicht mal sanft berühren?

Gundis wollte ausweichen, aber da das nicht ging, weil neben ihr die beiden Frauen saßen, stand sie hastig auf.

»Gundis … bleib doch … was hab ich denn …« Tasso konnte nur stotternd ein paar Worte hervorbringen. Er war wie vor den Kopf gestoßen. Eben noch waren sie so wunderbar innerlich eins gewesen, und nun …

»Du … ich …«, stotterte auch Gundis. Helga hatte mit dem Flötenspiel aufgehört, sie und Gerhild starrten Gundis genauso erschrocken an wie Tasso.

Jetzt brach Gundis in Tränen aus und lief fort.

In Tasso stieg Zorn auf. Im Nu hatte der all das Schöne, das eben noch in ihm war, vertrieben. Kein Rest davon war mehr übrig. Da war nur noch Ärger, Enttäuschung, Wut. Er stand auf. Noch wusste er nicht wirklich, was er tat und tun sollte, aber das Wissen kam, während er ging. Er wollte hier nicht bleiben.

»Geh ihr nicht nach!«, rief Gerhild.

Tasso stapfte weiter. Nein, er ging ihr nicht nach. Da konnte seine Mutter ganz beruhigt sein. Er ging fort.

»Wohin willst du denn?« Beide Frauen hatten gespürt, dass hier etwas Schreckliches geschah, und kamen nun hinter Tasso her.

Der antwortete nicht.

»Komm, lass Gundis allein! Wir bleiben noch ein Weilchen da sitzen!«, sagte Helga sanft.

»Lasst mich!«

»Wohin willst du?«, wiederholte seine Mutter ihre Frage. Tasso schrie es hinaus, viel lauter, als nötig gewesen wäre, um sich zu verständigen, auch ohne genau zu wissen, was er da sagte: »Ich gehe zu Armin!«

»Junge! Was redest du da!«

Tasso antwortete nicht und ging weiter. Mit jedem Schritt wurde er sich sicherer, dass er einen guten Entschluss gefasst hatte. Er wollte in Armins Heer eintreten, jawohl! Da warteten nicht solche Enttäuschungen auf ihn! Da gab es sicher auch Ärger, aber der war von anderer Art. Gegen den konnte man etwas tun. Da konnte man draufhauen. Gegen den konnte man kämpfen. Nicht so wie hier ...

Mit aufgewühlten, allerdings ziemlich unklaren Gedanken ging er durchs Tor hinein, beschleunigte immer mehr seine Schritte. Irgendeine Ecke seines Kopfes schien dafür zu sorgen, dass er nichts vergaß, als er nun seine Waffen und seine Kleidung nahm, etwas zu essen und den einfachen Sattel und davonging.

»Aber Junge, du kannst doch nicht ... Bleib doch bitte! Auf einmal gehst du weg – warum nur!?« Seine Mutter hielt ihn am Arm. Aber er schüttelte sie ab und ging weiter.

Gerhild wollte ihm nachgehen, aber Helga hielt sie zurück.

»Lass ihn, Gerhild! Du kannst ihn jetzt doch nicht umstimmen.«

»Aber warum denn nicht? Warum will er ... Erst mein Mann und nun mein Sohn! Hört das denn nie auf ...«

Ihr fiel plötzlich ein, dass ihr Mann ja wieder da wäre, wenn sie ihn nicht ... Sie schluchzte laut auf. Helga umarmte sie, und sie ließ es geschehen.

Tasso ging durchs Tor, den Hügel hinunter zur Weide. Er rief Leonides, sattelte ihn und schwang sich hinauf. Dann ritt er im Trab davon.

* * *

»Komm mit! Sieh es dir selbst an. Dann kannst du Armin genauer berichten!«

Tasso folgte dem Anführer des kleinen Beobachtungstrupps durch den Wald. Vorn am Waldrand, wo man ins Tal sehen konnte, standen weitere zwei ihrer Leute.

»Haben sie Kundschafter ausgeschickt?«, fragte der Anführer.

»Ja«, gab einer zur Antwort. »Aber die trauen sich nicht weit weg. Zu Recht. Sie würden wohl nicht zurückkommen. Sie haben nur die nähere Umgebung abgesucht und Wachen aufgestellt. Da. Und da. Weiter nördlich wohl auch. Immer gleich eine ganze Kohorte.«

»Ich hätte es an ihrer Stelle nicht anders gemacht«, knurrte der Anführer, ein kleiner, aber sehniger Mann mit hastig wirkenden Bewegungen.

Tasso sah ja nicht zum ersten Mal eine römische Armee. Aber die hier war noch größer als die an der Eder vor einem knappen halben Jahr. Er konnte auch diesmal von seinem Beobachtungsposten aus nicht alles sehen. Aber die Tausende von Legionären, die er sehen konnte, waren schon sehr beeindruckend.

Der kleine Mann zeigte in die Mitte des riesigen Heerlagers.

»Siehst du den Hügel?«

»Ja.«

»Da haben sie die Knochen ihrer Kameraden aufgehäuft. Sechs Jahre nach der Niederlage des Varus sind sie gekommen, um sie zu bestatten. Drei Legionen – das müssten achtzehntausend Mann gewesen sein. Dazu die Hilfstruppen. Sicher über zwanzigtausend Tote. Vielleicht aber auch weniger. Einige sind im Moor versunken, und einige wenige sind ja auch entkommen.«

Das stimmt, dachte Tasso.

Der Beobachter neben ihnen, nur unwesentlich älter als Tasso, sagte: »Es werden trotzdem so viele Knochen sein. Denn es lagen wohl auch noch Tote von uns dazwischen. Die konnten sie wohl nicht sortieren und haben sie mit dazugelegt.«

»Todfeinde – im Tod unter einem Grabhügel vereint.«

»Einen Schädel müssen wir noch abziehen von der Zahl!«, grinste der junge Krieger. »Den von Varus.«

Tasso fragte: »Ist der nicht dabei? Was haben unsere Leute damit gemacht?«

»Armin hat ihn an Marbod geschickt, den Fürst der Markomannen«, erklärte der Anführer. »Er wollte ihn damit bewegen, sich dem Aufstand gegen Rom anzuschließen. Aber der will nicht.«

Unten war eine Feier im Gange. In einem großen Geviert, das von den Legionären gebildet wurde, standen einige wenige Menschen vor dem Hügel. Man konnte ihre Gesichter nicht erkennen, noch nicht mal die Kleidung, dafür war die Entfernung zu groß. Zu hören war erst recht nichts.

Jetzt trat ein Mann vor und legte etwas auf den braunen Erdhügel. Zunächst wusste Tasso nicht, was es war. Aber als nun viele andere Männer auch etwas darauf legten, erkannte er, dass es wohl Rasenstücke waren.

Der kleine Anführer sah zur Sonne hinauf, die milchig gedämpft durch einen zarten Wolkenschleier zu erkennen war.

»Der letzte Bote ist geritten, da stand die Sonne dort. Es ist Zeit, dass du reitest. Armin will in kurzen Abständen Bericht haben. Sag ihm, dass sie die Knochen feierlich bestattet haben und damit offenbar jetzt fertig sind. Und sag ihm das mit den Wachen – wo sie stehen und wie stark sie sind. Sag ihm auch: Sobald zu erkennen ist, ob sie hier lagern oder aufbrechen, und in welche Richtung, schicke ich den nächsten Boten.«

»Ja. Wenn Armin mich fragt, wie viele Legionen das sind – was soll ich antworten?«

»Es sind wohl acht. Aber das weiß er längst. Du musst ihm nur berichten, was in allerjüngster Zeit geschehen ist. Wir beobachten sie schon seit Tagen. Und nicht nur unser Trupp.«

»Gut, ich reite.«

Tasso ging durch den Wald zurück zu der Lichtung, auf der die anderen lagerten und wo auch die Pferde grasten. Er schwang sich auf Leonides und ritt los.

Da er mit dem Trupp, dem man ihn gestern zugeteilt hatte, hierhergekommen war, kannte er den Weg. Er musste über einen bewaldeten Höhenzug hinweg. Da kam er nur langsam vorwärts. Dann aber kam er auf eine Straße, auf der er galoppieren konnte.

Die äußeren Posten in Armins Lager zeigten ihm, wo er den Fürsten finden konnte. Jemand begleitete ihn. Der wurde in der Nähe der Stelle, wo eine Besprechung der führenden Männer stattfand, von einem anderen abgelöst.

Als sie am Waldrand eine große Linde sehen konnten, unter der etwa zehn oder zwölf Männer teils saßen, teils standen, sagte der Begleiter: »Warte hier.«

Tasso band sein Pferd, das er zuletzt am Zügel geführt hatte, an einen Strauch. Einige Krieger, die auf dem Boden saßen und würfelten, luden ihn ein mitzumachen. Aber er war nicht zum Würfeln aufgelegt. Nach einer Weile winkte ihm der Mann, der ihn hergebracht hatte. Tasso ging hin. Er erkannte Armin gleich. Hoch aufgerichtet stand er da und sprach mit einem anderen, der eifrig nickte und dann schnell davonging.

Tasso gab seinen Bericht. »Ich soll melden, dass die Römer damit fertig sind, ihre Toten zu bestatten. Zum Schluss haben sie eine Feier vor dem Erdhügel abgehalten und Grasstücke darauf gelegt. Sie haben sich wohl nicht getraut, Leute auszuschicken, um die Umgebung weiträumig auszukundschaften. Aber im näheren Bereich haben sie sich stark abgesichert. Jedes Mal eine ganze Kohorte. Wir vermuten an sechs Stellen, wir konnten aber nur zwei sehen, am südlichen Rand.«

»Nun ja«, sagte Armin, »da werden wir sie nicht angreifen. Schon darum nicht, weil sie dort vielleicht am ehesten damit rechnen.«

»Sie haben alle Knochen unter den Erdhügel gelegt, vermutlich auch solche von Cheruskern und Chatten und den anderen. Und sie haben die Opferstätten zerstört, wo ihr damals geopfert habt nach der Varusschlacht.«

Armin nickte. »Gut, junger Freund. Du kannst gehen. Ach – eine Frage habe ich noch.«

»Ja?«

»Warum sagst du ›Varusschlacht‹ und nicht ›Arminschlacht‹? Du müsstest doch schon davon gehört haben, dass ich damals gesiegt habe.«

Die anderen Männer schauten Tasso gespannt an. Wenn sie aber gemeint hatten, die Frage müsse ihn in Verlegenheit bringen, so täuschten sie sich.

Tasso lächelte. »Natürlich, Fürst Armin. Aber ich bin mir sicher, du wirst noch viele Schlachten gewinnen. Wenn wir die alle ›Arminschlacht‹ nennen, kann man sie nicht unterscheiden. Darum denke ich, es ist einfacher, die Schlachten jeweils nach den Feldherren zu nennen, die du vernichtet hast.«

Armin und die Männer um ihn herum lachten.

»Ich hoffe, junger Freund, du kannst genauso gut kämpfen, wie du redest!«

»O ja, das kann er!«, kam da eine Stimme von weiter hinten.

Der Sprecher trat neben Armin, und da sah Tasso, dass es der Chattenfürst Arpo war. »Ich kenne ihn. Ich habe ihn beobachtet, als wir an der Eder die Vorhut von Germanicus' Heer überfallen und die Pioniere zurückgetrieben haben. Er hat gekämpft wie ein erfahrener Krieger. Wie heißt du, junger Freund?«

»Tasso.«

Hinter Armins Stirn arbeitete es. »Tasso – Tasso …?«

»Es wäre eine große Ehre für mich, wenn du dich an mich erinnern würdest, Fürst Armin. Aber als wir uns das erste Mal begegnet sind, war ich noch ein Kind. Du hast das Schweinchen gefangen, das ich angeschossen hatte. Bei unserer zweiten Begegnung hatte ich mit einem Freund, einem alten Händler, eine Bitte vorzutragen. Vielleicht kann ich bei unserer dritten Begegnung einmal für dich kämpfen.«

»Dazu wirst du morgen Gelegenheit haben, Tasso. Ich sehe, dass du auch ein Pferd hast. Da kannst du meine Reiterei verstärken.«

»Ich freue mich drauf.«

»Gut. Dann reite jetzt zurück und sage deiner Truppe, sie sollen alle hierherkommen. Heute Abend noch. Bis auf zwei. Die sollen bleiben bis morgen früh und mir berichten, wohin Germanicus sich wendet. Die anderen Beobachtertrupps haben schon den gleichen Befehl erhalten.«

Tasso wandte sich und ging. Sein Schritt war leicht, fast beschwingt. Das machten Freude, Stolz und Tatendurst.

* * *

Das Hochgefühl hielt an, steigerte sich noch, als er am nächsten Tag mit den Reitern Armins zum Kampf ritt. Es war eine so große Zahl von Reitern, wie Tasso sie noch nie gesehen hatte. Aus Mangel an Erfahrung konnte er ihre Zahl schlecht schätzen, aber er vermutete, dass es über tausend waren.

Und er dabei!

Für Augenblicke kam ihm der Gedanke, ob dieses Gefühl der freudigen Spannung der Rausch war, von dem sein Vater einmal gesprochen hatte. Aber der Gedanke war nur kurz, ebenso wie der an Gundis. Flüchtige Gedankenblitze nur, die sofort wieder vertrieben wurden von der Hochstimmung. Er galoppierte auf Leonides mit tausend anderen Reitern dem Feind entgegen! Der große Held Armin ritt nur gut hundert Schritt von ihm entfernt. Er konnte seine hohe Gestalt immer wieder einmal sehen.

Leonides spürte die Erregung und schien sich wie sein Reiter auf etwas zu freuen, ohne zu wissen, was das war. Tasso hatte den Bogen in der Hand und das Schwert an der Seite. Darin unterschied er sich von den meisten Reitern rechts und links von ihm, die nur mit dem Schwert kämpften, einige auch mit einer Lanze oder einer Streitaxt. Das Donnern der Hufe war die Begleitmusik, die die Spannung steigerte.

Da tauchten sie vor ihnen auf, die römischen Reiter. Sie standen still in einer geordneten Reihe. Nur an einem Flügel suchten sie noch ihre richtige Stellung. Die römische Reiterei war vorher anderswo gewesen, war aber schnell herbeigeeilt, um Armins Reitern den Weg zu den Auxilien abzuschneiden, den Hilfstruppen der Römer. Damit hatte Armin natürlich gerechnet, das war ein Teil seiner Strategie.

»Vergiss nicht, im Kampf auf das Zeichen zu achten!«, rief ihm der junge Mann zu, der neben Tasso ritt. Es war der Beobachter aus seiner Truppe. Er hieß Guntram, Tasso hatte sich ein wenig mit ihm angefreundet. Ein zwanzigjähriger, mittelgroßer Mann mit langen strohfarbenen Haaren, die er bei jeder Gelegenheit in Bächen oder Flüssen zu waschen schien, denn sie wirkten sehr gepflegt im Gegensatz zu den fettigen und strähnigen Haaren aller anderen. Das hatte Tasso schon dazu bewegt, seine Haare auch zu waschen. Von allein wäre er wohl nicht darauf gekommen.

»Ich mache alles, was du machst!«, rief Tasso Guntram zu. Man musste rufen, um sich in dem Getöse zu verständigen. Einige begannen auch jetzt mit ihrem Kriegsgeschrei. Als sie näher und näher kamen und der Zusammenprall kurz bevorstand, fiel Tasso plötzlich auf, dass er selbst ja auch schrie. Er wollte es nicht, es kam ganz von allein.

Ob sein erster Pfeilschuss irgendeinen Schaden anrichtete, konnte er nicht sehen. Schnell schoss er noch ein zweites Mal, dann war es höchste Zeit, den Bogen an den Sattel zu hängen und das Schwert zu ziehen.

Dabei gab es doch eine kleine Verzögerung, sodass der erste Anprall ohne ihn stattfand, weil ein riesenhafter Semnone, der auf seinem etwas schwerfälligen Pferd hinter Tasso angeritten kam, die Gelegenheit nutzte, sich an ihm vorbeizudrängen.

Zunächst fand Tasso keinen Gegner. Dann sah er, wie Guntram in Schwierigkeiten zu kommen schien, weil sein Pferd nicht so wollte wie er. Guntram musste sich mit dem Schwert in der Rechten auf die linke Seite des Pferdes drehen, um zu fechten. Das brachte dem Legionär einen Vorteil. Tasso drängte Leonides heran, musste sich aber weit vorbeugen, um den Römer am Bein zu treffen. Immerhin lenkte den das aber für einen Augenblick ab, sodass Guntram ihm einen Schlag versetzen konnte, der vom Helm abglitt und tief in seine Schulter fuhr.

Jetzt war es aber höchste Zeit, dass Tasso sich selbst schützte. Zwei Legionäre bedrängten gemeinsam den großen Semnonen, dessen Pferd nicht zu bewegen war zurückzugehen. Erst als das Pferd einen irregeleiteten Schwerthieb abbekam, stieg es und wandte sich zur Flucht, ohne dass sein Reiter es daran hindern konnte. Plötzlich waren die zwei Legionäre frei, suchten einen neuen Feind und stürzten sich auf Tasso.

Glücklicherweise konnte Guntram ihm zu Hilfe kommen. Ein wüstes Schlagen und Stechen begann. Tassos Gegner schien auch noch nicht ein erfahrener Fechter zu sein. Aber kräftig war er. Sie kämpften, bis Tasso merkte, dass sein Arm zu erlahmen begann.

Guntram rief ihm zu: »Das Signal, Tasso! Wir ziehen uns zurück! Aber langsam zunächst, damit es echt aussieht. Sie dürfen die List nicht merken.«

Tasso war es ganz recht, dass er sich zurückziehen sollte. Lange hätte er das Gefecht mit dem Legionär nicht mehr durchgehalten.

Leonides gehorchte sofort auf seinen Zuruf und seinen Zug an den Zügeln. Tasso und Guntram flohen erst langsam, dann schneller. Tasso richtete sich nach dem Kameraden, und der achtete darauf, dass sie weder deutlich schneller noch deutlich langsamer flohen als die anderen Krieger in der Nähe. Das Erste hätte ihre Ehre gekostet, das Zweite ihr Leben.

Jetzt war aus der langsamen Absetzbewegung eine schnelle Flucht geworden. Die Männer Armins galoppierten denselben Weg über die Wiese zurück, den sie eben hergekommen waren. Die Legionäre mit Triumphgeschrei hinterher.

Das Ziel war der Waldrand drüben, wo sich die zu Fuß kämpfenden Männer versteckt hielten.

Das Wenden war wegen der Enge schwierig. Sie konnten nicht alle zugleich von Flucht auf Angriff umschalten, ganz abgesehen davon, dass das viel Übung erfordert hätte, und so was gab es in Armins Heer nicht. Die sich zuerst umwandten, wurden darum von den Römern fast umgeritten. Es gab ein wüstes Durcheinander, in dem einige Pferde auf beiden Seiten zu Schaden kamen und Reiter stürzten.

Schnell aber hatte sich dann die neue Front gebildet. Die Reiter Armins wichen nach rechts und links aus und machten Platz für die Fußtruppen, die mit Geschrei aus dem Wald stürmten. Andere Armeeteile versuchten, die römische Reiterei an den Flanken anzugreifen und einzukesseln.

Jetzt erst merkten die, dass sie in eine Falle geraten waren. Ohne Befehle abzuwarten – aber die Befehle, die Tasso nicht verstand, sagten wahrscheinlich auch nichts anderes –, wandten sie sich zur Flucht. Armins Reiter setzten ihnen nach und waren im Vorteil, weil ihre Verfolgung geordnet war, die Flucht der Römer aber ungeordnet – etwas ganz Ungewohntes beim Aufeinandertreffen mit den Römern, die sonst ihre Stärke in ihrer Disziplin hatten.

Während die Kameraden rechts und links nur darauf hoffen konnten, dass ihre Pferde trotz der nun dritten Überquerung der Wiese noch schnell genug waren, die langsameren Reiter vor ihnen einzuholen, hatte Tasso eine Waffe, die auch schneller Fliehende erreichen konnte. Vier Pfeile schoss er ab, allerdings nicht gut gezielt wegen des eiligen Ritts. Immerhin trafen zwei der Pfeile einen Legionär, einer ein Pferd, und nur einer traf überhaupt nichts.

Jetzt war zu erkennen, dass Germanicus seine Legionen in Stellung gebracht hatte. Noch war Bewegung, die Letzten liefen gerade zu ihrer Stellung, aber da war jetzt kein Durchkommen mehr.

Schade! Armin hatte zwar damit gerechnet, dass die Legionen schnell genug zur Stelle sein würden, aber es wäre auch möglich gewesen, dass sie zu spät kamen. Dann hätten sie die Reiter noch eine Weile jagen können. Nun gut, auch so war es schon ein Erfolg. Hunderte von römischen Reitern lagen weit auf der Wiese verstreut, aber nur wenige Cherusker und Verbündete.

Armin gab das Zeichen, anzuhalten und umzukehren.

Nun ging es zum vierten Mal über die Wiese. Aber die gegnerische Reiterei beteiligte sich nicht an ihrer Verfolgung. Nur die schwer bewaffneten Legionen rückten nach. Das ging so langsam, dass Armins Reiter noch die eigenen Verwundeten aufheben und mitnehmen konnten und sogar einige reiterlose römische Pferde einfangen, die über die Wiese irrten.

Etwa in der Mitte der freien Fläche machten die Legionäre halt. Sie fürchteten wohl, genauso wie ihre Reiterei in eine Falle zu tappen. Langsam und gut gesichert zogen sie sich zurück.

In Armins Lager beobachteten sie das mit Triumph. Siegesgeschrei ertönte, und Flüche flogen den Legionen nach.

Tasso fühlte sich stolz. Immerhin war dies die erste siegreiche Schlacht für ihn, denn an der Eder hatte es ja nur einen kleinen Teilsieg geben können. Gut, auch dies hier war noch nicht so ein Sieg wie vor sechs Jahren, aber der konnte und sollte noch kommen. Ein Anfang war gemacht. Sie hatten den Römern gezeigt, dass mit ihnen nicht zu spaßen war. Sie hatten ihnen Verluste beigebracht. Sie hatten Verwirrung gestiftet. Ein guter Anfang!

Und das hatten sie Armin zu verdanken!

Tasso suchte ihn. Nach einiger Zeit hatte er ihn entdeckt, wie er mit weit ausholenden Bewegungen etwas erklärte und offenbar seinen Hauptleuten und den anderen Fürsten die neuesten Pläne darlegte.

Und jetzt?

Tasso fühlte sich plötzlich erschöpft und hatte Durst. Sein kleiner Krug, den er am Sattel hatte, war leer. Er wusste, wo der Bach floss. Viele andere machten sich jetzt auch dahin auf den Weg.

Es gelang ihm zunächst nicht, für sich und sein Pferd am Bach eine Stelle zum Trinken zu finden. Zu viele Krieger waren da, er musste warten. Als er endlich drankam, trank er gierig und kühlte sich das Gesicht.

Hinter ihm wartete niemand, sodass er sich Zeit nehmen konnte. Als das Wasser des Baches sich direkt vor ihm etwas beruhigt hatte, sah er lange sein zitterndes Spiegelbild an.

Das bin ich also, ging es ihm durch den Kopf. *Ein Krieger nach einem – wenn auch beschränkten – Sieg.* Da waren zunächst frohe Gefühle. Aber sie trübten sich wie sein Bild im Wasser, wenn die anderen oberhalb den Grund des Baches aufgewühlt hatten. Ein Krieger war er wie sein Vater. Noch nicht so stark, aber das würde noch kommen. Nur kämpfte er auf der anderen Seite.

Was machte das für einen Unterschied? Sein Vater hatte für Geld gekämpft. Er kämpfte für … ja, wofür eigentlich? Für die Freiheit? Für die

Ehre? Unsinn! Er durfte sich nicht selbst etwas vormachen! Er kämpfte, weil er zu Hause nicht zurechtkam. Wenn ein Legionär ihn angriff, floh er nicht. Aber er floh vor den Schwierigkeiten des Mädchens, das er liebte. Dafür schämte er sich, als er es sich jetzt eingestand.

Aber man kann nicht auf allen Gebieten ein Held sein! Tasso schlug mit der flachen Hand ins Wasser, dass sein Spiegelbild in tausend Tröpfchen zersprang. Er wartete nicht, bis es sich wieder zusammensetzte.

* * *

Sie ritten im Galopp auf schmalen Waldwegen und über Wiesen und Brachflächen. Anfangs überholten sie immer wieder Trupps von Kriegern zu Fuß, aber dann hörte das auf.

Da Tasso ziemlich weit hinten ritt, musste er den Staub einatmen, den die Reiter vor ihm aufwirbelten, wo der Weg nicht mit Gras bewachsen war.

»Kannst du mir sagen, was geschieht?«, fragte er Guntram, der neben ihm ritt.

»Wir reiten!«, grinste der.

»Da wäre ich nie draufgekommen!«

»Mehr weiß ich auch nicht.«

Ein älterer Krieger, der vor ihnen ritt, hörte sie und ließ sein kräftiges Pferd etwas zurückfallen, um zwischen die beiden zu kommen. Der Mann war dick, aber weder ihm selbst noch seinem Pferd schien das Schwierigkeiten zu machen.

»Wenn ihr wollt, erkläre ich es euch.«

»Gerne. Hast du etwas von der Beratung der Anführer mitbekommen?«

»Am Rand. Außerdem kenne ich mich hier aus. Also: Germanicus hat seine Armee wieder geteilt. Er selbst will den durch Kastelle gesicherten Weg entlang der Lippe nehmen. Der alte General Caecina muss über die Knüppeldämme durchs Moor. Na – was fällt euch dazu ein?«

»Durchs Moor? Da fällt mir ein, dass es auch ein Moor war, das Varus zum Verhängnis wurde.«

»Richtig!«, grinste der Dicke. »Da kommt Vorfreude auf.«

»Und wohin reiten wir?«, fragte Guntram.

»Wir überholen sie und verlegen ihnen den Weg. Darum müssen wir Reiter vor, die anderen sind nicht schnell genug. Armin kennt hier jeden

Weg und jeden Bach, und bei ihm sind Leute, die kennen jeden Stein und jede Wurzel.«

»Können wir Reiter denn vier Legionen aufhalten?«, fragte Tasso.

»Mühelos, weil sie sich nur auf schmalem Pfad bewegen können. Wir müssen nur die geeigneten Stellen aussuchen.«

»General Caecina hat aber sicher auch ortskundige Führer, nicht wahr?«

»Selbstverständlich. Ohne die würde sich kein römisches Heer in unsere Wälder und Sümpfe trauen. Aber es gibt ja leider genug Cherusker, die sich für so etwas bereit finden. Denk nur an Segestes. Er hat viele Anhänger.«

Am Vormittag ließen sie die Pferde eine Weile im Schritt gehen. Die meisten stiegen auch ab und gingen nebenher, um ihren Tieren eine Pause zu gönnen.

Dann folgte noch einmal ein schneller Ritt. Irgendwann kam der Befehl, anzuhalten und abzusitzen.

Tasso kannte sich hier natürlich nicht aus. Das Einzige, was er wusste, war, dass sie den Feind überholt hatten und jetzt von Osten erwarteten.

Hier war kaum Wald, es war nicht möglich, sich vollständig zu verbergen, um die Legionen zu überraschen. Aber das war nicht schlimm. Sie waren schneller als das schwerfällige Heer. Sie, die Reiter, waren im Westen, die Fußtruppen rückten den Legionen von Osten nach – sie würden sie in die Zange nehmen!

Rufe ertönten. Jemand hatte die römische Vorhut gesehen. Wirklich? Einige stiegen auf ihre Pferde, um weiter sehen zu können. Tasso auch. Tatsächlich – Reiter!

Fertig machen!

Der Dicke sagte zu Tasso und Guntram: »Falls ihr Angst vor dem Moor habt – es gibt da trügerische Stellen –, bleibt in meiner Nähe. Ich bin hier in der Gegend zu Hause. Und ich erkenne an dem Pflanzenbewuchs, wo der Boden trägt.«

»Danke.«

Armin winkte und stürmte voran, umgeben von seinen besten Männern. Hier konnten sie nicht auf breiter Front angreifen wie gestern. Stellenweise konnten nur etwa zwanzig Pferde nebeneinandergaloppieren.

Je näher sie kamen, desto deutlicher sah Tasso, wie sich das Heer von fünfundzwanzigtausend Menschen oder mehr in die Länge zog. Das Ende war erst weit in der Ferne zu sehen. Dahinter waren schwach die eigenen Fußtruppen zu erkennen.

Schon prallten die Reiterheere aufeinander. Tasso war nicht beteiligt, weil er an der vordersten Front keinen Platz hatte. Es war auch für die anderen berittenen Krieger um ihn herum eine ungewohnte Lage: Sie hörten das Geschrei und die metallischen Schläge, sie sahen das Blitzen der Waffen, aber sie konnten nicht eingreifen.

Der dicke Cherusker führte Tasso und Guntram behutsam über schwankenden Boden, um – wenn möglich – von der Seite anzugreifen. Andere folgten. Als es ihnen immer schwankender wurde, wollten einige Pferde nicht mehr weiter. Einige Reiter auch nicht.

Tasso machte sich keine Sorgen. Wenn der Boden den Dicken auf dem schweren Pferd trug, würde er ihn auf Leonides auch tragen.

Die römischen Reiter behaupteten ihre Stellung. Trotzdem schob sich der Zug der vier Legionen dichter zusammen, weil sie von hinten aufrückten. Die Nachhut schien, soweit Tasso das erkennen konnte, in genauso heftige Kämpfe verwickelt zu sein wie die Vorhut.

Das Beispiel der Reiter unter Führung des Dicken machte Schule. Andere wagten sich auch vorsichtig auf den schwankenden Grund. So wurde die Front verbreitert.

Tasso war jetzt etwa auf gleicher Höhe wie Armin. Er und seine Männer kämpften wütend, aber es gelang ihnen nicht, die römischen Reiter zurückzudrängen. Als die aber sahen, dass rechts und links von ihnen auch germanische Reiter auftauchten, fürchteten sie eine Einkesselung und wichen zurück.

Mitten in dem wüsten Lärm hörte Tasso Armins laute Stimme: »Wir haben sie! Seht doch, Varus! Sie sitzen im Sumpf fest, wie damals! Ich grüße dich, Varus!«

Alle, die um ihn herum das hörten, stimmten in den Ruf ein: »Wir grüßen dich, Varus!«

Aber Caecina war nicht Varus. Zuerst begriffen Armin und seine Offiziere nicht, was geschah. Sie erkannten es erst, als die Bewegung im Gang war: Caecinas Truppen setzten sich zur Seite ab.

Sie hatten wirklich Führer, die das Moor gut kannten. Wenn sie nicht dicht zusammen ritten, konnten sie gut eine festere Wiese erreichen, weiter drüben, wo jetzt schon die Ersten ankamen.

Aber sie würden nie mit ihren schweren Wagen da hinüberkommen! Die Katapulte, die Wagen mit Verpflegung und Ersatzwaffen und was alles dazugehörte, die mussten im Moor einsinken!

Armin winkte seinen Leuten, sie sollten die Fliehenden verfolgen. Wenn jene nicht versanken, dann sie auch nicht. Tasso folgte ihm und die meisten anderen Reiter auch.

Dann hielt Armin sein Pferd plötzlich an, richtete sich hoch im Sattel auf und sah sich um.

Alle Römer, Reiter wie Fußtruppen, Hilfskontingente wie Techniker, alle eilten zu der Wiese, wo die Ersten schon mit den Schanzarbeiten begannen. Legionäre brachten ihre Schanzpfähle. Aber die Wagen blieben einfach auf dem festen Weg stehen.

Was taten die Fußtruppen Armins da? Statt die Römer zu verfolgen, stürzten sie sich auf die Wagen! Sie kletterten hinauf, rissen die Planen herunter, warfen Lasten ab, wühlten und suchten sich die besten Beutestücke!

»Nein!«, schrie Armin. »Hierher! Was tut ihr da! Greift an! Gebt ihnen keine Gelegenheit, sich zu verschanzen!« Aber sie hörten ihn nicht.

Der Feldherr gab seinem Tier die Fersen und ritt zu den Wagen. Da war jetzt schon eine regelrechte Prügelei im Gange um die beste Beute. Tasso sah, wie Armin zwischen sie fuhr. Aber er richtete nichts aus. Sie wichen zur Seite, wenn er wie Odin selbst schimpfend und das Schwert schwingend ankam, aber wenn er vorbei war, drängten sie sich wieder um die Wagen.

Auch viele Reiter lösten sich jetzt aus der Haupttruppe und wollten sich ihren Teil der Beute sichern. Der Dicke rief: »Kommt mit, ehe die anderen uns alles wegnehmen!«

»Bleib hier!«, schrie Tasso. Aber der achtete nicht darauf.

Guntram sagte: »Wenn die schon vor Habgier den Kampf vergessen, lass uns wenigstens tun, was zu tun ist!«

Beide schlossen sich den jetzt nur noch zweihundert oder dreihundert Reitern an, die die Römer verfolgten.

Die schlossen jetzt auf dem festen Grund einen starken Riegel, tief gestaffelte Reihen von Legionären, die schwer bewaffneten mit den großen Schilden, an den Flanken Reiter. Dahinter wurde gehackt und gegraben, wurde Erde aufgeworfen mit dem Eifer der Verzweiflung, wurden Pfähle eingerammt und eingegraben.

Gegen die massive Verteidigung konnten die wenigen Reiter und die paar hundert Fußkämpfer, die nun noch dazukamen, nichts ausrichten.

Einer der Männer Armins – Tasso hatte ihn bei den Beratungen gesehen, und man hatte ihm gesagt, dass er Ingomer hieß und Armins Onkel war –, nahm die Führung in die Hand. Er ließ die sinnlosen Einzelgefechte abbrechen. Als nun aus den Reihen der Legionäre hinter den großen Schilden hervor plötzlich Schwärme von Pfeilen geflogen kamen, zogen sich die Männer um Ingomer noch mehr zurück. Einige wurden sogar getroffen.

Tasso schoss in ohnmächtiger Wut mit dem Bogen, aber das richtete nichts aus. »Lass es!«, sagte Guntram neben ihm.

Einige Reiter und auch einige der Kämpfer zu Fuß schwärmten über das Moorgelände zwischen hier und dem festen Weg aus, töteten verwundete Gegner, sahen genüsslich zu, wie andere, die in gefährliches Gebiet geraten waren, langsam versanken, und halfen den eigenen Leuten.

Armin kam angesprengt. Anscheinend hoffte er, wenn schon seine Worte nichts ausrichteten, dass sein Vorbild die Leute mitreißen würde. Aber es waren nur wenige, die folgten, einige wohl, weil sie sich schämten, einige, weil sie schon genug erbeutet hatten.

Tasso sah, wie Armins Augen vor Wut blitzten und sein Gesicht glühte.

Jetzt zogen sich die Verteidiger langsam zurück. Die Schanzen waren fast fertig.

Armin befahl mit weit ausholenden Armbewegungen und lauter Stimme, die ganze Verteidigungsanlage einzukesseln. Im Augenblick waren dafür noch zu wenig Leute da, aber es kamen immer mehr heran. Die Wagen waren vollständig leer geplündert, also konnte man sich nun wieder dem Kampf widmen.

Aber dafür war es zu spät.

Allmählich schien das auch den Cheruskern und ihren Verbündeten klar zu werden. Man sah betretene Gesichter, als sie die hohen Palisaden entdeckten, hinter denen eben die letzten Römer verschwanden. Andere reagierten trotzig und wollten gleich angreifen. Aber es gab dafür keinen Befehl, und die Anführer hielten sie zurück.

Der Dicke entdeckte seine zwei jungen Begleiter wieder und reichte Tasso ein Bündel Pfeile. Sie waren seinen eigenen ähnlich, und er konnte sie gut gebrauchen. »Sieh mal, was ich dir mitgebracht habe!« Tasso sagte nichts, nahm die Pfeile nur und steckte sie in seinen Köcher.

Gegen das Geschrei beim Kampf und beim Beutemachen war es jetzt auf einmal erschreckend still. Die Unterführer waren damit beschäftigt, die Krieger rund um das Lager zu verteilen. Aber es wurde nicht mehr geredet, als unbedingt nötig war.

»Und jetzt?«, fragte Tasso Guntram. Der zuckte die Achseln.

Tassos Blick fiel auf die lange Reihe der Wagen auf dem Knüppeldamm. Langsam ritt er hin. Er stieg ab und band sein Pferd an.

Seltsam – eben noch hatten sie sich hier um den besten Platz geprügelt, jetzt war hier überhaupt niemand mehr. Nur in einem der hinteren Wagen lagen drei oder vier Schwerverletzte, und einige Männer kümmerten sich um sie.

Tasso stand zum ersten Mal so nah bei den gewaltigen Schleudern und Katapulten. Einige dieser furchtbaren Waffen bestanden aus drehbar gelagerten Balken. Am kurzen Ende konnten schwere Gewichte angehängt werden, die sie aber offenbar nicht mitführten, sondern bei Bedarf erst suchten. Am längeren Hebelarm war eine löffelartige Vertiefung für die Wurfgeschosse. Andere schienen nicht mit Gewichten angetrieben zu werden. Da steckte der Wurfhebel in einem festgedrehten Packen dicker

Schnüre. Man sah es ihnen schon an, dass sie eine ungeheure Spannung hatten. Die meisten waren allerdings durchgeschnitten. Mit einem langen Seil, das über Rollen lief und dessen Wirkungsweise Tasso nicht verstand, wurden die Katapulte offenbar gespannt.

Als Tasso sich alles gründlich angesehen hatte und um einen der schweren Wagen herumkam auf die dem Lager abgewandte Seite, erschrak er: Da saß Armin auf dem Rand des Wagens. Er hatte den Kopf in die eine Hand gestützt, das Gesicht vollständig verborgen, die andere Hand hielt lässig die Zügel seines schnellen Hengstes.

»Oh -«, stieß Tasso nur leise hervor und wollte sich abwenden.

Da hob Armin den Kopf und bemerkte ihn.

Eine Weile schien er durch Tasso hindurchzusehen, dann stellten sich seine Augen auf den jungen Mann ein.

Er schwieg zunächst, dann sagte er: »Bist du auch wie ich hierher geflohen, um das Elend unserer undisziplinierten Armee nicht zu sehen, der die Beute wichtiger ist als der Sieg?«

»Nein, Fürst Armin, ich … ich fühle zwar genauso, aber ich bin hier, um mir die Katapulte anzusehen. Ich will sie verstehen. Vielleicht können wir damit das Lager beschießen.«

»Sie werden sie zerstört haben, damit wir sie nicht benutzen können!« Armins Stimme klang heiser. Vielleicht hatte er zu viel geschrien. Vielleicht war es aber auch die Verzweiflung, die sich darin ausdrückte.

Tasso wollte sich abwenden, aber da sprach Armin ihn noch einmal an. »Tasso.« Der Fürst stand auf und kam auf den Jüngeren zu. »Ein Feldherr hat es nicht gern, wenn einer der Männer ihn in einem Augenblick der Schwäche sieht. Aber bei dir macht es mir nichts aus.«

»Ich habe dich nicht schwach gesehen, Armin! Traurig habe ich dich gesehen, und vorher wütend. Schwach habe ich unser Heer gesehen.«

Armin legte ihm leicht die Hand auf den Rücken. »Du bist in vielem mir ähnlich, als ich noch jung war. Schade, dass du nicht mein Bruder bist. Oder mein Sohn.« Er nahm seine Hand zurück und legte sie über den Hals seines Pferdes. »Aber mein Bruder kämpft für unsere Feinde. Und mein Sohn ist mit seiner Mutter in Gefangenschaft.«

Tasso hätte ihm gern irgendetwas zum Trost gesagt. Aber da er nicht wusste, was, schwieg er lieber, statt unglaubwürdige Verlegenheitsworte zu gebrauchen.

Ein Reiter kam in einigem Abstand in ihr Blickfeld, rief etwas und zeigte auf sie. Kurz darauf – Armin schwang sich inzwischen auf sein Pferd – erschien sein Onkel Ingomer.

»Hier bist du, Armin! Wir suchen dich! Warum versteckst du dich? Einige meinten schon, du wärst im Moor versunken!«

»Unsinn! Ich sehe mir gerade mit diesem jungen Mann die Katapulte an. Vielleicht können wir einige reparieren und das Lager beschießen.«

»Wozu denn das! Wir stürmen!«

»Stürmen? Nein, Ingomer! Das würde hohe Verluste bedeuten.«

»So schlimm wird es schon nicht sein. Wir müssen die Gelegenheit nutzen, wo die Männer heiß auf den Kampf sind.«

»Heiß auf den Kampf? So heiß, dass sie erst mal Beute gemacht haben, damit der Feind reichlich Zeit hatte, sich zu verschanzen?«

»Das war natürlich schlecht! Aber die meisten haben das eingesehen und schämen sich, auch wenn sie es nicht zugeben. Jetzt wollen sie zeigen, dass sie trotzdem kämpfen wollen und siegen können. Geben wir ihnen die Gelegenheit dazu!«

Armin sah zornig aus. »Nein, Ingomer! Glaube mir, ich habe aus meiner Legionärszeit reichlich Erfahrungen. Der Verteidiger hinter den Schanzen, auch wenn sie nur so flüchtig gebaut sind wie die, ist doppelt so stark wie der Angreifer! Wir warten! Irgendwann müssen sie aufbrechen und sich auf den Heimweg machen. Schon in einem Tag, höchstens in zwei Tagen, haben sie kein Trinkwasser mehr. Dann kriegen wir sie.«

Sie ritten gemeinsam auf das Lager zu. Tasso folgte ihnen, weil er hören wollte, wie der Streit ausging.

Ingomer sagte: »Du kannst diesen wilden Haufen nicht zwei Tage lang still halten! Bis dahin hat sich die Hälfte zerstreut, und die andere Hälfte hat das Feuer verloren.«

»Ich sage: Wir warten!«

»Das hast du nicht allein zu bestimmen, Armin! Es sind immerhin einige Fürsten selbstständiger Stämme bei uns. Wir müssen eine Beratung abhalten und gemeinsam entscheiden.«

Armin hielt sein Pferd an. Tasso konnte von hinten nicht sein Gesicht sehen, aber schon seine Haltung verriet seinen Zorn. »Ich bin der Feldherr, Ingomer! Ich weiß auch, dass sie mir nur für den Kampf folgen, sonst ist jeder frei und selbstständig. Aber wir sind im Kampf! Willst du das bestreiten?«

»Im Augenblick kämpfen wir nicht. Wir haben Zeit genug, das weitere Vorgehen gemeinsam zu beraten!«

Armins Stimme wurde noch schärfer. »Was ist es, das dich so sprechen lässt, Onkel? Der Ehrgeiz? Der Neid? Die Vernunft kann es nicht sein.«

Auch Ingomer wurde wütend. »Denke, was du willst! Aber führe dich nicht wie ein König auf, denn das bist du nicht. Da vorn findet die Besprechung statt. Mit dir oder ohne dich – ganz wie du willst!« Er trieb sein Pferd an, und Armin folgte ihm notgedrungen.

Tasso war entsetzt. Er hatte nicht gedacht, und wenn man es ihm gesagt hätte, hätte er es nicht geglaubt, dass Armin so wenig Unterstützung fand. Segestes und sein Widerstand – ja, das war bekannt. Aber all die anderen … Sahen die denn nicht, was für eine großartige Persönlichkeit Armin war? Sahen sie denn nicht, dass die Götter ihnen diesen Mann geschickt hatten, damit er ihre Stämme vor der Unterjochung durch die Römer bewahrte? Konnte denn jemand seinen persönlichen Ehrgeiz suchen, wo es um so ein wichtiges gemeinsames Ziel ging?

Betrübt ritt er an den verschiedenen Kampfgruppen vorbei, die um die Palisadenfestung in reichlichem Abstand herum lagerten. Er suchte seine Bekannten. Aber er war nicht richtig bei der Sache. Als er nach längerer Zeit um das ganze Lager herumgeritten war, hatte er sie noch nicht entdeckt.

Er traute sich nicht, nah zu der Stelle hinzureiten, wo die Fürsten und Unterführer zusammenstanden. Er sah nur von Weitem an den Gesten der Beteiligten, dass es dort heftig zuging.

Nun suchte er aufmerksam und fand auch bald Guntram, den Dicken und andere, in deren Nähe er gekämpft hatte.

»Wo warst du, Tasso?«, fragte Guntram ihn. »Komm, steig ab. Wir haben etwas zu essen vom Vorrat der Römer. Probier das hier! Ich weiß nicht, was es ist, aber es schmeckt gut.«

»Ich war bei den Wurfmaschinen. Die Römer haben sie zerstört, ehe sie sie verlassen haben.«

»Hätte ich an ihrer Stelle auch gemacht!«, meinte der Dicke.

Guntram sagte: »Wie lange geht das denn noch mit der Beratung? Es wird dunkel, wenn wir zu lange warten.«

»Armin will lieber belagern und erst angreifen, wenn sie gezwungen sind, herauszukommen. Aber Ingomer will gleich angreifen. Ich habe mitbekommen, wie sie sich darüber gestritten haben.«

Der Dicke schob sich ein Stück erbeutetes Fleisch in den Mund.

»Ja, doch …«, nuschelte er an dem großen Bissen vorbei, »eigentlich ein guter Gedanke, erst zu warten.«

Auch Guntram nickte. »Da hätten wir's leichter. Na, ist ja egal. Vernichten werden wir sie so oder so. Lass die das entscheiden! Wir machen, was sie uns sagen.«

»So egal ist das nicht«, wandte Tasso ein. »Armin sagte, das kann uns viele Opfer kosten.«

»Da kommen sie!« Der Dicke zeigte auf einige, die vom Ort der Besprechung aus zu den verschiedenen Abteilungen ritten.

»Fertig machen zum Angriff!« wurde gerufen.

Tasso fragte: »Greifen wir zu Pferde an oder zu Fuß wie die anderen?«

»Bleib nur auf deinem Gaul, Junge!«, sagte der Dicke. »Da bist du höher und kannst die Verteidiger besser erreichen. Vielleicht sogar vom Sattel aus auf die Palisaden springen. Das wird dir sicher eher gelingen als mir.«

Kurz darauf wurde schon das Signal gegeben. Mit wildem Geschrei ritten und liefen die Krieger aus allen vier Himmelsrichtungen auf die Palisaden zu.

Tasso war in der ersten Reihe.

Da prasselten die Pfeile heran, kaum dass sie in Reichweite der Bogen waren. Tasso sah aus den Augenwinkeln einen Mann rechts von ihm vom Pferd fallen. Weiter!

Die zweite Salve flog heran. Tasso hatte sich tief auf den Pferdehals gebeugt. So konnte er sehen, wie der Pfeil Leonides seitlich am Hals traf, wegen des flachen Winkels aber nicht in die Haut eindrang, sondern sie nur oberflächlich aufriss und zwischen Pferd und Sattel stecken blieb. So nah vor Tassos Gesicht geschah das, dass er das Bild noch lang vor Augen hatte.

Leonides galoppierte zwar weiter, aber der Vorfall mit der kleinen Verletzung schien den Lauf des Pferdes doch beeinträchtigt zu haben. Jedenfalls wurde Tasso jetzt von anderen Reitern überholt.

Unter ihnen war der Dicke, der einem anderen Pferd eine ziemliche Last gewesen wäre. Seins aber war groß und starkknochig.

Tasso sah, wie es – links vor ihm – von einem Pfeil getroffen wurde und stürzte. Der Mann rollte sich ab mit einem Geschick, das Tasso ihm gar nicht zugetraut hätte. Das gestürzte Pferd aber verstellte nun Leonides den Weg, der abbremsen wollte, was aber nicht mehr ging. Die beiden Tiere prallten aneinander, glücklicherweise in einem flachen Winkel, aber Leonides stürzte auch.

Einen Augenblick lang musste Tasso nicht bei Bewusstsein gewesen sein. Als er wieder zu sich kam, lag er neben dem mächtigen Pferd des Dicken, und der Besitzer beugte sich über ihn.

»Na, Junge, alles in Ordnung?«

Der Kopf tat Tasso weh, als er nickte, und als er aufstehen wollte, schmerzte ihn das linke Bein.

»Wo ist mein Pferd?«

»Da.« Tasso folgte mit den Augen seinem Arm: Tatsächlich, nicht weit entfernt stand Leonides schon wieder.

Die letzten Fußkämpfer rannten gerade vorbei. Tasso sah zu den Palisaden hinüber. Da waren wilde Kämpfe im Gange.

Tasso stemmte sich hoch, was ihm einige Mühe machte.

»Nicht so eilig, mein Junge! Komm erst mal wieder zu Kräften! Da vorne ist jetzt für dich sowieso kein Platz zum Kämpfen.«

Das stimmte, stellte Tasso fest. Die Männer waren zu dicht nebeneinander. Das nützte insofern, als einige als Leiter für die Kameraden Hände und Schultern hinhielten. Einige Reiter versuchten, vom Rücken der Pferde aus die Palisaden zu überwinden. Eine Gruppe hatte zwei leere Proviantwagen der Römer herangeschoben und kämpfte von dort aus.

Nur selten konnte ein Mann die Palisaden überwinden, aber keiner von ihnen konnte sich behaupten. Nicht schwer zu raten, was mit ihnen geschah.

Fasziniert und entsetzt sah Tasso, wie die Männer fielen – von Pfeilen getroffen, von Lanzen durchbohrt, von Schwertern geschlagen oder einfach in dem Durcheinander abgestürzt. Das konnte nicht gut gehen!

Armin hatte recht gehabt. Sie verloren viele ihrer Krieger und gewannen nichts!

Anscheinend begannen sie das nun auch zu erkennen. Man konnte in dem allgemeinen Lärm keine Befehle hören, aber es mussten wohl welche gegeben worden sein – jedenfalls setzten die Cherusker und ihre Verbündeten sich ab.

Auch der Rückzug war schlecht geordnet. Tasso begann langsam, wie ein Stratege zu denken. So was müsste man üben! Die Ersten liefen schon an Tasso und dem Dicken vorbei, um aus der Reichweite der Pfeile zu kommen, da kämpften andere noch.

»Komm, weg hier!« Tasso konnte nicht gut auftreten, aber sein Begleiter stützte ihn. Er rief Leonides, und der kam auch sofort. Der Dicke half Tasso hinauf. Es ging schwer.

Tasso suchte Guntram. »Hast du Guntram gesehen?«

»Der junge Mann mit den schönen Haaren?«

»Ja. Wir waren doch immer zusammen! Er war noch in der Nähe, als wir angegriffen haben!«

»Vielleicht da.« Der Dicke zeigte zu dem Römerlager hinüber. Da kämpfte niemand mehr. Aber viele Tote und Schwerverletzte lagen unter den Palisaden.

Tasso wurde bleich, noch bleicher, als er schon gewesen war, sodass sein Begleiter sagte: »Es ist besser, du steigst wieder ab, als dass du runterfällst, Junge. Ich helfe dir.« Tasso ließ es geschehen.

»Hier ist schönes, weiches Gras. Da bleibst du jetzt ein bisschen liegen!«

Plötzlich waren wieder laute Rufe zu hören. Es dauerte eine Weile, bis Tasso begriff, was los war.

»Sie brechen aus«, berichtete sein Helfer. »Auf der anderen Seite. Nicht hier bei uns. Caecina weiß, was er tut. Irgendwann muss er doch raus. Und da ist die Gelegenheit jetzt am günstigsten, wo wir so angeschlagen sind.«

Krieger stürmten bei ihnen vorbei, auch einige Reiter.

»Wir müssen auch ...«

»Du musst gar nichts! Du bist nicht imstande zu kämpfen. Und ich bin ohne mein Pferd nicht viel wert. Deins ist nicht stark genug für mich. Also bleibe ich hier bei dir und passe auf dich auf, dass du keine Dummheiten machst, und auf dein Pferd, dass es dir niemand wegnimmt.«

Bald waren die beiden ziemlich allein. Nur einige Verletzte lagen in der Nähe und stöhnten. Einer schrie auch laut, aber der musste weiter vorn an der Pfahlreihe liegen.

Nach einer Weile stand der Dicke auf. »Ich will mal sehen, ob ich dem einen oder anderen helfen kann.«

Als er gegangen war, versuchte Tasso, vorsichtig aufzustehen. Es ging einigermaßen. Da er aber annahm, dass er gut daran tat, sein Bein zu schonen, wollte er lieber nicht gehen, sondern reiten. Mit dem rechten Bein konnte er aufsteigen.

Langsam ritt er zu den Palisaden hinüber. Da war jetzt alles still. Einige Männer luden gerade die Verletzten auf einen der leeren Wagen und schoben ihn zum Knüppeldamm hinüber. Jetzt lagen hier nur noch Tote.

Leonides scheute sich offenbar, zwischen den gefallenen Kriegern hindurchzugehen. Tasso zwang ihn auch nicht. In einigem Abstand ritt er parallel zu dem Palisadenzaun.

Da – das musste das sorgfältig gewaschene blonde Haar Guntrams sein, wenn Tasso es richtig erkennen konnte. Direkt daneben ragte ein Pfeil in die Luft.

Tasso schluckte, wendete sein Pferd und ritt langsam, sehr langsam zum Knüppeldamm hinüber.

Ganz plötzlich musste er sich übergeben. Er hatte gar nicht Zeit genug, vom Pferd zu steigen.

Alles, was er in den letzten Tagen gegessen hatte – aller Zorn über den Tod und alle Angst vor ihm – auch das ungewohnte Essen aus der Beute – die Wut über die Edlen, die gegen Armins Rat diesen verrückten Angriff wollten – auch noch die letzten Magensäfte – und überhaupt seine Einsamkeit – alles kam heraus. Während Leonides langsam weiterschritt, zog Tasso eine Spur des Elends.

* * *

Das Lager am Fuß von Armins Burg war größer geworden. Aber zurzeit war es ziemlich leer. Die einfachen Hütten aus Zweigen oder die als Regenschutz aufgespannten Häute neben einem offenen Feuer warteten auf die Krieger, die auf der Jagd nach Caecinas Legionären waren.

Allmählich trudelten sie ein. Tasso hörte von jedem etwas anderes. Das mochte damit zusammenhängen, dass die Fliehenden sich in viele kleine Grüppchen getrennt hatten und dass es bei jedem Zusammenprall mit den Verfolgern andere Erlebnisse gab. Es konnte aber auch darin begründet sein, dass jeder Erzähler in seinen eigenen Farben malte. Ein Angeber berichtet anders als ein Beutejäger, ein Sieger, der mehrere Feinde erschlug, anders als einer, der nur knapp und vielleicht verletzt dem Tode entgangen war.

Aus den vielen Berichten konnte sich Tasso irgendwann zusammenreimen, dass aus den stolzen Legionen Caecinas wohl nur Reste, versprengte Trupps oder gar Einzelne die Brücke über den Rhein erreicht hatten. Dort waren Armins Leute umgekehrt.

Die Letzten, die viele Tage später kamen, wussten noch interessante Einzelheiten zu berichten. Unter anderem, dass die auf der westlichen Rheinseite Zurückgebliebenen bei den ersten Gerüchten von Caecinas Verhängnis die Rheinbrücke abbrechen wollten, um Armin zu hindern, gleich über den Rhein zu setzen. Wenn die wüssten, dass gerade Armin meistens zur Besonnenheit riet! Die Frau von Germanicus habe mit vielen Worten und großem persönlichem Einsatz den Abbruch der Brücke verhindert. Hätte sie sich nicht durchgesetzt, hätten wohl sehr viel mehr Legionäre auf der rechten Rheinseite ihr Ende gefunden.

Schließlich erzählten die Letzten, dass inzwischen auch Germanicus mit seinen Schiffen angekommen sei. Allerdings nicht mit allen und vom Sturm ziemlich zerzaust. Alles in allem war das Unternehmen, auch wenn es für Armin nicht ein Sieg wie vor sechs Jahren war, für Germanicus auch keiner. Wahrhaftig nicht, eher eine Niederlage, die man nur mit ziemlicher Verdrehung der Tatsachen als gelungenen Feldzug nach Rom melden konnte. Es hieß sogar, Germanicus finge an, sich in ganz Gallien Pferde und Waffen zu erbetteln, um seine verbliebenen Kräfte wieder einigermaßen auszurüsten.

Es wurde nun kälter, und mit einem neuen Angriff von Germanicus war in diesem Jahr nicht mehr zu rechnen. Das Heerlager leerte sich allmählich. Nachdem die Krieger sich gegenseitig ihre Abenteuer erzählt, nebenher getrunken und gewürfelt hatten, machten immer mehr sich auf, um auch in ihren Heimatsiedlungen von ihren Heldentaten zu berichten, vor allem aber, um die kalte Jahreszeit in einem ordentlichen Haus zuzubringen, bevor im nächsten Frühjahr der Tanz von Neuem losging.

Tasso wollte auch weg. Er hatte hier keine richtigen Freunde, die oft angeberischen Erzählungen widerten ihn an, und kalt war es außerdem, besonders nachts.

Aber wohin sollte er gehen?

Das Haus, in dem er aufgewachsen war und sonst die Winter verbracht hatte, gab es nicht mehr.

In das Händlerlager an der oberen Weser wollte er nicht. Vielleicht später mal, wenn er alles verarbeitet hatte, was ihn beschäftigte und was Gundis betraf.

Er erinnerte sich an den Bauern, bei dem er einmal mit Theudebert zu Gast gewesen war, nachdem ein Trupp von Räubern ihnen den Karren weggenommen hatte. Der Bauer und seine Familie waren freundliche Leute gewesen. Außerdem hatten sie gesagt, sie könnten gern mal wiederkommen, nachdem Theudebert sie damals reichlich belohnt hatte.

Er würde das Haus sicher finden in der Nähe der Straße, die sie damals gefahren waren.

Kurz entschlossen machte er sich auf den Weg.

16. N. CHR.

Der Frühling war gekommen.

Überall standen Schneeglöckchen und gaukelten aus der Ferne Reste von Schnee vor mit ihrem Weiß. Aber Schnee war nach den bitterkalten Tagen nicht mehr gefallen. Dafür hatte die Sonne die Welt mehr und mehr erwärmt. Erstes, helles Grün spross aus den Zweigen, tausendfach, vieltausendfach. Gab es überhaupt Zahlen für so viele neue Blätter? Am Bach wuchsen auf den Weiden die kleinen, weichen Mäuschen.

Auf dem Weg zu der Stelle, wo sich die Reiter versammelten, kam Tasso an einem kleinen Lager von Chatten vorbei. Er hörte es an der Färbung ihrer Sprache.

Er hielt sein Pferd an, um zu sehen, ob er einen kannte. Hilbracht war sicher bei den Reitern, auf die Begegnung mit ihm legte er auch keinen Wert. Aber vielleicht traf er jemand anderen aus Berffe.

Langsam ritt er durch das Lager und sah sich um.

Da – die roten Haare und das Gesicht kamen ihm bekannt vor. Aber im ersten Augenblick wusste er nicht, wer es war. Dann fiel es ihm ein, und dazu auch der Name: Das war Armfried, der junge Krieger aus der Gruppe, mit der er von Metze aus nach Hause gewandert war.

»Armfried!« Er ritt zu ihm hin und sprang ab.

Nachdem der ihn eine Weile angesehen hatte, sagte er: »Ich kenne dich nicht. Du mich aber wohl ...?«

»Du kennst mich auch! Tasso. Ich habe einmal auf dich geschossen. Glücklicherweise daneben. Und ich war auch noch ein Kind. Aber du hast ...«

»Ja, jetzt fällt es mir ein! Tasso! Ist es wirklich wahr? Aus dem Knaben ist ein stattlicher junger Mann geworden. Ohne deine Hilfe hätte ich dich nicht erkannt. Setz dich zu uns, Tasso! Dein Pferd kannst du da drüben grasen lassen. Oder hast du es eilig?«

»Nein, nicht sehr. Soweit ich weiß, ist ja von Germanicus noch nichts zu sehen.«

Auf einem Stück Wiese gab es frisches Gras, wie Tasso es da, wo die Reiter sich sammelten, sicher nicht gefunden hätte. Tasso setzte sich zu der kleinen Gruppe, sie stellten sich alle gegenseitig vor.

»Wir sind diesmal nicht als einzelne Krieger hier, sondern richtig unter dem Befehl von Fürst Arpo«, erklärte Armfried.

»Ich nicht. Ich bin auf eigene Faust hergekommen.«

»Sogar zu Pferd! Bist du reich? Hast du einen reichen Vater?«

»Mein Vater lebt nicht mehr. Das Pferd hat mir jemand geschenkt.«

»Komm, iss mit von unserem Brei!«

»Gerne. Ich kann etwas Fleisch für alle beisteuern.«

Einer der Männer war dabei, mit einer kleinen Handmühle Weizen- und Gerstenkörner zu zermahlen. Es knirschte unangenehm und dauerte auch lange. Aber die etwas größeren Mahlsteine, die in den Häusern benutzt wurden, ließen sich nicht gut mitnehmen. Und fertig gemahlenes Getreide verdarb zu schnell.

Das Mahlen wurde nun von einem anderen übernommen, der Erste mischte Mehl mit Wasser und etwas Salz, und alle freuten sich, als Tasso einige Stücke Fleisch hinzutat, die bei Argast, dem Bauern, bei dem er im Winterquartier gewesen war, monatelang im Rauch gehangen hatten.

»Warst du auch beim Kampf gegen Caecina im vorigen Herbst dabei?«

»Ja.« Armfried nickte. »War zwar keine Niederlage, aber doch irgendwie misslungen.«

»Weißt du, was Armin vorhat? Will er Germanicus früh abfangen? Oder erst weit in unser Land eindringen lassen? So würde ich es machen.«

»Warum?«, fragte einer der anderen Männer.

»Weil sie dann erstens vom weiten Marsch müde sind. Zweitens ist uns das Gelände günstig. Durch Wälder und Moore kommen sie nicht mit ihren schweren Wagen. Und sie können nicht ihre Schlachtordnung aufstellen.«

Ein Älterer ergänzte: »Und drittens: Sie haben kaum noch die Möglichkeit zu fliehen. Wenn wir sie schlagen, schlagen wir sie alle.«

Ein anderer Krieger, dunkelhaariger als die meisten, fast schwarz, mit einem klugen und gelassen wirkenden Gesicht, ergriff zum ersten Mal das Wort.

»Vielleicht ist es diesmal auch ganz anders.«

»Was meinst du damit?« Alle sahen ihn fragend an.

Der Mann kaute in Ruhe sein Fleisch zu Ende – den Genuss wollte er sich nicht entgehen lassen – und erklärte dann:

»Mein Schwager ist am Hof von Arpo beschäftigt. Er ist auch hier. Er hat mir etwas erzählt.«

»Was denn?« Einer der Männer konnte seine Neugier nicht zügeln.

»Verbindungsleute auf der anderen Seite des Rheins haben berichtet, dass Germanicus Boote baut.«

»Boote? Es gibt doch die Brücke über den Rhein.«

»Eben. Wozu braucht er dann Boote? Und so viele, in verschiedenen Größen. An die tausend Boote sollen es sein.«

»Tausend? Das glaube ich nicht.«

»Dann lass es bleiben.«

Tasso fragte: »Du meinst, sie könnten über die Flüsse kommen?«

»Das meine ich, ja. Ich denke mir, dass er den Rhein hinunterfährt, an der Küste entlang über das Meer, und die Weser herauf.«

»Ein weiter Weg.«

»Der aber keine Kraft kostet. Und auf dem er die schweren Wurfmaschinen und ausreichend Vorräte bis in das Herz unseres Landes bringen kann. Plötzlich sind sie da, ausgeruhte Legionäre, ausgeruhte Pferde, Katapulte.«

Die Männer schwiegen.

Tasso fragte: »Arpo und Armin kennen diese Überlegungen?«

»Natürlich. Niemand weiß ja sicher, ob sie das vorhaben. Aber es spricht doch einiges dafür.«

Tasso meinte: »Armin wird sorgfältig beobachten und dann rechtzeitig zur Stelle sein.«

»Falls sie überhaupt die Weser raufkommen!«, erinnerte einer daran, dass sie ja nichts Genaues wussten.

»Ich würde es jedenfalls so machen«, wiederholte der Dunkelhaarige.

»Du hörst es«, lachte Armfried zu dem Zweifler. »Er würde es so machen. Jetzt fragt sich nur, ob Germanicus so schlau ist wie er.«

* * *

Wie ein Drache!, dachte Tasso. *Das Heer der Römer sieht wirklich wie ein Lindwurm aus!* Weit auseinandergezogen entlang der Weser. Von Tausenden von Schilden wie mit Schuppen gedeckt. Nur die Reiter passten nicht so recht in das Bild. Eigentlich auch nicht die etwas ungeordneten Hilfstruppen von linksrheinischen Germanenstämmen und Galliern.

Man konnte sie vielleicht als die Krallen des Untiers ansehen oder als den Rachen mit den Zähnen.

Leider war das Heer hier nicht so weit auseinandergezogen wie damals das von Varus. Oder auch das von Caecina auf den Knüppeldämmen im Moor. Die Wiesen neben dem Fluss waren breit genug, dass die Römer eine gewisse Schlachtordnung bilden konnten.

Die sollten sie nun angreifen!

Tasso wunderte sich. Früher hätte Armin das nicht gemacht. Sicher, es war auch hier für sie günstiger als für die Römer: Sie hatten den Wald im Rücken, in den sie sich notfalls zurückziehen konnten, jene den Fluss, der ihnen keinen Raum für strategische Züge ließ. Trotzdem – es war ein Wagnis. Vielleicht ging Armin es ein, weil bei den bisherigen Kämpfen ihr Selbstvertrauen gewachsen war? Vielleicht wollte Armin es auch gar nicht, und die anderen hatten ihn unter Druck gesetzt?

Jedenfalls glaubte Tasso der Rede Armins nicht. Der hatte seinen Leuten Mut machen wollen. »Das sind alles Feiglinge, die im Ernstfall die Flucht ergreifen. Zu Schiff haben sie sich eingeschlichen aus Angst, wir würden sie schon beim Anmarsch vernichten oder auf der Flucht. Jetzt aber, wo Mann gegen Mann kämpft, helfen ihnen weder Segel noch Ruder.« So ging es weiter. Tasso nahm an, dass er dieses Reden vor der Schlacht bei den Römern gelernt hatte. Aber es waren eben nur Reden. Nein, das da waren keine Feiglinge! Das war ein gefährlicher Drache!

Sobald das Signal gegeben wurde und Leonides in Galopp fiel, rechts und links von vielen anderen begleitet, war das flaue Gefühl in Tassos Magen verschwunden. Jetzt war kein Platz mehr für Angst, für alle möglichen Überlegungen, jetzt war nur noch Kampfeswut da, die sich durch das eigene Schreien noch steigerte.

Der Angriff der Cherusker, der Brukterer, der Chatten, der Semnonen, der Chauken, der Marser, der Sugambrer, der Angriwarier und wer alles noch beteiligt war, geschah in der unter ihnen schon immer üblichen Weise: hin zum Feind und schlagen! Von Strategie, wie sie die Römer beherrschten, in Jahrhunderten erprobt und gelernt, immer und immer wieder geübt, von solcher Strategie wussten die verbündeten Stämme wenig. Armin und andere, die bei den Römern gedient hatten, hatten sich vergeblich darum bemüht, eine sinnvolle Ordnung in ihre Reihen und in die Schlacht zu bringen.

Dementsprechend war der Zusammenprall: heftig und blutig, aber erfolglos. Die Reihen der Legionäre wankten nicht. Tasso sah es mit einem kurzen Blick, als er warten musste. Sein Trupp wurde von einem Anführer in Keilform vorangetrieben. Wenigstens ein wenig Taktik! So musste Tasso hinter der Spitze bleiben. Der Keil sollte die gallischen Hilfstruppen von den Legionen abspalten.

Aber das gelang nicht. Sie blieben stecken und mussten nach rechts und links kämpfen statt nach vorn.

Tasso sah sich einem langen Krieger mit einer Lanze gegenüber. Niemand hatte ihm je gesagt, wie man sich einer Lanze erwehrt, nur Schwertkämpfe hatte er geübt. Es gelang ihm gerade noch, die Waffe mit einem heftigen Schlag seines Schwertes zur Seite abzulenken. Ehe er aber zu einem Schlag auf den Mann ausholen konnte, hatte der sich schon zwei Schritte zurückgezogen und war im Begriff, wieder zuzustechen. Instinktiv riss Tasso sein Pferd etwas herum. Der Gallier wurde vom Vorderleib des Pferdes regelrecht umgeworfen. Tasso bückte sich aus dem Sattel herunter und stach zu.

Als er sich gerade aufrichten wollte, sah er aus den Augenwinkeln einen anderen Mann mit einem Schwert auf ihn zuspringen. Die Zeit war zu knapp, sich wieder in den Sattel zu setzen, um dann den Schlag abzuwehren. Bis dahin hätte das fremde Schwert ihn längst getroffen. Es blieb ihm nichts übrig, als in seiner fast hängenden Schräglage einen Schwerthieb gegen die feindliche Waffe zu setzen. Das kostete Tasso aber den letzten Halt, und er fiel aus dem Sattel.

Da von der anderen Seite einer seiner Kameraden auf seinem Pferd herandrängte – wahrscheinlich merkte der gar nicht, was hier geschah, weil er auf der anderen Seite focht –, wurde Tasso plötzlich zwischen dessen und seinem eigenen Pferd fast eingeklemmt. Das war insofern gut, als es den Gallier hinderte, ihn mit dem Schwert weiter anzugreifen. Es hinderte Tasso allerdings auch, von seiner Waffe Gebrauch zu machen.

Beim Versuch, einen festen Stand zu finden, stolperte er fast über die Lanze, die ihn eben noch bedroht hatte. Ohne nachzudenken, ließ er sein Schwert fallen, ergriff sie und rammte das hintere Ende, da er keinen Platz hatte, sie umzudrehen, dem Gallier in den Bauch. Der hatte mit keinem Angriff zwischen den Pferdeleibern hindurch gerechnet. Er krümmte sich. Nun drehte Tasso die Lanze um, indem er sie hoch über sich führte, und stach mit der Spitze erneut zu. Der Gallier brach zusammen.

Tasso nahm wieder sein Schwert auf und stieg in den Sattel. Er blickte sich um. Das wurde möglich, weil die gallischen Hilfstruppen vor ihnen sich offenbar zurückzogen.

»Nachsetzen!«, rief ihr Anführer.

»Das ist eine Falle!«, schrie Tasso. Er sah, dass sich hinter ihnen die Reihen der Römer schließen konnten, wenn sie zu weit vorrückten. Aber niemand hörte auf ihn.

Gut, wenn andere ungeordnet kämpften, konnte er das auch. Er musste tun, was er für richtig hielt! Zumal er sah, wie drüben Armin winkte. Einige Hundert sammelten sich um ihn.

An den Armbewegungen des Fürsten sah Tasso, dass er die Bogenschützen angreifen wollte. Die konnte man mit einem schnellen und kraftvollen Angriff leicht niederreiten, weil sie nur leicht bewaffnet waren.

Tasso trieb Leonides an, um sich Armin anzuschließen. Inzwischen hatten wohl auch andere aus seiner Gruppe gemerkt, dass der Keil stecken geblieben war und nun selbst in Gefahr geriet. Einige folgten Tasso.

Der zügelte jetzt sein Pferd. Armin wurde auch umzingelt. Gallier und die Germanen, die eigentlich auf dieser Seite kämpfen sollten, schoben sich vor die Bogenschützen und bildeten zugleich eine Zange. Wenn das mal gut ging! Tasso konnte nicht mehr zu Armin und seinen Reitern, sie waren abgeschnitten.

Jetzt merkte Armin es auch. Wie sah der denn aus! Offenbar hatte er sich Blut aus seiner eigenen Verletzung ins Gesicht geschmiert, um nicht erkannt zu werden. Denn es war klar, dass jeder Feind seinen Ehrgeiz dareinlegte, ausgerechnet Armin mit Lanze, Schwert oder Pfeil zu treffen. Nur mit Mühe konnten Armin und ein Teil seiner Reiter sich aus der Einkesselung befreien.

All diese Beobachtungen machte Tasso nicht untätig. Mit seinen Begleitern fiel er den Kriegern, die die Einkesselung versuchten, in den Rücken. Sie waren aber dabei nicht besonders erfolgreich. Auf ihrer Seite fielen mehr Männer tot oder verwundet vom Pferd, als sie von den wie eine Mauer stehenden Galliern besiegen konnten.

Eine kleine Gruppe von Kämpfern zu Fuß war auch mit in die Zange geraten. Sie verteidigte sich verzweifelt gegen die gallischen Hilfstruppen. Aber einer nach dem anderen wurde getroffen und fiel.

Plötzlich sah Tasso unter den letzten fünf oder sechs Männern einen mit auffallend rotem Haar. Da erkannte er auch sein Gesicht – es war Armfried!

Die Linie der Gallier wurde dünner, weil sie sich in die Länge zog, um die Falle zu schließen. So wandten sie den wenigen Männern um Armfried – jetzt waren es nur noch drei – nicht mehr viel Aufmerksamkeit zu. Deren Schicksal war sowieso besiegelt!

Tasso ritt einen kleinen Bogen, um Anlauf zu nehmen, und trieb sein Pferd mitten in die Reihe der Gallier hinein, die mit so einem Angriff an dieser Stelle nicht gerechnet hatten. Zwei Männer ritt er einfach nieder, die anderen wichen aus.

Schon war er bei Armfried, der offensichtlich kaum noch Kraft hatte, das Schwert zu führen. Er hatte den Schild fallen gelassen, das Schwert mit zwei Händen gegriffen und schlug wild, aber kaum gezielt um sich.

»Armfried! Komm raus!«, schrie Tasso.

Der erkannte den Reiter und seine Absicht. Mit Tassos Hilfe schwang er sich hinter ihm aufs Pferd.

Die Gallier hatten sich nun von ihrem Schrecken erholt. Trotzdem war Schnelligkeit jetzt Tassos beste Waffe. Noch einmal durch die Reihen hindurch! Tasso schwang sein Schwert nach rechts und Armfried seins nach links mit der linken Hand, während er sich mit der rechten an seinem Vordermann festhielt. Er konnte nicht verhindern, dass ein Schwerthieb Tassos linkes Bein traf.

Dann waren sie durch und ritten im Galopp zum Wald hinauf. Dort suchten jetzt auch viele andere Schutz. Der Angriff war gescheitert!

Die Römer setzten nicht nach. In den Wald trauten sie sich nicht. Sie beschränkten sich darauf, ein Siegesgeheul anzustimmen. Wirklich – viel mehr tote Krieger aus Armins Heer lagen zwischen Wald und Fluss als Männer des Germanicus.

Tasso fiel vom Pferd. Das Blut rann in einem dicken Strom aus seinem Bein.

Armfried schnitt mit dem Schwert seinen wollenen Mantel an und riss einen Streifen ab. Den band er fest um Tassos Bein, um die Blutung zu stillen. Tasso versuchte sich zu beherrschen, aber jedes Mal, wenn Armfried in die Nähe der Wunde kam, konnte er einen leisen Aufschrei nicht unterdrücken.

Einer der Krieger, die hier hastig umherliefen oder sich erschöpft hingesetzt hatten oder fluchend die Römer beobachteten, sagte: »Da oben auf einer Lichtung sind Frauen, die Wunden behandeln können. Wir haben schon viele hingeschickt. Du solltest deinen Freund auch hinbringen!«

»Wie finde ich die Stelle?«

»Einfach über den Höhenzug. Im Tal dahinter findest du sie schon.«

Der Mann half Armfried, Tasso auf seinen Hengst zu heben. Dort klammerte sich der Verletzte fest, und Armfried führte Leonides am Zügel.

Weiter oben im Wald waren weniger Krieger, aber die Verletzten nahmen zu. Manche wurden von Kameraden getragen, andere konnten selbst laufen. Einer flehte sie an, mit auf das Pferd steigen zu dürfen, aber Armfried musste ihn abweisen.

Bald kamen sie auf der Lichtung an. Da waren zwar einige offenbar heilkundige Frauen beschäftigt, aber die meiste Arbeit machten doch

Männer. Sie ließen sich von den Frauen nur Anweisungen, Heilkräuter und Verbände geben. Manche Wunden oder Abschürfungen wurden nur mit Butter bestrichen. Einen beobachtete Armfried, dem sie aus Stöcken eine Beinschiene fertigten. Und da hinten war einer, der dauernd laut und verzweifelt schrie, sie sollten ihn töten. Endlich tat ihm einer den Gefallen.

Nach einigem Warten konnte Armfried eine der Frauen bitten, sich Tassos Wunde anzusehen. Sie gab Armfried ein Stück Tuch, auf das sie eine unappetitlich aussehende Masse aus einem Topf strich. »Leg das darauf und binde es fest!«

Das war alles.

Armfried führte das Pferd mit dem Patienten fort. Er fand weiter oben am Bach eine Stelle, die ruhig war und wo über Mittag sicher etwas Sonne hineinfiel.

Armfried bettete Tasso auf ein schnell gebautes Lager aus Zweigen, Moos und Laub.

»Danke, Armfried!«

»Da gibt es gar nichts zu danken. Ich würde dir auch dann helfen, wenn du mir nicht das Leben gerettet hättest.«

Tasso biss sich auf die Lippen. Der Schmerz war fast unerträglich, als Armfried seine Wunde nach Anweisung der Heilkundigen neu verband.

»Armfried, kannst du reiten?«

»Natürlich.«

»Willst du mit Leonides morgen in den Kampf ziehen?«

Armfried wiegte den Kopf. »Ich denke, das sollte ich nicht tun. Ich kann zwar reiten, aber im Kämpfen vom Pferd aus bin ich nicht geübt.«

Er sattelte Leonides ab und band ihn an einen Baum, allerdings mit langer Leine, damit er sich bewegen und etwas zu fressen suchen und am Bach trinken konnte. Das Gepäck und die Waffen kamen in Tassos Reichweite.

»Ich fürchte, ich kann bei der nächsten Schlacht nicht mitmachen«, murmelte Tasso.

»Machst du Scherze? Du kannst den Göttern danken, wenn du je wieder das Bein genauso gebrauchen kannst wie bisher!«

Er hatte ja recht! Aber Tasso hatte keine Kraft mehr, um sich darüber aufzuregen. Der Blutverlust hatte ihn so geschwächt, dass er immer müder wurde.

Er hörte nur noch, wie Armfried sagte: »Schlaf nur! Ich gehe mal zu meinem Anführer. Mal hören, was sie vorhaben und wann ich wieder da sein soll.«

Dann schlief Tasso ein.

Wie lange er geschlafen hatte, wusste er nicht, als ihn lautes Rufen weckte.

»He, du! Ist das dein Pferd? Bist du verletzt? Kannst du reiten?« Vor ihm stand ein langer, hagerer Mann.

Es dauerte eine Weile, bis Tasso zur Besinnung kam und wusste, wo er war.

»Warum – willst du das – wissen?«

»Wir brauchen Pferde, Mann! Wenn du nicht reiten kannst, musst du es abgeben.«

»Ich kann nicht – kann nicht kämpfen. Aber das Pferd – kannst du nicht haben.«

»Tut mir leid. Ich habe den Befehl, Pferde von Toten und Schwerverletzten zu suchen. Wir haben viele Pferde verloren.«

»Nein!«

Aber der Lange machte sich schon an der Leine zu schaffen. Tasso fühlte, wie bei aller Schwäche der aufsteigende Zorn ihm Kraft gab. Er richtete sich halb auf, nahm den Bogen und legte einen Pfeil auf. »He! Wenn du ihn losbindest, schieße ich!«

Der Mann sah ihn einige Augenblicke schweigend an. Dann knurrte er: »Du bist verrückt, Junge! Du willst es doch nicht wirklich drauf ankommen lassen! Wahrscheinlich hast du die Hitze, die man bei Krankheit und Wunden bekommt, und weißt jetzt nicht mehr, was du tust.«

Tasso antwortete nicht. Das Bild des Mannes schwamm kurz vor seinen Augen, sodass er nichts deutlich erkennen konnte, dann wurde es wieder klarer.

Da schien der Mann weiter unten am Bach jemanden zu sehen und rief ihn an. »Hilbracht!«

Hilbracht?

»Komm mal! Hier ist ein Schwerverletzter, der will sein Pferd nicht hergeben!«

Jetzt kam ein Reiter in Tassos Blickfeld. Er war es: Hilbracht, der Edle aus seinem Dorf, mit dem ihn eine nur mühsam verborgene Feindschaft verband. Er sah an Hilbrachts kurzem Zögern und am Blick seiner Augen, dass er ihn auch erkannte. Aber er tat so, als sei er ein Fremder für ihn.

»Alle Pferde werden gebraucht. Nimm dem seinen Hengst ab.«

Hilbracht wandte sich schon wieder ab und rief über die Schulter: »Bring das Pferd!«

In dem Augenblick hörte Tasso Armfrieds Stimme: »Was macht ihr da? Lasst mein Pferd in Ruhe!«

Da tauchte Armfried auch schon aus dem Wald auf. Er hatte schnell begriffen.

»Ist das etwa deins?«, fragte der Lange. Tasso sah, dass Hilbracht sein Reittier anhielt und sich umsah. Er kam aber nicht zurück.

»Natürlich ist es meins! Mach, dass du verschwindest! Soll ich dich bei meinem Fürsten Arpo als Pferdedieb anklagen?«

Der Lange gab nach. »Wenn die Sache so ist ...«

Hilbracht rief von Weitem: »Wehe dir, wenn ich dich morgen zu Fuß sehe!« Man hörte den Zorn in seiner Stimme. Dann verschwand er vollständig und der Lange auch.

»Wie geht es dir, Tasso?« Armfried kniete neben ihm nieder.

»Schlecht. Ich hätte nicht auf – auf den Mann schießen können. Ich konnte – nicht mal den Bogen richtig spannen.«

»Leg dich wieder hin.« Er fasste ihm an die Stirn. »Du bist heiß. Noch nicht sehr, aber mehr als heute Mittag. Es wird sicher noch stärker.«

Tasso war froh, sich jetzt nicht mehr anstrengen zu müssen. Er legte sich flach hin. Nach einer Weile sagte er: »Armfried, du musst mein Pferd nehmen. Nicht nur wegen Hilbracht. Das – das ist der Reiter, der dir eben gedroht hat. Ich kenne ihn. Ich – ich hatte schon einigen Streit mit ihm.«

»Erzähle mir das ein anderes Mal, Tasso, wenn du wieder bei Kräften bist.«

»Nicht nur seinetwegen. Ich kann mein Pferd nicht verteidigen, wenn es mir jemand wegnehmen will. Da ist es besser, du hast es.«

Armfried nickte und hielt Tasso einen Krug mit Wasser hin. Der war so schwach, dass Armfried sogar seinen Kopf stützen wollte, damit er trinken konnte, aber das ließ Tasso nicht zu. Er nahm alle Kraft zusammen und richtete sich allein auf. Dann trank er gierig.

»Weißt du«, fuhr er fort, als der Krug halb leer war, »ich brauche Leonides. Wie soll ich sonst in meinem – Zustand – nach Hause kommen.«

»Wie du nach Hause kommst, das lass meine Sorge sein. Ich schwöre bei Odin, dass ich dich nach Hause bringe, ob mit Pferd oder ohne.«

Tasso lag nun wieder. Er flüsterte: »Schwöre nicht! Schwüre – sind leicht gesprochen, aber schwer ausgeführt.«

»Nur in zwei Fällen soll ich von meinem Vorhaben entbunden sein: wenn du stirbst oder wenn ich die nächste Schlacht oder die Schlachten nicht überlebe.«

Wenn Tasso ehrlich war, musste er zugeben: Es war nicht unwahrscheinlich, dass einer dieser beiden Fälle eintrat. Trotzdem war er glücklich bei diesem Schwur Armfrieds. Der fügte noch hinzu: »Wenn du nicht gewesen wärst, wäre ich jetzt tot. Ich werde es mein Leben lang nicht vergessen, mit welcher Tollkühnheit du mitten unter die Gallier gesprengt bist, um mich da herauszuholen. Nie, Tasso! Das vergesse ich nie!«

Tasso schloss die Augen und antwortete nicht.

Nach einiger Zeit fragte Armfried: »Möchtest du etwas essen?«

»Nein.«

»Du, Tasso …«

Der öffnete nur die Augen und sah den anderen an als Zeichen, dass er zuhörte.

»Du musst mir sagen, wo du wohnst. Du wirst vielleicht so krank, dass du mir nicht den Weg zeigen kannst.«

»Es ist ganz leicht«, hauchte der Kranke leise und langsam. »Du brauchst nur der Weser flussaufwärts zu folgen. Kurz bevor sie aus dem Zusammenfluss von Werra und Fulda entsteht, ist am westlichen Flussufer ein Hügel. Darauf eine runde Befestigung aus Palisadenstämmen.«

Er schwieg einige Augenblicke, um neue Kraft zu sammeln, und fuhr fort: »Soweit ich weiß, gibt es so eine Anlage nicht noch einmal an der Weser. Du kannst es nicht verfehlen.«

In seinem benebelten Denken, seinen Schmerzen und seiner Schwäche kamen ihm das Lager und die Menschen dort, vor denen er im vorigen Jahr geflohen war, nun wie Walhall vor, wie der Inbegriff der Heimat und des Friedens.

Armfried spürte, wie Kraft und Leben aus dem jungen Freund wichen. Wie sollte er ihm nur helfen? Ungelenk legte er ihm die Hand auf den Arm und flüsterte: »Ich bringe dich hin, Tasso! Ich hab's geschworen!«

* * *

»Mutter?«, flüsterte Tasso im halbwachen Zustand. Und dann: »Gundis?«

Armfried lächelte: »Nein, Tasso, ich bin's nur!«

Tasso brauchte einige Zeit, um sich zurechtzufinden.

»Ach – Armfried ...« Er überlegte: *Habe ich eben wirklich nach meiner Mutter gerufen? Und nach Gundis? Oder war das noch Traum?* Aber nein – so wie Armfried geantwortet hatte, musste er die beiden Worte wohl hörbar ausgesprochen haben!

Er schämte sich. Welcher Krieger ruft, wenn er Schmerzen hat, nach seiner Mutter! Und dass er einen Mädchennamen ausgesprochen hatte und Armfried Zeuge gewesen war, trieb ihm erst recht die Schamröte ins Gesicht.

Armfried überging den peinlichen Vorfall.

»Du hast lange geschlafen, Tasso. Das ist gut. Ein Tag, eine Nacht und noch ein Tag sind darüber vergangen.«

»So lange?«

»Du musst etwas essen. Und trinken vor allem!«

»Wasser ja. Aber Hunger habe ich nicht.«

Armfried half ihm.

Es war dämmrig. Die Nacht würde bald hereinbrechen.

»Was ...«, Tassos Stimme klang kratzig und leise, »was ist inzwischen geschehen? Gab es eine Schlacht?«

»Noch nicht, aber wohl morgen.«

»Wo? Steht es diesmal besser für uns? Hat Armin unter seiner Verletzung zu leiden?«

»Psst! Rede nicht so viel, Tasso! Das kostet dich Kraft. Wenn du es wissen willst, erzähle ich dir alles. Höre einfach zu! Einverstanden?«

»Ja.«

»Zunächst mal: Armin ist nicht so schwer verletzt, dass er nicht kämpfen könnte. Die anderen Fürsten und Edlen haben eingesehen, was Armin schon immer sagte: Keine offene Feldschlacht mit den Römern! Allerdings werden so günstige Bedingungen wie bei der Varusschlacht vor sieben Jahren nicht mehr zu erreichen sein. Aber wir sind ja jetzt auch stärker. Was für morgen geplant ist, ist so ein Zwischending. Die Umstände sind nicht ganz so vorteilhaft für uns wie bei der Varusschlacht, aber doch besser als bei der Schlacht vor einigen Tagen, als du deine Wunde ... als du mich ...«

»Wo? Wie?«

»Kennst du den Angriwarierwall? Ein alter Grenzwall zwischen dem Land der Angriwarier und der Cherusker. Eine Erdaufschüttung mit Palisaden, die allerdings nicht mehr ganz frisch sind. Der Wall läuft auf die Weser zu und bildet so einen Winkel. Wenn wir ihn mit Bogenschützen besetzen, gibt es ein Dreieck, das Germanicus einsperrt. Auf einer Seite der Fluss, auf der zweiten Seite der verteidigte Wall, und auf der dritten Seite drücken wir. Sie können sich nicht bewegen, nicht ausweichen, sondern sich nur mit der vordersten Reihe von Legionären verteidigen. Alles, was in dem Winkel ist, ist zur Untätigkeit verdammt. Na – ist das nicht ein guter Schlachtplan?«

»Unter den gegebenen Umständen …«

»Wie gesagt – bei der Varusschlacht vor sieben Jahren war es besser. Aber dorthin gehen die Legionen nicht mehr so ohne Weiteres. Und den Dauerregen, der Armin damals geholfen hat, können wir auch nicht herbeizaubern. Und vertrauensselig wie Varus ist Germanicus leider auch nicht, und Überraschungen helfen nur beim ersten Mal.«

»Schade, dass ich nicht dabei sein kann!«, flüsterte Tasso.

»Ich muss gleich wieder fort. Sie haben mich einer Reitergruppe zugeteilt, wo ich nun auf Leonides sitze. Aber nicht unter deinem Hilbracht.«

»Wenn's geht, halte dich fern von ihm.«

»Hier ist etwas zu essen, und da steht der Krug. Brauchst du sonst noch etwas?«

»Muss man das Bein nicht mal neu verbinden?«

»Meinst du? Zu dumm, das ich keine Ahnung von so etwas habe. Gut, ich verbinde es neu.«

Armfried löste den alten Verband. Tasso konnte sein Stöhnen nur mühsam unterdrücken.

Was unter dem Tuch zum Vorschein kam, sah so schrecklich aus, dass Armfried fast nicht hinsehen konnte. Auch stieg ihm ein fauliger Geruch in die Nase. Da musste er wohl erst einiges reinigen!

Um sich und Tasso abzulenken, fragte er: »Soll ich dir noch erzählen, was ich vorhin erlebt und beobachtet habe, oder ist es dir lieber, wenn ich schweige und meine ganze Aufmerksamkeit auf deine Wunde richte?«

»Erzähle!«

»Mein neuer Reitertrupp kam – ich glaube, eher zufällig – zu der Aufgabe, Armin zu begleiten, der ein Stück weseraufwärts reiten wollte. Wir wussten nicht, warum. Natürlich waren auch seine engsten Freunde dabei. Wir hielten irgendwo an und warteten. Endlich sahen wir, was der Grund war: Armin hatte sich wohl durch geheime Boten hier mit seinem Bruder Flavus verabredet, der bei den Auxilien des Germanicus kämpft. Er ist der Anführer von germanischen Hilfstruppen. Stell dir vor: Zwei Brüder kämpfen gegeneinander in verschiedenen Heeren!«

»Au.«

»Tut mir leid, Tasso, ich musste das hier abmachen. Es ist durch das getrocknete Blut festgeklebt.«

»Erzähle weiter!«

»Flavus erschien auf der anderen Seite des Flusses. Vielleicht hat er gedacht, Armin wollte geheime Friedensverhandlungen anbieten. Und Armin hat vielleicht gehofft, Flavus würde zu ihm überlaufen. Aber beide irrten sich. Sie machten sich gegenseitig Vorwürfe, laut schreiend über den Fluss hinweg. Armin fragte Flavus, ob er es für gerecht hielte, dass er sein Auge geopfert hat für den lächerlichen Legionärslohn. Du weißt sicher, dass Flavus nur noch ein Auge hat. Wenn er es für die Freiheit geopfert hätte, wäre es ein gutes Opfer gewesen, meinte Armin. Überhaupt sollte er lieber seinem Volk dienen statt den Unterdrückern aus Rom. Was Flavus geantwortet hat, konnte ich nicht alles verstehen. Aber da war von Kultur die Rede und solchen Dingen. Wir Cherusker seien doch Barbaren und lebten dumpf in unseren Wäldern dahin. Aber die Römer könnten uns Kunst und Erfindergeist und Ehre und Recht bringen … na ja, so was eben. Und außerdem – aber das schrie er erst, als der Streit schon eine ganze Weile hin und her gegangen war –, außerdem solle Armin sich schämen, denn er hätte als römischer Offizier Treue geschworen und den Eid durch schändlichen Verrat gebrochen.

Das brachte Armin noch mehr in Zorn. Sie schrien sich beide so in Eifer und rannten aufeinander zu ins Wasser, dass die Gefolgsleute auf beiden Seiten ihre Anführer festhalten mussten. Wenn sie das nicht getan hätten, ich bin mir sicher, Armin und Flavus hätten sich in der Mitte der Weser schwimmend gegenseitig erstochen.«

»Schade.«

»Ja, schade, dass Flavus nicht auf unserer Seite ist. Und Segestes und viele andere. Wenn wir uns einig wären, hätten wir die Römer längst in ihr Rom zurückgetrieben. So? Oder ist das zu fest gewickelt?«

»Nein, es ist gut.«

»Ich muss leider gehen, Tasso.« Armfried stand auf.

»Pass auf dich auf, Freund! Und auf Leonides!«

»Und du werde rasch gesund!«

* * *

Es waren wilde Schlachten. Durch Scharen von Legionären musste er laufen, die alle ihre Lanzen auf ihn schleuderten. Immer wenn er beim Lauf mit dem linken Bein auftrat, traf ihn dort eine fremde Waffe. Dann sah er sich plötzlich einem gewaltigen Drachen gegenüber, der sein Maul aufriss. Sein Atem war eine heiße Flamme. Die nahm ihm die Luft. Er floh und stürzte sich in den Fluss, um sich abzukühlen. Aber das Wasser begann zu kochen, sodass ihm noch heißer wurde. Am anderen Ufer stand der einäugige Flavus und winkte ihm mit dem Schwert. Er wusste nicht, wohin er fliehen sollte, so schwamm er in dem kochenden Fluss gegen die Strömung. Es war eine furchtbare Anstrengung. Starke Wellen warfen ihn hin und her.

Da wurde er wach. Es dauerte lange. Aber Stück für Stück wurden seine schrecklichen Träume von der nicht viel weniger schrecklichen Wirklichkeit verdrängt.

Er lag auf einer Decke, die an zwei Stangen befestigt war. Die Stangen wurden von zwei Männern getragen.

Wo brachten sie ihn hin? Er wollte nicht getragen und geschaukelt werden! Er wollte schlafen!

Lange Zeit schwebte Tasso in einem halbwachen Zustand. Allmählich aber wurde er wacher. Er bemerkte das Ächzen der Männer, die sich mit ihrer Last abmühten, mit der Last, die er war, Tasso.

»Halt mal an!«, sagte der Mann am hinteren Ende.

Sie hielten an und legten die Decke mit dem Kranken vorsichtig ab.

»Was ... wo bringt ihr mich hin?«

»Du bist wach?« Das war Armfrieds Stimme. Er hockte sich an Tassos Seite. Aber weil es dunkel war, konnte der nicht viel erkennen.

»Wie fühlst du dich, Tasso?«

Der gab keine Antwort. Er fühlte sich schlecht, aber der Freund wollte es sicher genauer wissen, und genauer konnte er es nicht sagen.

»Bist du richtig wach?«

»Ja, ich denke schon. Müde bin ich aber. Und mein Bein ... ich ...«

»Es schmerzt sehr, nicht?«

»Warum tragt ihr mich? Und wohin?«

»Äh, das ist eine längere Geschichte. Die erzähle ich dir später …«

»Nein, Armfried, jetzt!«

Der andere Mann mischte sich ein: »Kläre ihn ruhig auf, Armfried! Ich gehe inzwischen und hole das übrige Gepäck und die Waffen. Dann ruhen wir beide uns mal aus und er auch.«

Ohne die Bestätigung Armfrieds abzuwarten, ging der Mann davon.

Armfried setzte sich. »Es tut mir sehr leid, Tasso, aber Leonides lebt nicht mehr.«

»Was?«

Es war Tasso, als wenn eine Feuerwalze von seinem linken Bein ausginge, durch seinen Körper rollte und ihn von innen verglühte. So viel Glut konnten auch die wenigen Tränen nicht löschen.

»Ich weiß, wie du an ihm gehangen hast. Und ich auch, weil er mich aus der Todesgefahr getragen hat. Ich hätte meinen Arm gegeben, wenn ich ihm den Tod hätte ersparen können. Aber du weißt, wie es ist in Schlachten …«

»Ich bin mir sicher, dass dich keinerlei Schuld trifft, Armfried. Ich … ich bin nicht zornig auf dich. Nur traurig. Sehr traurig.«

»Am besten, ich erzähle es dir der Reihe nach. Die Reiter waren bei dem Angriff auf die dicht stehenden Legionen nicht sinnvoll einzusetzen. Das konnten die anderen besser. Auch ziemlich erfolgreich. Ich hab dir das mit dem Dreieck ja erklärt. Weißt du es noch?«

»Ja.«

»So wurden wir mit einem großen Trupp der Reiter eingesetzt, um die Wache zu überfallen, die bei den römischen Booten war. Natürlich haben sie immer versucht, die Schiffe auf der Weser dicht bei der Armee zu halten, um sie zu schützen und um ihren Rückweg zu sichern. Aber Armin sah die Möglichkeit, ihnen die Boote wegzunehmen oder zu versenken. Er selbst musste natürlich bei der Hauptschlacht sein. Aber ein starker Reitertrupp sollte versuchen, sich unmittelbar am Ufer zwischen die Legionen und den Fluss mit den Schiffen zu schieben. Das ganze Ufer war voller Boote. Wir konnten selbstverständlich nicht alle nehmen. Allein schon, weil wir uns damit zu weit von unserer Hauptmacht entfernt hätten. Aber doch wenigstens einige am oberen Ende der langen Reihe. Möchtest du etwas trinken?«

Tasso nickte.

»Auch essen? Wir haben Brei von Weizen und Gerste. Das Essen ist zu einem kostbaren Gut geworden, wo so viele Menschen zusammen sind.«

»Ich kann nichts essen«, hauchte Tasso schwach, als er getrunken hatte.

»Versuche es doch! Du wirst in den nächsten Tagen viel Kraft brauchen, um deine Krankheit zu überwinden!« Armfried hielt ihm einen hölzernen Löffel hin, mit dem er aus einem Krug geschöpft hatte. Tasso mümmelte auf etwas Brei herum, aber er musste sich fast übergeben. Er schüttelte den Kopf, und Armfried packte den Krug wieder ein.

»Und?«, fragte Tasso.

»Ja, dann geschah es.« Armfried konnte den traurigen Bericht von Leonides' Tod nicht länger hinausschieben. »Eine Lanze hat ihn getroffen.«

Sie schwiegen. Dann fragte Tasso mit brüchiger Stimme: »War er – war er schnell tot?«

»Ja. Er fiel sofort zusammen, erdrückte dabei fast einen Römer, der auch noch zustach, weil er sich von dem Pferd bedroht fühlte. Leonides bewegte sich nicht mehr.«

Wieder schwiegen sie. In Tassos immer noch umnebelten Kopf entstanden Bilder: wie er auf seinem Pferd die ersten Reitversuche entlang der Weser gemacht hatte, wie Leonides auf sein Rufen angetrabt kam, wie sich Reiter und Tier manchmal bei Kälte aneinander gewärmt hatten …

Armfried fand, er sollte Tasso hier nicht zu viel Zeit zum Grübeln lassen. »Das kurze Schwert steckte in Leonides' Seite, als er umfiel. So hatte der Mann keine Waffe. Ich konnte ihn erschlagen. Was mit dem anderen wurde, dem mit der Lanze, weiß ich nicht.«

Er machte eine Pause, aber Tasso merkte, wie gut es war, jetzt nicht über Leonides nachdenken zu müssen, und drängte: »Weiter!«

»Ich sprang mit einigen anderen in eins der Boote. Es wurde heftig gekämpft. Es gab Tote auf beiden Seiten. Ich war im hinteren Teil mit einem Römer im Kampf und konnte ihn erst nach langem, kraftraubenden Fechten besiegen. Genau genommen musste er mir ausweichen und wusste sich nicht anders zu helfen, als ins Wasser zu springen. Da war er aber sehr unbeweglich, und ich schlug ihm auf den Helm, dass er unterging. Ob er sich retten konnte, weiß ich nicht. Jedenfalls – als ich mich umsah, bemerkte ich, dass ich allein auf dem Boot war – abgesehen von den Toten. Meine Leute hatten gesehen, dass die Römer ans Ufer drängten und unserem Trupp den Rückweg abschnitten. So waren sie schnell an Land gesprungen, um sich noch in Sicherheit zu bringen. Ich sah sie kämpfen, es schien mir ziemlich aussichtslos zu sein. Allerdings drängten Reiter von uns heran. Ob sie sie erreicht haben, weiß ich nicht.

Für mich war es jedenfalls zu spät, an Land zu springen. Was sollte ich tun? Da hatte ich einen Einfall. Ich ließ mich fallen, als wenn ich auch tot wäre. Hinter der Bordwand schnitt ich das Seil durch, mit dem das Boot angebunden war.

Was ich erhofft hatte, geschah tatsächlich: Langsam löste sich mein Boot und trieb in den Fluss hinaus.

Niemand achtete darauf, weil am Ufer gekämpft wurde. Ich blieb still liegen, merkte nur, dass mein Boot irgendwo sanft an ein anderes stieß und sich mehrmals langsam um sich selbst drehte.

Ich hörte, dass ich mich von dem Schlachtenlärm etwas entfernte. Vorsichtig wagte ich über die Bordwand zu sehen. Ich war auch weiterhin sehr nah am römischen Heer, aber hier kämpfte es nicht. Das waren die Legionen, die Armin durch seine Strategie zur Untätigkeit gezwungen hatte. Auch die anderen Boote waren ganz nah.

Niemand achtete aber auf das treibende Boot, in dem ich lag, und ich merkte erst später warum: Sie waren dabei, ihre Katapulte aus den größten Flachschiffen auszuladen. Das war nicht leicht an dem teils aufgeweichten, schilfbewachsenen, teils etwa hüfthoch steilen Ufer.

Als ich langsam, quälend langsam an dem ganzen römischen Heer vorbeigetrieben war, hatten sie offenbar auch ihre Schleudern in Stellung gebracht, wenigstens die ersten. Ich sah das Ergebnis. Steinbrocken und armdicke Bolzen mit eisernen Spitzen flogen auf den Angriwarierwall. Der war nicht gebaut, um so einem Beschuss standzuhalten. Zunächst versuchten unsere Leute, die Lücken auszubessern, die die Geschosse rissen. Aber das konnte nicht lange gut gehen.

Als ich mit meinem Kahn schon fast außer Sichtweite war, konnte ich gerade noch den ersten Durchbruch beobachten. Danach wird alles schnell gegangen sein. Germanicus hatte wieder taktische Bewegungsfreiheit.

Hörst du mir noch zu? Willst du lieber schlafen? Ich kann dir das alles ja auch später erzählen.«

»Nein«, flüsterte Tasso, noch leiser und schwächer als eben. Er war schon fast wieder eingeschlafen. »Weiter!«

»Als ich nicht mehr gesehen werden konnte, habe ich die Toten aus dem Schiff in den Fluss geworfen und ein Ruder genommen. Damit war aber allein schlecht zu rudern, weil das Boot groß war, deutlich größer als die Boote, die sonst auf der Weser fahren. Ich konnte nur etwas steuern. Als ich links, also gegenüber der Seite, wo die beiden Heere waren, einen Wald mit dichtem Unterholz sah und ein flaches Ufer, habe ich das Boot an Land gesteuert, bin ausgestiegen und habe es bis in die Büsche gezogen, sodass man es nicht so leicht entdecken kann. Das war ein hartes Stück Arbeit.

Ich war gerade fertig damit, da kamen andere Boote, vollgeladen mit Verwundeten und mit den Wurfmaschinen. Am gegenüberliegenden Ufer sah ich die Legionen marschieren. Viele Schiffe kamen dann auch noch leer vorbei. Offenbar wollte Germanicus sich nicht gleich am Ort der Schlacht einschiffen, sondern in einiger Sicherheit.«

»Heißt das … Germanicus … hat gesiegt?«

»Nein. Aber Armin auch nicht. Später habe ich erfahren, dass Armin, als die Römer seine Falle aufgesprengt haben, den Rückzug befohlen hat. Er wollte wohl Verluste wie bei der ersten Schlacht vermeiden. Aber Germanicus hatte wohl auch keine Lust, unsere Leute bis in die Wälder zu verfolgen. Die Sache ist unentschieden ausgegangen. Es gab starke Verluste auf beiden Seiten. Germanicus kann seinen Feldzug wahrscheinlich als Sieg nach Rom melden, aber im Grunde hat ihn auch sein Einfall, mit Schiffen zu kommen, nicht weitergebracht.

Ich habe dann gewartet, bis Ruhe eingekehrt war, bin ein Stück flussaufwärts gelaufen und herübergeschwommen. Das Heer Armins hatte sich inzwischen aufgelöst, nur Reiter verfolgten Germanicus mit Abstand, um ihn bei passender Gelegenheit mit schnellen Überfällen zu ärgern.

Weißt du, Tasso, ich habe das Boot so gut versteckt, weil ich auf den Gedanken gekommen war, dich damit nach Hause zu bringen. Ich habe es dir doch geschworen. Und nachdem Leonides nun nicht mehr … na ja, da dachte ich, ein Boot wäre das beste. Allerdings ist es eigentlich zu groß. Ich brauchte mindestens noch einen Mann.

Ich traf dann unter den vielen, die da noch unschlüssig lagerten, einen, der mir geeignet erschien. Ich hatte schon neben ihm gekämpft. Ich schilderte ihm, was ich vorhatte, und versprach ihm guten Lohn, wenn er mir hilft, dich ins Boot und das Boot bis zu eurem Lager zu bringen. Ich hoffe, ich habe nicht zu viel versprochen. Deine Leute werden ihm doch sicher einen guten Lohn geben, nicht wahr?«

Armfried bekam keine Antwort. Tasso war schon wieder in einen Schlaf gesunken, der einer Ohnmacht ähnlich war.

* * *

Das Erste, was Tasso in der Umnebelung wahrnahm, war ein Geruch. Die Nase schien vor Augen und Ohren wach zu werden.

Neben den üblichen Gerüchen in einem Haus von Tieren und Rauch war da ganz nah ein angenehmer Geruch, aber er konnte ihn nicht einordnen. Er genoss ihn nur.

Dann erwachte sein Tastsinn. Aber es war nicht der Schmerz im Bein, der sich in sein Bewusstsein drängte. Es war etwas Angenehmes, Weiches an seiner Wange. Auch das genoss er eine Weile, ohne sich darum zu bemühen, wacher zu werden.

Als Nächstes machte sich sein Gehör bemerkbar. Direkt neben seinem Ohr wurde geflüstert. Es dauerte wieder einige Augenblicke, bis er es verstand. »Tasso«, flüsterte da jemand. Immer wieder: »Tasso!«

Das bin ich, fiel ihm ein, *und da ist jemand, der mich meint.* Er bewegte sich etwas.

Das Flüstern hörte auf, und das Weiche löste sich von seiner Wange.

»Tasso?« Die Stimme klang immer noch leise, aber jetzt ganz aufgeregt. »Bist du wach?«

Blinzelnd schlug er die Augen auf. Er brauchte noch einige Augenblicke, dann aber war er überwältigt von Glück. Dicht vor seinen Augen sah er das Gesicht von Gundis. Ihre Augen waren noch feucht von Tränen, aber sie begannen zu strahlen, als sie nun in seine offenen Augen blickte, und wurden immer funkelnder. Ihr sanft lächelnder Mund stand halb offen. Ihre langen blonden Haare fielen rechts und links herunter bis auf das Lager auf beiden Seiten vor Tassos Kopf. Sie bildeten einen Vorhang, als sollte das, was zwischen ihren beiden Gesichtern war, als ein Geheimnis eingeschlossen werden.

Eine unendlich lange Zeit – so kam es Tasso jedenfalls vor, und er genoss es – änderte sich nichts. Dann hob Gundis langsam den Kopf.

»Gundis!«, sagte er. Es kam nur krächzend heraus.

Sie flüsterte: »Tasso! Du wirst wieder gesund!« Sie legte ihre Wange an die von Tasso, und der erkannte das Gefühl wieder.

»Ich habe so Angst um dich gehabt!«, flüsterte sie an seinem Ohr.

Nach einer Weile hauchte sie: »Ich muss deine Mutter rufen. Ich habe ihr versprochen, ihr Bescheid zu sagen, falls du aufwachst.« Sie rührte sich aber nicht.

Tasso flüsterte: »Ich schlafe sowieso gleich wieder ein.«

Das tat er dann auch.

Als er wieder aufwachte – er hatte keine Vorstellung, wie viel Zeit inzwischen vergangen war –, saß Gundis rechts und seine Mutter links. Gerhild hatte seine Hand in ihrer und lächelte ihn an.

»Ich wusste, dass du wieder gesund wirst, mein Junge. Einige meinten, du kämst nicht mehr zurück. Aber ich wusste es immer.«

»Mutter! Ich habe euch wohl viele Sorgen gemacht?« Er konnte schon etwas kräftiger sprechen.

»Ja, Tasso, das hast du. Aber das ist jetzt alles vergessen. Kannst du dein Bein richtig bewegen?«

Er probierte es. Es schmerzte, aber es ging.

»Du weißt, mein Junge, ich habe es immer für unnötige Verschwendung gehalten, Odin ein Opfer zu bringen. Aber jetzt werde ich es tun. Wenn er sich nicht freuen sollte, dann tut es wenigstens mir gut.«

»Tu das, Mutter!«, lächelte Tasso.

»Deine Freundin Gundis und ich haben uns Tag und Nacht abgewechselt an deinem Lager.«

»Seit wann bin ich hier?«

»Seit vier Tagen. Oh – da fällt mir ein, ich muss dir unbedingt sofort eine Hühnersuppe kochen. Du musst doch wieder zu Kräften kommen. Es geht schnell, es ist schon alles vorbereitet.« Sie stand auf. »Gundis, pass so lange auf ihn auf, damit er keine Dummheiten macht!«

Als sie hinter der Flechtwand verschwunden war, die diese Ecke vom übrigen Haus abtrennte, sagte Tasso: »Gundis, du … ich …«

Sie beugte sich herunter, sodass ihr Gesicht seinem wieder ganz nahe war, und lächelte: »Was denn nun – du oder ich? Oder vielleicht sogar wir beide?«

»Ich wollte sagen: Ich habe nicht richtig gehandelt, dass ich einfach fortgegangen bin. Verzeih mir!«

Das Lächeln war aus ihrem Gesicht geschwunden. »Ich habe dir den Anlass dafür gegeben! Verzeihe du mir!«

»Nein!« Er wollte den Kopf schütteln, aber da drehte sich alles vor seinen Augen, und er hielt wieder still. »Es war ja nicht böswillig von dir, Gundis. Aber ich war zu dumm, um das zu verstehen. Ich habe dir nichts zu verzeihen, aber du mir.«

Statt einer Antwort küsste sie ihn.

»Na, na!«, rief da jemand. »Kaum dem Tod entwischt, noch lange nicht gesund, und schon ein Mädchen küssen!« Es war Wisbert.

Ihm folgten alle anderen: Ragest, Tjeff, Helga mit ihrem zweiten Sohn Ayko an der Hand, der schon laufen konnte, der kleine Osbert, Theudebert und zuletzt Armfried.

»Armfried – du bist noch da?«

Er nickte nur. Theudebert antwortete an seiner Stelle: »Dieser nette junge Mann hat gefragt, ob er bei uns bleiben und für unseren Handel arbeiten könnte. Wir haben zugestimmt. Ich hoffe, du bist auch einverstanden.«

Tasso sagte: »Das freut mich! Danke für alles, Armfried!«

»Ich habe dir schon einmal gesagt: Hör auf, dich dauernd zu bedanken! Sonst belästige ich dich jedes Mal auch mit meinem Dank, dass du mich von den Galliern gerettet hast!«

Wisbert sagte: »Armfried hat uns haarklein berichtet, was sich alles zugetragen hat. Aber das entbindet dich nicht von der Pflicht, es auch noch mal aus deiner Sicht zu schildern. Vor allem, was du erlebt hast, bevor du Armfried getroffen hast.«

»Später!«, ordnete Gundis an. »Jetzt verschwindet erst mal wieder! Da kommt Gerhild mit der Suppe!«

Die ganze Gesellschaft verdrückte sich hinter die Flechtwand. Nur Osbert kam noch einmal näher. »Bist du jetzt wieder gesund, Tasso?«, fragte er.

»Noch nicht ganz, Osbert. Aber bald. Und dann spielen wir wieder zusammen, ja?«

Osbert nickte und ging auch.

Gerhild gab Gundis die Suppe und schob ein zusammengerolltes Fell unter Tassos Schultern, damit er sich leichter aufrichten konnte.

Tasso wurde gefüttert wie ein kleines Kind. Er nahm an, er hätte auch allein essen können, obwohl er sich sehr schwach fühlte, aber er ließ es geschehen.

Seine Mutter brachte die fast leere Schüssel fort, und Tasso sagte: »Gundis, deine Antwort steht noch aus. Verzeihst du mir?«

»Ich dachte, mein Kuss sei Antwort genug. Aber wenn du es in Worten hören möchtest – gut: Falls es etwas zu verzeihen gibt, verzeihe ich dir.«

»Ja, du hast recht. Eigentlich hat dein Kuss es mir schon gesagt. Und noch etwas hat er gesagt: dass du keine Angst mehr hast, mich zu berühren.«

Ein Schatten huschte über ihr Gesicht. Aber nur kurz, dann strahlte sie wieder. Und sie küsste ihn noch einmal.

34 n. Chr.

Die Pferde strengten sich nickend an, denn der Weg ging leicht bergauf, und der Wagen war hoch beladen.

»So war das alles«, sagte der Mann auf dem Kutschbock zu seinem etwa elfjährigen Sohn neben sich, der die Zügel hielt.

»Erzähle weiter, Vater!«

»Ich habe dir das alles doch schon hundertmal erzählt, Radulf!«

»So oft hast du es mir noch nicht erzählt.«

Tasso lächelte.

»Gut, vielleicht war es nur neunundneunzig Mal. Aber es wird noch viele Gelegenheiten geben, davon zu erzählen.«

»Und dann hast du Mutter geheiratet.«

»Ja, und ihr wurdet geboren, erst deine Schwestern und dann du.«

»Und dann Ingwin.«

»Ja. Treibe die Pferde ein wenig an. Sie schlafen ja fast ein.«

Radulf schnalzte mit der Zunge.

»Und Ragest war auch dabei, nicht?«

»Meistens.«

Ragest lenkte sein Pferd dichter an den Wagen heran. »Sprecht ihr von mir? Was ist mit mir?«

»Ich habe Radulf gerade zum neunundneunzigsten Mal von früher erzählt. Da kamst du auch vor.«

»Ja, Radulf, stell dir vor, dein Vater war so alt wie du jetzt, ich glaube sogar, noch etwas jünger, da hat er einen Bären erstochen!«

Tasso lachte. »Weil du ihn schön festgehalten hast.«

»Ich kenne die Geschichte«, sagte der Junge. »Aber ihr könnt sie ruhig noch mal erzählen.«

»Es ist genug erzählt. Wir kommen auch gleich nach Berffe. Da besuchen wir deinen Großvater Hortwin und deinen Onkel Gerwin.«

»Ragest, gehst du mit mir auch mal auf eine Bärenjagd?«

»Ach, Junge … ich weiß nicht … Ich bin ja nicht mehr sehr weit vom fünfzigsten Lebensjahr …«

Radulf fühlte, ob das Messer noch in seinem Gürtel steckte. Sein Vater hatte es ihm geschenkt, als sie losgefahren waren und er zum ersten Mal mitdurfte. Er hatte ihm erklärt, dass dies das Messer war, mit dem er damals den Bären erstochen hatte.

Der Junge legte die Rechte an den einfachen Griff aus Hirschhorn, während die Linke die Zügel hielt, und sagte: »Wenn die Römer wiederkommen, helfe ich mit, sie zu verjagen!«

Tassos Gesicht wurde ernst. »Die Römer kommen wohl nicht mehr.«

»Die haben Angst vor uns, stimmt's?«

»Nun, sie haben gemerkt, dass es ihnen zu viel Schaden und zu wenig Nutzen bringt, sich dauernd mit uns zu schlagen. Das hat der Kaiser Tiberius gemerkt, und er hat Germanicus zurückgerufen und woanders hingeschickt.«

»Und seitdem lassen sie uns in Ruhe?«

»Ja. Hier wenigstens. Weiter im Süden bauen sie ihre Macht aus.«

»Wenn Armin noch lebte, würde er die Römer auch im Süden vertreiben?«

Tasso antwortete erst nach einer Weile: »Das weiß ich nicht. Aber es ist Unsinn, darüber nachzudenken. Armin lebt nicht mehr.«

»Schade!«

»Ja, mein Sohn, das ist sehr schade. Armin war ein Mann, zu dem ich aufgesehen habe, den ich bewundert habe. Als sie ihn heimtückisch ermordeten, war es, als wäre ein Stück von mir selbst gestorben.«

»Warum haben sie ihn ermordet, Vater? Wo er doch so viel für uns getan hat!«

»Neid wahrscheinlich. Lange geschürter Hass. Du weißt ja – Segestes und seine Familie hassten ihn bis aufs Blut. Und sein Onkel Ingomer gönnte dem Neffen nicht den Erfolg. Er hätte selbst gern Armins Macht besessen. Es ging sogar damals ein Gerücht um, ein chattischer Fürst hätte den Römern angeboten, Armin zu vergiften, wenn sie ihm das Gift dafür besorgten.«

»Gemeine, feige Hunde sind das!«

Tasso nickte. »Das ist wohl wahr, Radulf. Aber wundere dich nicht zu sehr darüber. Die meisten Menschen sind so. Und ob du es wahrhaben willst oder nicht – etwas davon steckt in uns allen.«

»In uns? Dir und mir? Aber Vater ...«

»Doch, mein Junge. Und wenn Armin noch lebte, und wenn es ihm nach dem Sieg über Marbod, den Markomannenkönig, gelungen wäre, alle unsere Stämme zu vereinen, dann wäre er vielleicht über andere hergefallen. Dann wäre er in unseren Augen ein guter Held, aber für die anderen ein Verbrecher, wie für uns die Römer. Wer ist schon wirklich gut? Was ist überhaupt gut?«

Radulf war verwirrt und antwortete nicht. Beide, Vater und Sohn, hingen schweigend ihren Gedanken nach.

Die ersten Häuser von Berffe kamen in Sicht. Kinder spielten auf der Straße und winkten ihnen fröhlich zu. Dann lag seitlich der Hof der Schmiede.

»Fahr einen weiten Bogen, Radulf, damit du nicht mit den Hinterrädern an die Hausecke kommst!«

Als sie auf den Hof fuhren, dachte Tasso für einen Augenblick, es wäre alles wie früher: Hortwin stände in der Schmiede und der alte Sello säße am Schleifstein. Aber jetzt war es Hortwin, der die Klingen schliff, und sein Sohn Gerwin schmiedete, und dessen Sohn Rorik bediente den Blasebalg. Der Blasebalg war auch neu und etwas größer, und statt einem Knecht arbeiteten zwei mit und dazu sein Schwager.

Alle begrüßten sich freudig.

Da es zwar wolkig, aber warm war, trugen die Frauen Bier und Brot und Käse auf den Tisch im Freien, und alle setzten sich zusammen. Es war sowieso die Zeit für eine Pause.

Radulf und Rorik verstanden sich gut, sie standen bald auf und streiften umher. Nachdem alles aufgegessen und das Wichtigste erzählt war, gingen Gerwin, sein Schwager und die Knechte wieder an die Arbeit.

»Ich hatte da so einen Gedanken«, begann Hortwin.

»Soll ich raten?«, fragte Tasso und riet auch gleich: »Du willst mit uns fahren! Du willst endlich unsere Einladung annehmen!«

Hortwin grinste: »Ich habe meine Tochter seit vielen Jahren nicht mehr gesehen. Als Gundis' Mutter starb, habe ich mir Vorwürfe gemacht, dass wir nicht vorher bei euch waren.«

»Aber jetzt willst du mitkommen?«

»Ich bin ja nicht mehr so wichtig hier. Gerwin macht das alles großartig. Und ich dachte, auch Rorik könnte mal mitkommen. Er versteht sich gut mit Radulf. Und ich finde, ein Junge in seinem Alter muss etwas sehen von der Welt um ihn her. Ich habe immer darunter gelitten, dass ich von Kindheit an in der Schmiede eingesperrt war. Und bei Gerwin war es leider nicht viel anders.«

»Ich freue mich, Hortwin! Du bist herzlich willkommen.«

Ragest mischte sich ein. »Wenn ihr so viele Männer seid ... Da brauchst du mich ja nicht unbedingt, Tasso ...«

»Möchtest du ein paar Tage hierbleiben? Über die Sonnenwendfeier?«

»Ja, bei den Wettkämpfen zusehen, ein paar Becher Bier trinken ...«

»Gut, mach das nur, Ragest.«

Hortwin fragte Tasso: »Was ist aus deinen Plänen mit dem Kalk geworden? Du hast mir voriges Jahr davon erzählt, dass du einen Kalkofen bauen wolltest.«

»Erinnere mich nicht daran! Es ist schon schlimm genug, dass mich der Ofen immer daran erinnert, wenn ich ihn sehe. Es war ein Reinfall. Ich dachte, wenn überall auf der linken Rheinseite mit Steinen gemauert wird – vielleicht möchte das hier auch jemand. Und ich hätte mit Kalk ein gutes Geschäft machen können. Aber niemand will ihn haben. Alle sind zufrieden mit ihren Häusern aus Balken und Lehm. Ich habe eine Menge Geld verloren bei diesem Versuch.«

»Tröste dich! Es kann jedem Geschäftsmann geschehen, dass er sich verrechnet. Offen gesagt – ich finde es fast beruhigend, dass du dich auch mal irrst. Euer Erfolg und euer stetig wachsender Reichtum war ja schon fast unheimlich. Aber nun sehe ich, dass ihr auch nur Menschen seid!«

Tasso lachte. »Du wirst dich bei deinem Besuch davon überzeugen können, wie menschlich es bei uns zugeht. Und mit dem Reichtum ist es auch nicht so weit her. Die Palisaden beginnen zu faulen und müssten erneuert werden. Und der Boden in unserem Hof ist nicht mit römischen Goldmünzen gepflastert, sondern wenn da etwas gelb ist, ist es nach wie vor der Hühnerdreck. Die einzige Verbesserung ist, dass jetzt große flache Steine im Schrittabstand auf den Wegen zwischen den Häusern liegen, damit man bei Regen nicht immer gleich dreckige Füße kriegt.«

»Ich freue mich trotzdem auf den Besuch!«

»Ich auch, Schwiegervater!«

* * *

Poltern und laute Rufe weckten die Bewohner des Lagers. Der Hund, der nun wieder Fafnir hieß, bellte.

Tasso fuhr auf. Im Nu hatte er sich seinen Kittel umgehängt und den

Gürtel mit dem Schwert umgeschnallt. Während Gundis nach den Kindern sah, fuhr er in die Sandalen.

Auf dem Hof traf er mit Tjeff und Ayko, dessen zweitem Sohn, zusammen, die auch nachsehen wollten, wer am Tor war.

»Vielleicht kommen Wisbert, Armfried und Osbert zurück?«, meinte Ayko.

Tjeff schüttelte den Kopf. »Die würden doch nicht mitten in der Nacht solch einen Lärm machen!«

Tasso war am Tor und spähte hinaus, konnte aber wegen der Dunkelheit nichts sehen. Aber als Fafnir mit seinem Gebell eine Pause machte, erkannte er Gerwins Stimme.

»Gerwin?«

»Ja, ich bin's und Ragest! Lasst uns rein!«

Ayko schob den Riegel zur Seite, und gemeinsam öffneten sie das Tor. Die beiden Ankömmlinge hielten ihre Pferde am Zügel und führten sie herein. Die Männer und noch mehr die Tiere sahen völlig erschöpft aus.

»Ihr kommt mitten in der Nacht?«, fragte Tasso. »Und du kommst auch, Gerwin? Hast du die Schmiede …«

»Das erzähle ich euch drin. Am besten, ihr ruft alle Erwachsenen zusammen.«

Tasso besorgte das, während Ragest seinen Begleiter ins Haus brachte, Tjeff das Tor schloss und Ayko die Pferde versorgte.

Kurz darauf saßen alle um den großen Tisch in Tjeffs und Helgas Haus. Tassos Töchter Rotrud und Amala schürten das Feuer, und Gisla trug Bier und Milch herbei.

Gisla war Armfrieds Frau geworden. Als Tasso mit Armfried zusammen einmal bei einer Handelsreise den Bauern besucht hatte, bei dem er einen Winter über gewesen war, hatten sein Freund und Gisla, die Tochter des Bauern, sich kennengelernt. Es war dem hübschen Mädchen nicht schwergefallen, Armfried für sich einzunehmen, und umgekehrt. Nun wohnte Gisla hier im Lager der Händler und hatte schon zwei Töchter und einen Sohn.

»Ihr seid in großer Gefahr!«, begann Gerwin. »Ihr müsst fliehen!«

»Was?« »Wieso?« »Vor wem?« Alle redeten durcheinander.

Gerwin antwortete aber nicht sofort, sondern sah Ragest an. Der verstand und nickte. Nach einigen Augenblicken begann er zögernd.

»Es tut mir so leid! Ich wollte es nicht. Aber ich hatte getrunken. Und da weiß man ja oft nicht … Außerdem dachte ich …«

»Am besten, du erzählst einfach von vorn, Ragest«, unterbrach Gerwin sanft, aber mit einem drängenden Unterton.

»Ach so, ja. Also, ich war auf dem Sonnenwendfest. Es waren schöne Wettkämpfe, und … ach ja, das ist jetzt nicht so wichtig. Jedenfalls habe ich am Abend getrunken. Es waren lauter nette Leute da. Und als ich dann was gesagt hatte, ich meine, von Gundis, dass sie hier ist und Tassos Frau, da haben sie mir dauernd neues Bier nachgeschenkt. Und gefragt.«

Er machte eine Pause. Es war totenstill im Raum.

Gerwin sah ein, dass er selbst berichten musste, sollten sie in dieser Nacht noch fertig werden.

»Am nächsten Tag schwirrten Gerüchte durchs Dorf. Männer wurden zusammengerufen. Es hieß, Hilbracht stelle einen Trupp zusammen. Ragest hatte sich verplaudert und unter dem Einfluss von Bier alles erzählt: Dass Gundis hier lebt. Dass sie es war, die Hilbracht durchs Gesicht geschnitten hatte, was Hilbracht wusste, aber die Leute nicht. Dass Tasso und sein Vater sie damals befreit hatten. Und auch, dass Gerhild ihren Mann getötet hat. Und sogar, dass ihr damals den römischen Legionär gesund gepflegt und ihn zurückgebracht habt. Alles eben.«

Wieder herrschte Stille. Jeder überlegte für sich, was das bedeuten musste.

Ragest räusperte sich. »Äh – es tut mir so leid, Tasso! Und Gundis! Ich … ich … wenn ich bei Verstand gewesen wäre, ich hätte niemals … Aber ihr wisst ja, ich war noch nie besonders schlau. Und sie haben so gefragt, dass ich … so – harmlos, versteht ihr? Ich hab's gar nicht gemerkt, dass sie alles aus mir herausgequetscht haben.«

Er verbarg das Gesicht in den Händen. Man hörte nichts von seinem Schluchzen, aber seine Schultern bebten.

Gundis, die zufällig neben ihm saß, legte ihm wortlos eine Hand auf den breiten Rücken.

Gerwin fuhr fort: »Dass Hilbracht Männer zusammensuchte, konnte nur bedeuten, dass er Jagd auf euch machen will. Schnell habe ich bei uns in der Schmiede ein paar Anweisungen gegeben und bin mit Ragest losgeritten, um euch zu warnen. Wir haben uns fast keine Pause gegönnt und unsere Pferde fast zu Tode geritten. So habt ihr Zeit genug zu fliehen. Ich schätze, dass sie vor Abend des kommenden Tages nicht hier sein können.«

In das folgende Schweigen hinein sagte Gerhild leise, aber fest: »Tasso und Gundis müssen fliehen. Mit ihren Kindern. Aber ich komme nicht mit. Ich bin zu schwach dafür und würde euch nur aufhalten.«

»Dann bringen sie dich um!«, sagte Gundis.

»Ja, ich weiß. Aber ich bin alt, da ist es nicht schlimm. Und wenn ich ihnen entgegengehe, kann ich sie vielleicht noch etwas aufhalten.«

»Das lasse ich niemals zu!«, rief Tasso. »Du kommst mit!«

Gerwin meldete sich wieder zu Wort: »Ich fürchte, ihr habt den Ernst noch nicht richtig erkannt. Auch Tjeff und Helga und Ragest sind in Gefahr. Hilbracht schnaubt vor Wut, dass ihr Gundis hier versteckt habt. Und dass ihr dem Legionär geholfen habt. Auch von Hilbrachts Männern, die er ständig in seinem Dienst hat, sind einige sehr aufgebracht und brennen auf Rache. Ganz zu schweigen von Batiza, seiner Frau. Die kocht vor Wut. Ihr wisst ja, dass sie neun Zehntel ihrer Lebenszeit schlechte Laune hat. Aber so wütend war sie wohl lange nicht mehr.«

Gundis nickte. »Und noch etwas dürfen wir nicht übersehen: Wenn sie meinen Vater hier finden, wissen sie, dass er die ganze Zeit wusste, wo ich war, und dass er sie belogen hat.«

Ayko, jung und feurig, knallte seinen Becher auf den Tisch. »Warum redet ihr denn immer alle von Flucht, bei Odin! Wir verteidigen uns! Wofür haben wir denn den kräftigen Schutzzaun?«

»Du weißt nicht, was du redest, Ayko!«, sagte Tjeff beherrscht. »Verteidigen! Die Fischer und Bauern des Ortes helfen uns nicht. Und wenn sie es wollten, wollte ich es nicht. Das ist unsere Fehde, mit der sie nichts zu tun haben. Und wir …«

»Du und Tasso, Hortwin und Gerwin, Ragest und ich – das sind sechs Männer! Und die Frauen sowie die Knaben Radulf und Rorik können mit dem Bogen auf dem Wehrgang stehen und verteidigen.«

»Hilbracht kommt mit vielen Leuten, wie ich ihn kenne!«, warnte Tasso.

»Vielleicht kommen die drei im Boot sogar bis dahin, Wisbert, Armfried und mein Bruder Osbert. Dann sind wir neun waffenfähige Männer!« Ayko redete sich in Eifer.

»Mich solltest du nicht mehr zu den waffenfähigen Männern zählen«, meinte Hortwin, der alte Schmied.

»Das ist alles Unsinn!«, sagte Tjeff. »Wir müssten Tag und Nacht Wachen aufstellen. Da werden aus den acht Männern nur noch vier am Tag und vier in der Nacht. Es hat keinen Sinn! Es geht einfach nicht!«

Ayko schien sich nicht zum ersten Mal mit seinem Vater zu streiten.

»Willst du, dass wir alle fliehen? Und alles aufgeben, was wir uns erarbeitet haben? Und willst du Gerhild den Leuten überlassen, wenn sie sagt, sie kann nicht mitfliehen? Ich sage euch: Ich fliehe nicht!«

»So kannst du nur in deinem jugendlichen Übermut reden. Du hast keine Verantwortung für andere zu tragen! Aber ich wohl! Und ich bin zwar selbst bereit zu kämpfen und auch zu sterben. Aber ich will nicht meine Frau und meine Kinder in ihrem Blut liegen sehen.«

Ayko ließ sich durch die Worte seines Vaters nicht beruhigen, obwohl Amala ihm einen Wink gab, um ihn zu besänftigen. Den bemerkte er aber nicht.

»Vater, das kannst du nicht allein entscheiden! Ich weiß noch genau, was unser Großvater Theudebert gesagt hat, ehe er starb. Ich war groß genug, um es zu verstehen. Er sagte, wir sollten alle Entscheidungen gemeinsam fällen. Nur im Fall eines Kampfes, wo es schnell gehen muss, sollten wir Tasso führen lassen. Nun – ist das hier Kampf oder nicht? Wenn ja, muss Tasso entscheiden, wenn nein, wir alle gemeinsam. Aber keinesfalls du alleine!«

Helga ergriff zum ersten Mal das Wort. »Ayko, in der Sache hast du vielleicht recht. Aber dass du diese gefahrvolle Lage benutzt, um dich mit deinem Vater zu streiten, ist ein Zeichen von Unreife und Verantwortungslosigkeit. Die Sache ist so ernst, dass wir mit sehr viel Ruhe darüber reden müssen!«

Ayko wollte wieder aufbrausen. Aber Amala, Tassos und Gundis' zweite Tochter, bildhübsch mit langen, dunkelblonden Locken, die ihr bis zum Gürtel reichten, war langsam zu ihm hingegangen und sah ihn an. Der Blick ihrer graugrünen Augen zwang ihn zur Ruhe, ohne dass er wusste, wie das kam. Tasso ergriff das Wort. »Wir werden fliehen. Auch wenn unsere drei im Boot rechtzeitig kommen, können wir uns nicht lange Zeit gegen dreißig oder vierzig Angreifer verteidigen. Wir beladen einen Wagen mit allem, was wir für eine Flucht brauchen. Aber wir warten noch, Wisbert wollte heute zurückkommen. Es ist auch auf der Flucht gut, drei Mann mehr zu haben. Aber wenn Wisbert und die anderen bis zum Mittag nicht da sind, werden wir wohl fliehen müssen.«

»Das ist ein gutes Wort«, sagte Tjeff leise. Ayko sah seinen Vater an, dann Amala und nickte nur.

»Gut!« Tasso sah sich um. »Die Kinder halten Ausschau, während die Erwachsenen die Vorbereitungen treffen. Rotrud, du wachst nach Osten, zur Weser hin, ob Wisbert kommt. Amala zur entgegengesetzten Seite, zum Weg, auf dem wahrscheinlich die Feinde kommen. Radulf und Rorik wachen nach Norden und nach Süden. Die anderen suchen zusammen, was wir mitnehmen können.«

Alle standen auf und gingen auf ihre Posten.

Als es im Haus leerer geworden war, sagte Tasso zu Gerwin: »Du solltest wieder fortreiten, Gerwin! Wenn du Hilbracht nicht begegnest, kannst du in Berffe mit deiner Familie in Frieden weiterleben. Niemand wird wissen, dass du uns gewarnt hast. Nimm auch deinen Vater und deinen Sohn mit. Ich gebe euch andere Pferde, weil deins ...«

»Nein, Tasso! Ich bleibe! Falls ihr kämpfen müsst, kann ich helfen. Später kann ich immer noch zurückkehren.«

»Wie du willst. Danke für alles! Auch, dass du uns gewarnt hast!«

»Da ist nichts zu danken. Schließlich sind mein Sohn und mein Vater hier. Und Gundis ist meine Schwester, wie du dich erinnern wirst. Und was dich angeht – wäre es übertrieben zu sagen, dass wir Freunde sind?«

»Nein, das wäre nicht übertrieben, glaube ich.«

* * *

Die Sonne stand erst eine Handbreit über den Wäldern im Osten, da geschah alles auf einmal.

Rotrud rief vom Wehrgang herunter, sie sehe ein Boot kommen. Es säßen drei Gestalten drin, es könnten Wisbert, Armfried und Osbert sein.

Amala schrie kurz darauf: »Männer am Waldrand! Reiter! Ganz viele!«

Tasso hastete die Leiter hinauf, um selbst zu sehen. Tatsächlich – immer mehr Reiter kamen aus dem Wald heraus, hielten aber davor an. Es waren jetzt schon mehr als die dreißig, die er erwartet hatte.

Gesichter waren nicht zu erkennen. Aber auch auf die Entfernung war zu sehen, dass die Tiere erschöpft waren. Sie mussten sich sehr beeilt haben. Vermutlich hatten sie das Fehlen von Ragest und vielleicht auch von Gerwin festgestellt und wollten einer Warnung zuvorkommen.

Auch die anderen Bewohner des Lagers kamen herauf.

»Wir können nicht mehr fliehen!«, flüsterte Tasso.

»Jetzt bekommst du doch noch deinen Willen, Ayko!«, sagte Tjeff. Dann fiel ihm etwas ein. »Komm mit!«

Er hastete zurück und sprang die letzten Stufen auf den Hof. »Mach das Tor auf!«

Ayko tat, was sein Vater verlangte. Der band Gerwins und Ragests Pferd los, schwang sich auf das eine und nahm das andere am Zügel. Im Galopp ritt er zum Tor hinaus und den Hügel hinunter, dem Boot entgegen.

Die anderen beobachteten, wie er bald auf der Höhe des Bootes war und heftig winkte. Die drei ruderten schnell ans Ufer, überließen das Boot einfach sich selbst und schwangen sich auf die Pferde, sodass auf jedem zwei Mann saßen. Die ausgelaugten Tiere, die kaum Gelegenheit gehabt hatten, sich zu erholen, mussten nun die doppelte Last im Galopp zum Hügel tragen.

Als die vier Männer auf zwei Pferden sich dem Lager näherten, erkannten die Reiter am Waldrand, dass sie hier eine Gelegenheit hatten, ihren Sieg zu erleichtern. Sie trieben ihre ermüdeten Pferde an, um den anderen den Weg abzuschneiden.

Tasso rief: »Holt eure Waffen! Besonders die Bogen! Schnell! Und Gerwin, geh du zu Ayko ans Tor, damit ihr es schnell schließen könnt, sobald die vier drin sind. Radulf, bring mir meinen Bogen!«

Alle rannten. Es war ein ziemliches Gedränge auf dem schmalen Wehrgang und den Stiegen. Aber noch ehe die feindlichen Reiter in die Nähe des Hügels gekommen waren, standen die meisten Verteidiger wieder oben, und Tasso teilte jedem einen Platz zu.

Es war knapp, aber die vier schafften es. Das letzte Stück den Hügel hinauf wurde für die Pferde anstrengend. Osbert und Armfried, die hinten gesessen hatten, sprangen ab und rannten das letzte Stück zu Fuß. Sie waren gerade durch das Tor gelaufen, da warfen Gerwin und Ayko es zu und verriegelten es gleich mehrfach.

Jetzt konnte Tasso die Gesichter der Reiter erkennen. Das da war Hilbracht, ganz deutlich an seiner Narbe im Gesicht zu sehen.

Hilbracht hatte sein Pferd angehalten, als er merkte, dass er den vier

Männern nicht mehr den Weg abschneiden konnte. Seine Krieger taten es ihm gleich. Sie standen am Fuß des Hügels und blickten hinauf. Es war aber nichts zu sehen, weil sich alle hinter die Palisaden duckten.

»He!«, rief Hilbracht. »Wer wohnt da?«

Tasso und Tjeff wechselten ein paar leise Worte darüber, wie sie vorgehen sollten. Tjeff erhob sich.

»Ich!«, rief er. »Was wollt ihr?«

»Wer bist du?«

Tjeff rief zurück: »Wer bist du?«

»Ich bin Hilbracht, freier, edler Chatte, und das sind meine Söhne.« Er zeigte auf drei junge Männer, von denen der offenbar Jüngste neben ihm war und die beiden anderen an den Flügeln des Trupps, der sich jetzt weiter auseinanderzog.

»Und das alles sind meine Gefolgsleute.«

»So viele? Seid ihr auf der Jagd?«

»Ja«, rief Hilbracht. »Auf der Jagd nach Menschen, die gegen alte Gesetze verstoßen und einen Urteilsspruch der Gerichtsversammlung missachtet haben.«

»Dann wünsche ich euch viel Erfolg!«, rief Tjeff und verschwand hinter den Stämmen, als wäre die Sache damit erledigt. Aber er wusste natürlich auch, dass sie das nicht war.

Hilbracht rief: »Zeige dich! He, du!«

Tjeff erhob sich wieder. »Was ist denn noch? Erwartest du Gastfreundschaft von mir? Es tut mir leid, aber für so viele Besucher sind wir nicht eingerichtet.«

»Uns ist berichtet worden, die Personen, die wir suchen, seien bei euch. Also gebt sie heraus. Dann verzichten wir gern auf eure Gastfreundschaft und reiten wieder fort.«

»Hier ist niemand, den wir herausgeben könnten. Alle gehören zu uns.«

Man merkte, dass Hilbracht des Spiels langsam überdrüssig wurde. Seine Stimme klang schärfer, als er aufzählte: »Es handelt sich um einen gewissen Tasso, seine Frau Gundis und seine Mutter Gerhild. Schickt sie heraus, dann vergesse ich, dass ihr euch schuldig gemacht habt, indem ihr sie aufnahmt.«

»Weißt du nicht, edler Hilbracht, dass den Chatten das Gastrecht heilig ist?«

Jetzt konnte Hilbracht nicht mehr an sich halten. »Genug geredet! Gebt sie heraus! Oder wir stürmen euer Lager, und dann geht es euch allen schlecht!«

Tjeff rief: »Eins solltest du noch wissen, edler Hilbracht: Wer den Hügel heraufkommt, wird von uns als Eindringling betrachtet. Wir werden auf ihn schießen!«

Hilbracht war nicht mehr so ungestüm wie in seiner Jugend. Vielleicht lag es aber nicht nur am Alter, sondern an den Erfahrungen in Armins Schlacht, dass er nicht einfach den Befehl zum Angriff gab, sondern sich erst leise mit einigen seiner Männer beriet.

Das zog sich einige Zeit hin. Die Krieger verteilten sich um den Hügel und kesselten ihn so völlig ein. Etwa alle zehn bis fünfzehn Schritte stand nun ein Pferd mit einem Reiter. Sie waren dort mit Pfeilen zu erreichen, aber das schienen sie sich noch nicht klargemacht zu haben.

Tasso hatte auf die Bewaffnung geachtet. Nur drei der Männer hatten einen Bogen. Eine solche Fernwaffe galt bei den Chatten und ihren Nachbarstämmen nicht als besonders ehrenhaft und wurde mehr für die Jagd als im Krieg benutzt. Wer einen Feind mit dem Schwert oder der Streitaxt besiegte, war ein Held, nicht, wer ihn mit einem Pfeil traf. Erst nachdem sie gesehen hatten, welchen Schaden die Bogenschützen der Römer anrichten konnten, hatte ein Umdenken begonnen.

Sie waren acht Männer, wenn man den alten Hortwin nicht mitrechnete: die drei Ältesten Tjeff, Ragest und Wisbert, die drei im besten Mannesalter Tasso, Armfried und Gerwin, und dann noch die zwei jungen Söhne Tjeffs, Osbert und Ayko. Bei einem Angriff der vierzig Feinde hätte jeder der Verteidiger fünf Angreifer abzuwehren. Das ging nur, wenn sie die Feinde schon während des Heraufstürmens unter Beschuss ihrer Pfeile nahmen. Und wenn die Frauen dabei mithalfen.

Tasso ging gebückt den Wehrgang entlang, stellte die Verteidiger so, dass sie gut verteilt waren, und schärfte jedem ein, sofort zu schießen, wenn ein Reiter Anstalten machte, den Hügel heraufzukommen.

Als er die Runde gemacht hatte, sah er, dass Hilbracht und einer seiner Söhne, dazu ein älterer, aber sehr kräftiger Krieger abgestiegen waren und sich auf einem Platz zwischen dem Fuß des Hügels und dem Fluss, gegenüber dem Tor, niedergelassen hatten. Offenbar berieten sie weiter.

Auch die Männer rechts und links vor ihnen stiegen aus den Sätteln.

Ein junger Mann nahm mehrere der Pferde und führte sie zum Fluss, um sie zu tränken.

Plötzlich erklang Geschrei. In das Kriegsgebrüll einiger Männer mischten sich die Rufe der Verteidiger, dass von Westen her angegriffen wurde.

»Bleibt alle an eurem Platz!«, rief Tasso und rannte hinüber. Hier hatte der jüngste von Hilbrachts Söhnen und offenbar der hitzigste sechs Männer überredet, auch ohne Hilbrachts Befehl anzugreifen. Hinter den Palisaden standen hier Armfried, Osbert und Gerhild, alle drei mit Bogen bewaffnet. Als Tasso ankam, hatte Armfried schon einen der Männer vom Pferd geschossen. Je näher die anderen kamen, desto größer wurden sie als Ziel. Sie hatten zwar Schilde, aber die konnten sie nicht überall schützen. Gerhild traf einen Angreifer in die Brust. Der Pfeil war allerdings nicht so tief eingedrungen, dass der Getroffene gleich tot gewesen wäre. Er riss sein Pferd herum und sprengte zurück.

Fünf Feinde waren nun unmittelbar vor den Palisaden, wo die Verteidiger nicht auf sie schießen konnten. Armfried und Osbert hatten schon die Bogen weggelegt und das Schwert gezogen. Tasso schickte dem Fliehenden noch einen Pfeil hinterher und nahm dann auch das Schwert. Die Angreifer stellten sich auf die Rücken ihrer Pferde und waren damit gerade mit dem Kopf auf der Höhe der Palisadenspitzen. Tasso und Osbert schlugen auf die Hände, mit denen die Angreifer sich an den Balken hielten, um hinaufzuklettern. Schreiend fielen die beiden Männer zu Boden.

Die anderen sahen ein, dass es aussichtslos war, ließen sich wieder in ihre Sättel fallen und sprengten den Hügel hinunter. Die Pferde ohne Reiter folgten ihnen. Die beiden Männer mit den zerschmetterten Händen rannten zu Fuß den Hügel hinunter. In stillschweigender Übereinkunft senkten die Verteidiger ihre Waffe. Die Männer fielen für den weiteren Kampf aus – sie brauchten sie nicht zu töten.

Unten, in sicherer Entfernung, sammelte sich eine kleine Gruppe um die Zurückgekommenen. Hilbracht kam im weiten Bogen angeritten, sprang vom Pferd, ging auf einen der Verletzten zu, der jetzt als sein Sohn zu erkennen war, und gab ihm eine Ohrfeige. Wüstes Schimpfen des Befehlshabers mischte sich mit den Schmerzensschreien der Verletzten. Tot war offenbar nur der, der zuerst getroffen worden war. Aber der andere mit dem Pfeil in der Brust würde wohl auch nicht überleben.

Immer wieder wurden drohend die Schwerter hochgereckt und wüste Beschimpfungen geschrien. Davon verstanden die Verteidiger aber nur wenig, weil die anderen nun einen viel größeren Abstand einhielten, um außerhalb der Reichweite der Bogen zu bleiben.

»Was werden sie jetzt tun?«, fragte Gerhild.

»Ich weiß es nicht«, antwortete Tasso. »Entweder einen richtigen Angriff versuchen, dann allerdings mit allen zugleich und gut vorbereitet. Oder sie begnügen sich damit, uns zu belagern und auszuhungern. Ich weiß nicht, was mir lieber wäre.«

»Du hast recht. Wenn sie geschickt angreifen, werden wir es bei der Verteidigung schwer haben. Und für eine lange Belagerung sind wir nicht vorbereitet.«

»Sie waren eben schneller da als erwartet. Wenn wir gewusst hätten, dass sie heute kommen, hätten wir mehr Wasser und Nahrungsmittel besorgt.«

»Wir müssen beraten. Lass uns runtergehen und uns im Haus zusammensetzen. Mutter, Osbert, ihr könnt ja rufen, wenn etwas Wichtiges geschieht oder gar ein Angriff droht. Aber ich bin mir ziemlich sicher, dass sie jetzt nicht angreifen. Hilbracht wird sich erst einen Plan ausdenken und alles vorbereiten.«

»Geht nur!«, sagte Gerhild. »Wir passen schon auf.«

Tasso ging um den ganzen Wehrgang herum, berichtete, was geschehen war, und teilte Wachen ein. Dafür waren auch die Frauen geeignet. Außer Osbert mussten auch Ragest und der alte Hortwin oben bleiben.

Kurz darauf saßen die Männer am Tisch.

»Es gibt zwei Möglichkeiten«, begann Tasso. »Angriff oder Belagerung. Auf beides müssen wir uns vorbereiten. Was die Abwehr eines Angriffs angeht, habe ich da einige Gedanken. Aber gegen eine Belagerung sind wir ziemlich hilflos.«

Tjeff sagte: »Lass uns erst über die Verteidigung reden. Das ist eilig. Was meinst du, wie wir uns vorbereiten können?«

»Ich fürchte, sie werden versuchen, im Schutz ihrer Schilde Holz und Reisig und Stroh vor den Palisaden aufzuschichten ...«

»Und anzünden!«, ergänzte Ayko.

Sein Vater gab sich gar keine Mühe, seine Sorgenfalten zu verbergen. »Wenn sie es geschickt machen, halten unsere Stämme das nicht aus. Sie werden auch verbrennen.«

Tasso nickte. »Darum brauchen wir einen Haken an einer Kette und einer langen Stange. Damit können wir das brennbare Zeug auseinanderreißen. Notfalls auch, wenn es schon brennt.«

Wisbert knurrte: »Wo wir uns gerade mit dem Gedanken an Feuer vertraut machen ...«

»Du denkst an unsere Dächer, nicht wahr?«

»Ja. Löschen können wir sie nicht, wenn die Kerle Brandpfeile hineinschießen.«

»Nein, das ist unmöglich. Zumal wir kein Wasser haben. Also müssen wir alles, was wertvoll ist, aus den Häusern herausholen, ins Freie. Kümmerst du dich darum, Wisbert?«

Der nickte.

Armfried sagte: »Wenn ihr nicht noch eine andere Aufgabe für mich habt, werde ich mit den Frauen zusammen aus Leder und Tüchern etwas bauen, um Regenwasser aufzufangen.«

Tasso nickte. »Damit kommen wir zu der Frage, wie wir uns hier für Wochen, vielleicht sogar Monate ernähren sollen.«

»Für Monate hat Hilbracht keine Geduld!«, behauptete Gerwin. »Ich kenne ihn. Wochen vielleicht, aber Monate?«

»Du kennst ihn aber auch so gut, dass du weißt: Er wird nicht aufgeben. Dafür ist sein Hass zu groß.«

»Einige Vorräte haben wir ja«, sagte Tjeff. »Und wir können die zwei Pferde schlachten.«

»Das Wasser macht mir Sorgen«, meinte Armfried. »Vielleicht regnet es wochenlang nicht oder nur wenig.«

»Was haltet ihr von folgendem Plan?«, fragte Tasso. Er kratzte sich überlegend mit dem Zeigefinger an der Nase.

Als er eine Weile wartete, um nachzudenken, drängte Ayko: »Sag schon!«

»Wir könnten einen Ausfall versuchen. In der kommenden Nacht schon. Damit rechnen sie bestimmt nicht. Mit vier oder fünf oder sechs Männern. Wir holen Wasser am Bach und vielleicht auch Nahrungsmittel im Dorf. Wenn alles schnell geht, können wir zurück sein, ehe sie es bemerken und uns angreifen. Vielleicht könnten wir auf der gegenüberliegenden Seite einen Scheinangriff machen, der ihre Aufmerksamkeit ...«

»Das glaube ich nicht!« Armfried schüttelte den Kopf. »Allein das Wasser in Gefäße laufen zu lassen, dauert zu lange.«

Tjeff ergänzte: »Wir müssen auch den Eindruck vermeiden, als würden die Leute im Dorf uns helfen. Sonst rächt sich Hilbracht an ihnen.«

Wisbert sagte: »Es ginge vielleicht so, dass wir den Ausfall in der übernächsten Nacht machen. In der nächsten aber schleicht sich einer von uns raus und bereitet alles vor. Unsere Freunde im Dorf könnten unauffällig unsere Pferde von der Koppel holen und mit allem beladen, was wir brauchen – Nahrungsmittel und Wasser. Wir brauchten das alles dann nur abzuholen und könnten im Dorf ein Geschrei machen, das so klingt, als hätten wir die Bauern und Fischer überfallen. Unser Bote kann das alles mit ihnen vorbereiten. Die einzige Schwierigkeit ist die, ob es gelingt, dass sich jemand unentdeckt ins Dorf schleichen kann.«

»Das ist unmöglich«, sagte Tjeff, »es wächst kein Strauch auf dem Hügel, und der Mond scheint zur Hälfte.«

»Es ist möglich!«, antwortete sein Sohn Ayko ungewöhnlich sanft und leise für sein bekannt feuriges Wesen: »Ich weiß einen Weg.«

»Unsinn!«, sagte sein Vater und bemühte sich auch um Ruhe. »Es geht nicht, Ayko. Wir wissen alle, dass du mutig bist. Aber bei Mondschein den Hügel hinunterzuschleichen, ohne dass die Wachen dich sehen, das ist unmöglich!«

»Das sagst du ja nur, weil ich es bin! Wenn ein anderer …«

Tasso unterbrach ihn. »Heb dir deine Auseinandersetzung mit deinem Vater für später auf! Dafür haben wir jetzt keine Zeit. Sage uns, wie du glaubst, dass es möglich wäre!«

Ayko nickte. »Dein Pfeil, Tasso, würde, wenn du schräg nach oben schießt, bis zum Flussufer reichen, nicht wahr?«

»Ja, und Armfried, Ragest und dein Vater kommen wohl auch so weit mit unseren besten Bogen.«

»Dann können wir durch Pfeilschüsse dafür sorgen, dass sie zwischen unserem Tor und der Weser kein Lager einrichten, vielleicht sogar keine Wachen durchgehen lassen. Das ist die Voraussetzung.«

»Das können wir erzwingen.«

»Gut. Wenn zwischen unserem Tor und dem Ufer niemand ist, kann ich unentdeckt hinunterschleichen. Im Lauf der Jahrzehnte haben sich die Spuren unserer Karren so weit eingedrückt, dass eine Vertiefung entstanden ist. Wenn ich ganz flach auf dem Boden liegend hinunterkrieche, kann ich das Ufer erreichen. Dort verschwinde ich im Schilf und schwimme den Fluss hinunter. Von der anderen Seite komme ich ins Dorf.«

»Hm. Es könnte gehen!«, nickte Tasso. »Aber es ist gefährlich. Es wird besser sein, ich schleiche hinaus. Du bist noch sehr jung, Ayko.«

»Hast du vergessen, wie jung du warst, als du sogar gegen die Römer gekämpft hast? Jünger, als ich jetzt bin!«

Tasso sah ihn einige Augenblicke überlegend an. Dann lächelte er. »Stimmt das wirklich?«

»Das stimmt wirklich«, sagte Helga, die etwas abseits am Feuer hantierte.

»Nun gut, wenn dein Vater nichts einzuwenden hat, bin ich nicht dagegen. Es stimmt wohl auch, dass ein junger Mensch wie du besser da hinunterkriechen kann.«

»Ich bin einverstanden«, knurrte Tjeff, hin und her gerissen zwischen Angst und Stolz.

»Dann lasst uns die Einzelheiten besprechen«, sagte Tasso.

* * *

Der halbe Mond schien auch noch in der übernächsten Nacht, aber darauf konnten sie keine Rücksicht nehmen.

Die Männer standen innen am Tor. Gesprochen wurde nicht. Alles, was geklärt und verabredet werden musste, war längst besprochen. Osbert führte die beiden Pferde heran. Darauf wollten sie jeweils zu zweit sitzen, um schnell zum Dorf zu kommen. Dort sollte Ayko mit den anderen Pferden warten: eins für sich selbst, zwei für Tasso und Osbert, damit Ragest und Armfried die mitgebrachten Pferde für sich allein hatten, und vier Pferde mit Krügen, Lederflaschen und Säcken beladen.

Sie hatten im Lauf des Tages vom Wehrgang aus beobachtet, wie Bäuerinnen und Kinder – es sollte so harmlos wie möglich aussehen – die Tiere von den Weiden geholt hatten. Auch das reichliche Wasserholen hatten sie verfolgt.

Die Männer Hilbrachts schienen keinen Verdacht zu schöpfen. Gelegentlich gingen einige durch die Siedlung, um nach dem Rechten zu sehen. Sie kamen meistens mit einigen gebratenen Fischen wieder in ihr Lager zurück, das sie am Bach aufgeschlagen hatten, aber nicht direkt zwischen Hügel und Dorf, sondern etwas weiter oben.

Eine Wolke schob sich vor den Mond.

Tasso gab ein Zeichen.

Er und Osbert schwangen sich auf das eine Pferd, Ragest und Armfried auf das andere. Sie waren nur mit Schwertern bewaffnet, Ragest mit seiner Nagelkeule.

Wisbert, Gerwin und Tjeff standen mit ihren Bogen bereit, um notfalls in einen Kampf von oben her einzugreifen.

Leise öffneten Hortwin und Gisla das Tor. Als es weit genug offen stand, ritten die vier Männer hindurch und fielen draußen sofort in Galopp.

Das war ein Fehler. Tasso und Osbert waren schon am Fuß des Hügels, Ragest und Armfried aber noch nicht ganz. Da stolperte ihr Pferd. Mit zwei Reitern bei Dunkelheit bergab zu galoppieren, war zu viel für das Tier. Es stürzte, die beiden Männer wälzten sich zur Seite.

Ein schriller Ruf drang durch die Nacht. Eine Wache hatte sie bemerkt.

Tasso sah, was geschehen war, und entschied sofort: »Weiter!« Sie preschten ins Dorf, wo zwischen den dichter stehenden Häusern am Fluss Ayko mit den Pferden wartete. Einige Fischer und Bauern standen auch dabei, nur halb bekleidet, damit es aussehen sollte, als wären sie aus dem Schlaf aufgeschreckt worden.

»Wollt ihr zwei Kühe mitnehmen?«, fragte einer der Männer hastig und leise. »Für Milch und zum Schlachten.«

»Danke. Aber die sind jetzt zu langsam.«

Osbert sprang auf eins der anderen Pferde. Auch die Reittiere waren zusätzlich mit Lasten beladen. Ayko setzte sich schon in Bewegung, in der Hand die Leine, mit der die vier Lasttiere aneinandergebunden waren.

Tasso versuchte im schwachen Licht des immer noch verdeckten Mondes zu erkennen, was aus Ragest und Armfried geworden war. Ragest stand über das Pferd gebeugt, das offenbar nicht aufstehen konnte. Armfried war einige Schritte zur Seite gegangen, den ersten Männern entgegen, die herangestürmt kamen. Es waren wohl noch nicht die aufgeweckten Schläfer, sondern die zwei Leute der Wache, die auf dieser Seite auf und ab gegangen waren.

Mit dem Ersten entstand ein wildes Gefecht. Ehe der Zweite heran war, hatte Ragest sich von dem gestürzten Tier gelöst und wollte zu Hilfe kommen. Aber er hatte beim Sturz seine Keule verloren und fand sie in der Eile nicht.

Armfried sah mit einem raschen Blick, dass der starke Freund zwar herankam und sich dem zweiten Gegner stellte, aber mit bloßen Händen! Das konnte nicht gut gehen!

Es war keine Überlegung, es war einfach aus dem Augenblick heraus gehandelt, als er an seinem eigenen Gegner vorbeischaute und in die Nacht hineinrief: »Nimm den hier, ich muss Ragest helfen!«

Der Feind fiel auch wirklich darauf herein. Er sprang zur Seite und wandte sich dabei um, weil er glaubte, jemand nähere sich von hinten. Das nutzte Armfried und stach zu. Der Mann fiel zusammen. Armfried griff nach seinem Schwert, das er fallen gelassen hatte, um die Hände auf die Wunde in seinem Bauch zu pressen.

Mit zwei Sätzen war er bei Ragest. Der hatte durch Scheinangriffe und Scheinflucht versucht, den Krieger unsicher zu machen. Aber es nützte nicht viel, einen Schnitt hatte er schon im linken Unterarm, aus dem das Blut schoss.

»Hier!«

Der Ruf Armfrieds bedeutete beides: Er zeigte dem Mann, wo sein neuer Feind stand, und lenkte ihn damit von Ragest ab, und er machte Ragest auf das Schwert aufmerksam, das er ihm zuwarf.

Der Mann wandte sich Armfried zu. Die Wut, dass er den Starken ohne Waffe nicht schneller erledigt hatte, schien ihm zusätzlich Kraft zu geben. Armfried musste vor seinen wilden Schlägen zurückweichen. Dann aber hatte Ragest das fremde Schwert aufgehoben und hieb es dem Mann von hinten tief in Hals und Schulter.

Der Kampf war gerade rechtzeitig beendet. Armfried sah, wie Ayko mit den Lastpferden den Hügel hinaufritt. Tasso und Osbert kamen herbei, um zu helfen. Osbert hielt das eine Reitpferd am Zaumzeug.

»Passt auf!«, rief Tasso im Heransprengen.

Armfried und Ragest wandten sich um. Da kamen die ersten Männer aus dem feindlichen Lager herangestürmt. Sie waren nicht richtig angezogen und hatten ihre Schwerter in den Händen. Der Erste war sogar barfuß.

Tasso lenkte sein Pferd mitten unter die Männer und ritt einen dabei nieder. Armfried half dem verletzten Ragest auf das eine Pferd und schwang sich hinter ihm auf den Pferderücken.

»Rauf!«, rief Tasso ihnen zu. »Osbert und ich halten sie auf!«

Armfried hätte sich gern noch am Kampf beteiligt, aber er musste sich jetzt um Ragest kümmern.

Osbert focht vom Pferd herunter mit einem Hünen zu Fuß. Der Mann war nicht nur kräftig, sondern offenbar auch kampferprobt. Osbert sah ein, dass er das Gefecht nicht gewinnen konnte, zumal weitere Krieger sich näherten. Unter ihnen Hilbracht, der schreiend Befehle erteilte.

Osbert riss sein Pferd herum und floh, aber zum Dorf hin, um die Männer von den anderen wegzulocken. Tatsächlich folgte ihm der Hüne mit einigen anderen. Aber Hilbracht schrie: »Schneidet ihnen den Rückweg ab! Wo bleiben denn unsere Pferde?«

Tasso konnte einem Gegner das Schwert aus der Hand schlagen. Klugerweise bückte der sich nicht danach, sondern lief davon und suchte in einer Gruppe von drei Leuten Schutz, die herbeistürmten.

Tasso ließ ihn laufen und hatte auch kein Verlangen, sich mit den dreien zugleich anzulegen. Er wendete und wollte zurück, als Hilbracht herankam. »Hab ich dich endlich, du Hund!«, schrie er.

Aber der Hass und die Rachsucht machten ihn blind für die Lage.

Tasso war nicht nur zu Pferd überlegen, sondern auch am Hang höher als er.

Tasso drückte seinem Pferd die Fersen in die Flanken und trieb es direkt auf Hilbracht zu. Der konnte sich gerade noch rechtzeitig zur Seite werfen. Mit dem Schwert schnitt er dabei dem Pferd in die Vorderhand.

Tasso bemerkte sofort, dass das Tier lahmte. Es war Zeit, zum Tor zurückzukehren.

Auf halber Höhe konnte das Pferd nicht mehr. Tasso sprang ab und sah sich um. Er hatte einen kleinen Vorsprung, weil seine Verfolger nur zu Fuß waren, und beschloss, das Pferd nicht sich selbst zu überlassen, sondern am Zaumzeug zum Tor zu führen. Es ließ sich auch führen.

Jetzt kam Osbert angeritten. Er hatte einen Bogen geschlagen und seine Verfolger abgeschüttelt. Es waren auch nur noch zwei hinter ihm her. Die anderen hatten wohl eingesehen, dass sie ihn nicht einholen konnten, und kümmerten sich um die Bauern und Fischer und ihre Familien, die laut zeternd durchs Dorf liefen und klagten, dass sie beraubt worden seien.

Die drei Bogenschützen am Tor bekamen nun noch Verstärkung von Ayko. Sie nahmen die Männer unter Beschuss, die hinter Tasso und Osbert her waren.

Osbert ritt als Erster durchs Tor, dann führte Tasso sein Pferd hinein.

Die Verfolger sahen ein, dass sie jetzt nichts mehr ausrichten konnten, zumal sie ihre Schilde nicht dabeihatten, um sich gegen die Pfeile zu schützen. Sie machten kehrt, schleuderten nur noch wüste Beschimpfungen hinauf.

Die Verteidiger gingen hinein und verrammelten das Tor.

Drinnen sahen sich die Männer an, verschnauften kurz und brachen dann in lauten Jubel aus.

Während des allgemeinen Berichtens, Schulterklopfens und Lachens sah Tasso sich um. Standen die Wachen an Ort und Stelle? Ja, die Frauen und die Jungen sahen zwar auch immer mal kurz in den Innenhof und lachten mit, aber dann blickten sie auch wieder nach draußen.

»Was ist mit Ragest?«

»Deine Mutter verbindet ihn«, sagte Armfried.

Tasso ging ins Haus und fand die beiden.

Dann kamen auch die anderen herein, bis auf Tjeff, der sich um das verletzte Pferd kümmerte. Alle waren aufgeregt und in guter Stimmung. Die wurde erst etwas gedämpft, als sie die hässliche Wunde in Ragests Arm sahen. Und sie wurde noch mehr gedämpft, als Helga sagte: »Ihr habt es gut gemacht. Wir haben nun mehr Vorräte für eine längere Belagerung, und sie sind geschwächt, weil sie einige Kämpfer verloren haben. Aber ihr Hass ist nun noch größer. Und ich bin mir sicher, sie werden selbst nach Wochen oder Monaten nicht abziehen. Jetzt müssen sie uns besiegen. Sie müssen einfach.«

Einige nickten. Allmählich wurde ihnen allen klar, dass sie mit dieser gelungenen Unternehmung den Untergang wohl nur aufgeschoben hatten.

* * *

Ein lauter Ruf weckte Tasso.

Im Nu waren seine Füße in den Sandalen, und er griff nach den bereitliegenden Waffen. Gundis warf ihm schnell noch seinen Umhang über.

Dabei sagte sie: »Wird wieder nur ein Scheinangriff sein. Sie machen das jede Nacht, um uns den Schlaf zu rauben.«

»Vielleicht. Vielleicht auch nicht.« Tasso rannte zur Leiter, die auf den Wehrgang führte, und hastete hinauf.

Er sah es gleich – diesmal war es ernst. Sie kamen mit Fackeln herangestürmt. Die Bogenschützen entzündeten daran Brandpfeile.

Gegen die konnten sie nichts tun. Aber sie konnten wenigstens die Schützen unter Beschuss nehmen, wo die nun schon so nahe kamen. Das taten sie auch.

Zwei der Feinde wurden getroffen. Einer sank zusammen, raffte sich wieder auf und lief davon. Der andere schrie laut und ließ seine Waffe fallen. Während seine Kameraden ihn wegzogen, konnte man den Pfeil aus seiner Brust ragen sehen.

Aber damit hatten sie nicht verhindern können, dass zwei Brandpfeile in das Strohdach des älteren Hauses trafen und einer in das andere. Im Nu standen beide Dächer in Flammen.

Tasso ließ eine verstärkte Wache zurück und rannte hinunter. Aber viel war nicht zu tun. Zu löschen gab es nichts, die Kinder waren schon von den Frauen ins Freie gebracht worden, und wertvolle Dinge waren nicht zu retten, weil sie das meiste schon feuersicher untergebracht hatten. Den wertvollen Vorrat an Getreide, der ja auch vor Regen geschützt werden musste, hatten sie zum großen Teil in den nutzlosen Kalkofen geschoben.

So standen die Menschen also nur auf dem Hof, sahen den Flammen zu und ballten in hilfloser Wut die Fäuste.

Den Rest der Nacht brachten die einzelnen Familien und Gruppen damit zu, sich irgendwo im Freien – an den Außenpalisaden unter dem Wehrgang oder hinter den ehemaligen Hauswänden oder dem Schuppen – einigermaßen wohnlich einzurichten.

Es setzte nun auch noch ein leichter Nieselregen ein. Der war nicht dazu angetan, die Stimmung zu verbessern.

Tasso stieg wieder auf den Wehrgang hinauf.

»Du kannst runtergehen, Tjeff, und dich um deine Leute kümmern. Osbert hat aber schon einen einfachen Regenschutz gebaut.«

»Es ist noch nicht die Zeit für die Wachablösung.«

»Ich weiß. Aber ich kann jetzt doch nicht schlafen.«

Tjeff antwortete nichts, ging aber auch nicht. Eine Weile standen sie nebeneinander und starrten ins Dunkel.

»Bald werden wir das zweite Pferd schlachten müssen«, sagte Tjeff.

»Ja, und dann wieder eins, und dann noch eins – bis wir gar nichts mehr haben.«

»Und mit jedem Pferd, das wir schlachten, werden unsere Möglichkeiten geringer, hier wegzukommen.«

»Machen wir uns nichts vor, Tjeff. Möglichkeiten, hier wegzukommen, haben wir schon jetzt nicht. Schlimmer kann es nicht werden.«

Unten im Hof machte jemand ein Feuer an. Das musste einen besonderen Grund haben, denn es war noch nicht herbstlich kalt, und Tasso hatte allen eingeschärft, mit Brennholz sparsam umzugehen. Als es aufflackerte, war Ragest zu sehen, der sich dicht neben die offene Flamme setzte. Anscheinend fieberte er.

Beide Männer wandten den Blick wieder ab. Sie wussten: Wenn sie in die Flamme sahen, würden sie einige Augenblicke lang in der Dunkelheit draußen nichts erkennen. Das könnte gefährlich werden.

»Ich glaube, sie greifen nicht an«, sagte Tasso. »Sie lassen uns einfach verhungern.«

»In den letzten Tagen haben sie mehrmals Leitern hin und her getragen. Lange, kräftige Leitern.«

»Ich weiß. Sie haben so auffällig damit hantiert, dass gerade das mich vermuten lässt, sie werden keinen Sturm versuchen. Wenn sie es vorhätten, hätten sie es wohl überraschend gemacht. Sie hätten uns nicht mit ihren Leitern vorgewarnt. Darum vermute ich, sie wollen uns nur Angst machen. Aber ich weiß es natürlich nicht sicher.«

»Wenn es so ist, tun sie uns damit einen Gefallen. Der Zwang zum ständigen Wachen ist zwar lästig, aber macht uns nicht mürbe, sondern hilft uns eher. Nur dazusitzen und auf ein Ende zu warten, wäre schlimmer.«

Tasso nickte. Das sah der Ältere nicht, aber er wusste auch so, dass er ihm zustimmte.

»Tjeff, du hast uns immer als eine Art Familie gesehen. Du hättest uns ausliefern können. Wir haben es mehrfach angeboten. Aber du hast …«

»Rede nicht davon! Das ist dummes Geschwätz! Niemals hätte ich euch ausliefern können. Außerdem sind wir eine Familie!«

»In gewissem Sinn vielleicht. Aber eigentlich …«

»Spätestens, wenn meine Söhne deine Töchter heiraten.«

»Dazu wird es wohl nicht mehr kommen.«

Wieder schwiegen sie. Dann begann Tasso von Neuem. »Was ich sagen wollte: Ich danke dir für alles.«

Tjeff ertastete im Dunkeln Tassos Arm. »Und ich danke dir! Du warst mir immer ein Freund. Ich sehe nicht ein, weshalb sich das ausgerechnet in so einer Gefahr ändern sollte. Wir bleiben dabei bis zum Ende.«

Tasso antwortete nicht. Es gab dazu auch nichts mehr zu sagen.

»Ich gehe dann«, sagte Tjeff und tastete sich an den Palisaden entlang zur Leiter.

* * *

»Kannst du auch nicht schlafen?«

Tasso drehte sich auf seinem Lager um. »Nein, Gundis. Ich schlafe schon seit vielen Nächten nur noch wenig.«

»Nicht nur, um bei einem Angriff schnell bereit zu sein, nicht wahr?«

Tasso tastete mit der Hand zu ihr hinüber und streichelte ihr Gesicht.

»Du hast mich immer durchschaut, Gundis.«

»Obwohl diese finstere Neumondnacht für einen Angriff besonders geeignet wäre. Seit sie da draußen sind, ist der Mond erst verschwunden, dann wieder voll geworden, und jetzt wieder schwarz. Mehr als vierzig Tage. Aber zu keiner Zeit war die Gelegenheit zu einem Angriff für sie so günstig.«

»Das ist wahr.«

»Aber du rechnest nicht damit.«

»Nein. Warum sollen sie sich in Gefahr begeben, wenn sie uns auch durch einfaches Abwarten besiegen können! Sie wissen, dass bei einem Angriff viele von ihnen sterben würden.«

»Nun machst du dir keine – oder wenig – Sorgen wegen eines Angriffs, aber du rechnest aus, wie lange wir noch durchhalten können.«

»Der Getreidevorrat ist sehr geschrumpft, und von den acht Pferden leben nur noch fünf. Und dann haben wir noch ein paar Hühner.«

»Ehe wir verhungern, willst du lieber kämpfen, nicht wahr? Ich bin dann dabei, und meine Töchter auch.«

»Manchmal glaube ich, Gundis, du bist härter als ich.«

»Mag sein, mein lieber Mann. Vielleicht brauchen wir die Härte noch.«

»Wenn der Kerl mit der großen Narbe vor dir steht, der wohl nie vergessen wird, woher er sie hat.«

»Und ich werde nie vergessen, warum er sie hat.«

Schritte näherten sich.

Jemand flüsterte: »Bist du wach, Tasso?«

»Ja. Wer ist da?«

»Osbert. Ich habe dir etwas zu zeigen. Ich weiß nicht, ob es wichtig ist.«

Tasso setzte sich auf. »Zeigen? Es ist stockdunkel.«

»Wir müssen rüber zum Feuer gehen.«

»Was hast du?«

»Einen Pfeil. Gisla hat gehört, wie er dicht über uns hinwegzischte und in den Boden fuhr. Ich habe darum mit einer Fackel gesucht und diesen Pfeil gefunden.«

»Einen einzelnen Pfeil! Auf gut Glück geschossen?«

»Nein, er enthält eine Botschaft. Ein Lederstück ist darum gewickelt, mit Zeichnungen darauf.«

»Komm, wir gehen zu Ragests Feuer.«

Auch Gundis kam mit, und als sie das Feuer schürten, wachten noch andere auf, die wahrscheinlich auch schlecht geschlafen hatten.

Osbert hatte den Leinenfaden bereits gelöst, mit dem das dünne

Lederstück um den Pfeilschaft gebunden gewesen war. Tasso hielt das Leder ins Licht.

»Das … das kann nicht sein!«

»Was kann nicht sein?«, fragte Tjeff, der gerade dazukam.

Osbert fragte: »Verstehst du, was das bedeutet?«

»Es kann einfach nicht sein!« Tasso setzte sich hin und hielt das Leder noch dichter ans Feuer. Dann sprang er gleich wieder auf, aber nicht, weil es ihm am Feuer zu heiß wurde, sondern aus innerer Erregung.

Die anderen fragten nicht, weil sie merkten, dass Tasso erst selbst zurechtkommen musste, ehe er eine Antwort hätte geben können. Nur Gundis legte die Hand auf seinen Arm. Tasso warf noch einmal einen ausgiebigen Blick auf die Zeichnung, sah dann auf und sagte: »Leonides ist da!«

»Was?« »Wer?« »Dein Pferd, das du …« »Quatsch, das ist tot!« »Der Legionär?« Alle redeten durcheinander. Auch die Kinder hatten die Geschichte von dem Legionär, den Tasso und seine Mutter damals nach der Varusschlacht gesund gepflegt hatten, viele Male gehört.

»Dieser obere Teil der Zeichnung …« Alle merkten Tassos Stimme die Aufregung an. Er zeigte auf das Leder. »… das kann nur er gezeichnet haben. Und zwar für mich. Weil er weiß, dass ich es wiedererkenne. Als wir uns damals kaum verständigen konnten – er sprach unsere Sprache ebenso wenig wie ich seine –, da hat er genau dies auf die Erde gezeichnet. Dies ist der Rhein, hier die Lippe, dies die Weser. Das Bild stimmt nicht besonders gut mit der Wirklichkeit überein, er wusste es nicht besser. Aber gerade darum ist dies hier ein Beweis, dass es von ihm kommt – es ist genauso falsch wie damals. Hier ist der Ort der Varusschlacht eingezeichnet und hier Berffe.«

»Das stimmt genau!«, sagte Gerhild dazwischen. »Ich habe das Gekritzel damals auch gesehen. Ich erinnere mich.«

Tjeff nickte. »Dann muss der Pfeil von ihm kommen! Es ist keine Falle. Leonides war ein guter Mann! Ich denke noch gern an ihn. Aber was könnte ihn hierhergeführt haben?«

»Die Antwort wird in den weiteren Bildern stecken«, meinte Osbert.

Alle starrten auf die Bilder. Die weiter hinten standen, drängten: »Lass mich auch mal …!« »Zeig es mir, bitte!«

»Ruhe mal!«, befahl Tjeff. »Wenn ihr so unruhig seid, kann man gar nichts erkennen.«

Gundis sagte: »Das sind offensichtlich drei getrennte Bilder. Über dem linken und dem rechten steht die ganz dünne Mondsichel und über dem in der Mitte die strahlende Sonne.«

»Diese Nacht, der morgige Tag, und die nächste Nacht«, vermutete Rotrud.

»Wie kommst du darauf?«

»Auf dem ersten Bild fliegt ein Pfeil. Ist doch klar, dass das diese Nacht ist. Und auf dem dritten Bild fliegt auch ein Pfeil!«

»Ja«, bestätigte Tasso. »Unten ist jeweils unser Lager angedeutet. Und hier rechts ist das Tor offen, und ein Reiter kommt hereingeritten.«

»Leonides!«, rief Tjeff. »Er kommt in der nächsten Nacht! Mit dem Pfeil sagt er uns, dass wir ihm dann das Tor öffnen sollen.«

»Das muss es sein!« Tasso war immer noch aufgeregt. »Leonides kommt! Mein alter Freund! Er hat mir so viel bedeutet damals!«

Osbert zeigte auf das Bild in der Mitte. »Seht ihr das hier? Ein Strich über dem Tor unseres Lagers. Und oben so was dran.«

»Das Zeichen!«, meinte Gundis.

»Was für ein Zeichen?«

»Na, das Zeichen für Leonides, dass wir ihn verstanden haben, und dass die Botschaft überhaupt angekommen ist. Es wäre doch schlimm, wenn er morgen Abend käme und das Tor wäre verriegelt, sodass er wieder zurückmüsste und die anderen ihn erwischten. Oder wenn wir gar auf ihn schießen würden! Nein, er muss sich sicher sein, dass wir auf ihn warten.«

»Ja«, sagte Osbert, »wir sollen als Zeichen eine hohe Stange da aufstellen und etwas dranbinden. Ein Tuch vielleicht.«

Alle ließen zustimmendes Murmeln hören.

»Soll ich gleich so etwas aufstellen, Tasso?«, fragte Osbert. »Wenn es schon steht bei Sonnenaufgang, wundern sich Hilbrachts Leute vielleicht nicht so darüber, wie wenn sie uns beim Aufstellen beobachten.«

Aber Tasso beantwortete die Frage nicht, weil er nicht zugehört hatte. Er murmelte nur: »Aber warum will er hier herein? Er muss doch wissen, wie schwierig unsere Lage ist! Dann verhungert er mit!«

»Das ist wahr«, meinte Gerhild leise. »Wir geben ihm das Zeichen nicht! Er soll draußen bleiben! Ich will nicht, dass noch einer umkommt! Weil ich ...«

»Nein!«, sagte Tjeff. »Wenn er hereinwill und sich dafür noch so viel

Mühe macht – und das, obwohl er die Gefahr kennt –, dann muss er einen Grund haben. Wir wissen seinen Grund nicht, also müssen wir ihm die Entscheidung selbst überlassen!«

Niemand sprach. Als er nach einigen Augenblicken hinzufügte: »Geh, Osbert, stell die Stange auf!«, da tat der, wie geheißen.

»Ja«, murmelte Tasso, »er soll kommen. Ich kann mir nicht denken, dass Leonides nicht weiß, was er tut.«

* * *

Niemand wollte schlafen in der nächsten Nacht, außer Hortwin, dem sein Alter zu schaffen machte, und den Kindern, denen man wohlweislich nicht gesagt hatte, dass ein besonderes Ereignis bevorstand.

Tjeffs Söhne mit ihren jungen, scharfen Augen hatten die Wache über dem Tor übernommen. Unten standen und saßen die anderen. Tasso ging unruhig auf und ab. Selbst Ragest, dessen Fieber endlich zu sinken begann, ließ sich nicht überreden zu schlafen.

Die Nacht war genauso dunkel wie die letzte. Osbert und Ayko, aber auch die anderen Wachen im großen Rund mussten sich auf ihre Ohren verlassen. Ihre Geduld wurde auf eine harte Probe gestellt. Aber Tasso sagte sich immer wieder, dass ein erfahrener Krieger wie Leonides wohl wusste, wann in der Nacht die Wachen am schläfrigsten waren.

Es musste schon auf den Morgen zugehen, jedenfalls war die Mitte der Nacht längst vorüber, da kam von oben ein schwaches zischendes Geräusch – das verabredete Zeichen.

Wisbert zog den letzten Riegel zur Seite, und Tasso hob mit Armfried das Tor an und öffnete es ein wenig.

Vorsichtig lugten sie hinaus. Sie hörten und rochen ein Pferd, sehen konnten sie nicht.

Leise flüsterte jemand: »Guten Morgen. Bin ich richtig? Tasso?«

»Leonides!« Fast war Tassos Ausruf zu laut. Aber wenn sie jetzt einer von Hilbrachts Leuten hörte, konnte es nichts mehr schaden.

Der Reiter lenkte sein Pferd herein.

Während Wisbert das Tor schloss, sprang Leonides ab, und schon lagen er und Tasso sich in den Armen. »Mein Freund!« Sie sagten das beide fast gleichzeitig.

»Leonides! Woher kannst du unsere Sprache! Überhaupt, was führt dich her? Weißt du nicht, dass wir in der Falle sitzen?«

»Viele Fragen in einmal, welche ich sollte antworten zuerst?«

Alle lachten. Dann stellte Tasso dem Kreter erst einmal die Menschen vor, die er noch nicht kannte, und erklärte ihm die Verwandtschaften. Herzlich begrüßte Leonides die Älteren, mit denen er damals hier gewohnt hatte: Helga, Tjeff, Ragest.

»Theudebert lebt nicht mehr.«

»Oh, das ist … ist Schmerz. Ich gern wollte sehen und reden mit ihm.«

»Mutter?«, rief Tasso. »Wo bist du denn?« Als sie nicht antwortete, suchte er sie und fand sie bei ihrem Lager.

»Willst du Leonides nicht begrüßen, Mutter?«

»Ach, Tasso … noch ein Mensch, den ich gernhabe, auf meinem Gewissen! Warum habt ihr ihn reingelassen?«

Da tauchte Leonides schon auf. »Gerhild! Du hast mich gerettet, als ich sehr, sehr krank war. Ich würde sterben, würde gestorben sein, wenn du nicht …« Statt weiterer stammelnder Worte umarmte er sie. Das tat ihr gut, und sie vergaß ihre trüben Gedanken für den Augenblick.

Dann wurde zur Feier des besonderen Anlasses das einzige kleine Feuer geschürt, Holz nachgelegt und alle außer den wenigen Schläfern und den Wachen saßen drum herum.

»Leonides hat viel Getreide, Eier und gebratene Fische mitgebracht«, berichtete Armfried, der sich um das Pferd gekümmert hatte. »Das arme Tier konnte die Last kaum tragen.«

»Die Männer dort – die Fischer – sie gaben mir. Wollten noch mehr geben.«

»Du hast ihnen gesagt, dass du zu uns wolltest?«

»Ja. Sie mich noch kannten, einige. Ich bin dort seit vier Tagen. Alles sehen, alles gehört von Fischer, was hier ist.«

»Aber dann wusstest du, dass wir belagert werden!«, sagte Tasso. »Jetzt wirst du mit uns belagert! Warum bist du hereingekommen? Vielleicht verhungerst du jetzt mit uns!«

»Vielleicht?«, knurrte Wisbert. »Ziemlich sicher!«

»Ich habe gemachen weite Reise, von Meer und Griechenland und Rom zu Chatten. Du denkst, die letzten hundert mal zwei Schritte nicht machen weil Angst? Wieder reiten weiten Weg zurück, weil hier schwierig?«

»Aber warum bist du überhaupt den weiten Weg gekommen? Versteh mich richtig! Ich freue mich natürlich sehr! Aber ich wundere mich auch.«

»Ich habe ...« Leonides machte eine Pause. Er schien zu überlegen. »Ich will sagen sehr Wichtiges.«

»Sagen? Wichtiges? Was denn?«

»Sehr Wichtiges. Sehr Großes. Sehr Gutes.« Er schwieg wieder, und die anderen warteten geduldig. Dann fuhr er fort: »Ich sage morgen. Oder andere Verlegenheit.«

»Gelegenheit.«

»Ja, Gelegenheit. Ist so groß, ich kann nicht das erzählen so schnell. Muss sein Zeit. Muss sein Ruhe. Morgen. Oder Tag nach morgen.«

»Gut, das verstehe ich. Aber dann erzähle uns wenigstens noch, warum du unsere Sprache so gut sprichst!«

»Gut? Nicht gut! Aber ich kann euch sagen. In mein Manipel vier Germanen gewesen ist.«

»Manipel?«, fragte Amala.

»Eine Unterabteilung in den römischen Legionen«, erklärte Tasso ihr. »Und Germanen ist ein Sammelname der Römer für alle unsere Stämme.«

»Ach so. Und da kämpfen immer noch Leute von uns, wie damals unser Großvater?«

Leonides erklärte: »Nicht Chatten. Aber hatten wir ein Mattiaker und drei Bataver. Ich habe gehaben besondere ... wollte sprechen mit ihnen, weil ich war hier und hatte Chatten-Freund. Wollte kennen die Sprache. So ich saß bei sie, bei ihnen, und hörte, hörte, hörte, hörte. Langsam ich finge an sprechen, immer besser. Vergess nicht, wir waren zusammen viele Jahre. Nachher wir waren Freunde, aber nicht richtig Freunde, weil sie Legionäre sind, sein, waren, und ich Centurio. Hauptmann.«

»Du musst ein gelehriger Schüler gewesen sein.«

»Ein ... was?«

»Du hast gut gelernt!«

»Ja, wollte gerne. Ich wollte gerne lernen. Und sie haben Spaß gemacht – Spaß gehabt, mir zu zeigen, zu sagen.«

»Hast du jetzt deinen Dienst in der römischen Armee beendet?«

»Ja, zweimal zehn und fünf Jahre. Fertig.«

Es fing wieder leicht an zu regnen.

»Kalt und nass ist bei euch«, stellte der Kreter fest.

»Es tut mir leid, Leonides. Unsere Feinde haben unsere Dächer in Brand geschossen. Aber du bist unser besonderer Gast und bekommst einen der schönsten Plätze. Ganz trocken. Komm, ich zeige dir die Stelle, wo du dein Nachtlager einrichten kannst. Gundis, bringe bitte ein paar Felle und Pelze. Amala kann dir helfen. Im Lager haben wir noch reichlich davon.«

Er stand auf. Leonides folgte ihm.

»Sieh hier!« Nahe der Palisadenwand lag das Boot, das damals Armfried den Römern weggenommen und in dem er den kranken Tasso hergebracht hatte. Es war zu groß und unhandlich für die normalen Handelsfahrten. Darum hatten sie es hier heraufgebracht, statt es am Ufer im Fluss liegen zu lassen.

Jetzt lag das Boot umgedreht auf einigen Balken. Man konnte unter der Bordwand hindurchkriechen und hatte dann ein gewölbtes, völlig dichtes Dach über sich.

»In der Mitte schlafen die kleineren Kinder«, erklärte Tasso. »Meine zwei Söhne Radulf und Ingwin, ihr Vetter Rorik, und die drei Kinder von Armfried und Gisla, zwei Mädchen und ein Junge. Drüben unter dem Heck des Bootes, hinter den Balken, die es tragen, schläft Hortwin, mein Schwiegervater. Und dein Platz ist hier unter dem Bug. Es kann nur sein, dass dich die Hühner stören. Wir können von dem Brennholz ein kleines Schutzmäuerchen machen.«

»Ist gut, Tasso, das ist sehr gut! Wer schlief vorher an dieser Ort?«

»Niemand. Da lag Getreide, das trocken bleiben sollte. Aber es ist jetzt aufgegessen.«

»Gut. Ich danke dich, Tasso!«

»Ich habe dir zu danken, Freund! Schlafe gut! Ich bin gespannt, was du uns zu erzählen hast!«

* * *

Die Älteren saßen zusammen um den Tisch, an dem sie sich meistens trafen, allerdings unter offenem Himmel: Tjeff und seine Frau Helga, Hortwin und sein Sohn Gerwin, Armfried und Gisla, Tasso mit Gundis, seiner Frau, und Gerhild, seiner Mutter, Wisbert, Leonides. Ragest und die jungen Leute hielten Wache.

»Ich will ganz ehrlich sein«, meinte Tjeff, »ich weiß nicht, wie das hier enden soll. Ich habe solche Gedanken immer verschwiegen, wenn die Kinder in der Nähe waren. Aber wir müssen uns wohl nichts vormachen.«

Helga sagte: »Den Kindern auch nicht. Die haben das auch längst durchschaut. Bis auf die Kleinsten vielleicht.«

»Weißt du keinen Rat, Leonides?«, fragte Tasso. »Du hast die meiste Erfahrung.«

»Ich muss denken«, antwortete der. »Vielleicht ein Gedanke fliegt zu mir wie ein Vogel. Ihr sollt nicht traurig sein. Nur wenn ich viel und lange dachte und kein Gedanke ist gekommt, dann ihr können traurig sein.«

Gerwin meinte: »Das klingt ja sehr vielversprechend. Aber ich glaube nicht an den Gedanken, der plötzlich angeflogen kommt und uns rettet.«

»Wenn mein Vater noch lebte«, überlegte Hortwin, »wüsste ich, was er jetzt sagte: Wir hätten Odin nicht genug Opfer gebracht. Wir müssten das schleunigst nachholen.«

»Genau das würde er sagen!«, bestätigte Gundis. »Ich höre ihn noch reden, obwohl er schon so viele Jahre tot ist.«

Hortwin fuhr fort: »Ich gebe zu, es hätte etwas Tröstliches, wenn man jetzt irgendetwas Wertvolles opfern würde, in einer feierlichen Handlung verbrennen, und dann glauben könnte, dass die Aussichten besser geworden wären. Aber ich war damals schon nicht davon überzeugt und bin es auch jetzt nicht. Aber wenn ihr der Meinung seid, wir sollten unsere letzten Hühner lieber den Göttern opfern, statt sie selbst zu essen, dann füge ich mich natürlich der Mehrheit.«

»Nein«, sagte Tjeff, »Wir meinen das nicht. Darf ich das sagen, Tasso? Ich bin kein Chatte und kenne Odin nur aus euren Erzählungen. Aber sehr wichtig haben wir ihn nie genommen in unserem Lager.«

Tasso erwiderte: »Du hast recht. Außerdem – du sagst, du kennst Odin nicht. Kennen wir ihn denn?«

»Wie meinst du das?«, fragte seine Mutter.

»So, wie ich es sagte. Genau wie Tjeff kennen wir unsere Götter nur aus dem, was uns erzählt worden ist. Aber niemand hat sie gesehen.«

»Aber denk doch an die Ernten und die guten Geschäfte!«, wandte Helga ein. »Und an die Blitze, die Donar schleudert, und …«

»Ich denke an die Ernten und an die Missernten«, unterbrach Tasso sie. »An die guten Geschäfte und an die Verluste. Ich denke an Gesundheit und Krankheit. Was kommt von den Göttern, das Gute oder das Schlechte? Oder beides? Warum dann so viel Widersprüchliches? Und was die Blitze angeht – sie sind vielleicht Donars Zorn. Den Zorn sehen wir. Aber ihn selbst nicht. Wie, wenn ein anderer die Blitze schleudert?«

Eine Weile war es still. Dann meinte Gerwin: »Du denkst sehr erschreckende, neue Gedanken.«

Leonides ergriff das Wort. »Nein. Seine Gedanken sind nicht neu.«

»Ich weiß«, sagte Gerwin, »in Rom und in Griechenland wird anders gedacht als hier. Da sind solche Gedanken vielleicht üblich. Aber hier …«

»Ich will sagen: Diese Gedanken von Tasso sind nicht neu bei Tasso. Und in dieses Haus.«

Als sie ihn fragend ansahen, fuhr er fort: »Ich saß dort und Helga dort, und Theudebert hier und Tasso an mein Seite, vor viele Jahre. Tag bevor ich ging zurück. Und alle sprachen von dies. Götter zeigen sich nicht. Theudebert übersetzte in Lateinisch für mich: Götter zeigen sich nicht.«

»Ich erinnere mich auch noch sehr gut an dieses Gespräch«, stimmte ihm Tasso bei. »Sehr vieles von damals habe ich vergessen. Aber dies nicht, weil mich die Frage, wo und wie man etwas von den Göttern sehen kann, immer begleitet hat.«

»Mir auch!«, sagte Leonides. »Viel begleitet. Und darum es war so … so wichtig für mich, dass ich ihn sah.«

»Wen hast du gesehen?«, fragte Gerwin.

»Gott. Darum es war wichtig. Und ich war sehr … wie sagt ihr? … sehr aufregen, als ich es gesehen habe. Und darum ich kam zurück zu mein Freund Tasso, weil ich weißte … weil ich wusste, er würde auch sein sehr aufgeregt, sehr … sehr fröhlich, wenn er das weiß.«

»Moment …« Tasso war tatsächlich aufgeregt, obwohl er noch nicht viel verstanden hatte. »… Du sagst, du hast einen Gott gesehen? Und du bist gekommen, um mir davon zu berichten?«

Gerhild fragte: »Ist dies die Geschichte, die du erzählen wolltest?«

Hortwin sagte: »Wenn das stimmen sollte, dass du einen Gott gesehen hast, dann verstehe ich allerdings, warum du die weite Reise gemacht hast. Aber …« Er ließ den Satz unvollendet.

»Erzähle, Leonides!«, forderte Tasso ihn auf.

Alle hingen an den Lippen des Kreters, als der zu erzählen begann: »Ich war in Provinz Judäa. Ist im Süd von hier und Ost. Heißt so nach der Stamm, der da lebt. Er sagt: Gibt nur ein Gott, der hat machte alles, Welt und Menschen.«

Helga fragte: »Also nicht der oberste aller Götter, sondern es gibt überhaupt nur einen?«

»Sagen sie, ja. Gibt auch andere, die sagen so, aber meisten glauben viele Götter. Weiter hinten die Perser oder Ägypter am Nil … aber ich will nicht sprechen von das, komme ich sonst nicht, wo ich ankommen will. In Provinz Judäa Menschen sehr … sehr ernst glauben. Darum auch viel Aufstand. Nicht so viele Menschen wie Germanen, auch nicht so viele wie Perser, aber oft Unruhe in Provinz Judäa. Darum mehr Legionen in Land, zu halten ruhig. Aber Prokurator sagt …«

»Wer sagt?«, fragte Armfried.

»Prokurator. Ist dort anstelle von Kaiser. Sagt, niemand geht in Tempel von Juden. Sie sollen nicht werden zornig und machen noch mehr Unruhe. Ich war dort für viele Jahre und fragte nach Glauben von diese Leute. War sehr … sehr … ich hörte es gern, machte viel Arbeit in mein Kopf zu fragen: Was ist richtig, was ist nicht richtig?«

»Und dann hast du ihren Gott gesehen?«, fragte Gisla.

»Nein, nicht Gott, aber sein Sohn.«

»Was?«

Tasso mahnte: »Lasst ihn doch der Reihe nach erzählen!«

Leonides nickte, wartete überlegend einige Augenblicke und fuhr dann fort: »An einem Tag ich hatte Wache im Haus von Prokurator. Viele, viele Menschen davor, konntest du nicht zählen. Sie schreien und schreien. Sie bringen ein Mann, vielleicht drei mal zehn Jahre alt. Sagen, Prokurator soll ihn schlagen ans Kreuz. Aber …«

»Sollen was?«

»Oh – ihr wisst nicht, was ist Kreuz. Zwei Stamme, Stämme von Baum, ein so in Erde gegraben, ein oben so. Machen bei Menschen Eisen … wie heißt es? … Eisen um zusammenhalten zwei Holz?«

»Nagel«, sagte Gerwin.

»Ja. Schlagen Nagel durch Hand – hier – und in Stamm. Und Füße auch. So Mensch hat große Schmerz und hängt an das Kreuz für viele Stunden. Und hat nicht genug Luft, weil schwere Körper zieht und …«

»Das ist ja grausam!«, stieß Gisla hervor.

»Ja, grausam. Römer haben nicht ausgedacht dies. Haben das gesehen bei andere Völker im Ost. Die töten so Feinde und Mörder. Nun machen sie es aber oft.«

»Das haben sie hier glücklicherweise nicht eingeführt«, knurrte Armfried. »Aber zutrauen würde ich es ihnen, dass sie in Gallien noch damit anfangen.«

»Erzähle weiter, Leonides«, drängte Tasso. »Dieser Mann sollte also an ein Kreuz genagelt werden? Warum? War er ein Mörder?«

»Nein. Gar nicht, Gegenteil. Später ich habe gefragen und viele mir sagten: Er hat Tote lebend gemacht.«

»Was?«

»Ja. Und andere viele Dinge zum Staunen. Kranke er machte heil und vieles. Aber das habe ich nicht gesehen mit mein eignen Augen, nur gehört. Aber will ich erzählen, was ich habe selbst gesehen. Die wichtigen Männer vom Volk sagten zu Prokurator: Dieser Mann sagt ganz anders, als in unsere heiligen Schrift steht, und anders, als wir glauben, darum du musst ihn töten am Kreuz. Sie waren voll Zorn und Wut. Ich glaube, sie hätten gern selbst ihm gemordet, aber geht nicht. Die Römer sagen: Wir sagen, ob jemand ist so böse, dass er muss sterben. Kleine Sachen, Stehlen und nehmen fremde Frau, können Juden selber strafen. Müssen zur Strafe Geld bezahlen. Aber nicht töten. Darum die Leute kommen zu Pilatus – das ist der Name von Prokurator. Sagen: Du musst ihn töten. Pilatus sagt: Sache mit Glauben an Gott ist nicht so wichtig, dass man muss machen einen Mann tot. Auch ich verstehe nicht euer Glauben. Die Männer schreien mehr. Schreien: Er sagt, er wäre König. Aber wir lieben den Kaiser. Pilatus gibt den Mann zu uns in Hof von Haus, von die Burg. Wir schlagen ihn. Und weil er sagte, er ist König, wir machen Krone von Zweigen mit Spitzen auf sein Kopf und machen so – bücken – und lachen – wie heißt das?«

»Verspotten.«

»Ja, wir verspotten ihm. Dann Pilatus, der Prokurator, zeigt den Mann vor allen Menschen. Sagt: Er ist jetzt gestraft. Das ist genug! Aber sie schreien: Nein, du musst ihn töten am Kreuz! Da sagt er: gut. Ich muss tun, was sie wollen. Und gibt Befehl. Und wir bringen ihn und andere zwei, Mörder, zu töten am Kreuz.«

Helga unterbrach: »Also stimmte es nicht, dass er so besondere Dinge tun konnte? Sonst hätte er sich das ja nicht gefallen lassen!«

»Warte, Helga, es ist anders. Kommt gleich. Wir bringen ihn zu kleine Berg vor die Wand von Stadt und machen mit Nagel fest an Stämme.«

»Wand von einer Stadt?«, fragte Gisla erstaunt.

»Ja. Weißt du doch, alle Hause dort sind von Stein. Und auch kein Holz, um Stadt zu schützen wie hier, aber aus viele Steine. Dort außen wir ihn schlagen mit Nagel und – hoch machten der Kreuz. Ich war sehr, sehr staunen über diese Mann, wie er sprach mit Pilatus. War er ganz ruhig, und ... und wie eine König. Wie er hängte an Kreuz, die Männer und Leute kommen und machen Spott: Wenn du bist der Sohn von der Gott, dann kommst herunter.«

»Eben!«, nickte Helga.

»Da ich weißte ... ich habe gewissen ... nein ...«

»Ich wusste.«

»Ja, ich wusste, dass er hat gesagen, er ist ein Sohn von Gott. Aber nur wenige Leute glaubten dies. Viele Leute lachten. Glaubten, er ist ein Mensch wie alle Menschen. Aber dann, wenn er fangt an zu sterben, es wird dunkel. Aber es ist nur kurz nach die Mitte von der Tag. Wo ganz hell sein soll, aber wird fast wie Nacht. Und dann – wie heißt es? – unter deine Füße wackelt und zittert und alle laufen aus das Haus, damit nicht Dach fällt auf Kopf. Und der Mann schreit laut – ich verstande seine Worte nicht –, und ist tot. Da ich war sehr ... sehr erschüttern wie die Erde und rief: Dieser Mann ist nicht ein Mensch gewesen wie andere Menschen. Wenn er gesagen hat, Sohn von Gott, dann ich bin sicher, er hat recht. Weißt ihr, Kaiser in Rom sagen auch, sind Söhne von Götter. Aber ist das Unsinn. Habe ich nicht gehört, dass bei Tod von Kaiser Erde wackelt, und Sonne wird dunkel. Nein, Kaiser leben wie Menschen und sterben wie Menschen. Jesus aber – so heiß der Mann – wenn er starb, Himmel und Erde war zornig. Darum ich bin sicher, es stimmt – er ist Sohn von Gott.«

Eine Weile schwiegen alle. Dann sagte Armfried: »Bei uns sind die Söhne der Götter auch Götter. Und genauso unsichtbar. Aber nicht Menschen.«

Tasso ergänzte: »Vor allem würden sie sich nicht so grausam umbringen lassen! Sie würden – ja, was würden sie? Jedenfalls kann kein Gott gegen Menschen unterliegen!«

Leonides nickte: »Ich dachte auch dies. Aber die Freunde von diese Mann Jesus haben erklärt es mir, später. Sagen so: Gott ist zornig, weil alle Menschen sind böse. Will strafen, aber wie? Töten sie? Töten Menschen ist recht, aber geht nicht, er liebt sie.«

»Gott liebt die Menschen, sagen sie?«

»Ja. Liebt sie. Was machen? Gott sagt: Ich mache dies – Sohn wird ein Mensch und ist nie böse. Aber trotzdem er wird getötet. Strafe für Böses von Menschen. Nicht von eignes Böses, denn er hat kein Böses gemacht, aber Böses von alle Menschen. Weil er sie liebt und will sie retten. Und will der König sein von allen, die an ihn glauben.«

Wisbert murmelte: »Ein Gott, der seinen eigenen Sohn ... schwer zu verstehen.«

Tasso schüttelte den Kopf. »Und ein Sohn Gottes, der sich nicht wehrt, der nicht kämpft, der sich grausam töten lässt – das geht nicht! Das kann kein Gottessohn sein!«

»Das kann nur ein Gottessohn!«, lächelte Leonides.

»Wieso? Er ist kein Held! Er hat keine Ehre! Er kann ...«

Seine Mutter unterbrach ihn: »Ich habe einen Sohn, der genau das getan hat. Ich habe einen Mord begangen. Aber mein Sohn hat sich gefangen nehmen lassen, um mich zu retten. War mein Sohn kein Held? Hatte er keine Ehre?«

Es war still. Jeder hing seinen Gedanken nach.

Plötzlich ertönte ein Ruf: »Tasso!«

»Ja?« Tasso sprang auf.

»Komm mal auf den Wehrgang! Hier geht etwas vor.« Sie erkannten Aykos Stimme.

Die Männer liefen hinaus. Dabei sagte Tasso: »Schade, Leonides. Aber wir können ja später noch weiter darüber sprechen.«

»Wir müssen weiter sprechen!«, antwortete der Kreter. »Ich bin nicht fertig mit meine Geschichte!«

Als sie auf dem Wehrgang waren, zeigte Ayko in die Richtung des Dorfes. Zwischen ihnen und dem Dorf, aber nah am Fluss, in der Nähe der Mündung des Baches, wurde gegraben. Einige von Hilbrachts Männern schleppten Stämme herbei. Der Ort war gerade so weit von ihnen entfernt, dass sie ihn nicht mit Pfeilen erreichen konnten.

»Sie bauen eine Art Burg«, sagte Ayko. »So wie unsere, nur kleiner.«

Tasso nickte. »Das ist ziemlich klar. Aber zu welchem Zweck?«

»Vielleicht wollen sie auf diese Weise sichergehen, dass wir nicht noch einmal ausbrechen und im Dorf Nahrung holen«, überlegte Tjeff. »Das könnte doch möglich sein.«

»Eigentlich schaden sie uns damit nicht«, meinte Wisbert. »Einen zweiten Versuch ins Dorf zu kommen, hatten wir ja sowieso nicht vor.«

»Sondern? Was hattest du vor?«, fragte Ayko spitz. »Friedlich zu verhungern?«

Alle schwiegen.

Dann sagte Tasso: »Niemand weiß, wie es weitergehen soll. Ein Ausbruch wie damals wäre unser Tod. Auch für alle, die nicht daran teilnehmen, weil die sich ohne die Hilfe der Männer nicht verteidigen können. Aber nichts zu tun, bedeutet wohl auch nichts anderes.«

Dazu sagte niemand etwas. Was sollten sie auch sagen? Tasso hatte nur ausgesprochen, was sie sich sowieso alle schon hundertmal selbst gesagt hatten. Mit finsteren Mienen schauten sie den arbeitenden Männern zu.

Da ergriff Leonides noch einmal das Wort.

»Wir mussen sie weg … vertreiben.«

»Wie?«, fragte Wisbert, und Tjeff ergänzte: »Und wozu? Sie stören uns nicht. Jedenfalls nicht so, dass wir uns in Gefahr begeben müssten, um sie zu vertreiben.«

»Doch! Stören uns, wenn wir will fliehen.«

»Fliehen?« »Was meinst du?« »Hast du einen Plan?« Alle schauten Leonides an.

Der ließ sich Zeit mit der Antwort, und als sie endlich kam, enttäuschte sie. »Habe ich ein Plan, aber ist nicht fertig. Muss ich erst nachdenken. Denken mehr genau.«

»Aber so viel weißt du schon, dass du sagen kannst, das Lager da unten stört uns?« Der Zweifel war in Wisberts Stimme nicht zu überhören.

»Ja«, antwortete Leonides nur schlicht.

Osbert fragte: »Und wie sollen wir sie vertreiben?« Er musste laut sprechen, weil er auf dem schmalen Wehrgang am anderen Ende der Gruppe stand.

Der Kreter sah sich noch einmal gründlich um und antwortete dann. »Es ist nicht schwer. Sie haben nicht ihre Pferde hier. Nur gehen. Wir haben noch sechs Pferde. Beste Bogenschützen reiten zu sie hin, schießen. Nicht nah, dass gibt Kampf mit Schwert. Nur wenig nah.«

Tjeff sagte: »Ein guter Plan, Leonides! Kommt, wir bereiten gleich alles vor.«

Tasso nickte. »Du bist ein guter Schütze, Tjeff, du solltest mitreiten. Und deine Söhne. Dazu Armfried, Leonides und ich.«

»Warte!«, sagte Leonides.

Alle blickten ihn erstaunt an.

»Ich will erst denken!«

»Du immer mit deinem genauen Nachdenken! Der Plan kam doch von dir!«, rief Ayko.

»Weiß ich das«, meinte Leonides. »Aber weiß ich nicht, ob Hilbracht ist dumm oder schlau. Wenn er ist dumm, mein Plan ist gut. Wenn er ist schlau, er muss weißen, wissen, dass wir können kommen mit Pferde und Bogen.«

»Na und?«, fragte Ayko. »Ob er es weiß oder nicht, ist ganz egal! Wir werden so oder so einige von ihnen töten.«

»Nein, Ayko!«, antwortete Tasso. »Das ist nicht egal. Ich verstehe Leonides. Er meint, wenn Hilbracht klug genug ist, die Gefahr für seine Leute zu sehen, dann muss es einen Sinn haben, dass er es trotzdem macht. Nicht wahr, Leonides, so meinst du es?«

»Ja. So.«

Gerwin knurrte: »Vergesst das alles! Hilbracht ist dumm. Und der Ärger, dass er nicht an uns herankommt, macht ihn wütend und damit noch dümmer!«

»Lasst es uns versuchen!«, schlug Tjeff vor. »Wir bleiben vorsichtig und sind jederzeit zum Rückzug bereit. Und auf den Pferden geht das schnell. Wenn wir aber noch länger warten, graben sie schon die ersten Palisadenstämme ein. Und dann wird es gleich viel schwieriger, weil sie dahinter Schutz suchen können.«

»Gut!«, entschied Tasso. »Macht euch fertig!«

* * *

Gerwin und sein Vater hoben das alte Tor an, das sich immer schlechter in seinen Lederangeln bewegen ließ. Kaum war es weit genug geöffnet, trieb Tasso sein Pferd hinaus. Die anderen folgten.

Im Nu waren sie am Fuß des Hügels. Als sie etwa dreißig Schritte von der Baustelle entfernt waren, hielten sie an und schossen.

Die Männer hatten sie natürlich kommen sehen. Es waren zwölf oder vierzehn Krieger. Einige liefen in Richtung Dorf, andere zum Fluss hinunter.

Drei Männer hatten große Schilde. Hinter denen schossen sie hervor und zogen sich dabei langsam zurück.

Einer ihrer Pfeile traf Armfrieds Pferd. Der hatte Mühe, es zu beruhigen und am Durchgehen zu hindern.

Die Pfeile der sechs Reiter hatten zwei der Fliehenden ohne Schilde getroffen. Einer davon war offenbar schwer verletzt, wenn nicht gar tot, und wurde von zwei anderen zum Dorf geschleppt.

»Ist nicht gut!«, sagte Leonides zu Tasso. »Sieh das! Scheint es mir gevorbereitet. Wie sie laufen nach zwei Seiten und die drei mit Schild.«

»Du meinst, es ist eine Falle?«

»Ja, Falle, vielleicht.«

Osbert und Ayko ritten näher an die fliehenden Bogenschützen heran. Sie machten das geschickt: Sie ritten auseinander und versuchten, sie in die Zange zu nehmen.

Tasso rief: »Osbert, Ayko! Bleibt hier!«

Während er gerade schoss, rief Ayko: »Warum? Wir haben sie gleich!«

»Weil ich es sage! Kommt her!«

Leonides schaute sich um. Er wurde die innere Unruhe nicht los.

Tasso beobachtete es. »Ich weiß, was du meinst, Leonides. Es sieht vorbereitet aus. Sie wollen, dass wir sie verfolgen und zwischen den Häusern ...«

Tjeff schrie seinen Söhnen zu: »Kommt sofort zurück!«

Tasso fragte plötzlich: »Warum ist Hilbracht nicht hier, um den Bau zu beaufsichtigen? Oder wenigstens einer seiner Söhne?«

»Da!«

Leonides, der sich dauernd umgesehen hatte, zeigte zum Hügel hinauf. Radulf, Tassos Sohn, kam aus dem Tor gerannt. Er lief auf sie zu und winkte heftig mit den Armen.

»Zurück! Alle sofort zurück!«, schrie Tasso. Sie trieben ihre Pferde an und preschten den Hügel hinauf. Armfried konnte sein Tier nur schwer zum Gehorsam zwingen. Osbert und Ayko, die als Letzte kamen, halfen ihm. Auf halber Höhe des Hügels traf Tasso auf Radulf und hob ihn mit auf sein Pferd.

Inzwischen war es auf den Palisaden, genau entgegen dem Tor, zu einem gefährlichen Kampf gekommen.

Sobald die sechs Reiter ihren Angriff begonnen hatten, waren – anscheinend nach einem geheimen Signal – Hilbrachts Männer mit drei langen und breiten Leitern hinter dem Gebüsch hervorgekommen. Sie rannten damit den Hügel hinauf. Weitere Krieger, die vorher wie gelangweilt auf der Wiese gesessen hatten, schlossen sich dem Trupp an. Es war alles sehr gut vorbereitet und lief, wie es geplant war.

Ragest, der hier die Wache hatte, rief nach den anderen. Schnell kamen sie herbeigerannt.

Die langen Leitern aufzustellen, war nicht einfach. Ragest nutzte die Gelegenheit, erschoss einen der Angreifer und verletzte einen zweiten. Auch Amala, die von ihrer Seite des Wehrgangs angerannt kam, traf einen.

Aber da war die erste Leiter auch schon angelegt, die zweite, die dritte. Sobald diese Arbeit getan war, konnten sich die Angreifer besser mit ihren Schilden gegen die Pfeile schützen. Sie begannen, die Leitern hinaufzuklettern.

Jetzt stürmten die anderen Verteidiger, die noch innerhalb des Lagers waren, heran. Eine Verständigung war nicht nötig, es ergab sich, dass Hortwin und Wisbert oberhalb der ersten Leiter Aufstellung nahmen, Gerwin bei der zweiten und Ragest bei der dritten. Rechts und links davon standen die Frauen mit Bogen und schossen.

Die Leitern waren so breit, dass zwei Angreifer nebeneinander hinaufsteigen konnten. Das machte die Verteidigung schwer.

Ragest hatte zwar auch ein Schwert, aber das steckte im Gürtel. Er hatte sich, nachdem er seine Nagelkeule nicht mehr besaß, mit einem langen kräftigen Knüppel bewaffnet. Dessen Länge war nun ein Vorteil. Er beugte sich, so weit es bei seiner kleinen Gestalt möglich war, über die Palisadenspitzen und teilte mit seiner ungewöhnlichen Körperkraft so gewaltige Hiebe auf die Schilde der Angreifer aus, dass die nicht weiter heraufkommen konnten.

Gerwin neben ihm hatte es schwerer. Wenn er den einen der beiden Angreifer abwehrte, ließ er dem anderen die Möglichkeit, ganz heraufzukommen und die Waffe zu ziehen.

Daneben hatten Hortwin und Wisbert es etwas leichter. Beide waren keine geübten Kämpfer, und ihr Alter machte es auch nicht möglich, mangelnde Erfahrung durch Kraft oder Geschick wettzumachen. Aber sie waren in der besseren Stellung. Trotzdem erlahmten ihre Arme bald.

Fast wäre ein Hüne von einem Mann auf Wisberts Seite bis nach oben gekommen, da traf ihn Gislas Pfeil in die Seite. Er sprang von der Leiter. Ein anderer rückte nach.

Hortwin hörte, wie neben ihm jemand rief: »Wen haben wir denn da? Das ist ja Gerwin, der Schmied!«

Er wandte sich um. Da sprang gerade ein Mann über die Palisaden auf den Wehrgang.

Sein Sohn war erkannt und würde nie wieder zurückgehen können zu seiner Familie und in sein Dorf, wenn dieser Kerl lebend zurückkam! Hortwin ließ seinen eigenen Gegner und warf sich auf den Feind. Da der ihm den Rücken zukehrte, weil er Gerwin angreifen wollte, stach Hortwin zu, mit aller Kraft, die ihm noch zur Verfügung stand.

Der Mann fiel nach vorn, Gerwin musste zurückweichen. Hortwin zog das Schwert aus dem Körper. Das alles dauerte aber so lange, dass an der Stelle, die er eigentlich verteidigen sollte, ein Gegner heraufkommen konnte.

»Hinter dir!«, rief Gerwin seinem Vater zu.

Aber es war zu spät. Der Schwerthieb des Mannes traf Hortwin tief in die Schulter. Er schrie auf und sackte zusammen. Dabei fiel er auf eine der Stangen, die auf der Innenseite des Wehrgangs als Schutzgeländer dienten. Die war wohl schon morsch. Sie brach, und Hortwin stürzte hinunter.

Gerwin hatte das Gefühl, sein Herz sei stehen geblieben. Den Schreck nutzten die Angreifer. Ragest wurde mit seinen Gegnern wohl fertig, aber die anderen beiden waren nun unterlegen. Und die jüngeren Männer kamen eben erst zum Tor herein und mussten noch heraufsteigen und herkommen!

Gerwin wich vor dem Feind zurück, der seinen Vater erschlagen hatte und der gerade über den Körper seines toten Kameraden stieg. So konnten auch die Männer auf der mittleren Leiter heraufkommen.

In diesem Moment, wo die Feinde auf dem Wehrgang Fuß gefasst hatten und alles verloren schien, drang ein vielstimmiger Schrei durch den allgemeinen Schlachtenlärm. Die Leiter, die jetzt nur noch von Wisbert bewacht werden musste, fiel zur Seite, und die Männer, die darauf standen, stürzten in die Tiefe.

Wisbert, auf diese Weise frei, griff sofort den Mann von hinten an, der gerade gegen Gerwin vorging. Der bemerkte es aus den Augenwinkeln und wandte sich wieder um. Er konnte sich dem alten Händler widmen, da inzwischen zwei weitere Angreifer von der mittleren Leiter über die Palisaden sprangen. Gerwin hatte nicht auf sie achten können.

Jetzt endlich kam Tasso heran. Er löste sofort Wisbert in seinem Gefecht ab, den die Kräfte verließen. Auf der gegenüberliegenden Seite zwängten sich Osbert und Ayko, die die andere Leiter hinaufgestiegen waren, an Ragest vorbei und halfen Gerwin.

Plötzlich waren die Verteidiger in der Überzahl.

»Zurück!«, drang die Stimme Hilbrachts durch den Lärm. Es zeigte sich erst jetzt, dass er und sein Sohn die beiden waren, die Ragest mit seinen gewaltigen Hieben am Heraufkommen gehindert hatte.

Der Angreifer, der am weitesten vorgedrungen war, fiel einem Hieb Osberts zum Opfer. Die anderen kletterten ihre Leitern hinunter und sprangen das letzte Stück.

»Leonides war es!«, rief Gisla. »Er hat die Leiter umgerissen.«

Die Verteidiger beugten sich über die Palisaden. Einige von Hilbrachts Leuten hatten die Flucht ergriffen, weg aus dem Bereich, den die Verteidiger mit ihren Pfeilen erreichen konnten, andere rannten nach rechts. Von hier oben ließ sich nicht erkennen, was dort los war. Aber Gisla berichtete: »Leonides ist nicht mit hereingekommen. Ich habe ihn da drüben gesehen, wie er um unser Lager herumgeritten kam. Er rief mir zu, ich solle ihm die Kette mit dem großen Haken hinunterwerfen. Wir hatten das ja vorbereitet und hier bereitgelegt, um notfalls brennende Holzstöße auseinanderzureißen. Ich warf sie ihm runter, er schleuderte das Ding herum und warf es nach der Leiter. Da hakte es sich fest, er befestigte das andere Ende an seinem Sattel und trieb sein Pferd an. Das Ergebnis seht ihr.«

»Da kommt er zum Tor herein!« Osbert zeigte nach drüben. Man sah, wie Radulf und Rorik sich abmühten, das Tor hinter ihm wieder zu schließen. Leonides sprang sofort ab und half ihnen.

Dann sahen sie, wie Gundis die Leiter hinunterstieg und über den Platz rannte zu der Stelle, wo Hortwin lag.

Die Männer beugten sich über das Geländer, da, wo es noch ganz war, und starrten schweigend hinunter. Gerwin lief den Wehrgang entlang, um auch so schnell wie möglich hinunterzukommen.

Gundis hockte neben dem Körper ihres Vaters. Von hier oben war nur zu sehen, dass sie den Kopf darüber senkte.

»Gundis?«, rief Tasso sie an, aber leise, fragend.

Sie richtete sich langsam auf und sah hinauf. Man konnte die Nässe in ihren Augen sehen, und sie schüttelte den Kopf.

»Großmutter, kannst du mal kommen?« Radulf sah hilflos aus.

»Was ist? Wohin?«

Aber Radulf ging einfach voraus. Gerhild folgte ihm.

Hinter dem Schuppen, da, wo er dicht an die Palisadenwand heranreichte, saß Rorik auf dem Boden und schluchzte hemmungslos.

Gerhild setzte sich neben ihn und legte ihm den Arm um die Schulter. Radulf setzte sich auf die andere Seite.

Nach einiger Zeit beruhigte sich der Junge etwas. Mühsam brachte er heraus: »Ihr … ihr dürft es niemandem sagen, dass ich geweint habe!«

»Ich verspreche es!«, sagte Radulf feierlich.

Gerhild meinte: »Es ist nicht schlimm, wenn man weint bei so etwas. Du hast deinen Großvater sehr gerngehabt, nicht wahr?«

Rorik nickte.

Dann kehrte wieder Stille ein.

Sie hörten hinter ihren Rücken die Stimme von Tjeff, der laut rief: »Ihr könnt eure Toten holen. Wir bieten euch für die Zeit Frieden an. Kein Kampf, bis ihr mit ihnen fort seid. Wir schwören es bei Odin.«

Dann folgten plumpsende, hässliche Geräusche. Gerhild wusste, was das war: Die toten Feinde wurden über die Palisadenwand hinuntergeworfen. Sie hoffte, dass die Kinder nicht die Ursache der Geräusche errieten.

Aber zumindest Rorik war mit den Gedanken woanders.

»Er hat noch nicht einmal …« – er schluckte und schwieg.

»Du meinst Hortwin?«

Rorik nickte. »Er hat nicht das Schwert in der Hand gehabt. Es lag daneben.«

»Ja, es ist ihm aus der Hand gefallen.«

»Aber alle sagen, nur wer mit dem Schwert in der Hand stirbt, kommt nach Walhall.«

Gerhild bemerkte aus den Augenwinkeln, dass auch ihr eigener Enkel sie gespannt ansah und auf ihre Antwort wartete.

»Das ist nicht richtig, Rorik. Warum sollte es an so einer Kleinigkeit hängen, ob jemand nach Walhall darf? Wenn er nun mit dem Speer gekämpft hat – wäre er dann kein Held? Oder wenn dein Großvater, der sein Leben lang gute Schwerter geschmiedet hat, mit dem Hammer in der Hand gestorben wäre …? Meinst du, den Göttern wäre der Hammer weniger wert als das Schwert?«

Rorik blickte auf. Er wischte sich mit dem Handrücken über die Augen, dann sah er Gerhild an. »Ich weiß nicht. Alle sagen es so. Das mit dem Schwert.«

Gerhild strich ihm mit der Hand über das helle Haar. »Alle sagen es, ja. Und weil alle es sagen, denkt keiner genauer darüber nach.«

In die Stille hinein klangen auf einmal leise und schwermütig Töne aus Helgas Flöte.

Rorik fragte: »Legen sie ihn jetzt in die Erde?«

»Ja. Wollen wir hingehen, oder willst du lieber hierbleiben?«

»Hingehen.«

Radulf sagte: »Sonst begräbt man die Toten nicht bei den Häusern, nicht wahr? Aber wir können ja nicht raus.«

Gerhild nickte. »Vielleicht fliehen wir bald. Dann wohnt hier auch niemand mehr.« Sie stand auf, und die beiden Jungen folgten ihr.

Sie kamen zu der Stelle, wo die anderen alle um das frisch gegrabene Loch herumstanden. Hortwins Körper war schon hineingelegt worden.

Tasso sagte: »Es ist kein Priester da …« Nach einigen Augenblicken fügte er hinzu: »Weiß jemand …« Alle schwiegen.

Tasso fasste Gerwin am Arm. »Es tut mir leid, Gerwin. Wir sind hier so weit fort von unserem Dorf und den anderen Chatten. Als Theudebert gestorben ist, war auch kein Priester da. Möchtest du etwas sagen?«

Gerwin schüttelte den Kopf. Aber er legte den einen Arm um seine Schwester Gundis, die neben ihm stand, und den anderen um seinen Sohn Rorik, der sich an ihn drängte.

Helga flötete leise, aber niemand achtete darauf.

»Darf ich sagen etwas?«, fragte Leonides.

»Natürlich«, sagte Tasso, und Gerwin nickte. Helga hörte auf zu spielen.

»Ich habe erzählt von der Mann, hieß Jesus, der ich und ander haben getötet am Kreuz. Und ich bin sicher, ist er der Sohn von Gott, wie er sagte und andere sagten. Dann, zwei Tage nach dies, von mein Manipel einige Legionäre halten Wache vor das Grab. Wichtige Männer im Land haben gesagt zu Pilatus, Prokurator vom Kaiser, soll er lassen bewachen Grab. Weil sonst kommen die Freunde von Jesus und stehlen Toten, und sagen, er ist wieder leben. Denn er vorher hat gesagt, er werden, er wird wieder leben. Legionäre bewachen Grab. Haben mir selbst erzählt, was war in die Nacht. War ein Bataver dabei, ist mein Freund. Und waren ganz aufgeregen noch, darum ich bin sicher, alles war so.«

Er machte eine Pause. Alle sahen ihn an, aber niemand unterbrach.

»In die Nacht, plötzlich alles war sehr hell, sehr hell wie die Sonne an Mittag. Und Jesus, der tote Mann von Kreuz, kommt aus Graben, aus Grab heraus. War nicht Loch in die Erde wie hier, war ein Höhle in Fels – so. Und großer Stein macht zu. Stein weg und Jesus geht heraus, er lebt. Wie er hat gesagt vorher.«

Er schwieg und die anderen auch. Endlich fragte Wisbert: »Du bist dir ganz sicher?«

»Ganz sicher. Mein Freund sagt mir das. Sicher wie alles, was ich selbst habe gesehen bei Kreuz. Die Legionäre haben Angst, weil vielleicht Offiziere denken, haben nicht gut aufpassen. Strafen ihnen. Gehen zu wichtige Mann, Fürst von Religion, erzählt ihm, was ist geschehen. Fürst gebt ihnen Geld, wenn sie sagen nicht, was ist geschehen. Mein Freund mir hat gezeigte das Geld, sehr viel. So ich bin noch mehr sicher, alles ist richtig. Sohn von der Gott wird ein Mann, sterben für alles Böse, anstelle von bösen Menschen, dann wieder lebt er.«

»Und dann?«, fragte Tasso. »Hast du ihn auch lebend gesehen? Mit ihm gesprochen?«

»Nein, habe nur … ich habe nur gesprochen mit Freunde von Jesus. Erklärt mir. Nicht alles, aber etwas. War schwer, weil nicht die Legionäre sprechen mit Leute. Aber konnten einige gut sprechen Griechisch, und das ist meine Sprache. Später sie sagen, Jesus geht so – in Himmel.«

Gerhild meinte nach einigen Augenblicken des Schweigens leise, als traute sie sich nicht, weil es als schlechter Scherz angesichts des Todes verstanden werden könnte: »Hortwin war leider kein Sohn eines Gottes.«

Leonides antwortete: »Gibt es nur ein Gott, und ein Sohn. Menschen können nicht wieder leben, wenn gestorben sind. Nicht mit Körper. Aber vielleicht anders? Freunde von Jesus sagten zu mich: Jesus besiegte dem Tod. Und Menschen, die sind seine Freunde, auch leben für immer und immer und immer.«

Als einige Zeit niemand etwas gesagt hatte, begann Helga wieder mit ihrem Flötenspiel. Gisla stand neben ihr und summte mit ihrer schönen, hellen Stimme dazu, ohne Worte.

Die anderen Frauen führten die Kinder fort, und Tjeff und Wisbert schaufelten das Grab zu.

Tasso stand neben Gundis. »Als ich meinen Vater vermisste, damals als Kind«, sagte er, »da war Hortwin der Mann, den ich am liebsten als Vater gehabt hätte. Dann kam mein eigener Vater. Aber er war nicht das, was ich mir vorgestellt hatte. Schließlich verlor ich ihn wieder. Und dann, als ich dich geheiratet habe, wurde Hortwin doch noch mein Vater.«

Gundis suchte seine Hand und drückte sie fest.

Als die letzten Schaufeln Erde auf das Grab kollerten, fuhr Tasso fort: »Ich möchte meinen Kindern gern ein Vater sein, wie er für euch war.«

Gundis sah ihn an und sagte ernst: »Das bist du, Tasso.«

Er sah ihr in die Augen, lange und ernst. Dann drückte er ihre Hand, die er immer noch hielt, fester, ließ sie dann los und ging.

Als Armfried oben auf dem Wehrgang ihn die Leiter heraufkommen sah, sagte er: »Du bist zu früh, Tasso. Deine Wache beginnt noch nicht.«

Tasso kam vollends herauf. »Ich weiß. Aber ich löse dich schon mal ab. Ich möchte gern allein sein. Und das geht hier oben am besten.«

Armfried nickte nur und stieg hinunter.

Tasso sah sich um. Es schien Herbst zu werden, die Blätter an den Bäumen begannen sich zu färben. Unten konnte er die Lager von Hilbracht und seinen Leuten sehen. Sie hatten Feuer gemacht, der Rauch stieg wegen der Windstille fast gerade nach oben. Wachen gingen um den Hügel herum und warfen immer wieder Blicke zu den Palisaden hinauf, deren Ausdruck Tasso wegen der Entfernung nicht erkennen konnte.

Sie meint, ich bin ein guter Vater, dachte Tasso. *Aber ich habe die Menschen, die mir anvertraut sind, nicht vor diesem Elend bewahren können. Morgen werden wir allen nur noch die halbe Menge Getreide geben können. Dann reicht es noch drei Tage oder vier.*

Dann blieben nur noch die Pferde. Aber die … ja, Gundis stimmt meinem Plan zu, den ich ihr in der letzten Nacht ins Ohr geflüstert habe, als sie in meinen Armen lag. Sie hält den Plan für gut.

Die Kinder auf den Pferden fortzuschicken, das war sein Plan. Alle Kinder können zusammen auf fünf Pferden sitzen. Immer ein großer – Osbert, Ayko, Rotrud und Amala – mit den Kleinen vor oder hinter sich. Auf dem fünften Pferd können Radulf und Rorik zusammen sitzen. Das sechste Pferd gehört Leonides, und der soll auch darauf reiten. Allein! Erstens. Zweitens ist es auch gar nicht nötig, weil die Kinder mit fünf Pferden auskommen. Und drittens kann er sie am besten beschützen, wenn es zu Kämpfen kommen sollte.

Ja, so machen wir es! Alle werden einverstanden sein. So kommen wenigstens die Kinder davon. In einer dunklen Nacht müssen sie losreiten, sehr schnell bis in den Wald. Bis die feindlichen Wachen Alarm geschlagen und alle ihre Pferde geholt haben, sind die Kinder so weit, dass sie in der Nacht nicht mehr zu finden sind.

Was wir Erwachsenen machen, müssen wir dann noch entscheiden. Entweder wir verteidigen uns noch einige Tage, oder wir greifen sie an, solange wir noch nicht durch Hunger entkräftet sind. Wir kämpfen bis zum Tod. Es wird ein ehrenvoller Tod sein. Unsere Frauen … ich werde mit ihnen reden. Vielleicht wollen sie mitkämpfen und lieber draußen sterben, an unserer Seite.

Es könnte auch hilfreich sein, wenn wir im gleichen Augenblick nach Norden angreifen, wenn Leonides und die Kinder auf den Pferden nach Süden fliehen.

Auf jeden Fall ist es gut, dass wir sie dort unten vertrieben haben. Das gibt uns freie Bahn.

Tasso wunderte sich über sich selbst, als er feststellte, dass er bei diesem blutigen Plan lächelte.

* * *

Alle schwiegen, nachdem Tasso den Männern seinen Plan leise flüsternd erläutert hatte.

Tasso hatte noch einen halben Tag und eine Nacht gebraucht. Heute Morgen hatte er nun die Männer zusammengerufen.

Die Sonne war hinter Wolken verborgen. Sie hatten ein Feuer in der Mitte des Hofes brennen, weil es kalt war. Mit Holz mussten sie jetzt nicht mehr sparen.

Nach einer Weile sagte Armfried: »Ja, so machen wir es.«

Das Feuer loderte auf, als Gerwin einen Ast mit Kraft hineinstieß. Es war eine Bewegung, als sei das Feuer der Feind.

»Warum ihr macht dieser Plan?«, fragte endlich leise Leonides. »Ich habe gesagt, ich weiß gute Plan.«

Tasso sah ihn an. »Einen besseren als meinen? Das kann ich mir nicht denken.«

»Dein Plan ist nicht gut, Tasso …«

»Ah – ich weiß, was du willst. Du willst nicht mit den Kindern fliehen! Vielleicht lieber Frauen mitschicken. Aber das lasse ich nicht zu,

Leonides! Du bist zwar mein guter Freund, aber trotzdem nicht einer von uns. Du hast schon so viel für uns getan. Ich will nicht, dass du dein Leben für uns …«

Leonides winkte heftig ab. »Mach nicht viel Worte, Tasso. Ich werde nicht sterben und du nicht. Und nicht die Frauen und die Kinder. Wenn mein Plan gelingen.«

»Du hast einen besseren Plan?« – »Weißt du, wie wir …?« – »Sag schon, Leonides!« – alle flüsterten durcheinander. Der Kreter hob die Hand, da schwiegen sie.

»Ich habe müssen erst Plan genau denken, darum dauert lange, aber jetzt ich weiß alles, wie machen wir es. Wenn ihr wollen.«

Er machte eine Pause, aber jetzt unterbrach niemand.

Leonides sah Gerwin an.

»Gerwin, du bist ein Schmied. Andere auch sind geschickt, Tjeff auch. So ich frage euch: Könnt ihr machen ein … ein … weiß ich nicht, wie es heißen. Könnt ihr nehmen die Rad von Wagen und machen Holz unter dieses große Schiff?«

»Räder unter ein Boot? Wozu das denn?«

»Kannst du?«

»Ja, sicher. Ich müsste andere Achsen machen, die vom Wagen sind zu kurz. Aber Holz gibt es genug. Und eure kleine Hofschmiede und die Vorräte an Eisen – das geht.«

»Gut. Du machst das. Ich habe gemesst – gemessen. Der Boot geht genau durch das Tor. Wenn Räder sind rechts und links, wird mehr breit. Aber nicht schlimm. Machen mit Beil weg zwei oder drei Stämme eine Seite vom Tor. So, dass Feinde nicht sehen vorher. Dann in dunkle Nacht, wenn nur kleine Wache ist draußen, alle gehen in der Schiff. Alle Männer und Frauen und Kinder. Alle, nur nicht zwei oder drei Männer.«

Tasso sprang auf. »Leonides! Das ist ein wunderbarer Plan!«

»Ich verstehe nichts«, stellte Armfried fest.

»Warum zwei oder drei Männer nicht?«, fragte Wisbert.

Tasso sagte: »Wir sollten Leonides ausreden lassen! Mach weiter, Leonides!«

Der nickte lächelnd. »Wir nehmen auch etwas Essen mit und falsche Männer aus … aus …«

»Falsche Männer?«

»Wie heißt das?«

»Stroh.«

»Ja, Männer aus Holz und Stroh mit Kleider. Wenn es ist in Mitte von Nacht, machen leise Tor auf, zwei Stämme weg an Seite, schieben Schiff auf Räder. Mann, der schieben, springt rein. Schiff rollt den Berg – so – und bis in den Fluss. Da das Schiff schwimmen, und Holz mit Räder fällt ab.«

»Großartig!«, rief Wisbert. »Es dauert nur Augenblicke, bis wir auf der Weser sind! Der Hügel ist hier oben so steil, dass uns der Schwung sicher auch über das flachere Stück bis ins Wasser bringt!«

»Wenn wir sind da«, fuhr der Kreter fort, »wir rudern schnell Fluss – so – hinunter. Aber nicht sehr lange. Wenn die Feinde sind auf Pferde, sie reiten an … an … wie heißt Rand von Fluss?«

»Ufer.«

»Sie reiten am Ufer schneller als wir schwimmen. Darum wir fahren bald an anderes Ufer, wo ist viel Wald. Alle steigen aus und gehen schnell und verbergen. Nur zwei Männer fahren weiter mit Schiff. Setzen hin die Männer von Stroh. Wenn es ist dunkel, und auch am Morgen, wenn noch nicht ganz hell, Hilbracht denkt, sind noch alle in das Schiff. Reiten an Ufer, linkes Ufer, bis kommt Gelegenheit, überzufallen …«

»Zu überfallen, meinst du sicher.«

»Wissen nicht, dass Frauen und Kinder und meiste Männer sind aussteigen auf rechts Ufer schon lange. So die zwei Männer mit Schiff ziehen Hilbracht weg von Kinder und Frauen. Wenn ist Gelegenheit, sie schwimmen an Ufer und laufen weg und lassen das Schiff schwimmen allein.«

Alle ahnten, dass dieser letzte Punkt die Schwachstelle in dem Plan war. Die Reiter würden übersetzen mit ihren Pferden und die zwei verfolgen. Aber niemand sagte etwas. Mit viel Glück konnte es auch gut gehen. Und wenn nicht – besser, nur zwei starben als alle Erwachsenen!

Armfried fragte: »Was sollen die zwei oder drei machen, die nicht mit ins Boot kommen?«

»Sollen sie nehmen unsere Pferde. Gleicher Augenblick, wenn das Schiff fährt Berg hinunter, sie reiten schnell in andere Richtung. Ist es auch möglich, setzten auf jedes Pferd ein Mann. Aber fehlen dann diese sechs, zum Rudern und vielleicht Kämpfen, Schießen auch mit Bogen vom Schiff zum Ufer. Darum besser, nur zwei reiten. Bringen die Pferde zu ein Stelle, wo vorher … Stelle, das …«

»Die wir vorher verabredet haben.«

»Ja, so.«

Es wurde still. Jeder überlegte, ob es irgendeinen Grund geben könnte, dass es schiefgehen müsste. Außer dem, was die letzten Bootsfahrer tun mussten, schien ihnen alles hieb- und stichfest. Allerdings wollten sie auch keine Schwachstelle finden. Der Gedanke war zu verlockend, dass sie noch einmal davonkommen könnten. Mit ihren Familien.

Endlich sagte Tjeff: »Wisbert sollte mitreiten. Er kennt die Wege am besten.«

»Du kennst sie genauso gut«, meinte Tasso. »Aber es ist wirklich besser, du bleibst bei deiner Familie. Aber einer deiner Söhne könnte Wisbert begleiten. Vielleicht ist Wisbert froh, wenn er einen kräftigen jungen Mann bei sich hat.«

»Osbert«, bestimmte Tjeff.

»Und dann«, fuhr Tasso fort, »müssen wir festlegen, wer das Boot weiterrudert, wenn die anderen ausgestiegen sind. Ich schlage vor: Ragest und ich. Zwei Mann werden reichen.«

»Ja!«, bestätigte Ragest, der bisher geschwiegen hatte, weil es ihm Mühe machte, all den Überlegungen zu folgen. Aber dass hier eine lebensgefährliche Aufgabe zu übernehmen war, hatte er sehr wohl verstanden.

Tjeff murmelte: »Du nicht, Tasso. Du musst die Gruppe anführen. Außerdem hast du noch kleine Kinder. Lasst mich ...«

»Wir würfeln!«, schlug Gerwin vor.

»Nein«, sagte Leonides, »wir warten noch. Vielleicht jemand wird verletzen oder getöten. Warten wir und sagen erst, wenn es ist so weit.«

Tjeff stand auf. »Also – an die Arbeit!«

Alle erhoben sich. Tasso meinte: »Leonides, ich glaube, es wäre gut, wenn du Tjeff und Gerwin hilfst. Von dir kommt der Gedanke. Und Tjeffs Söhne, wenn ihre Wache zu Ende ist. Armfried, du kannst dich mit den Palisaden am Tor befassen, die vorbereitet werden müssen, dass wir sie leicht umreißen können, ohne dass man es von außen sieht. Wisbert kann sich mit den Strohmännern beschäftigen. Ich werde zusammensuchen, was wir an wertvollen Dingen mitnehmen können, ohne dass es zu schwer wird, wenn wir es später tragen müssen. Wir drei können später auch Wachen übernehmen, aber die, die an dem Fahrgestell arbeiten, sollten dabeibleiben.«

Die Männer eilten nach allen Seiten davon.

Tasso beobachtete, dass sie fast mit beschwingten Schritten gingen. Die Hoffnung gab ihnen neue Kraft, und die gedrückte Stimmung der letzten Tage war wie weggeblasen.

»Was ist mit euch los?«, rief Gundis, die das Gleiche von der anderen Seite des Hofes beobachtete.

Tasso ging hinüber. »Ich erkläre es euch. Rufe die Frauen und Kinder zusammen, die nicht Wache haben. Es gibt Hoffnung, Gundis!«

Sie schaute ihn zweifelnd an. »Dein Plan?«

»Nein!« Er nahm ihr Gesicht in beide Hände und küsste sie. Das verwunderte Gundis noch mehr. »Mein guter Plan war sehr schlecht gegen den, den Leonides hatte!«, lachte er sie an.

* * *

Es war finster. Ab und zu öffnete sich die Wolkendecke etwas und ließ ein wenig Sternenlicht durch.

Helga, Gundis und Gisla ordneten flüsternd an, wie die Kinder sich in der Mitte des Bootes legen sollten, um wenig Platz zu verbrauchen, dann stiegen sie und Gundis' große Töchter auch hinein.

»Was auch geschieht – immer die Köpfe unten halten!«, erinnerte Tasso sie noch einmal. Er hatte es schon viele Male gesagt, aber er wusste, dass die Neugier stärker sein konnte als die Vernunft. »Sie werden mit Pfeilen schießen. Nur wer selbst schießt und wer rudert, darf zu sehen sein!«

Leonides brachte noch zwei lange Stangen.

»Wofür?«, fragte Tasso leise.

»Wenn Wasser ist nicht tief, dann besser so als Ruder.«

»Gut.«

Der kleine Ingwin flüsterte: »Fafnir!«

»Ach ja, der Hund!« Tasso löste das treue Tier von der Leine, und es sprang freudig hechelnd ins Boot.

Die Männer verteilten sich vorn und hinten. Nur Tasso und Ragest standen jetzt bereit, das Tor zu öffnen. Seile waren um die drei Palisadenstämme geschlungen, die das Tor rechts begrenzten. Die anderen Enden waren an den Pferden befestigt, die Osbert kontrollierte. Auf einem saß er.

Andere Seile führten zu den drei Pferden, die Wisbert lenkte. Sie liefen bei einem eisernen Ring zusammen, der auf einem Bolzen unter dem Bug des Bootes hing.

Tasso blickte nach oben. »Sssst!«

Radulf beugte sich über das Geländer des Wehrgangs. »Nichts!«, flüsterte er.

»Komm!«

Während der junge Beobachter zur Leiter huschte, öffneten Tasso und Ragest das Tor. Als es weit offen stand, stiegen sie hinten in das Boot. Jetzt kam auch Radulf, und Tasso hob ihn herein.

Behutsam ritt Wisbert, die zwei anderen Pferde mit sich führend, ins Freie. Die Seile spannten sich.

Würde es gelingen? Sie waren viele Male auf dem Hof hin und her gefahren. Das Gefährt rollte sehr schwerfällig, aber es rollte. Zwei Pferde, auch ein Pferd, hatten es bewegen können, wenn kein Hindernis vor den Rädern lag. Nur ließ es sich natürlich nicht lenken. Das war aber auch nicht nötig. Der einzige Weg, den das Ding je würde zurücklegen müssen, war gerade und kurz.

»Osbert! Los!«, flüsterte Tasso.

Der trieb sein Pferd und die anderen beiden an. Die Pferde ohne Reiter waren mit allerlei wertvollen Dingen beladen, die sie retten wollten. Aber die Lasten waren so bemessen, dass sie weder bei dieser Arbeit jetzt noch später bei der Flucht hinderlich werden konnten.

Die Stämme knackten, splitterten an dem dünnen Stück, das sie noch gehalten hatte, und fielen nach innen. Es war das erste laute Geräusch in dieser Nacht.

Osbert zog sie fort, sodass sie den Rädern nicht im Weg lagen. Als das geschehen war, flüsterte Tasso: »Wisbert!«

Der trieb nun seine Pferde an. Die Schwierigkeit war die Stelle, wo die Palisaden gestanden hatten. Zwar hatten sie so tief gegraben, dass die Bruchstelle unter der Oberfläche war, und das Loch zum großen Teil wieder verfüllt. Aber holperig war es hier doch.

Tatsächlich blieb das rechte Vorderrad hängen. Aber nach kräftigem Ziehen der drei Pferde kam es frei.

Das fahrbare Boot bewegte sich schneller. Sobald auch die Hinterräder draußen waren, bekam es Fahrt durch das Gefälle. Ring und Zugseile lösten sich, Wisbert trieb die Pferde zur Seite und wurde von dem rollenden Schiff überholt.

Es polterte immer heftiger, je schneller die Fahrt wurde. Die kleineren Kinder hielten sich ängstlich an Eltern und Geschwistern fest, aber niemand gab einen Laut von sich.

Tasso blickte über den Rand nach hinten und sah, wie die zwei Reiter mit ihren sechs Pferden davongaloppierten. Schon nach wenigen Augenblicken waren sie in der Dunkelheit verschwunden.

Ein lang gezogener Ruf hallte durch die Nacht. Die Wachen hatten sie bemerkt.

Die rasende Fahrt ins Dunkel hinein verlangsamte sich etwas. Tasso warf einen Blick nach vorn. Er meinte zwei Männer zu erkennen, die vor Schreck wie versteinert dastanden und das merkwürdige Fahrzeug etwa zwanzig Schritt entfernt an sich vorbeipoltern ließen.

Mussten sie nicht jetzt das Ufer erreicht haben? Tasso versuchte angestrengt, das Dunkel vor sich mit den Augen zu durchbohren. Da – im Wasser der Weser spiegelte sich der schwache Lichtschein von einigen Sternen. Aber das war eher seitlich als vor ihm. Anscheinend war ihr Schiff nicht gerade hinuntergerollt, sondern etwas schräg. Oder es hatte eine leichte Kurve genommen.

Jetzt wurde die Fahrt langsamer, immer langsamer und endete schließlich.

»Komm, Ragest!«, befahl Tasso leise und sprang hinaus. Er fühlte das Schilf. Sie konnten also nicht weit vom Wasser entfernt sein. Die beiden Männer schoben mit aller Kraft. Nun sprangen auch Leonides und Ayko heraus und halfen. Sie griffen in die Speichen der hinteren Räder. Ob am Bug des Schiffes auch jemand mithalf, war von hier aus nicht richtig zu sehen. Tasso achtete auch nicht darauf. Er musste aufpassen, dass er nicht mit den Füßen wegrutschte, weil es hier feucht war.

Langsam setzte sich das schwere Gefährt wieder in Bewegung. Es ging sehr viel mühsamer als bei ihren Versuchen im Hof, weil die Räder tief in den nassen Boden einsanken. Aber es gelang.

Vorn schien das Schiff nun schon zu schwimmen. Tasso und Ragest standen noch zwischen Schilf. Direkt vor ihnen kletterten Leonides und Ayko über die Bordwand. Jeder nahm eine der Stangen, die Leonides bereitgelegt hatte, und stakte damit.

»Rein!«, ächzte Tasso, ganz außer Atem. Das Boot lag nun auch an ihrem Ende tief im Wasser. Tasso stemmte sich über die Bordwand.

Ragest drückte noch einmal kräftig und wollte eben auch hineinklettern. Tasso hielt sich bereit, um ihm zu helfen, da der starke, aber kleine Mann jetzt ziemlich tief im Wasser stand.

Da geschah etwas, das Tasso im ersten Augenblick nicht verstand. Irgendeine Bewegung war da, und ein Ruck ging durch Ragests Körper. Er spürte es an seinen Händen.

Die ließen die Bordwand los. Ein stöhnendes Geräusch war zu hören.

»Ragest! Was ist?« Tasso suchte festeren Halt und zog an dem einen Arm des Freundes. Der packte mit der anderen Hand wieder nach der Bordwand, aber er zog sich nicht hoch.

»Leonides! Hilf mir!«, flüsterte Tasso.

Das Boot war jetzt im tiefen Wasser, Ayko stakte, vorn wurde gerudert. Das Untergestell mit den Rädern war fort. Leonides kam über die hintere Ruderbank an Radulf vorbei, der dort noch saß, weil er als Letzter eingestiegen war, und trat neben Tasso.

Gerade gaben die Wolken wieder etwas Sternenlicht frei. Da sah er, was geschehen war, und Tasso sah es auch: Ein Wurfspeer steckte in Ragests Rücken.

Gemeinsam zogen sie Ragest ins Boot und legten ihn mit der Brust über die Ruderbank. Radulf starrte mit weit aufgerissenen Augen auf den Rücken, aus dem ein langer Speer herausragte. Gundis und Amala unterdrückten einen Aufschrei und versuchten mit ihren Körpern, das schreckliche Bild vor den Blicken der Kinder abzuschirmen, die in der Mitte saßen.

Leonides sah sich den Speer an. Es war nicht zu erkennen, ob er Widerhaken hatte. Aber auch wenn es so war, musste er ihn herausziehen.

Er tat es mit einem Ruck. Der Schmerz schien Leben in Ragest gebracht zu haben, er schrie laut auf, sackte dann aber wieder zusammen.

»Hilf mir, Tasso. Setzen ihn – dort.« Beide Männer hoben den Freund an den Oberarmen hoch und setzten ihn, sodass er an die Bordwand angelehnt war, die Wunde oberhalb der Kante. Leonides schnitt ihm mit dem Messer seinen Kittel auf, um an die Wunde zu kommen, Tasso hielt inzwischen Ragests Oberkörper gerade, damit er nicht umkippte.

Jetzt sprach Ragest, leise und röchelnd: »Gib dir keine Mühe, Leonides. Es … es nützt nichts mehr. Lass es sein.«

Der Kreter nickte. Ja, Ragest hatte recht, hier war nichts mehr zu helfen. Und Ragest war auch nicht ein Mensch, dem man etwas vormachen musste.

Tjeff kam von vorn nach hinten geklettert. Den Ausguck und die Steuerung vorn hatte er Armfried überlassen.

»Ragest! Was ist mit dir! Ragest, mein Freund!« Er kniete vor ihm.

»Ich gehe von euch«, hauchte der Verletzte.

»Nein, tu das nicht, Ragest! Wir brauchen dich noch! Bitte!«

Tasso hörte an Tjeffs Stimme, dass er dem Weinen nahe war. Ihm selbst war auch danach.

»Wir brauchen dich, Ragest! Wir wollen doch ein neues Handelslager aufbauen. Hat Tasso es dir noch nicht erzählt? Erst treffen wir uns bei den Salzquellen an der Werra, wie ausgemacht. Und dann sehen wir, ob wir mit den Markomannen und den Slawen handeln, oder ob wir vielleicht weiter westlich ziehen. Tasso meinte, wir könnten unser neues Lager auch an dem Fluss Lahn errichten. Dort wohnen auch Chatten, aber es regiert ein anderer Fürst, und Hilbracht kann uns dort nichts tun. Wir könnten mit den Römern handeln. Du hilfst uns, und wir ...«

Tasso legte Tjeff die Hand auf die Schulter. Da versiegte dessen Redestrom, mit dem er ja nur die bittere Wahrheit von sich fernhalten wollte, und er wandte sich stumm ab.

In die Stille hinein röchelte Ragest – es war kaum zu verstehen -: »Ich wünsche euch viel ... viel Glück.«

Dann streckte er langsam die Hand aus, fasste Tasso am Ärmel und zog ihn zu sich heran.

»Tasso – dass ich jetzt das Boot ... angeschoben habe ... und dabei diesen Speer ... Ist ... Ist damit wiedergut...gutgemacht, dass ich euch verraten habe?«

»Ach, Ragest, das war doch längst vergessen! Da war doch keine Wiedergutmachung nötig!«

»Seid ihr mir ... nicht böse?«

»Nein, Ragest! Ganz bestimmt nicht!«

»Wir ...« – er rang nach Atem und musste eine Pause machen. »Wir bleiben ... Freunde?«

»Selbstverständlich!«

Tasso auf der einen und Leonides auf der anderen Seite spürten, wie der einst so kräftige Mann sein eigenes Gewicht nicht mehr tragen konnte. Er sackte langsam immer mehr zusammen. Sie dachten schon, er sei tot, aber da röchelte Ragest noch: »Das ist gut.« Er versuchte noch einmal den Kopf zu heben. Tasso kam ganz nah an sein Gesicht. Lächelte Ragest, oder täuschte er sich? Doch, er lächelte! Und nun hauchte er: »Leb wohl, Bärentöter!«

Dann fiel er endgültig zusammen.

Es herrschte Stille. Nur das Plätschern der Ruder war zu hören und leises Schluchzen von Radulf und Amala. Die anderen Kinder hatten noch nicht genau mitbekommen, was geschehen war.

Da der Sternenhimmel immer noch etwas Licht gab, konnten sie nun am Ufer Reiter sehen. Sie begleiteten das Boot auf dem Uferpfad flussabwärts. Es mochten fünfundzwanzig oder dreißig Männer sein, genau ließ sich das nicht erkennen. Ob die Übrigen auch in der Nähe waren, oder ob sie die beiden Reiter mit den sechs Pferden suchten?

Tjeff kletterte plötzlich sehr hastig nach vorn, ergriff seinen Bogen, legte einen Pfeil auf und schoss. Der Pfeil flog zwar weit genug, aber bei dem schwankenden Boot und dem schwer erkennbaren Ziel traf er nicht. Er schoss gleich noch einmal, und noch einmal.

Alle sahen, dass das sinnlos war. Aber es half Tjeff, Zorn und Trauer zu bewältigen, und darum ließen sie ihn.

Endlich nahm Armfried den Köcher, hielt ihn weit von sich und legte die andere Hand auf Tjeffs Arm mit dem Bogen.

»Vielleicht kommen sie einmal näher, Tjeff, und dann bist du froh, wenn du noch Pfeile hast.«

Tjeff antwortete nichts, legte aber den Bogen weg und ergriff wieder das Ruder. Nun legte er all seine Wut in die Ruderschläge.

Auch die Männer im hinteren Teil des Bootes ruderten nun wieder. Das Schiff schoss ziemlich schnell durch das Wasser, aber die Reiter hatten natürlich keine Mühe ihm zu folgen.

Leonides sah immer wieder nach vorn, ob Tjeff in seiner Erregung nicht seine Aufgabe versäumte, die verabredete Stelle anzufahren. Er bemerkte, dass auch Tasso sich aus seiner Trauer so weit lösen konnte, dass er die Gegenwart nicht vergaß.

Nach einigen Tausend Schritt Fahrt kam die Stelle, die vereinbart worden war. Am linken Ufer löste sich der Pfad vom Fluss, weil dort dicht bewaldete Hügel waren. Einige der Reiter schienen zu versuchen, im flachen Uferwasser weiterzureiten. Aber das ging bald nicht mehr, es wurde zu tief. Sie ritten zurück und folgten den anderen auf dem Weg, von dem aus der Fluss nicht mehr zu sehen war.

»Noch etwas weiter!«, sagte Tasso halblaut. »Da vorn bei den zwei hohen Bäumen.«

»Ja«, sagte Armfried, »die Stelle meinte ich auch. Es sind Kastanien. Ich habe da auch schon einige Male angelegt.«

Sie steuerten auf die Stelle zu. Das Boot schob sich knirschend auf den Uferkies. Die Männer vorn sprangen heraus und zogen es weiter an Land.

Sie arbeiteten in fliegender Hast. Leonides und die Frauen setzten die vorbereiteten Strohpuppen auf die Ruderbänke und befestigten sie behelfsmäßig. Die anderen führten die Kinder ans Land und brachten die Traglasten und die Waffen. Dann standen sie vor dem toten Ragest.

»Wir müssen ihn mitnehmen und an Land begraben«, sagte Tjeff.

»Nein«, widersprach Tasso. »Das geht nicht. Er ist zu schwer und lässt sich durch das Walddickicht nicht tragen. Lasst ihn hier. Wenn ich den Männern entkomme, werde ich ihn bestatten. Wenn nicht, fährt er vielleicht mit dem Boot bis ins große Meer. Hat er nicht immer gesagt, dass er da gern hinwollte?«

Tjeff fasste Tasso am Arm. »Jetzt haben wir wegen Ragests Tod gar nicht darüber gesprochen, wer das Boot weiterrudern soll …«

»Ich!«, sagte Tasso leise, aber bestimmt. »Ich alleine. Das wird schon gehen.«

Sie standen alle am Ufer zusammen und schwiegen. Gundis kam heran und umarmte ihren Mann wortlos. Es schien den anderen, die herumstanden, endlos lange, dass sie so dastanden und ihre Körper aneinanderschmiegten. Dann flüsterte Tasso: »Ich muss es tun, Gundis.«

»Ich weiß«, flüsterte sie noch leiser, mühsam beherrscht. Dann gab sie ihn frei. Seine Töchter umarmten ihn, Rotrud wortlos, Amala hauchte ihm ins Ohr: »Egal, ob du wiederkommst oder nicht – wir sind alle sehr stolz auf dich. Nur – Stolz ist ein schwacher Trost bei großem Schmerz.«

Radulf reichte ihm die Hand und sagte: »Mit denen wirst du bestimmt fertig, Vater!«

»Wir werden sehen, mein Junge«, lächelte Tasso. »Dir ist ja klar, dass du nach mir der nächstwichtigste Mann in der Familie bist!«

Radulf nickte. Gerhild kam noch mit ihrem Enkel Ingwin an der Hand. Ingwin verabschiedete sich, aber er schien nicht recht begriffen zu haben, worum es ging. Dann umarmte Gerhild ihren Sohn wortlos und wandte sich schnell ab.

»Los jetzt! Es eilt!«, mahnte Tjeff. Er wusste auch, dass es auf ein paar Augenblicke nicht ankam, aber er wollte die Verabschiedung nicht noch mehr in die Länge ziehen. Und er wollte den Eindruck zerstreuen, als handele es sich um einen Abschied für immer.

Die Ersten nahmen ihre Lasten auf und schlugen sich ins Unterholz. Armfried voran, alle anderen in Reihe hinter ihm. »Es ist sehr mühsam hier am Anfang«, sagte Armfried, »aber wenn wir da durch sind, kommen wir auf einen Weg, da geht es viel besser.« Einer nach dem anderen verschwand in der Finsternis des Waldes.

Dann standen nur noch Tasso und Leonides da.

»Leb wohl, mein Freund!«, sagte Tasso. »Ich danke dir für alles!«

»Ich dir helfe, das Boot zurück ins Wasser schieben.« Sie schoben gemeinsam am Vordersteven.

»Vergessen nicht, was ich dich erzählt habe. Wenn wir uns nicht sehen mehr – du musst weiß ... wissen: Gott sich gezeigt hat. Gesendet sein Sohn.« Er lächelte. »Ich extra bin kommen weiter Weg, um zu erzählen. Wäre schade, wenn du vergessen ... vergisst. Vergisst würdest.«

Tasso lächelte zunächst auch, wurde dann aber wieder ernst.

»Ich verspreche dir, Leonides, dass ich es behalten werde. Nicht nur, weil du mich darum bittest – und ich kann dir keine Bitte abschlagen –, sondern auch, weil ich es will. Du hast mir etwas gesagt, nach dem ich lange gesucht habe. Sicher, es ist unvollständig, ich wüsste gern viel mehr darüber. Es ist nur wie der erste Schritt auf einem langen Weg. Aber es ist ein Schritt, ein wichtiger. Danke für das, und für deine Freundschaft.«

Sie schoben noch einmal, und nun schwamm das Boot. Tasso wollte hineinspringen, da packte Leonides ihn von hinten und riss ihn herunter, sodass er ins flache Uferwasser platschte. Der Kreter sprang ins Boot, griff nach der Stange und stieß es vom Ufer fort.

Tasso kam hoch. »Leonides! Was machst du! Bleib hier!«

Er rannte watend hinter dem Boot her und hätte es sicher schnell erreicht. Da aber stieß Leonides ihm mit der Stange vor die Brust. Für einen Augenblick nahm das Tasso den Atem, und er fiel erneut. Als er wieder hochkam, stand er im hüfthohen Wasser und musste einige Male kräftig durchatmen, ehe er rufen konnte: »Leonides!«

Aber der war schon ein ganzes Stück entfernt. Er rief: »Nimm nicht böse, Tasso. Musste ich dich stoßen. Aber ist es besser, du gehst mit deine Leute. Brauchen sie dich.«

»Aber Leonides! Du ...«

»Vielleicht ich werde fertig mit die. Dann vielleicht ich komme zurück. Aber wenn ich nicht komme zurück, du musst nicht denken, ich bin tot. Vielleicht es gibt andere Grund.«

»Aber ... aber« – Tasso fand keine Worte. »Warum tust du das alles, Leonides?«

»Liebe ich euch«, erklang es von dem Boot her, das jetzt kaum noch zu erkennen war. Obwohl es der Stellung der Worte nach genau genommen eine Frage war, wusste Tasso natürlich, dass er es so nicht gemeint hatte.

»Aber ... warum ...?«

»Warum schickt Gott sein Sohn?«

Es war das Letzte, was Tasso hören konnte. Er stand noch eine Weile ruhig im Wasser.

Um ihn her war es nächtlich still. Nur das leise Plätschern des Wassers am Ufer und an seinem Körper war zu hören.

Plötzlich musste er an Armin denken. An den Bericht von Armfried, wie der Fürst und sein Bruder Flavus auch bis zur Hüfte in diesem Fluss gestanden und sich fast gegenseitig umgebracht hatten, von den Kameraden nur mit Mühe daran gehindert. Er, Tasso, stand aus einem ganz anderen Grund hier. Es gab doch etwas, das war stärker als Hass und Machtwille und Eifersucht und Vergeltung ...

Tasso watete an Land.

Als er in den Wald eindrang, war es stockdunkel. Er konnte nur nach dem Gefühl gehen, um die Richtung einzuhalten.

Äste schlugen ihm ins Gesicht, seine nasse Hose wurde von Dornen zerrissen. Er sah gar nichts. Und doch war ihm, als sei irgendwo da vorn ein fernes Licht, auf das er zuging.

Nachwort

Der Romanheld Tasso, seine Familie, seine Geschichte, sind frei erfunden, ebenso der Ort Berffe und seine Bewohner, sowie das Händlerlager an der Weser. Nicht erfunden ist das chattische Zentrum Metze (lat. Mattium) in der Ebene südlich von Kassel. Ausgrabungen und Ortsnamen weisen auf die politische und religiöse Bedeutung hin, die diese Region damals gehabt haben muss, sogar noch sieben Jahrhunderte später, als der angelsächsische Missionar Bonifatius bei Fritzlar die Donareiche fällte.

Historisch sind natürlich auch die römischen Feldherren Varus, Drusus, Tiberius und Germanicus, ihre Kriegszüge und Schlachten.

Bei der Varusschlacht können wir uns neuerdings auch auf archäologische Untersuchungen stützen, bei den späteren Ereignissen sind wir hauptsächlich auf den Bericht des römischen Geschichtsschreibers Tacitus angewiesen. Er schildert den Zug des Tiberius von Süden her ins Land der Chatten, den Kampf mit »der jungen Mannschaft« nach dem Durchschwimmen der Eder, die Zerstörung von Mattium, dann die Befreiung von Segestes, der von Armin belagert wurde, und die Gefangennahme von Thusnelda, der Tochter des Segestes und Frau des Armin, und deren Sohn. Auch für die späteren Schlachten im Jahr 15 und 16 n. Chr. und für Armins Tod haben wir nur die römischen Berichte.

Die Lebensweise der Germanen – Häuserbau und Landwirtschaft, Ernährungsgewohnheiten und handwerkliche Fähigkeiten, Militärwesen und Sozialgefüge – dürfte einigermaßen zutreffend geschildert sein. Hier helfen uns die archäologischen Funde der letzten Jahre zu einem recht genauen Bild.

Die größte Unsicherheit besteht bezüglich der religiösen Vorstellung jener Menschen. Der Versuch in der Nazi-Zeit, diesen Kult wieder zum Leben zu erwecken, war schon darum unsinnig, weil sich die Vorstellung von der germanischen Götterwelt aus vielen Puzzleteilen zusammensetzt, die oft in sich widersprüchlich sind. So schreibt z.B. Tacitus, dass die Germanen keine Götterfiguren anbeteten, andererseits sind aber bei Ausgrabungen geschnitzte Götzen gefunden worden. An einigen Punkten stützen sich die Vorstellungen auch auf isländische Sagas, die erst 1000 Jahre später aufgezeichnet wurden. Ich habe darum der Religion bei meinen Protagonisten wenig Platz eingeräumt, um lieber zu wenig als Falsches zu schreiben, auch angesichts der Beobachtung, dass es in allen Kulturen und Religionsgemeinschaften die ganze Bandbreite gibt von den religiösen Fanatikern bis zu den Freigeistern. Auch scheint mir das gerechtfertigt in der damaligen Umbruchsituation und der meist verunsichernden Begegnung mit fremden Einflüssen.

Frei erfunden ist natürlich auch die Person des römischen Legionärs, der gerettet wurde, seine Identifikation mit dem im Neuen Testament genannten »Hauptmann unter dem Kreuz« und seine Rückkehr nach Germanien. Es gibt allerdings einen Bericht, wonach die Reste der Legionen 17, 18 und 19, die nach der Varusschlacht übrig blieben, in die Provinz Judäa versetzt wurden. Als ich davon las, war das der erste Gedankenanstoß, die Verteidigungs- und Befreiungskämpfe der germanischen Stämme mit den Berichten von Jesu Leben, Sterben und Auferstehen im Roman zu verknüpfen.